KB273461

대학 교회 박물관의
브랜드 마케팅 스토리

BRANDED NATION
The Marketing of Megachurch, College Inc., and Museumworld

대학 교회 박물관의
브랜드 마케팅 스토리

초판 1쇄 발행 • 2007년 3월 20일

지은이 • 제임스 트위첼
옮긴이 • 토탈브랜딩코리아
펴낸이 • 김건수

펴낸곳 • 김앤김북스
출판등록 • 2001년 2월 9일(제12-302호)
서울시 중구 수하동 40-2번지 우석빌딩 903호
전화 (02) 773-5133 | 팩스 (02) 773-5134
E-mail : knk@knkbooks.com

ISBN 978-89-89566-27-4   03320

● 값은 뒤표지에 있습니다.
● 잘못된 책은 바꿔 드립니다.

대학 교회 박물관의
브랜드 마케팅 스토리

소 비 문 화 시 대 비 영 리 기 관 의 브 랜 딩 전 략

BRANDED NATION

제임스 트위첼 지음 | 토탈브랜딩코리아 옮김

김앤김
북스

| 차례 |

브랜딩 입문 | 소비문화의 마케팅 스토리

세상에는 인간에 대한 위대한 이야기가 단지 두세 가지만 존재하는
데, 이것들은 마치 한 번도 일어나지 않았던 것처럼 계속 스스로를
반복한다.

_ 윌라 캐서Willa Cather

우리는 왜 스토리가 필요할까? 여기에 두 가지 질문이 추가될 수
있다. 우리는 왜 '똑같은' 스토리를 반복적으로 원하는가?
그리고 스토리에 대한 우리의 갈증은 어째서 절대로 해소되지 않는
것인가?

_ 힐리스 밀러J. Hillis Miller

브랜드 국가Branded Nation. 만약 당신이 출판업계에서 책의 제목으로 가장 많이 남용되는 단어 두 개를 찾는다면 이보다 더 좋은 답은 없을 것이다. 경영 서적을 다루는 모든 출판사들은 브랜드 어쩌구, 브랜드 저쩌구 하는 식의 책이 넘쳐난다. 『브랜드 신세계A New Brand World』, 『감성 디자인 감성 브랜딩Emotional Branding』, 『브랜드 전쟁Brand Warfare』, 『전략적 브랜드 관리Strategic Brand Management』, 『너 자신의 브랜드가 되라Be Your Own Brand』, 『브랜드 리더십Brand Leadership』, 『브랜드 뉴Brand New』, 『브랜드 자산 관리Brand Asset Management』, 『강력한 브랜드 만들기Building Strong Brands』, 『브랜딩 불변의 법칙 22The 22 Immutable Laws of Branding』 등, 매년 출간되는 3000여 권의 경영서적 중 대부분이 브랜딩을 돈을 벌기 위한 묘안으로 여기는 사람들을 위해 저술되고 있다. 그들이 옳은 경우도 있겠지만 대부분의 경우가 그렇듯이 많은 돈을 버는 사람은 그 성공 요인을 따라서 실천하는 사람이 아니라 그에 대한 책을 저술하는 사람이다. 그러니 애초부터 여러분은 앞으로 전개될 이 책의 내용들을 읽는다고 해서 돈을 벌 수 없다는 사실을 알아두기 바란다. 이 책은 그런 종류의 경영서가 아니다. 만약 그것을 원한다면 차라리 책을 환불하는 게 나을 것이다.

두 번째 단어인 '국가' 도 진부할 정도로 자주 사용된다. 주류 출판사치고 제목에 국가란 단어를 사용하지 않는 출판사가 있을까?『프로작 국가Prozac Nation』, 『야만 국가Savage Nation』, 『패스트푸드 국가Fast Food Nation』 등은 자넷 잭슨Janet Jackson의 『리듬 국가Rhythm Nation』와 함께 큰 성공을 거두었지만, 이외에도 우리는 최근 『입양 국가Adoption Nation』, 『아스팔트 국가Asphalt Nation』, 『교외 국가Suburban Nation』, 『사격수들의 국가Gunfighter Nation』, 『리탈린 국가Ritalin Nation』, 『의약 국가Pharmaceutical Nation』, 『만화책 국가Comic Book Nation』, 그리고 심지어는 『기업 국가Corporate Nation』(그 어느 때보다 열성적인 미국 브랜드 랄프 네이더 Ralph Nader가 쓴 서문과 함께)들의 등장을 목격한다. 그러니 '브랜드'와 '국가', 이 두 단어가 한 제목에 함께 쓰여 '재고 처분 국가(Remaindered Nation)'가 되는 것은 단지 시간문제였을 지도 모른다.

그러나 필자가 이 무지막지한 두 단어를 함께 붙이려는 이유는 비즈니스에 관한 조언을 제공하거나 미국 문화의 현 상태를 한탄하려는 것이 아니라 오히려 명백한 상황을 진술하는 데 있다. 우리가 우리 자신과 문화에 대해 공유하는 지식의 대부분은 브랜딩이라고 불리는 상업적 스토리텔링을 통해 우리에게 전달된 것이다. 이런 과정은 일찍부터 시작된다. 한 마케팅 교수는 두 살배기 유아들이 사용하는 명사의 약 10퍼센트가 브랜드 네임이라고 추정한다. 그리고 영국의 한 연구 결과에 따르면 아이 네 명 중 한 명이 태어나서 처음 하는 말이 특정 브랜드 네임이라고 한다. 말보로 맨Marlboro Man이 어째서 조지 워싱턴George Washington보다 더 잘 알려졌는지, 그리고 적십자의 빨간 십자가보다 왜 두 개의 금색 아치(맥도널드)를 아는 사람들이 더 많은지, 그리고 유엔, 선거 민주주의, 평화 봉사단이 '식상한' 국가의 일부인 반면 왜 미키 마우스나 코카콜라, 톰 크루즈가 '친근한' 국가의 일부가 되었는지를 장황하고 지루하게 늘어놓을 필요는 없을 것이다. 그리고 미국의 외교 정책과 정치가 어떤 식으로 브랜딩 대가들의 손에 들어가게 됐는지 역시 언급할 필요는 없을 것이다. 우리 모두 이미 알고 있기 때문이다.

마찬가지로 우리는 오늘날 법과 같이 항상 시장의 압력에서 벗어나 있다고 여겨져온 제도들도 많은 영향을 받고 있음을 알 수 있다. 리처드 셔윈Richard Sherwin이 『법의 대중화: 법과 대중문화 간의 희미해지는 경계선When the Law Goes Pop: The Vanishing Line Between Law and Popular

Culture』에서 설명했듯이, 현대의 거대 생중계 공판(가령 OJ 심슨, 메넨데즈 형제Menendez brothers 살인 공판, 빌 클린턴 등)의 목적은 사건을 설득력 있는 스토리로 만들어서 그것을 멜로드라마, 미스테리, 영웅적 서스펜스로 브랜딩하는 데 있다. 피고측 변호사로 이름난 게리 스펜스Gerry Spence는 "승소는 적절한 스토리를 발견하느냐에 달려 있다"고 말한 바 있다. 그는 늘 다음과 같이 말하면서 최종 변론을 시작한다. "이제 제가 여러분에게 이야기 하나를 해드리겠습니다." 이 말은 농담이 아니다.

그러나 우리가 미처 알지 못하는 사실 하나는 최근 가장 성공적인 브랜딩 중 하나는 현재 새롭게 창조되고 공유되고 있는 '고급' 문화와 관계가 있다는 점이다. 19세기 브랜딩은 소비의 의미를 창출하는 원동력이자 서구의 거의 모든 사람들의 소비 욕구를 대량 생산된 제품으로 집중시키는 수단이었다. 그러나 이보다 덜 명시적이기는 하지만 20세기 중반부터 브랜딩은 문화적 가치와 신념의 시장으로 침투하기 시작했다. 학교, 교회, 박물관, 병원, 정치, 거주 공간, 심지어 재판 제도까지 대중화되었다. 이 중 성공적인 기관들은 그들의 이데올로기를 주장하거나 문화 자본을 생성해내기 위해서뿐 아니라 가장 높은 수익을 올리는 방법으로 그들의 서비스를 분배하기 위하여 '의식적으로' 브랜딩 기법을 사용하기 시작했다. 광고인들은 성스러운 영역에 입성했고 일단 안으로 들어간 이후에는 이들을 밖으로 나가게 하기란 어려운 일이 되었다.

물론 이와 같은 문화 자본 유통업자들은 자신들이 브랜딩을 하고 있지 않다고 주장할 것이다. 사실상 공적 영역에서는 브랜딩과 그 모든 저속한 마케팅 기법들을 혐오하는 것이 필수적으로 요구되는 거짓말일지도 모른다. 목사, 교수, 판사, 외교관, 정치인 그리고 큐레이터들에게는 꾸며낸 차별화의 기술을 활용하면서도 한 번씩 시장을 비난하는 것이 중요할 수도 있다. 그리고 우리가 한바탕 고통을 쏟아낸 뒤에는 이것이 그다지 나쁘지만은 않은 일일 수도 있다. 사실을 인정하자면 우리는 그것이 신선하고 심지어는 환영할 만한 것이라고 생각하게 될 것이다. 자신의 이익에 봉사하는 모든 주술 아래, 사상의 시장(marketplace of ideas)은 어디까지나 하나의 시장인 것이다. 장사꾼들은 항상 그 성역에 존재해 왔다.

시장의 핵심적 측면인 마케팅이 항상 금기의 대상이었던 것은 아니다. 그것은 판매에 항상 붙어다녔다. 게다가 어떻게 보면 삶의 모든 것은 일종의 마케팅이 아닌가? 당신은 당신의 친구, 고용주, 선거구민들에게 당신을 마케팅하고, 그들은 당신에게 그들 자신을 마케팅한다. 당신의 자녀들은 그들의 스포츠 팀에게 자신을 마케팅하고(나를 뽑아줘! 뽑아 달라구!), 교육 시장도 그들 자신에 대해 마케팅하며(우리 학교의 학위는 성공으로 가는 티켓입니다), 심지어 교회들도 그들 자신과(9시와 11시 시간대별 예배) 그들의 제품(현재의 용서, 훗날의 구원)을 마케팅한다. 아마 우리가 없애버려야 할 것은 마케팅을 하지 않는다는 환상일 것이다.

모든 지속하는 문화의 바탕에는 물건을 시장으로 가져오는 인간들이 있다. 한 자장가 소절처럼 말이다. "시장에 가자, 시장에 가자, 살찐 돼지를 사러/ 이제 집으로 가자, 집으로 가자, 춤을 추면서." 우리가 시장에서 볼 수 있는 것들을 영어로는 'goods(제품)' 라 부르는데 이것은 '좋은 것' 이라는 또다른 의미를 갖고 있다. 거래에는 두 가지 측면이 존재한다. 구매자와 판매자가 그것들이다. 현대 사회에서 같은 범주에 속하는 제품 및 서비스에는 차이점이 거의 없다. 유일하게 다른 점이 있다면 스토리이다. 그런 면에서 브랜딩은 제품이나 서비스에 스토리를 적용하는 것이고, 차이가 없는 물건들의 잉여가 발생하는 곳에서는 어디서든지 브랜딩이 활용된다.

현대 사회에서는 거의 모든 소비재가 스토리를 통해 마케팅된다. 훌륭한 마케팅은 기억에 남는 스토리를 가지지만 (가령, 고기는 어디 있지?Where's the beef?, 1983년 웬디스가 맥도널드와 버거킹을 겨냥하여 만든 광고 문구 — 옮긴이) 비효율적인 마케팅은 잊혀진다. (버거킹의 허브를 기억하는가?) 경제적 관점에서 마케팅을 간단하게 정의하면 마케팅이란 이러한 교환이 효율적으로 일어나도록 만드는 과정, 즉 스토리텔링으로 돈을 버는 것을 말한다. 당신이 맛보는 것은 고기 패티(혹은 스테이크)가 아니라 스토리(혹은 지글지글하는 소리)이다. 그리고 그 이유는 우리가 원하는 음식의 향, 감정, 기대 등을 불러일으키는 것은

제이 피터만은 대체 가능한 물건들을 구별짓는 유일한 방법이 좋은 스토리라는 것을 안다. 폐업하기 전 그는 자신의 카탈로그에 이 이야기들을 쏟아놓는다.

12

지글지글하는 소리이기 때문이다. 브랜딩이 무엇인가에 대해 단번에 감을 잡는 방법 중 하나가 PBS의 〈앤틱스 로드쇼^{Antiques Roadshow}〉(진품명품 같은 골동품 프로그램 — 옮긴이)를 몇 시간 보거나 아니면 제이 피터만^{J. Peterman}의 오래된 카탈로그를 읽는 것이다. 값비싼 벽걸이 융단과 초라한 걸레조각을 구별짓는 것이 바로 스토리이다.

우리는 자연스럽게 소비자들에 대해 일종의 동정심을 갖는다. 우리는 어린 시절의 대부분을 항상 무언가를 받는 편에서 보낸다. "이거 주세요, 저거 주세요" "이야기해 주세요" 등. 그리고 성인이 되어서도 많은 부분을 그렇게 보낸다. 그러나 우리가 성장함에 따라 무언가를 파는 입장에 더 많은 관심을 가지기 시작한다. 사실 학문적인 연구 대상이 되는 것은 대부분 판매 측면이다. 경제학이 공식적으로 연구하는 분야도 보통 생산자에 관한 것이다. 생산자가 돈을 빌리는 방법, 수요를 측정하는 방법, 기계를 사용하는 방법, 스토리를 말하는 방법 등. 구매자는 보통 무시당한다. 최근까지 구매자는 여성의 측면에 있었다. 남성은 지적이고 여성은 감성적이라는 인식은 '나는 타잔, 당신은 제인' 식의 마케팅에 대한 전통적인 태도에서 비롯된 것이다. 브랜딩은 이 두 측면이 만나는 곳이고 여기서 제인은 전혀 무력하지 않다. 앞으로 알게 되겠지만, 1960년대의 흥행 광고인 데이비드 오길비^{David Ogilvy}가 "소비자는 저능아가 아니라 당신의 아내다."라고 한 말은 진실에 가깝다.

스토리텔링은 문화의 핵심이다. 세상이 일차적으로 필요(식량, 피난처, 성생활 등)를 중심으로 돌아갔을 때에는 스토리에 세련된 맛이 없었다. 우리가 공유하는 대부분의 공동체 이야기는 조상, 민족주의, 사회 계층, 정치 등에 대한 것이었다. 그러나 산업 혁명 이후 대량의 잉여가 발생하면서 필요는 실질적으로 충족되었고, 바람과 욕망이 세상의 중심이 되었다. 그러자 비누, 실, 특허 의약품, 통조림 고기, 기타 많은 일반 생활용품 등 이동 속도가 빠른 소비재(fast-moving consumer goods)에 스토리가 따라다니기 시작하였다.

제2차 세계대전 이후 잉여물이 쌓여가면서 브랜딩은 폭발적으로 유행했다. 광고 천재인 로저 리브스Roger Reeves는 대형 광고 회사 테드 베이트 에이전시Ted Bate Agency를 운영했는데, 종종 고객을 세워놓고 자신의 주머니에 손을 넣어(손님의 주머니가 아니라 자기 주머니였다. 비록 손님들 중에는 이따금씩 그것이 자신의 주머니가 아닌가 의심하기도 했지만) 잔돈을 꺼내곤 했었다. 두 개의 동전이 꺼내지면 그는 자신의 직업은 소비자에게 그의 오른손에 있는 동전이 왼손에 있는 동전보다 더 값지다는 것을 믿도록 만드는 것이라고 말하곤 했다. 그것이 바로 그의 임무였다. 그는 그것을 USP(unique selling proposition, 고유한 판매 제안)를 창조하는 작업이라고 말했지만 그것이 바로 브랜딩의 핵심이었다. 두통약 아나신Anacin을 판매하기 위해 당신의 뇌 속에 침골(anvil)을 내리치는 망치가 있다고 표현하거나, 원더 브레드Wonder Bread가 열두 가지 방식으로 신체에 도움을 준다거나, 또는 M&M이 손에서는 녹지 않고 입에서만 녹는다는 등의 이야기를 함으로써 당신은 당신의 제품을 다른 아스피린, 빵 그리고 초콜릿 등의 제품들과 구분짓는 것이다. 리브스의 매형인 데이비드 오길비는 아직도 자신의 이름을 사용하는 광고 회사의 대표로서 USP에서의 P인 제안(proposition) 부분을 확장하여 해서웨이Hathaway 셔츠나 슈웹스Schweppes 토닉 워터, 푸에르토리코 리조트에 대한 놀라운 스토리들을 만들어냈다.

아시다시피 많은 경우 이 스토리들은 제품과 아무런 관련이 없다. 이따금씩 제품에 관한 스토리가 제품의 가치를 바꾸거나 혹은 기이

14

한 결과를 초래하는 경우도 있다. 가격을 예로 들어보자. 만약 생수 한 병이 1달러가 아니라 25센트라면(그냥 수돗물이니 충분히 그럴 만하다), 스토리는 완전히 달라질 것이다. 만약 하버드 대학의 등록금이 3만 달러가 아니라 1만 달러라면(2주마다 모든 학부생의 등록금을 충당할 만큼 엄청난 양의 기부가 이루어지므로 어려운 일이 아니다), 스토리는 달라질 것이다. 만약 크리스티스^{Christies's}나 소더비스^{Sotheby's}가 미술품 시장을 지속적으로 개발하지 않았다면 박물관 사업이 지금처럼 번성하지 못했을 것이다. 모든 사람을 천국으로 보내주는 교회는 곧 망할 것이다. 용서에는 대가가 있어야 하고 구원에는 치러야 할 값이 있다. 십일조는 수익뿐 아니라 제품 가치 창출이라는 목적을 가지고 있다.

물론 우리는 이런 식으로 생각하지 않는다. 우리는 교회, 학교, 박물관, 법정과 같은 기관들은 차원이 다르다고 생각한다. 이들이 생수와 같을 리 없다. 우리는 그들의 문화적 가치가 구매자와 판매자 사이의 거래에서 결정되는 것이 아니라 감히 형언할 수 없는 진실에 대한 개인들의 갈망에 의해 결정된다고 믿는다. "구하라, 그리하면 찾을 것이요." 그래서 우리는 의미를 갈망할 때 종교를 찾는다. 또한 아름다움을 원할 때 미술품을 찾는다. 지식에 목말라 할 때는 교육을 경험한다. 그리고 정의를 찾으러 법원에 간다. 로고를 사용할 필요도 없다. 포장도 필요 없고 경쟁이란 말은 들어본 적도 없다. 공적 영역은 브랜드 사각 지대이다.

아마 공급자가 거의 없을 때에는 그런 식이었을 것이다. 그러나 일단 신도 좌석, 대학의 공석, 박물관 갤러리 등에 잉여가 발생하면서 앞으로 알게 되겠지만, 상황은 변하기 시작했다. 풍요는 모든 이를 소비주의로 몰아갔다. 현대 문화는 대중들의 인식을 제외하고는 거의 모든 부분에서 자유 시장화되었다. 여기에서 정치는 예외이다. 이 영역에서만큼은 이미 브랜딩이 일반적인 것으로 받아들여졌다. 이러한 전환에 있어 획기적인 사건은 바로 로저 리브스에 의한 아이젠하워의 홍보였다. 아이크(아이젠하워의 애칭)의 이미지는 "아이젠하워가 미국의 답이다(Eisenhower Answers America)"라는 텔레비전 광고를 통해 유권자들에게 팔려나갔다. 그 나이든 장군은 심지어 이렇게 한탄하기까지 했다. "늙은 노병이 이 지경에까지 이르다니!" 그의 뒤를 따라 리처드 닉슨^{Richard Nixon}도 브랜드 창조의 거장인 로저 아일스^{Roger Ailes}의 솜씨 덕분에 우악스러운 불평가에서 낙천적인 리더로 변신했다. 대통령을 판매하는 과정은 몇 년 만에 자리를 잡았다. 아일스는 대통령이라는 것이 단지 하나의 정치적인 브랜드일 뿐이고 정치가는 본질적으로 사람들이 동일시할 수 있는 캐릭터에 불과하다는 것을 이해했다. 딕 모리스^{Dick Morris}가 빌 클린턴의 홍보를 위해 해야 했던 일이라고는 아일스가 했던 방식을 기억하고 매춘부들에게서 떨어져 있기만 하면 되었다.

조지 부시^{George Bush}에 이르러서는 이 과정이 너무나 완벽하게 내재화되었다. 유권자들은 감독파(Episcopal) 출신 귀족 혈통으로 앤도버/예일/하버드를 거친 이 해골파^{Skull and Bones}(예일대의 비밀 엘리트 조직) 단원이 다시 태어난 기독교인이자 텍사스의 선량한 토박이 석유업자라고 믿으려 할 정도였다. 루즈벨트 대통령 같은 사람이 그로톤/허드슨 리버/하버드/고 교회파(high church) 말고 다른 사람이 될 수 있거나 되고자 했다는 것은 상상도 할 수 없는 일이 되었다. 실제로 그는 휠체어에 틀어박혀 있지 않은 체했지만 그것도 스토리텔링의 일부였다. 앨 고어^{Al Gore}는 낡은 브랜드에 고정됐다. 실제로 그도 조지 부시 못지않은 귀족 혈통이었지만 그는 시대에 뒤떨어진 사람, 낡은 시대의 경제력, 효력이 다한 정책, 식어 빠진 혈기 등으로 브랜딩되었다. 한때 터미네이터였던 아놀드 슈왈제네거Arnold Schwarzenegger가 '정치네이터(Governator)'로 인식되는 데 거의 문제가 없었다는 점은 전혀 놀라운 일이 아니다. 적절한 브랜드 스토리이지 않은가.

우리는 정치 분야에서 (그리고 정당한 사유의 작전Operation Just Cause에서부터 이라크 자유화 작전Operation Iraqi Freedom에 이르기까지의 외교 정책에서도) 스토리의 존재를 인정하게 되었지만, 다른 공적 영역에서의 활동을 설명할 때에는 스토리텔링에 대한 언급을 그다지 좋아하지 않는다. 1950년대 필자가 한창 성장하던 당시에는 감독 교회(Episcopal Church)에서 뭔가를 판다는 생각을 한 번도 해본 적이 없다. 얼마나 혐오스러운 생각인가. 하나님을 팔다니! 우리 가족이 맨해튼에서 의무적으로 박물관을 둘러볼 때에도 필자는 메트로폴리탄 미술관이 초월적인 아름다움의 이미지들을 판매한다거나 몇 블록 떨어진 구겐하임 미술관과 전쟁을 벌이고 있다는 생각을 꿈에도 해본 적이 없다. 그들이 다루는 물건은 그 자체로 너무나 가치 있는 예술품이었기 때문이다. 그렇지 않은가? 그곳은 시간과 공간을 뛰어넘은 곳이었다. 누가 감히 시장 압력을 들먹거리는가. 아무도 입장객 수에 신경 쓰지 않았다. 어쨌든 입장료도 무료가 아닌가.

필자는 겨우 대학 교수가 되고 나서야 필자가 하고 있던 일의 대부분이 정말 누구에게나 기회가 주어질 수 있는 일종의 문화적 교양을 마케팅하는 일임을 알게 되었다. 교수직에 있는 우리들은 실제로 횡령을 하고 있었다. 그러나 시장으로 그것을 가지고 가는 부분에서 우리는 그것이 원래 거기에 있던 것인 척했다. 뿐만 아니라 우리는 공공연히 이것이 매우 중요하고 항상 중요하게 여겨져 왔다고 주장했다. "짧은 시간의 영원한 업적." 에드먼드 스펜서Edmund Spenser는 예술을 이렇게 불렀지만 우리 교수들에게 커리큘럼은 단지 또 하나의 판매품일 뿐이었다. 최고의 입학생들을 얻기 위한 전쟁은 치열했지만 이들을 뽑는 기준은 유동적이었다. 소비자들이 변함에 따라 우리들의 제품도 변화했다. 흑인들의 노예 이야기가 예술이 되기를 원하는가? 좋다. 초기 여성들의 일기가 페미니즘 문학이 되기를 원하는가? 문제 없다. 사실상 학교가 좋을수록 입학 전쟁은 더 치열하고 커리큘럼은 더 변화무쌍한 것이 되었다.

상업계가 고급문화를 어떻게 변형시키는가에 점점 더 관심을 갖게 되면서 필자는 고등교육 시장이 일반 생활용품 시장과 흡사하다는 사실을 발견하게 되었다. 말하자면 교육계도 차별화되지 않은 제품에 수많은 공급자가 존재한다는 특징이 있다. 필자의 모교도 다른 많

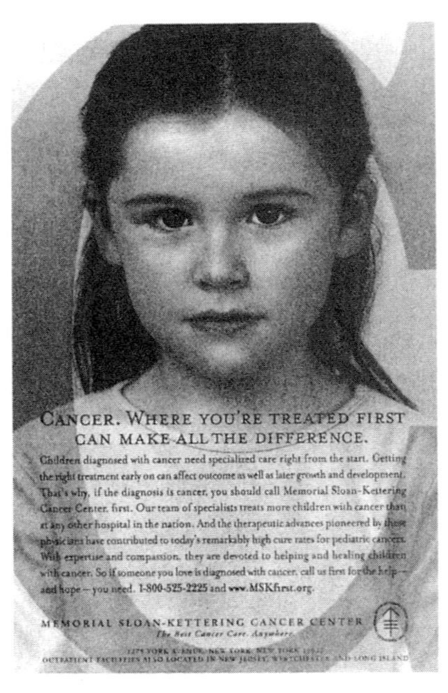

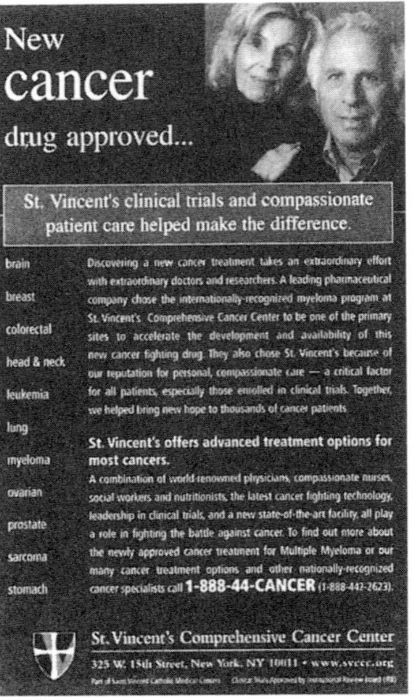

은 학교들과 거의 똑같은 커리큘럼과 교육자들, 도서관, 그리고 운동
장을 가지고 있다는 점에서 다른 학교들과 똑같은 학교가 되었다. 식
료품점에서는 이것이 바로 판매자로 하여금 제품에 대한 이야기를
꾸미게 하는 조건이 된다. 사실상 이것이 바로 판매자에게 브랜드 전
략을 펼 것인가 아니면 아예 장사를 접을 것인가를 선택하도록 만드
는 조건이다. 이런 사실을 알게 됨으로써 필자는 교육계에서 일어난
수많은 변화들, 가령 성적 인플레이션이나 완전히 부패한 인기 스포
츠, 대부분 아웃소싱된 학교 서비스(대학원생들에게 가르치는 일을 전
가하는 것을 포함하여), 상업화된 연구 기능, 그리고 《US 뉴스 & 월드
리포트U.S. News and World Report》의 막대해진 영향력을 이해하게 되었다.

병원이 모두 같은 직원과 제품을 가
지게 될 때 벌어지는 현상이 바로
이것이다. 제품들의 대체 가능성은
뉴욕시의 의료 서비스에 브랜딩을
초래했다.

그래서 필자는 이런 생각을 하게 되었다. 브랜딩을 통한 차별화가 가루비누와 통조림 콩과 같은 일용 소비재 용품 영역에서 정당, 박물관, 교육 기관, 교회, 동물원, 주택 단지, 병원 그리고 자선단체와 같이 회전율이 느린 문화 기관으로 옮겨간 것이 아닐까? 고등교육 기관들이 일부 잡지가 만들어낸 평가 기준과 함께 점점 상업화되어 가는 것은 필연적인 일일까? 구원을 파는 시장이나 예술, 지식, 건강, 심지어 정의를 판매하는 시장이 존재할까? 고급문화의 부산물들은 그저 곧 처분해야 하거나 재포장되어야 하는 수많은 재고품들 중 하나가 되어 가고 있는가? 만약 그렇다면 믿음의 소비자인 우리들은 왜 그것을 시인하려 하지 않는가, 그리고 판매자 측은 왜 그들이 이야기를 꾸민다는 사실에 대해 자백하는 것을 그리도 주저하는가?

필자가 보기에 답은 자명하다. 공적 영역의 브랜딩 파워는 부분적으로 이야기가 먼 곳에서 온다는 점에 있다. 신으로부터, 헌법으로부터, 완벽한 형식으로부터, 진리로부터 등. 이러한 주장이 바로 문화계의 궁극적인 브랜드이다. 우리는 브랜딩된 신앙, 브랜딩된 교육, 브랜딩된 예술을 상업 세계에서 '테마 환경(themed environment)'이라 부르는 것의 일부로 볼 때 더 잘 이해할 수 있을 것이다. 이들을 일컫는 특별한 마케팅 용어로 LBE^{Location Based Entertainment}(오락 시설 중심의 상업 시설 — 옮긴이)라는 것도 있다. 말하자면 예술, 문학, 신학이 탄생하는 곳은 특정 종류의 경험이 특정 종류의 통화, 꼭 돈만이 아니라 좀더 흥미롭게는 브랜드와의 정서적 제휴(affiliation)와 교환될 수 있는 곳이라는 것이다. 프랑스의 영향을 받은 사회학자들에게 이들은 문화 자본 시장이라 불린다. 중요한 점은 한 공급자가 공급하는 신앙, 교육, 예술 등의 브랜드가 또다른 공급자가 제공하는 거의 판에 박은 듯 똑같은 것들보다는 낫다는 점이다. 여기에 걸린 이해

관계가 크기 때문에 경쟁도 치열하다. 1980년 이래로 갋은 박물관, 교회, 학교가 문을 닫았다. 그리고 그보다 더 많은 수의 문화 기관들이 현재 간신히 연명해 나가고 있다.

필자는 럭셔리에 대한 연구를 통해 문화 자본의 마케팅에 관심을 갖게 되었다. 현대의 호화품은 물건 안에 존재하는 것이 아니다. 그것은 상업적 발화에 의해 물건에 덧붙여진 스토리, 즉 광고에 있다. 필자가 만약 여러분에게 수도꼭지에서 받은 물과 여러 가지 상표의 생수를 시음을 통해 구별해 보도록 권한다면, 여러분은 아마 맛으로는 어느 것이 어느 것인지 구별할 수 없을 것이다. 그럼에도 불구하고 에비앙Evian의 9온스들이 생수 한 병의 가격은 1.49달러나 한다. 당신이 마시는 것은 분명히 스토리, 즉 브랜드이다. 에비앙의 맛은 바로 거기에 있다. 눈을 가린 상태에서는 많은 사람들이 싸구려 와인과 비싼 와인을 맛으로 구별하지 못한다. 하지만 이보다 더 흥미로운 사실은 눈을 가린 상태에서는 많은 사람들이 레드 와인과 화이트 와인의 차이, 블랙커피와 카페오레의 차이, 코카콜라와 펩시의 차이도 맛으로는 구별해내지 못한다는 점이다. 당신은 자동차의 명패를 보지 않고 승차감만으로도 렉서스Lexus와 쉐비Chevy를 구별할 수 있는가? 이와 똑같은 현상이 비영리 세계에서도 일어나고 있지는 않을까? 그것을 알아내는 것이 바로 이 책의 목적이다.

중요하지 않은 것이 사실은 중요하다

경험의 의미는 항상 이야기를 통해 전달되어 왔다. 음유시인은 항상 모든 문화에서 중심적인 역할을 차지하여 왔는데, 음유시인이 없이는 과거에 무슨 일이 일어났고 앞으로 어떤 일이 예상되는지는 말할 것도 없고 현재 어떤 일이 일어나고 있는지조차 모르기 때문이다. 그는 의식(consciousness)의 목사이다. 정보화 시대 이전에는 지배적인 스토리가 항상 민족주의, 조상, 역사, 신과 같이 주로 추상적인 개념에 관련된 것이었다면 현대의 지배적인 스토리는 담배, 음료수, 맥주, 자동차 타이어에 대한 이야기이다. 다음을 생각해보자. 맥주, 고기 패티, 커피, 데님, 운동화, 가솔린, 물, 신용카드, 방송사, 배터리, 비행기 좌석 등과 같은 가장 단순한 것들에도 우리의 귀를 쫑긋 세우게 하는 스토리가 있다. 이야기는 전설, 영웅담과 연결되며 몇 세기에 걸쳐 지속되기도 하고 단지 몇 달 만에 바뀌기도 한다.

생산자 입장에서는 이야기의 구축이 이윤 최대화의 의지와 같다고 할 수 있다. 다시 에비앙을 관찰해보자. 필자가 이 글을 쓰는 현재, 미국의 무연 가솔린은 갤런당 평균 1.75달러이다. 이를 다음에 조사한 여러 가지 액체의 갤런당 가격과 비교해보자.

립톤 아이스티: 16 온즈에 $1.19, 갤런당 $9.52

오션 스프레이: 16 온즈에 $1.25, 갤런당 $10.00

게토레이: 20 온즈에 $1.59, 갤런당 $10.17

다이어트 스네이플: 16 온즈에 $1.29, 갤런당 $10.32

우유: 16 온즈에 $1.59, 갤런당 $12.72

와이트 아웃(Wite-out): 7 온즈에 $1.39, 갤런당 $25.42

STP 브레이크액: 12 온즈에 $3.15, 갤런당 $33.60

스코프(Scope): 1.5 온즈에 $0.99, 갤런당 $88.48

펩토 비스몰(Pepto-Bismol): 4 온즈에 $3.85, 갤런당 $123.20

빅스 니퀼(Vicks NyQuil): 6 온즈에 $8.35, 갤런당 $178.13

에비앙 생수: 9 온즈에 $1.49, 갤런당 $21.19

에비앙의 맛은 혀가 아닌 상상력으로 느껴진다.
바로 이곳이야말로 약간 황당무계한 에비앙의
스토리가 만들어지는 곳이다.

소비자들은 에비앙이라는 글씨 때문이 아니라고 말할지도 모르지만 현실은 그렇지 않다. 오히려 그 반대이다. 우리는 에비앙의 스토리를 원한다. 그 스토리의 가격이 1.49달러이다. 반면 물은 공짜나 다름없다. 소비자의 관점은 〈앱솔루틀리 패뷸러스$^{Absolutely\ Fabulous}$〉라는 BBC 시트콤의 대사에 훌륭하게 표현되어 있다. 에드위나^{Edwina}가 그녀의 딸에게 귀걸이를 선물받는다. 에드위나가 "이거 라크로아^{Lacroix} 꺼니?"라고 묻는다. 딸은 "맘에 드세요?"라고 묻는다. 그러자 에드위나는 이렇게 대답한다. "라크로아 것이면 맘에 드는구나."

이런 상업적 픽션의 가치를 수량화한다면 엄청난 숫자가 나올 것이다(누구는 저속하다 말할 테지만 말이다). 《비즈니스 위크》는 광고 지주회사인 옴니콤^{Omnicom}에 소속된 인터브랜드^{Interbrand} 사와 협력하여 세계적 브랜드들의 가치를 10위까지 순위로 매겼다. 대학교의 순위를 매기는 《US 뉴스 앤 월드 리포트》를 비롯한 대부분의 순위에서와 마찬가지로 이 리스트는 매년 조금씩 바뀌면서 잡지의 판매를 보장한다. 그러나 이런 순위가 수많은 평가 기준을 근거로 해서 결정되는 것이라 할지라도, 그 기본적인 아이디어는 강력한 브랜드란 다른 속성과 관계없이 판매와 수익을 증가시키는 힘이 있다는 것이다. 여기에 실린 브랜드들이 모두 주식회사의 브랜드라는 점에 주목해야 하는데, 예를 들면 게토레이^{Gatorade}는 펩시코^{PepsiCo}의 계열사이기 때문에 포함되지 않았다. 또한 캔디 제조사 마스$^{Mars,\ Inc.}$와 같은 개인 기업이나 로마 가톨릭 교회, 루브르^{Louvre} 박물관, 하버드 대학교와 같은 '기관'들도 순위에서 제외되었다.

세계에서 가장 가치가 높은 브랜드 10 (2006)

순위	브랜드	브랜드 가치
1	코카콜라	670억 달러
2	마이크로소프트	569억 달러
3	IBM	562억 달러
4	GE	489억 달러
5	인텔	323억 달러
6	노키아	301억 달러
7	도요타	279억 달러
8	디즈니	278억 달러
9	맥도널드	275억 달러
10	메르세데스	217억 달러

주목할 점은 강력한 파워를 가진 이 브랜드들이 대부분 경쟁이 치열한 산업에 속해 있다는 점이다. 사실상 이 브랜드들은 경쟁사의 제품들과 거의 동일한 제품을 팔고 있다. 코카콜라는 펩시를 필요로 하고 맥도널드는 버커킹을 필요로 하며 도요타는 GM을 필요로 한다. 마이크로소프트가 계속해서 정부와 마찰을 빚고 있는 이유 중 하나는 바로 이것 때문이다. 브랜딩의 성과는 경쟁적 브랜드가 있을 때 더 훌륭해진다. 이 리스트가 보여주는 사실은 차별성이 없는 아이템이 과잉 공급될 경우 유능한 판매자들은 자신의 상품을 강력한 스토리로 무장한다는 점이다. 8위를 차지한 월트 디즈니의 이매지니어링Walt Disney Imagineering에서 창조적 기술 및 연구 담당 부사장을 맡고 있는 브라이언 페런Brian Ferren은 이렇게 말한다. "나는 위대한 장군, 위

대한 정치가, 또는 크게 성공한 사업가들 치고 위대한 이야기꾼이 아니었던 사람을 본 적이 없다. 우리가 충분한 관심을 두고 있진 않지만 스토리텔링이야말로 비즈니스에서 핵심 경쟁력이다." 1위를 차지한 코카콜라의 전 CEO 로베르토 고이주에타Roberto Goizueta에 의하면 "소매업에서는 위치, 위치, 위치가 가장 중요하다. 그러나 비즈니스에서는 차별화, 차별화, 차별화만이 있을 뿐이다." 그는 여기에서 제품이 아니라 스토리에 대해서 이야기하고 있다.

이렇게 이야기를 통해 브랜드를 차별화하는 것은 비단 비행기 좌석, 모기지, 신용카드, 장거리 전화와 같이 대체 가능한 제품들뿐만 아니라 본질적으로 다른 다양한 문화적 문제에도 적용된다. 다음의 경우를 생각해보자. 극중 배역이 브랜드화된 인물들로 꽉 짜여진 텔레비전 쇼(⟨사인필드Seinfeld⟩, ⟨치어스Cheers⟩, ⟨힐 스트리트 블루스Hill Street Blues⟩를 보라), TV PD(아론 스펠링Aaron Spelling과 스티븐 보흐코Steven Bochco는 모두 브랜드 네임이다), 텔레비전 방송사(디스커버Discover와 PBS는 디즈니처럼 자체 쇼핑몰을 가지고 있고 폭스Fox는 자체 뉴스 브랜드를 가지고 있다), 줄거리(⟨⟨로 앤 오더Law & Order⟩ 이야기는 두 개의 속편물 ⟨로 앤 오더: 특수 수사대L & O: Special Victims Unit⟩와 ⟨로 앤 오더: 범죄의 목적L & O: Criminal Intent⟩뿐 아니라 대담 프로에도 등장하고 있고, 수많은 디렉터스 컷 DVD뿐 아니라 대담한 사진이 들어 있는 커피 테이블용 책이나 잡학서, 컴퓨터 게임, 모바일 게임 등에서도 응용되고 있다), 작가(제임스 본드, 터미네이터와 마찬가지로 스티븐 스필버그와 조지 루카스도 하나의 브랜드이다), 로열티(윈저 가문the Windsors, 레이니어 왕자Prince Rainier와 그레이스 켈리Grace Kelly 등), 라디오 토크쇼(러시 림보Rush Limbaugh가 AM 채널을 어떻게 바꿔놨는지 생각해보라), 잡지(코스모Cosmo는 옷가게를 열었고 오프라Oprah는 '오프라' 라는 잡지가 되었다), 심지어는 인간 행동(주의력 결핍

먼저 질병을 팔고 그 다음에는
걱정, 마지막으로 치료를 판다.

과다 행동장애, 경계성 인격 장애)과 그에 대한 치료약(리탈린Ritalin, 프로
작Prozac)에도 브랜드가 적용된다.

브랜딩된 제품과 서비스 목록은 끝이 없으며 나날이 그 수가 늘고
있다. 이를 통해 알 수 있는 것은 우리가 뭔가를 생산해낼 수 있게 되
면 그것이 무엇이든 간에 수익 체감점에 이를 때까지 계속해서 생산
해낼 것이라는 점이다. 여러분은 이름을 붙인다. 고기 패티, 소설, 자
동차, 집단 소송 재판, 신문, 또는 이 책의 소재인 신도 좌석, 강의실,

포브스 지는 잘 알고 있다. 요즘 아이들의 꿈은 비싼 브랜드가 되는 것이다.

예술 작품 등. 제조되거나 조립 혹은 건축될 수 있는 모든 것들 중 가장 성공적인 것들은 바로 가장 강력한 이야기로 무장된 것임이 드러날 것이다. 이제 브랜딩은 우리의 제2본능이다. 심지어 노동 시장에서조차 우리는 우리 자신을 옆에 서 있는 사람과 별다른 특징이 없는 과잉물로 보고 있지 않은가. 이런 상황에서 무엇을 할 것인가? (주저스럽겠지만) 당신 자신을 브랜드라고 생각하라.

모던 브랜드

상징 창조로서의 브랜딩은 물론 오래되었다. 브랜드(brand)라는 단어를 조사해보면 우리가 사물의 의미를 어떻게 이름 짓고 통제해 왔는가에 대한 전 역사를 짚어볼 수 있을 것이다. 문자 그대로 브랜드(고대 영어의 biernan, '태우는 것')는 불 속에 던져진 물건이었다. 동사이기도 한 이 단어는 뜨거운 열기에 의해 달궈지는 과정을 묘사한다. 명사로는 달궈진 과정을 거친 결과물을 말한다. 브랜드는 문자적으로 열을 가해 단단해진 무기나 때로는 칼을 의미하는데 이때까지는 상징적 의미가 아닌 단지 그 과정과 결과물만을 의미했다. 우리는 칼을 휘두르는 것과 같이 브랜드를 휘두른다(brandish). 따라서 선동자 혹은 정렬가(firebrand)는 불꽃 옆에 너무 가까이 있다가 결국 칼과 같이 강력한 것으로 변한 사람을 일컫는다. 그런 사람은 놋쇠와 같다.

불과의 관련성 때문에 브랜드는 문자적으로 소유권을 표시하기 위해 소와 말가죽에 뜨겁게 지지는 것을 의미하게 되었다. 태워서 만들어진 그림인 브랜드가 별난 역사를 갖게 되는 것은 이 단어가 '오명'이나 '결점'을 의미하고 수치심을 주기 위해 가해진 표시인 낙인

(stigma)이라는 단어와 붙어 다니게 되면서부터이다. '낙인'은 로마인들이 고분고분하지 않은 노예와 범죄자들을 말 그대로 브랜딩하면서 쓰게 된 라틴어에서 유래하였다. 이 브랜드는 살갗에 가볍게 태워졌으며 몇 년 안에 사라졌다. 브랜딩을 당한 사람 중 많은 수는 기독교인들이었다. 초기 기독교는 이 상징적 개념을 역으로 취해 예수의 못자국(성흔, stigmata)에 적용시켰다. 이렇게 후급 적용(metalepsis)과 동시에 의미를 완전히 뒤집는(antagonym) 사례는 매우 드문 경우였다. 십자가에서 그리스도가 당한 상처가 진실로 회개한 자의 손에서 기적적으로 나타나곤 했기 때문에 제2의 성흔인 이것은 하락의 의미가 아닌 상승의 의미를 가지게 되었다.

미국 문화사에서 브랜딩의 낙인은 청교도에 의해 사용된 것으로 가장 잘 알려져 있다. 헤스터 프린Hester Prynne의 '주홍 글씨'를 모르는 사람은 없을 것이다. 우리가 알지 못하는 사실은 낙인에 알파벳 전체가 사용됐다는 점이다. 예를 들어 메릴랜드Maryland에서는 법원이 돼지를 훔친 자에게는 'H'로, 달아난 노예에게는 'R'로, 도둑에게는 'T'로 표시함으로써 죄수를 브랜드화하였다. 미국 식민 사회는 그런 브랜딩에 걸맞은 최적의 문화를 가지고 있었다. 이곳에서 브랜드화되어 고립되는 것은 진짜 위험에 둘러싸이는 것을 의미했다. 커뮤니티에서 추방되면 진짜 위험에 직면했기 때문이다. 브랜드화된 후에는 더 큰 위험이 기다리고 있었다. 그들의 스토리가 말 그대로 그들을 따라다녔기 때문이다.

19세기에 이르러 브랜드 개념은 고대의 비교적 덜 모호한 정의를 다시 확립하게 된다. 브랜드는 술이나 와인통, 목제, 금속 등과 같은 제품에 태워서 새겨진 재반송 주소나 상표를 지칭하게 되었다. 이것은 지금도 여전히 흔하게 사용된다. 우리는 브랜드를 통해 소유권이 어떻게 움직이는 제품에 말 그대로 붙어 다니는지를 자주 볼 수 있다. 가령 우리 모두는 숫송아지의 몸통 측면에 소유권을 표시하는 마크인 A라는 브랜딩을 알고 있다. 벤틀리Bentley라는 차의 명판 B도 같은 맥락이다. 이때의 브랜드는 더 이상 범죄의 표식이 아니라 소유의 사회적 표현으로 자리매김하게 되었지만 아직 소속감(inclusion)을 뜻하지는 않았다. 1905년 의회가 트레이드마크 법안을 통과시키면서 이런 의미가 긍정적인 것으로 바뀌게 된다. 브랜드는 법적으로 "판매자의 제품을 경쟁자의 제품과 구분하고 명확히 드러내기 위한 의도로 쓰이는 이름, 용어, 디자인 또는 이 모든 요소들의 복합"을 의미하게 되었다. 이것이 현재까지도 공식적으로 사용되는 브랜드의 정의이다.

낙인의 역사에서도 마찬가지였지만 현대 사회에서 우리는 스스로의 몸에 문신을 함으로써 통념을 뒤집었다. 청소년뿐 아니라 다 자란 성인들까지 몸의 다양한 부위에 재치 있는 문구로 스스로를 브랜드화하기 위해 문신이 끝날 때까지 참을성 있게 기다린다. 우리는 또한 정서적 제휴(affiliation)를 드러내는 이니셜들을 자랑스럽게 입고 다니는데, 보통 이 경우에 사용되는 브랜드는 디자이너의 이름이다. 도나 캐런Donna Karan의 DKNY, 샤넬Channel의 C, 타미힐피거Tommy Hilfiger의 Tommy, 구찌Gucci의 G, 랄프 로렌Ralph Lauren의 RL 등이 우리 몸에 배척이 아닌 소속의 신호를 나타내는 것이다. 우리는 종종 그런 브랜딩을 일종의 연대로 인식하곤 한다. 우리는 스타일의 노예라느니 패션의 희생자들이라는 말을 쉽게 내뱉는다. 그러나 우리들 중 다수가 '구매 결정'을 부추기는 제조품들의 매력에 매우 쉽게 빠져들면서도 그런 사실을 인정하려 드는 사람은 별로 없다. 브랜딩 과정도 동일한 방식으로 작용한다. 안이나 밖, 피부나 옷을 통해 우리는 다른 스토

뷰티 마크가 보이는가? 메르세데스 벤츠
는 말 그대로 브랜드를 브랜딩하는 뻔뻔
스러움을 가지고 있다.

오늘은 어떤 브랜드 속으로 들어가고 싶은
가?

리가 아니라 바로 이 스토리의 일부가 되고 싶어 하는 것이다.

이렇게 하여 브랜드는 명사에서 동사가 되었고, 다시 또 명사가 되었다. 브랜딩이란 스토리텔링의 과정으로 이해하는 것이 그것을 가장 잘 이해하는 방법이다. 리바이스Levi's의 경우를 살펴보자. 1세기 전에 리바이스 브랜드는 마케팅에서 소위 말하는 기계로 만든 섬유의 '특성과 장점'을 표시하기 위한 방법이었다. 그 브랜드는 포장 박스와 바지 위에 말 그대로 도장이 찍힌 것이었다. 그 상표는 외연(denote)과 내포(connote)의 기능을 동시에 하고 있었다. "이것은 리바이 스트라우스 사에서 나온 리바이스 데님이고 그 뜻은 리바이스 바지가 튼튼하고 질기다는 것입니다." 나중에 그 브랜드는 전 세계가 알아보는 커다란 라벨이 되었고 바로 여러분의 힙 위에서 상징이 되었다. 이후 그 브랜드는 점점 더 확장하여 경험의 약속을 넘어 경험 자체가 되었다. 당신은 강하고 다부지다. 리바이스는 단순히 당신의 힙 위에 있는 것이 아니라 힙 자체가 되었다. 그리고 당신은 리바이스를 입을 때 리바이스가 된다. 그러나 그토록 잘 나갔던 불굴의 리바이스도 1970년이 되면서 점차 위상을 잃었고 소비자들은 리바이스를 외면하게 된다.

어쩌면 브랜드는 단순한 이야기 과정이라기보다는 다양한 드라마가 공연되는 일종의 극장이 되었다. 자주 인용되는 말 중 당시 퀘이커 오츠 컴퍼니Quaker Oats Company 회장이었던 존 스튜어트John Stuart가 한 말이 있다. "만약 기업을 해체해야 한다면 나는 브랜드와 트레이드마크, 그리고 영업권(goodwill)을 가질 테니 당신은 제조업 전체를 가져도 좋다. 그러나 성공하는 사람은 바로 나일 것이다." 그러나 이를테면 '경험'을 차지하는 것에 위험이 전혀 없는 것은 아니다. 왜냐하면 수년에 걸쳐 형성된 브랜드라 할지라도 브랜드를 이해하는 고객을 잃거나 타깃을 잘못 맞출 경우 몇 개월 만에 증발해 버릴 수도 있기 때문이다. 티핑 포인트(tipping point)는 어느 쪽으로도 기울어질 수 있다.

현대의 상업 브랜드가 불안정한 이유는 다른 대부분의 이야기와 달리 그것이 하나의 원본을 가지고 있는 것이 아니기 때문이다. 상업적 브랜드들은 광고, 포장, 로고, 슬로건, 그리고 소비자들의 마음에 모두 등장한다. 그들은 아무런 기원도 없이 문화적 에테르(ether)와 사회적 구조 안에 그저 존재할 뿐이다. 우리는 분명 그들에 대해 알지만 어떻게 아는지는 모른다. 이런 점에서 현대 브랜드는 냄새와 같다. 인간이 냄새에 민감하다지만 우리는 극에 달하기 전까지는 냄새의 충격을 인식하지 못한다. 일단 냄새를 알아채기 시작하면 모든 것이 반사작용이다. 나쁜 냄새가 풍기면 우리는 재빨리 구역질을 하거나 입을 막는다. 오물이 너무 가까이에 있으면 우리는 우선 '우웩' 이란 말을 내뱉는다. '향기 좋다' 라고 말할 때는 향수가 적당히 가까이 있을 때이다. 냄새는 다른 감각처럼 이야기를 뇌로 전달하지만 그 속도는 음속과 같아서 우리의 반응은 본능적이고 맹렬하다. 바로 그것이 위대한 브랜드의 궁극적 속성인 센세이션(sensation)이다. 즉 고기 굽는 소리가 중요하지 고기가 중요한 것이 아니다. 그래서 브랜드를 통제하기가 그토록 어려운 것이다.

브랜드를 이렇게 생각할 수도 있다. 그들은 상업적 가십(gossip)이다. 여기서 가십이란 타블로이드에 등장하는 '누가 누구와 잤다' 는 식의 가십이 아니라 내부자들에 의해 공유되어야 할 비밀스러운 의미를 나타내는 훨씬 더 심오한 의미의 가십이다. '쉿! 이 말 좀 들어봐' 가십을 귓속말로 전하는 이유는 그것이 소리쳐야 할 이야기보다 훨씬 더 중요하기 때문이다. 버즈(buzz, '윙윙' 이라는 의성어이면서 '소문' 이란 뜻이 있음 — 옮긴이)란 단어는 벌집에 있는 벌들을 연상시키기 때문에 굉장히 훌륭한 의성어가 된다. 당신은 가십에 주의를 기울인다. 그것은 중요하다. 그렇기 때문에 당신은 몸을 숙이고 귀를 쫑긋 세우며 후각을 긴장시켜, 좋은 것인지 더러운 것인지, 고기 냄새인지 향수인지를 알아채려 하는 것이다. 심지어 그것은 온도도 있다. 그 소식은 쿨(cool)한가, 아니면 핫(hot)한가?

가십은 사전 편찬자들이나 신문 독자들에게는 사소한 것처럼 보일지 모르지만, 마케팅에 종사하는 사람들에게 그것이 얼마나 중요한지 물어보라. 'buzz' 란 단어가 광고업계와 할리우드, 워싱턴에서 오늘날의 신조어가 된 이유는, 오래된 제품을 신선한 브랜드로 둔갑시키기 때문이다. 금주법 시대에 증류주 회사들이 신제품을 팔기 위해 찾아낸 가장 좋은 방법은 술집의 술꾼들을 고용해서 특정 브랜드의 술이 끝내주더라는 소문을 조용히 퍼뜨리는 것이었다. 결국 그것은 그냥 똑같은 술통에서 나오는 버번, 라이 위스키, 스카치였지만 "너만 알고 있어, 이거 한 번 마셔봐, 밀주보다 좋다구"라는 말의 힘은 위력적이었다. 비밀 정보가 가지는 친밀성(intimacy)의 유혹을 누가 뿌리칠 수 있겠는가. 광고에서 상업적 가십은 더 이상 속삭임의 문구(whisper copy)가 아니라 구전 마케팅(viral marketing)이 되었다. 대학, 아트 갤러리, 교회, 자선단체나 다른 문화 자본 현장에도 예외는 아니다. 그들 역시 홍보의 영향력 자체뿐 아니라 적절한 홍보를 적절한 대상에게 전달하는 것의 중요성을 깨닫게 되었다.

브랜드 커뮤니티: 신세계의 규칙

브랜드를 모르는 사람은 없을 것이다. 브랜드는 새로운 국제어이다.

현대 세계의 특징 중 하나는 바로 특정 브랜드 스토리가 경험을 한데 묶는 끈이 되었다는 점이다. 우리는 진열대 위에 놓인 상품에 대해 브랜드 패밀리(brand family)라고 말하면서도 그 패밀리가 인간의 영역에까지 확장될 수 있다는 생각은 하지 못한다. 우리는 심지어 브랜드 충성도(brand loyalty)라는 용어를 사용하면서도 그것이 갖는 정서적 제휴의 힘은 파악하지 못한다. 우리는 특정 자동차의 소유주들이 단순히 같은 브랜드의 자동차를 탄다는 이유로 서로에게 손을 흔들어 보이는 것이나(예를 들어, 사브Saab), 특정 컴퓨터 사용자들이 공통된 장비나 운영 시스템에 대한 단순한 의견 공유를 넘어서 우정으로 확대되는 채팅 그룹을 형성하는 것(예를 들어, 애플이나 리눅스), 또 특정 학교 출신의 사람들이 같은 반이 아니었더라도 동문이란 이름으로 연대하는 것, 그리고 심지어 같은 종자의 개를 키우는 사람들이 붐비는 거리에서도 꺼리낌 없이 이야기를 나눈다는 사실을 알고 있다. 인간은 사회적이기를 갈망하고 스토리를 말하고 느낌을 공유하길 원한다. 그리고 브랜드는 이런 과정을 촉진시킨다.

할리데이비슨Harley Davidson은 가장 유명한 브랜드 커뮤니티 중 하나여서 (인류학자들에게는 약간의 부담이 될 만큼) 그 어쿠스틱 배기관에 이르기까지 자세한 연구 대상이 되어 왔다. 약간의 무쇠, 크롬, 가죽으로 만든 이 오토바이는 독일과 일본산보다 가격이 약 20퍼센트 정도 더 비싸면서도 품질은 30퍼센트 정도 떨어진다. 하지만 그것은 수천 명의 헌신적인 사랑을 받고 있다. 성상 주위로 몰려드는 순례자들처럼 이 브랜드 주위로 몰려드는 공격적인 아웃사이더들의 커뮤니티는 제품과 주인이 똑같이 '호그Hog'라는 이름을 공유할 정도로 브랜드와 깊이 연결되어 있다.

할리데이비슨이 재미있는 이유는 30년 전에는 그것이 거의 아무런 의미도 가지고 있지 않았다는 데 있다. 볼링 장비 제조회사인 AMF와의 합병 이후 이 회사는 교외 지역의 어린이들을 타깃으로 저렴한 가격의 제품을 취급하면서 거의 바닥을 치고 있었다. 그러나 말론 브란도가 출연했던 영화 〈헬스 앤젤스Hells Angels〉와 (사실 그는 잉글리시 트라이엄프English Triumph를 타고 있었다), 훌륭한 제품명(너클헤드Knucklehead, 팬헤드Panhead, 셔블헤드Shovelhead, 하드테일Hardtail, 수퍼 글라이드Super Glide, 하이드로 글라이드Hydro Glide, 일렉트라 글라이드Electra Glide, 다이나 글라이드Dyna Glide, 차퍼Chopper 등), '포테이토 포테이토 포테이토'처럼 특이한 소리를 내는 교향악적 배기 시스템, 주문 제작이 가능한 정교한 크롬 장식 덕분에 이 물건은 일종의 부적이 되었다. 할리데이비슨 브랜드는 문자적인 의미는 물론 비유적인 의미에서 모두 센세이션을 일으켰다.

자주 지적되어 온 것처럼, 이 브랜드는 초심자들로 하여금 자신의 몸에 브랜드 로고를 문신으로 새기게 만들었고, 그 사용자들에게 매뉴얼을 마치 결혼식의 성경책처럼 여기게 만들었으며, 순례 여행 축제와 같이 오토바이 주간을 만들게 하고, 포드의 픽업트럭으로 하여금 이 오토바이를 장착시키기 위해 특별히 고안된 카고 베드(cargo bed)를 단 특별 버전을 만들게 하였다. 이 정도의 브랜드라면 거의 종교화되고 있다고 말할 수 있을 것이다.

우리는 (이보다 느슨하긴 하지만) 디오르, 구찌, 아르마니, 랄프 로렌과 같은 디자이너 라벨이 붙은 의류 커뮤니티들은 말할 것도 없고, 마쯔다 미아타Mazda Miata, 크리스피 크림 도넛, 지포 라이터Zippo lighter, 타파웨어Tupperware는 물론 갖가지 담배와 와인 등의 매혹적인 물건들 주변에 형성된 이와 똑같은 컬트 커뮤니티들을 볼 수 있다. 심지어 단순한 제품 하나가 오로지 배타성(exclusivity)처럼 보이는 것에 근거하여 그런 상태에 이르는 경우도 많다. 이것은 브랜드의 경지에 오르고자 하는 가십이다. 1970년대에 쿠어스Coors 맥주가 얼마나 마법적인 브랜드였는지 기억하는가? 심지어 한 영화에서 버트 레이놀드Burt Reynolds는 애틀랜타로 이 맥주를 반입시키기 위해 목숨을 걸기까지 한다. 나이키Nike 운동화는 또 어땠는가? 프라다Prada의 바게트 지갑은? 종종 소유 자체가 의식적으로 물신화되기도 한다. 가령 랜드로버Land Rover 사에서는 차가 얼마나 튼튼한지, 더 나아가서 랜드 로버의 소유주들이 얼마나 야외생활을 좋아하는지를 보여주기 위해 (실제로는 콘도 밖으로 거의 나가지 않지만) 특별 랠리와 트레이닝 프로그

브랜드는 스토리를 이야기할 뿐 아니라 커뮤니티를 만든다.

램을 개최하기도 하였다. 이런 차들의 95퍼센트가 아스팔트 밖으로
는 절대로 나가지 않는다는 사실은 이 브랜드에서 중요한 것이 아니
다. 제품은 이제 잊어버려라.

차별성 없는 물건의 생산자들이 티핑 포인트를 넘어 같은 물건을
사용한다는 점에 근거하여 일치감을 형성하려 한다는 점에서 우리는
20세기 중반에 '쿨(cool)하다'는 것의 개념이 어떻게 커뮤니티를 향
한 갈망에서 발생했는지 알 수 있다. 브랜드화된 커뮤니티에서의 멤
버십 증명 말고 더 쿨한 것이 무엇이겠는가? 광고회사들이 전적으로
꾸며낸 커뮤니티의 중요성을 깨닫게 되면서 만든 다음의 이 유명한
타레이턴^{Tareyton} 캠페인처럼 때로는 그런 노력이 다소 노골적인 빛을
띠기도 한다.

브랜드는 소비되고 목격되어야 한다

하버드 비즈니스 스쿨의 수잔 푸니어^{Susan Fournier}는 특정 브랜드의 강
력함을 설명하기 위해 노력했다. 그녀는 벽장 한구석에 모여 있는 비
누, 샴푸, 세제 등과 같은 일반 소비재들과 보통 사람들이 나누는 매
일의 상호작용을 기록한다. 즉 브랜드 사용자들의 커뮤니티가 있는
것처럼 브랜드들의 커뮤니티도 있다는 말이다. 물건들은 함께 모여
일정한 패턴과 성운(constellation), 혹은 그림 조각 퍼즐을 형성한다.
브랜드끼리 운을 이룬다는 얘기다. 그것들은 서로에 대해 충성한다.
그녀는 '소비자와 그들의 브랜드^{Consumers and Their Brands}'라는 글에서
브랜드 스토리는 사람들을 하나로 묶어 줄 뿐 아니라 개인들의 경험
을 하나로 묶어 준다는 점에서 종교와 같은 기능을 한다고 썼다. 마
치 종교적 우화들처럼 당신이 가령 특정 브랜드의 치약을 어떻게 사

용하고 있고, 당신의 부모님들은 그것을 어떻게 사용하셨으며, 그 치약은 당신의 삶에 어떻게 등장하였고, 왜 당신은 그 치약을 신뢰하게 되었으며, 어떤 이유로 그 치약을 선택하게 되었는지에 대한 이야기들은 단순히 인간과 다른 인간 간의 관계로만 확장되는 것이 아니다. 그것은 무엇보다도 사물들 간의 관계로 너무나 자연스럽게 확장된다. 그녀는 다음과 같이 결론 맺는다.

> 심리학적으로 해석하든 사회역사적으로 해석하든, 이 자료들에 대한 분석의 결론은 동일하다. 브랜드 관계는 소비자들의 생활 경험 수준에서 유효성을 지닌다. 이 연구에 참여한 소비자들은 단지 그 브랜드를 좋아하거나 품질이 좋아서 구매한 것이 아니다. 그들은 특정 브랜드들의 집합과 관계를 맺으며 그것들이 그들의 삶에 추가하는 의미에서 이익을 본다. 이런 의미들에는 기능적이고 실용적인 것도 있고 사회심리학적이고 감정적인 것도 있다. 그러나 이 의미들은 모두 목적적이고 자아 중심적이라서 그 의미와 연관된 개개인들에게는 대단한 중요성을 갖는다. 의미의 제공, 조작, 결합 그리고 선언의 모든 과정은 소비자와 브랜드 영역에서 '관계'라는 개념의 유효성을 입증한다.

다시 말해 브랜드는 신 부족주의의 암호이자, 인간과 인간 사이의 상호작용뿐 아니라 인간의 내면적 활동의 근원을 이룬다. 브랜드는 새로운 국제어, 새로운 공통 화폐, 새로운 의미의 아비투스(habitus), 그리고 자신과 타인 사이의 새로운 교차점이 되고 있다. 과거에 우리가 성인들의 유골 주위로 몰려들곤 했던 것처럼 우리는 이제 브랜드 주변으로 몰려든다. 우리는 국기와 같은 상징에 충성하는 것과 똑같은 방식으로 브랜드에 충성한다. 우리는 브랜드를 통해서, 브랜드 주변에, 혹은 브랜드에 대항해서 살고 있다. 브랜드는 새롭게 향상된 인간 가족의 새로운 멤버가 되었다.

디드로 효과

포니어 교수가 브랜드와의 제휴에 심오한 의미를 부여하긴 했지만 상업적 물건들이 유형을 이룬다는 것은 오래전에 알려진 사실이다. 인류학자들은 이미 브랜드들을 조합하여 일관된 상업적 자아를 형성하는 과정 전체를 일컫는 단어를 가지고 있다. 디드로 효과(Diderot effect)가 그것이다. 상업적 물건들이 어떻게 서로 긴밀한 관계를 형성하는지에 대한 통찰은 17세기 말의 수필가인 드니 디드로^{Denis Diderot}에 의해 발견되었다. '내 오래된 가운과의 이별에 대한 후회 Regrets on Parting with My Old Dressing Gown'에서 이 프랑스 철학자는 이후 현대 사회의 특성으로 자리 잡을 어떤 것에 대해 탐구했다. 우리가 앞으로 알게 되겠지만, 그 글은 박물관 소장품 및 고등교육 기관의 커리큘럼이 가지는 힘이나 기독교 종파들의 일관성에 대해 많은 것을 설명한다. 그것은 또한 교육적, 종교적, 예술적 경험과 센세이션에 대해 우리가 내리는 선택의 이유를 설명해 줄지도 모른다.

사물이 어떻게 조화를 이루고 서로를 보완하는지에 대한 디드로의 주장은 다음과 같다. 책상에서 눈을 들어 서재를 훑어보던 디드로는 그의 서재가 신비한 힘에 의해 변화되었다는 것을 발견했다. 한때는 북적대고 누추하며 혼잡스럽지만 행복했던 그곳이 이제는 우아하고 잘 정리되어 있지만 약간 엄격해졌다. 무엇이 변했는가? 디드로는 이 변화의 원인이 그의 눈앞에 있는 것이라고 생각했다. 바로 그의 새 가운 말이다. 그 가운을 입기 시작하고 일주일이 지나자 그는 문득 자신의 낡은 책상이 그 옷의 수준과 어울리지 않는다고 생각하게 되었다. 그래서 그는 윤기 나는 새 책상을 들여놓았다. 그 다음에는 벽에 걸린 벽걸이 융단이 약간 너덜너덜해 보이기 시작했고 그는 새 커튼을 찾아야만 했다. 점점 서재의 모든 내용물들이 바뀌어 갔다. 왜 그럴까? 그것은 그가 새로운 서재를 원했기 때문이 아니라 그곳에 있는 모든 것이 서로 조화를 이루어야 한다는 어떤 일관성을 원했기 때문이다. 이는 오늘날 '브랜드 일관성(brand coherence)'이라고 알려지게 되었다. 그는 이야기가 서로 맞아떨어지기를 바란 것이다.

현대 마케팅에서 이것은 '소비 성운(consumption constellation)'을 창조하는 것으로 불린다. 즉 브랜드 풍경(brandscape)에 입성해 하나의 유행을 따르며 전체적 조화를 이루는 것이다. 무엇으로 불리든 간에 그에 따르는 기쁨과 고통은 달라지지 않는다. 그러한 완벽함의 느낌을 성취하는 것은 우리 시대의 어법에 따르면 바로 '라이프스타일'의 창조이다. 오늘날 라이프스타일이란 일관된 브랜드들의 상징적인 진열이자 이야기를 이해했다는 과시이다.

기계화 덕분에 오늘날 스토리의 대부분은 광고이다

문화 비평가들은 시인하기 싫겠지만 우리가 공유하는 이야기의 대부분은 제조된 물건에 대한 것이다. 이것은 충분히 예측가능한 일이었다. 산업 혁명으로 우리는 기계에도 증기력을 적용할 수 있게 된다. 기계들은 비슷한 물건들을 만들어냈다. 그러나 너무 많은 물건이 만들어지자 제조사는 중대한 문제에 직면하게 된다. 잉여가 발생한 것이다. 잉여는 대량생산의 저주와 같다. 논리적 흐름에 따라 제조사는

자동차는 쇠나 플라스틱 덩어리 이상의 것이다. 그것은 스토리이다. 광고는 그것을 이야기한다.

가격을 내리고 '재고 처리'를 함으로써 매출을 증가시켜야 한다. 그러나 곧 제품에 대한 이야기를 만들어냄으로써 자사의 제품을 차별화시키는 것이 더 많은 수익을 창출하는 것은 물론이고 더 편리하다는 사실을 알게 된다. "이 제품은 당신을 더 인기 있고 오래 살며 행복하고 섹시해 보이게 만듭니다. 이 제품은 더 정교하고 내구력이 좋습니다" 등. 소비자가 알고 있는 모든 차이점은 허구이다. 제조사는 심각한 스토리가 아닌 가벼운 스토리로, 심오하진 않지만 강력하고 쿨한 이야기를 통해 상업적인 가십을 퍼뜨리고 제품을 신비롭게 보이게 한다. 스토리의 목적은 제품에 대한 정보를 제공하는 것이 아니라 소비자를 구매 행위에 좀더 가까이 가게 만드는 데 있다.

우리가 어떻게 그 이야기들을 알게 되었는지조차 기억하지 못할 정도로 널리 공유된 스토리들을 살펴보면 놀라운 점을 발견할 수 있다. 제품에 대한 이 스토리들은 신화에 뿌리를 두고 있다. 그 예로 만화 캐릭터나 제품 고유의 캐릭터를 살펴보자. 졸리 그린 자이언트^{Jolly Green Giant}는 민담에 나오는 거인의 모습과 흡사하고, 필스버리 도우 보이^{Pillsbury Dough boy}는 영원히 늙지 않는 아이처럼 생겼으며, 토니 더 타이거^{Tony the Tiger}는 붙임성 있는 호랑이를 환기시키고, 라이트 비어의 광고 캐릭터들은 온갖 종류의 어릿광대처럼 보이며, 운동화 광고의 출연자들은 올림피안의 영웅들과 비슷해 보이고, 할리데이비슨 사용자들은 영원한 반항아로 묘사되며, 청바지 모델들은 종종 아무도 가보지 않은 곳을 가고, 말보로맨^{Marboro man}은 독립적인 아웃사이더를 환기시키며 베티 크로커^{Betty Crocker}는 좋은 엄마의 원형이다. 상업적 스토리는 깊이는 얕지만, 대부분 문자 이전의, 혹은 이성 이전의 세계에서 나온 것들이다. 물론 그들이 천 개의 얼굴을 가진 영웅이 아닐 수도 있다. 하지만 그들은 같은 곳에서 나왔다.

마가렛 마크Margaret Mark와 캐롤 피어슨Carol Pearson은 최근에 『영웅과 무법자: 원형을 통해 특별한 브랜드 구축The Hero and the Outlaw: Building Extraordinary Brands Through the Power of Archetypes』에서 이 신화에 근거한 이미지들의 배후에 놓인 것, 즉 우리가 이러한 세속적 만신전을 가지게 된 이유가 이들이 매우 신속한 이야기의 교환을 일으키기 때문이라고 주장한 바 있다. 이미 이전부터 이 신화들을 알고 있기 때문에 우리는 이 이야기들의 내용을 순식간에 포착한다. 이러한 이야기들의 특징은 바로 그 효율성과 중복성(redundancy)에 있다. 우리는 로고, 슬로건, 포장 그리고 노래를 통해 이 이야기들을 접한다. 말하자면 이 이야기들은 일종의 냄새, 혹은 닿을 듯 말 듯 스쳐지나가는 가십과 같은 것이다. 바로 그 때문에 이 이야기들은 강력함과 도달력을 갖추게 된다.

브랜드가 거의 모든 문화에 침투할 수 있는 이유는 브랜드가 토착 문화의 신화 위에 효과적으로 겹쳐질 수 있기 때문이다. 그들은 무엇이든지 흡수한다. 예를 들어 할로윈의 경우 처음에는 드루이드교Druid에서 해가 짧아지고 겨울이 시작되는 것에 대한 걱정을 나타내는 의식으로 시작되었다가 기독교에서 이를 만성절 전야로 바꾸어 사용했으나 결국 사탕 회사들이 이를 할로윈으로 바꾸고 사탕을 받으러 다니는 밤으로 만들어 버렸다. 한때 유니세프가 할로윈 데이를 자선 모금의 기회로 바꾸려 했던 시도는 무산되었다. 그러나 여러분이 지금 이 글을 읽고 있는 동안에도 맥주회사들은 할로윈을 미켈롭Michelob이나 쿠어스Coors의 날로 만들기 위해 노력하고 있다. 할로윈은 이제 옥토버페스트Octoberfest로 바뀌어 가고 있다. 브랜드가 달력을 새로 만들어내고 있는 것이다.

위대한 브랜드들의 비결은 종종 그들이 비상식적이라는 데에 있다. 코카콜라Coke는 진짜라고 말하지만 정확히 그것이 무엇을 의미하는지 아는 사람은 별로 없다. 애플Apple 컴퓨터는 다르게 생각한다는데 어떻게 다른지는 아무도 모른다. 다이아몬드는 영원하다? 그래서 뭐가 어떻다는 것인가? "저스트 두 잇(Just Do It)!"이라지만 뭘 그냥 하라는 건가? 텍사코Texaco는 별이고 맥도날드는 황금 M이며 IBM은 푸른 색이라고 한다. 그러나 이 이야기들은 한없이 피상적이기에 그렇게 멀리 그리고 빨리 퍼지는 것이다. 그들은 깊이 있는 뜻은 없을지 모르지만 한 번 읽으면 바로 그 뜻을 알 수 있다.

논리적인 물건과 일견 비논리적인 소비자들

만약 우리가 논리적이라면 무언가를 살 때 모두 도서관에 가서《소비자 보고서Consumer Reports》를 대출해서 가장 좋은 물건이 무엇인지 찾아낸 다음 그것을 살 것이다. 하지만 실제로 우리들은 동네 식료품점에 가서 진열대 몇 군데만 살펴본다. 아마 여러분은 스무 가지의 치약이 아니라 두 세 종류의 치약만을 살펴볼 것이다. 만약 대형 슈퍼마켓에서 중복되는 제품들을 모두 줄이고 나면 아마 세븐 일레븐 규모 정도의 가게가 될 것이다. 그리고 우리가 만약 논리적이라면 궁극적으로 상표가 없는 일반 제품들이 진열대를 지배하게 될 것이다.

그러나 이런 일은 절대 일어나지 않는다. 매장 면적이 급증하고 있는 현실만 보더라도 우리는 위와 정반대의 상황을 목격한다. 식료품점의 평균 매장 면적은 계속 확장되어 왔다. 이제는 4만 4000평방피트가 평균 면적이다. 전형적인 슈퍼마켓에서 취급하는 평균 항목수는 3만 580개이다. 이것은 1950년대의 매장 크기나 아이템 종류보다 두 배 이상 많은 수치이다. 왜 이렇게 되었는가?

　이러한 아이템의 폭증은 제품의 종류가 더 다양해졌기 때문이라기보다는 중복되는 제품들이 더 많아졌기 때문이다. 크레스트Crest 치약만 하더라도 버전이 서른 개가 넘는다. 예전에는 주요 제조업체가 단지 서너 개에 불과하던 비누 진열대에는 이제 차별화되지 않은 비누들이 빼곡히 들어차 있다. 고속도로 옆에 밀집되어 있는 대형 할인점들은 소비자들이 찾는 것이 제품의 본질적 차이가 아니라 이야기의 차이라는 사실을 말 없이 증명하고 있다. 우리의 현대 문화와 다른

오레오(Oreo)는 과연 어디까지 갈 수 있을까? 브랜드가 확장되고 있다.

문화들을 구분짓는 것은 우리가 동일한 물건의 다양한 버전을 소유할 수 있다는 점이 아니라 같은 이야기를 수 없이 많은 버전으로 가질 수 있다는 점이다. 이 현상은 비영리 현장에서 점점 더 확산되고 있다. 한마디로 그것은 브랜딩의 결과이다.

일견 불필요해 보이는 선택들의 폭증은 자유 시장의 특성이지만, 정확히 말해서 우리가 발달시키는 것은 오로지 이야기로만 구별되는 거의 완벽하게 동일한 선택들의 증가이다. 산업 혁명 이전에 비누는 비누요, 맥아주는 맥아주였으며, 교회는 교회였다. 이 당시의 스토리텔링은 공동체적이고 고정되었으며 한정되었다. 흔히 콜리지^{Coleridge}가 살던 시대까지는 한 문화에 있는 거의 모든 이야기를 알 수 있었다고 말한다. 그리고 콜리지가 바로 그런 사람이었다고 말한다. 그러나 기계가 도입되면서부터 대혼란이 시작됐다. 비누는 아이보리^{Ivory}가 되었고 맥아주는 글렌터렛^{Glenturret} 스카치 위스키가 되었으며, 교회는 남부 감리교가 되었고 예술의 목적은 관습타파가 되었으며 서명이 중요해졌다. 그림은 더 이상 정물화가 아니라 모네^{Monet}의 그림이 되었다. 이러한 변화는 끊임없이 생산해내는 기계에 의해 초래되었으나 한편으로는 '낭만주의'라 불리는 상상력의 심오한 전환의 결과이기도 하다.

물질적 세계를 하나의 시(詩)로 만들며: 낭만주의

제조된 물건에 이야기가 붙여지게 된 과정, 즉 브랜딩을 이해하기 위해서는 19세기에 일어난 일견 서로 관련성 없어 보이는 두 가지 변화에 주목할 필요가 있다. 인간의 인식에 일어난 이 중대한 전환은 바로 감상의 오류(pathetic fallacy, 무생물도 감정을 가졌다는 생각 — 옮긴이)의 대중적 수용과 인상주의(Impressionism)의 부상이다. 이 두 가지가 모여 상업적 브랜딩의 길을 열었고 그렇게 함으로써 결국 문화 자본의 공급자들 역시 변화시켰다.

낭만주의가 펼친 급진적인 주장 중 하나는 그것이 느낌을 인식론의 한 차원으로 끌어올렸다는 점이 아니라(맞는 것처럼 느껴지기 때문에 맞다고 생각하는 것) 무생물과 비인격적 생명체가 느낌을 공유한다고 주장했다는 점이다. 물론 이것은 주로 충격을 주기 위한 방법으로 제공되었지만, 곧 의식을 알리고 확장해내는 하나의 방법이 되었다. 그 예로 윌리엄 워즈워드William Wordsworth의 『이른 봄에 쓴 시Lines Written in Early Spring』에 표현된 현상이 있다. 그럴 것 같진 않지만 그가 18세기 말에 읊은 이 시의 과정이 바로 상업적 브랜딩의 핵심을 이룬다.

이른 봄에 쓴 시

나는 무수히 어울려 울리는 가락을 들었다.
숲속에 비스듬히 몸을 기대어 앉아 있는 동안
즐거운 생각들이 슬픈 생각들을
마음속에 자아내는 그 감미로운 기분에 젖어서.

자연은 그녀의 아름다운 작품들에
내 속을 달리는 인간 영혼을 이어 주었다.
그래서 인간이 인간을 어떤 꼴로 만들었는가를
생각하니 내 마음 몹시 슬퍼졌다.
푸른 나무 그늘 속 앵초떨기 사이로
빙카가 그 화환을 꼬리처럼 끌고 있었다.

그리고 내 신념은 모든 꽃은 다
그 들이쉬는 공기를 즐긴다는 것이다.

새들이 내 둘레에서 깡총깡총 뛰며 놀았다.
그들의 생각은 헤아릴 길 없어도—
그들이 짓는 조그만 동작까지도
기쁨의 전율처럼 여겨졌다.
싹트는 나뭇가지는 그 부채를 펼쳐
산들바람을 잡았다.
아무리 생각해도 거기엔
기쁨이 있을 것 같았다.
만일 이 믿음이 하늘에서 내려진 것이라면,
만일 이런 것이 자연의 거룩한 설계라면,
인간이 인간을 어떤 꼴로 만들었는가를
내가 슬퍼하는 데는 어떤 이유가 있지 않을까?

워즈워드가 꽃이 공기를 즐기고, 새에게 생각이 있으며, 싹트는 나뭇가지가 기쁨을 느낀다는 것을 믿는다고 진술할 때 그는 의도적으로 그리고 용감하게 '안다'는 것의 개념을 무너뜨리고 있다. 여기에 잠재되어 있는 패러다임은 — 엘리자베스 시대에는 이를 '존재의 위대한 사슬The Great Chain of Being' 이라 불렀는데 — 기본적으로 만물의 가치를 수직적 질서로 설명하고자 하였다. 프랑스 혁명 당시에 낭만주의가 폭발한 것을 제외하면 이 패러다임은 보통 자연 세계에서 감정을 배제시킨다. 새들에게는 즐거움이 없고 나뭇가지는 기쁨을 느낄 수 없으며 새들은 생각하지 않는다.

빅토리아 시대의 존 러스킨^{John Ruskin}은 인간의 특성을 자연물에 귀속시키는 오류를 묘사하기 위해 '감상의 오류'라는 용어를 만들어냈다. 러스킨에게 이것은 자연물의 형태를 자신의 감정을 투사해 인식하는 범부들의 지성이자 감상주의로 변한 선정주의였다. 그러나 상업적 스토리텔링의 심장부에 있는 것이 바로 이것이다.

워즈워드는 연약한 지성인이 아니었다. 그는 매우 고군분투하는 시인이자 아이러니하게도 현대 상업적 스토리텔링의 혁신가였다. 그는 투사된 감정을 예술의 주제로 삼았다. 시에 대해 그가 내린 유명한 정의가 무엇인가? '평정 속에서 감지된 강력한 감정의 자연스러운 발로'이다. 그러면 시인은 누구인가? 시인은 단순히 '사람에게 말하는 사람'일 뿐이다. 다른 말로 하자면, 개인의 감정은 앎, 좀더 확장하면 문화의 산물이다. 워즈워드는 현대 세계에 대해 뭔가 느끼는 것을 안전한 것으로 만들었다. 사실상 그는 그것을 옹호했다.

그러나 그가 다른 예술가들에 비해 더 나아간 것은 아니다. 다른 예술가들은 진정한 기질상의 전환 중 하나인 인상주의를 도입했다. 이러한 전환은 훗날 유화에서 가장 잘 드러나지만 시에서 가장 먼저 확인할 수 있다. 이것이 중요한 이유는 그것이 관찰자의 공모와 콜리지의 말에 따르면 '불신을 유보'할 의지, 그리고 얼핏 보기에는 비합리적으로 보이는 '시적 신념(poetic faith)'의 정보를 수용할 것을 요구하기 때문이다. 반 고흐의 '별이 빛나는 밤^{Starry Night}'을 생각해보자. 그 그림을 보고서 어떻게 그것이 자연에 대한 반응이아니라 단순히 자연에 대한 묘사라고 생각할 수 있겠는가? 너무나 잘 알려진 수사법으로 표현하자면 이 낭만주의 예술가는 자연에 거울이 아니라 램프를 들이대고 있다. 여기에는 반응이 따른다.

고등학교 시간에 배웠던 키츠^{Keats}의 '그리스 항아리에 부치는 노래

Ode on a Grecian Urn'를 기억하는가? 이 시에서 화자는 고대의 항아리를 바라보면서 질문하기 시작한다. 먼저 그는 그 항아리에 어떤 이야기가 담겨 있는지를 알고 싶어 한다. 일단 항아리에는 쫓기다 잡힌 젊은 연인들이 그려져 있다. 그는 그들이 누구이며 기분이 어떤가를 궁금해 한다. 그런 다음 그는 항아리 주변을 거닐며 또 다른 장면을 본다. 이번에는 희생 제물로 쓰일 암소를 끌고 가는 제사장의 모습이다. 그는 어떤 종교의식이 거행되고 있는지 궁금해 한다.

이렇게 제사에 오는 이들은 누구냐?
신묘한 수도승이여! 어떤 푸른 제단에
하늘을 향하여 우는, 비단결 옆구리에
꽃 수술 채운 소를 이끌어 가느냐?
강가 아니면 바닷가의 어느 마을,
산에 지은, 고요한 성채의 마을이
이 경건한 아침에 비어 있느냐?
그리고 작은 마을이여, 너의 거리는 영원히
조용하리라. 그 누구도 돌아와
네 그리 쓸쓸한 사연을 말하지 않으리니

위에서 볼 수 있듯이 키츠는 항아리에 쓰여 있지 않은 이야기에 대해 묻고 있다. 작은 마을이 항아리 위에 그려져 있었다면 그는 그것이 언덕에 있는지 아니면 해변에 있는지 알았을 것이다. 그는 워즈워드가 자연물인 새와 꽃에게 감정을 귀속시킨 것처럼 무생물인 항아리에게 생명을 불어 넣고 인간의 성격을 부여하고 있다. 키츠는 본질적으로 항아리를 마치 그의 질문에 대답할 수 있는 무엇 혹은 누군가로 대하고 있다. 그는 매우 현대적인 방식으로 마치 브랜드처럼 그것을 대하고 있는 것이다.

마지막 연에서 키츠는 워즈워드보다 한발 더 나아간다. 다음을 관찰해보자.

아티카의 형상이여! 아름다운 자태여! 대리석의 남녀와
숲의 나뭇가지와 발밑의 풀과 이렇게 엮은 형체여!
너, 침묵의 모습이여! 너는 우리의 생각을 구슬리나 미치지
못하겠구나.
영원히 그러하듯이, 차가운 전원시여! 세월이 오늘의 세대를
기울게 할 때도
너는 남아 있으리. 우리는 근심과 다른
그런 근심의 와중에 사람의 벗으로서
"아름다움은 참이요, 참은 아름다움" 이것만이
그대가 땅 위에 아는 모든 것이며 또, 알아야 할
모든 것이라 말하는구나.

이 시를 감상하는 누구라도 지금 어떤 일이 일어나고 있는지 아니 적어도 어떤 일이 일어나고 있는 것 같은지 알 수 있을 것이다. 키츠는 마치 항아리가 말하는 것을 듣고 있는 듯 하다. 즉 항아리가 말을 하고 있는 것이다! 그리고 이보다 훨씬 더 중요한 것은 정확히 그것이 무엇인지는 확실치 않으나 항아리가 꽤나 심오한 무언가를 말하고 있는 것 같다는 점이다. 그러나 정확히 무엇인지가 뭐 그리 중요한가? 충격적이고 놀라운 것은 상호작용 그 자체이다.

여러분은 그게 뭐가 어떻다는 건가라고 생각할 수 있다. 그러나 아

래의 네온^{Neon} 광고를 한번 보자. 도대체 이 차가 우리에게 뭐라고 말하고 있는가? 포세이돈은 바다에 대해 이야기하고 이솝 우화의 까마귀는 인간의 욕심에 대해 충고하지만 이것은 신도 까마귀도 아니다. 이것은 뭔가 우리에게 할 말이 있는 제조품인 것이다! 1929년 10월 23일 《버라이어티》지에 실린 유명한 문구인 "가르보^{Garbo}(은둔생활을 했던 미국의 무성영화배우 — 옮긴이)가 말을 합니다"처럼 이 자동차나 항아리, 또는 침묵을 지키던 영화배우가 말하는 내용이 무엇인가는 정작 중요하지 않다. 중요한 것은 침묵은 말을 하지 않는다는 점이며 사물에 대한 이야기는 있을 수 있으나 사물 자체가 이야기를 하지는 않는다는 점이다. 물론 현대 세계에서 그들은 이야기를 한다. 낭만주의의 영향으로 우리가 그들을 의인화했기 때문이다.

브랜딩은 사물에 사회적 삶을 부여한다. 심지어는 네온(Neon)도 당신의 친구가 될 수 있다.

감상의 오류는 브랜딩의 진실이다

앞의 네온 광고는 우리에게 작은 충격을 주는 데서 그치지 않고 차에 대해 더 관심을 갖도록 만든다. 같은 이유로 우리는 필즈버리 도우보이Pillsbury Doughboy, 미스터 클린Mr. Clean, 저마이머 아줌마Aunt Jemima, 로널드 맥도널드Ronald McDonald, 토니 더 타이거Tony the Tiger, 그리고 화장실에 거주하는 타이 디 볼 맨Ti-D-Bowl man과 같은 기이한 창조물에 친근감을 느낀다. 키츠와 오늘날의 광고 사이에 분명 어떤 일이 일어났다. 제품 아저씨와 상품 아가씨, 그리고 그들의 일가족은 유토피아에서 오진 않았지만 이와 비슷한 세계로 낭만주의적 자연에 대한 일종의 상업적 버전인 애도피아(Adopia, 광고의 유토피아), 즉 브랜드 마을 출신이다. 우리는 실제 가족보다 그들에 대해 더 많이 알기도 한다. 우리가 그들에 대해 아는 이유는 (1)차별화되지 않은 제품들을 구별하는 데 필요한 스토리텔링 때문이고 (2)그 이야기를 창조하기 위해 제조품의 세계를 인격화했기 때문이며 (3)학습과 체험을 통해 습득된 애도피아와 현실세계를 왔다 갔다 하고자 하는 우리의 의지 때문이다. 그리고 이 의지란 실제로는 맥주, 초콜릿, 설탕물, 고깃덩어리에 불과한 것들에서 특별한 의미를 만들어내는 일종의 마법적인 관계를 구축하고자 이성적 판단을 유보하는 것을 뜻한다.

영국의 사회학자 콜린 캠벨Colin Campbell은 『낭만적 윤리와 현대 소비주의 정신The Romantic Ethic and the Spirit of Modern Consumerism』에서 기계에 의해 생산된 물건들에 이야기를 적용한다는 것은 서구적 상상력에 일종의 지각변동이 일어났다는 것을 뜻한다고 주장한다. 그는 이성의 시대가 끝남에 따라 우리가 합리적 사고에 대한 흥미를 잃은 대신 꿈을 꾸기 시작했다고 말한다. 낭만주의의 정수는 제품에 엔진을 적용하는 것에서 그치지 않고 소비에 상상력을 적용하였다는 데에 있다. 우리 꿈의 대상은 상업화되어 소유하는 것과 소비하는 것이 되었다. 그것이 바로 산업 혁명의 모든 것이다. 어쩌면 우리는 항상 이래 왔는지도 모른다. 19세기까지는 오직 왕족만이 사물의 의미를 갈망할 수 있었지만 끊임없이 생산해내는 기계들 덕분에 이제는 나머지 사람들에게도 그런 기회가 돌아가게 되었다. 그 과정을 촉진하기 위해 우리는 기꺼이 불신을 유보하고 소비자 시인들이 되어야 했다. 우리는 생물뿐 아니라 무생물들과도 정서적으로 기꺼이 교감할 준비가 되어야 했던 것이다.

산업 혁명이 하루아침에 사람들로 하여금 상품과 그것에 함께 붙어 다니는 이야기를 원하게 만든 것은 아니었다. 산업 혁명은 우리들의 유물론(materialism)의 결과였지 원인이 아니었다. 그러나 우리가 항상 무엇을 원하는지 아는 것은 아니다. 상품이 우리에게 주는 의미를 안다면 우리는 우리의 내적 필요에 기초해서 선택할 수 있을 것이다. 그러나 우리에게는 그런 능력이 없다. 그래서 어떤 면에서 보면 우리는 충분히 유물론적이지 않다. 그것이 바로 우리와 상품 사이에 이야기가 끼어들 수 있는 이유가 된다. 우리는 의미를 절실히 갈망하지만 상품은 그 의미를 제공하지 못한다. 그래서 우리는 이야기를 통해 그것을 만드는 것이고, 그것이 바로 브랜딩인 것이다.

물건이 풍족하지 못한 문화는 보통 사후 세계의 물건들에 영혼을 불어넣곤 한다. 빈곤한 문화는 천국에 대한 상상력이 화려하다. 아프리카와 라틴 아메리카의 기독교 국가들은 천국에 대해 수많은 인벤토리를 가지고 있다. 반대로 물건이 넘쳐나는 문화는 내세의 호화로움은 잊어버리고 현세의 물건들에 영성을 부여한다. 그것이 바로 오늘날 서양 사람들 대부분이 천국에 무엇이 있는지 전혀 상상도 못하는 이유이다. 만약 중세 예술 작품에 나오는 것이 진짜라면 그 당시의 사람들은 분명 천국을 상상했었다. 워즈워드는 이런 세속적 영성화가 자연 세계를 관찰할 때 일어난다는 것을 보여주었고, 반면 키츠는 그것이 인간이 만든 사물들의 세계에서 일어나는 것을 보여주었다.

그러므로 사물을 이야기로 만드는 브랜딩은 생산의 결과라기보다는 소비의 결과이다. 우리는 물질적 상품 못지않게 그 이야기를 갈망한다. 기계에 의해 생산된 제품들과 이야기의 짝짓기는 '불신을 유보하고' 잠시 동안만이라도 그 이야기를 진실로 수용하려는 우리의 의지와 함께 브랜딩 현상이 뿌리내릴 환경을 제공했다. 본질적으로 우리는 꿈꾸기를 소비의 주요 부분으로 만들었다. 우리는 보고, 욕망하고, 꿈꾸고 구매한다.

캠벨은 물질적 소비의 적처럼 보이는 낭만주의가 감정을 부각시키고 백일몽의 과정을 중시 여기며 비종교적 세계에 영적 갈망을 귀속시킴으로써 오히려 잉여 물건의 마케팅에 길을 열었다는 점이 아이러니하다고 시인한다. 성격을 활동적인 것과 사색적인 것으로 양분하면서 후자를 찬양하거나, 허구를 부각시키고 이성을 거부하며, 충동과 감정을 수용 가능한 것으로 만들고, 어슬렁거리거나 떠도는 것을 가치 있는 것으로 여기며 유아론과 개인적 반응을 권장함으로써 낭만주의라는 소유와 소비의 적은 그것의 산업 혁명을 가능하게 만들었다. 기술은 기계를 제공했을지 몰라도 그 소프트웨어를 제공한 것은 시인들인 것이다.

우리는 여전히 단순한 필요에서 욕구로의 전환이나, 생물학적 의무에서 경험의 선택으로 이동하는 것의 의미를 완벽히 이해하지 못한다. 우리가 아는 것은 오락, 예술, 여행, 교육, 식도락, 종교적 경험과 같은 자유 재량적 지출(discretionary spending)이 점점 우리들의 활동 중 일부가 되어 간다는 사실이다. 많은 사람들에게 특히 어린 시절에는 불필요한 물건을 모으는 것이 일종의 창조적인 선택이자 즐거운 경험이었다. 《뉴욕타임스》의 건축 디자인 평론가인 허버트 머쉬챔프Herbert Muschamp가 최근 말한 바와 같이 "지난 50년 간 경제의 근간은 생산에서 소비로 이동했다. 이제 중심은 이성의 영역에서 욕망의 영역으로, 객관적인 것에서 주관적인 것으로, 그리고 심리학의 영역으로 이동했다." 취향의 사제라 할 수 있는 현대 예술가들이 또 한 번 소비의 다음 단계를 우리에게 보여줄지도 모른다. 사실 두 명의 영국 팝 아티스트인 닐 커밍스Neil Cummings와 머리시아 르완도프스카Marysia Lewandowska가 그런 시도를 했었다.

현대의 교환은 물질적인 것이 아니다. 사람들이 진정 원하는 것은 물건이 아니라 그것의 화려한 이미지와 꿈이다. 이들은 광고와 방송을 등에 업은 좀더 큰 판촉 문화와 한데 뒤섞인다. 교환은 가치를 지닌 물건에 생명을 불어넣음으로써, 욕망, 사용 그리고 환멸의 순환이라는 촘촘한 사회적 연결망을 엮어낸다. 환멸은 교환 뒤에 항상 따라다닌다. 소비되는 것은 물건이 아니라 우리가 원하는 물건과 맺고 있는 관계, 그것이다.

아방가르드(avant-garde)에 대한 낭만주의적 찬양과 함께 시작된 반문화운동이 소비문화의 핵심을 제공했다는 사실은 역설적이다. 시인들은 생산의 기계를 제공하진 않았지만 소비의 기계를 제공했다. 청교도인들은 "일하고 또 일하고 또 일하라"라고 말했겠지만 낭만주의자들은 "쓰고 또 쓰고 또 쓰라"고 말했다. 그들은 의식을 전환시키는 것을 목표로 삼았고 자연 세계를 그 목표 달성을 위한 수단으로 만들었다. 그들은 사치품을 대중화시켰고 일상적인 것을 신성화시켰으며 물리적 세계를 초월적인 것으로 만들었다. 그 나머지는 마케터 혹은 빅토리아 시대의 용어를 빌리면 '주의끌기 기술자들(attention engineers)'이 담당했다.

브랜드 시(詩)

특정 작품들이 문학으로 인정받게 되는 것과 동일한 방식으로 성공적인 브랜드도 걸러지는 것일까? 브랜드는 사람들이 어떻게 느끼는가에 영향을 미친다. 시각적인 면에서 볼 때 브랜드는 예술의 조건을 만족시킨다. 1990~91년에 열린 뉴욕 현대미술관 전시회는 〈고급과 저급: 현대 예술과 대중문화High & Low: Modern Art and Popular Culture〉라는 조심스런 이름이 붙여졌는데 이 전시회 이래로 광고 이미지가 고급 예술문화의 세계로 스며들고 있다는 사실을 의심하는 사람은 없다. 이러한 경향은 최근의 저서들, 가령 영 앤 루비캠Young & Rubicam의 크리에이티브 디렉터인 배리 호프만Barry Hoffman의 저서 『순수예술로서의 광고The Fine Art of Advertising』나 찰스 굿럼Charles A. Goodrum과 헬렌 댈라임플Helen Dalrymple이 공저한 『미국의 광고: 초기 200년Advertising in America: The First Two Hundred Years』(두 명 모두 스미스소니언 박물관 소속이고, 두 책 모두 해리 아브람스Harry N. Abrams라는 아트하우스에서 출판하였다) 그리고 독일의 예술관련 출판사인 타셴Taschen의 대규모 미국 광고 컬렉션에서 확고해졌다. 광고회사의 일러스트레이션 담당자가 아트 디렉터(art director)라고 불리는 것은 괜한 일이 아니다.

그러나 광고가 예술로 인정받는 것을 정말로 보고 싶다면 아무 대학 기숙사나 들어가서 침실 벽에 무엇이 붙어 있는지를 보면 된다.

청소년들은 그들이 동경하는 미래의 이미지로 벽을 장식한다. 십 년 전만 하더라도 학교 서점에 가면 기숙사 벽에 걸 수 있도록 위대한 예술가들의 작품을 포스터 크기로 만든 사본을 살 수 있었다. 그러나 이제는 비욘드 더 월Beyond the Wall이라는 회사가 학생들에게 나이키, 시티즌 워치Citizen Watch, 뱅 드 솔레이유Bain de Soleil, 발보린Valvoline, 소니 등의 광고를 포스터 사이즈로 확대하여 한 장당 10달러에 판매하고 있다. 미국 대학생들은 제3세계의 가정집에 붙어 있는 그림들과 흡사한 그림들로 그들의 공간을 장식하고 있다. 그러한 포스터 이미지는 현대적 삶, 물질주의 예술을 그대로 반영한다.

비욘드 더 월은 점보 사이즈의 광고를 '포스터 아트(Poster Art)'라고 부르지만 광고와 예술 간의 교류는 이러한 이미지 교류가 의미하는 것 이상으로 깊고 심오하다. 브랜드 스토리가 일종의 비유나 수사학적 표현으로 사용되면서부터 그 자체가 시적인 성향을 띠기 시작한다. 브랜드는 단지 상품에 대해 무슨 생각을 하는지뿐 아니라 그것을 어떤 방식으로 생각하느냐가 되었다. 이 말이 너무 아리송하게 들린다면 은유(metaphor)를 떠올리기 바란다. 은유는 그것이 아닌 다른 것을 통해 그것을 진술한다. 시각 및 구두적 언어는 일련의 이해 코드를 통해 의식하는 것을 가능하도록 만든다. 언어는 감각을 포착하고 전달한다. 바로 그 때문에 미국 마케팅 협회에서 내린 브랜드 정의와 같이 대부분의 브랜드 정의가 '차별화(differentiation)'에 초점을 맞추는 것이다. "브랜드란 판매자가 자신의 제품이나 서비스를 식별하고 다른 경쟁자와 구별하기 위해 사용하는 명칭, 용어, 기호, 상징, 디자인, 또는 그 결합체이다(미국 마케팅 협회)." 차별화가 성공적으로 이루어지면 브랜드는 전율과 감동을 제공하고 (미약하게나마) 의식의 전환을 가능케 한다.

반 고흐는 떼어 버리고 펩시 포스터를 붙여라.

조셉 콘라드Joseph Conrad는 이러한 과정을 순수 문학적으로 접근했다. 그에 따르면 "이야기의 의미는 마치 열매의 씨앗처럼 그 안에 있는 것이 아니라 그 이야기를 둘러싸고 있는 보이지 않는 바깥쪽에 있다. 이야기의 의미를 드러내는 것은 마치 밝은 빛이 아지랑이를 드러내는 것과 같을 수밖에 없다."(『암흑의 핵심Heart of Darkness』, 1장) 브랜드도 마찬가지다. 브랜드도 그 '핵심'인 실제 제품이 아니라 제품 주변적인 것에서 자신의 의미를 끌어낸다. 브랜드는 제품 주변에 차별화라는 아우라를 드리워 그 제품과 다른 제품을 구별 짓는다. 마치 르네상스 시대의 예술 작품에 쓰인 금박 후광처럼 브랜드는 그저 제품에 대한 이야기를 하는 데서 그치지 않고 관찰자의 반응을 결정하는 데까지 나아간다.

브랜드는 제품 주변에 광범위한 아우라를 던지는 동시에 핵심적 정서에 집중하도록 한다. 훌륭한 이야기의 특성 중 하나는 그것이 한 문장 혹은 두 문장으로 쉽게 요약된다는 것이다. 모나크Monarch 및 클리프 노트Cliffs Notes와 같은 참고서들이 모든 학생들의 필수품이 된 데에는 강력한 이야기들이 종종 쉽게 표현되는 핵심과 고도로 집약된 구성(학술적 용어로 'cepts', 예를 들면 concept)을 가지고 있는 데 있다. 다음과 같은 이야기들이 그런 예이다. 젊은이가 우발적으로 그의 아버지를 살해하고 자신의 어머니와 결혼한다. 혹은 이슬람 왕자가 자신의 백인 신부의 정절을 의심하고 괴로워한다. 지독하게 인색한 구두쇠가 크리스마스이브에 등장한 세 명의 유령 때문에 교화된다. 조용한 과학자 신사가 자신을 대상으로 실험을 하다가 호색의 괴물을 끌어낸다. 평범한 남자가 어느 날 아침, 잠에서 깨어나자 자신이 바퀴벌레가 된 것을 알게 된다. 꾀바른 젊은이가 흑인 노예와 함께 뗏목을 타고 강을 내려간다. 강박에 사로잡힌 남자가 자신의 선원들이 고생하는데도 고래 추적을 멈추지 않는다.

이야기를 하나의 핵심어로 표현하는 것을 학술적 용어로 일어문(holophrasm)이라고 한다. 이것은 장을 단락으로, 복잡한 아이디어를 하나의 요점으로 축약한다. 이상하게도 위대한 예술은 고도로 축약되는 경향이 있다. 위대한 브랜드도 마찬가지다. 브랜드는 자신의 구심력을 모아 광고 용어로 '소유권(ownership)'이라 부르는 것을 만들어낸다. 잘 알려진 브랜드들의 일어문적(holophrastic)예로 다음과 같은 것이 있다.

노드스트롬Nordstrom = 서비스

팜올리브Palmolive = 부드러움

BMW = 경험

BIC = 일회용

메이테그Maytag = 신뢰

메르세데스Mercedes = 특권

로렌Lauren = 영국 숭배

드비어스De Beers = 영원함

나이키Nike = 쿨함

거버Gerber = 아기

애플Apple = 다시 찾은 자유

구찌Gucci = 화려함

펩시Pepsi = 젊음

디즈니Disney = 마술

오일 오브 올레이Oil of Olay = 영원한 아름다움

말보로Malboro = 카우보이의 자유

새턴Saturn = 미국다움

질레트Gillette = 샤프함

코닥Kodak = 기억

페덱스Fedex = 야간운송

포르쉐Porsche = 스피드

볼보Volvo = 안전

때로는 이런 식의 압축이 시각적으로 일어나기도 한다. 피카소의 선, 고갱의 색이나 꿈틀거리는 반 고흐의 형태처럼 우리는 다음과 같은 것들을 즉각적으로 인식하고 반응한다. 맥도널드의 골든 아치, 텍사코Texaco의 별, 럭키 스트라이크Lucky Strike의 황소의 눈, 쉘Shell의 조개, 홀리데이 인Holiday Inn의 표지판, 플레이보이Playboy의 버니, 나이키의 스우시Swoosh, CBS의 눈, 적십자, 롤스로이스Rolls-Royce의 날고 있는 천사 등. 때로는 청각적 멜로디에서 브랜드의 핵심을 발견하기도 하는데, 가령 멕스웰 하우스 커피의 커피 끓는 소리, 코카콜라의 "나는 세상에 노래하는 법을 가르쳐주고 싶어요I'd like to teach the world to sing", 맥도널드의 "당신은 오늘 쉬어도 돼요You deserve a break today", CNN의 전쟁 음악, 티버리Teabury의 스텝 소리, 고양이 사료의 "야옹, 야옹, 야옹" 노래가 그 예이다. 때로는 색깔이 브랜드 센세이션을 유발하기도 하는데, 우리는 펩시의 파랑과 코카콜라의 빨강을 구분할 뿐 아니라, 펩시의 파랑이 티파니Tiffany의 파랑이나, 클리넥스의 파랑, 또는 IBM의 파랑과 다르다는 것과, 코카콜라의 빨강은 말보로의 빨강이나 하인즈Heinz의 빨강, 또는 버드와이저Budweiser의 빨강과 다르다는 것을 안다. 또한 우리는 허츠Hertz의 노랑과 코닥의 노랑, 서노코Sunoco의 노랑, 캐터필러Caterpillar의 노랑의 차이를 알고 있고 하이네켄Heineken의 초록과 존 디어John Deere의 초록의 차이도 안다.

브랜드의 핵심은 또한 광고 캐릭터(Identification character)에도 표현되어 있는데 여기에서 우리는 브랜드 이야기가 민담과 얼마나 친밀한 관계를 유지하는지 그리고 인간의 역사에 얼마나 깊이 관여하는지를 알 수 있다. 인간과 브랜드의 관계는 인간과 인간과의 관계를 모방한다. 아래에서 브랜드의 출처를 살펴보자.

- **인간 세상:** 필립 모리스Philip Morris의 벨보이, 모톤 솔트Morton Salt의 소녀, 말보로맨, 저마이머 아줌마, 베티 크로커Betty Crocker, 미세스 올슨Mrs. Olsen, 엉클 샘Uncle Sam, 미스터 휘플Mr. Whipple, 리틀 미스 코퍼톤Little Miss Coppertone, 리틀 데비Little Debbie, 엉클 벤Uncle Ben, 네일 아티스트 매지Madge, 배관공 조세핀Josephine, 벤 앤 제리Ben & Jerry 등

- **민간 신화:** 할로우 트리Hollow Tree에 사는 키블러Keebler 꼬마 요정들, 쌀과자 속에 사는 스냅Snap과 크래클Crackle, 팝Pop, 해피 밸리Happy Valley에 사는 졸리 그린 자이언트Jolly Green Giant 등

- **만화:** 젖소 엘시Elsie the Cow, 미스터 버블Mr. Bubble, 비벤덤Binendum (혹은 미쉐린 타이어 맨인 '올드 빕Old Bib'), 파핀 프레시Pop-pin's Fresh(필스버리 도우보이), E.B.(에너자이저 버니Energizer Bunny), 토니 더 타이거Tony the Tiger, 크래커 잭Cracker Jack, 언더우드 데블Underwood devil 등

- **크로스오버 랜드(반은 사람, 반은 만화):** 미스터 피넛Mr. Peanut, 로널드 맥도널드, 조니 워커Johnnie Walker, 쿼커 오츠 쿼커Qua-ker Oats' Quaker, 스미스 형제(트레이드Trade와 마크Mark), 미스터 클린Mr. Clean 등

- **그리스 신화:** FTD에서 꽃을 배달하는 헤르메스, 마법의 창을 가진 백기사 아작스Ajax, 메릴린치의 황소, 모빌 스테이션Mobil station의 페가수스

- **가상의 세계로 간 현실의 인물:** 마르쿠스 웰비Marcus Welby가 되었다가 '저는 의사가 아니예요' 로버트 영Robert Young 박사로 돌아온 로버트 영. 커널 할란 샌더스Colonel Harlan Sanders(KFC의 할아버지), 해서웨이Hathaway 셔츠 맨, 스웹스Schweppes의 화이트헤드 소령, 던컨 하인즈Duncan Hines와 같이 돌아오지 않은 이들.

- **의인화된 동물:** 찰리 더 투나Charlie the Tuna, 감자 맥캔지Spuds Mackenzie(파티광), 모리스 더 캣Morris the Cat, 플레이보이 버니Playboy bunny, 스모키 베어Smokey Bear

- **만화 캐릭터가 광고에 등장한 사례:** 나이키에 일하러 간 벅스 버니Bugs Bunny, 아비스Arby's의 대변인 요기 베어Yogi Bear, 타코벨Taco Bell에서 타코를 파는 로키Rocky와 불윙클Bullwinkle 등

- **자연 세계:** 니퍼 더 도그Nipper the dog, 부엉이 화이트 아울White Owl, 껑충껑충 뛰는 사슴 존 디어John Deere, 엑손Exxon의 호랑이 등

소비자는 각양각색의 방식으로 브랜드의 핵심, 아우라, 멜로디, 색, 제품명, 광고 캐릭터 등을 해석할 수 있고 그런 방식은 소비자와 소비 커뮤니티가 바뀜에 따라 달라질 것이다. 전설적인 산업 디자이너이자 브랜딩의 대가인 월터 랜도Walter Landor의 말을 빌리자면 "제품은 공장에서 만들어지지만 브랜드는 사람들의 마음속에서 만들어진

다.” 브랜드는 제품을 작동시키는 소프트웨어이지만 거기에는 상당한 해석의 다양성이 존재한다. 이런 면에서 브랜드는 사실 제품 디자인의 한 요소가 된다. 소비자는 그 디자인을 능동적으로 형성하는데 바로 이것이 시간이 흐름에 따라 브랜드 스토리가 개인, 인간, 감정의 영역으로 이동하는 이유다.

광고에 인간관계를 떠올리게 하는 문구들이 많은 이유도 바로 이 때문이다. “고마워요 페인웨버PaineWebber”, “고마워요 테이스티케이크Tastykakes”, “당신이 맘에 들어요, 도요타Toyota” “고마워요 델코Delco”, “고마워요 크레스트Crest” 등. 반대로 자신의 가치에 대한 언급도 많다. “나는 그럴 만하니까”, “순간을 정복하라”, “최고가 되라”, “내가 해냈다!”, “멋있어 보이면 기분도 좋아집니다”, “오늘 당신은 쉴 자격이 있어요”, “당신, 바로 당신입니다”, “자기, 수고했어” 등. 브랜드 스토리에서 회사들은 우리를 각별히 위해 준다. “포드는 당신의 자동차 회사가 되고 싶습니다”, “당신이 원하시면, 당신의 것입니다 — 도요타”, “당신의 뜻대로 하세요”, “믿을 만합니다”, “우리는 좋은 제품만 만듭니다”, “바로 이것입니다” 등. 제품으로 인해 평생 친구를 얻기도 한다. “당신은 좋은 조력자를 만났습니다”, “저와 제 친구 R.C.입니다”, “저와 제 친구 애로우Arrow입니다.” 브랜딩이 이런 관계를 만들어내는 것은 아니다. 우리가 그들의 상업적 스토리를 소비하기 훨씬 전부터 이미 그 관계들은 존재했고 브랜딩이 그것을 이용하는 것일 뿐이다.

현대 삶의 가장 중요한 발전은 인간이 이야기를 통해 제조된 물건과 결속력을 가질 수 있다는 간단한 통찰에서부터 비롯됐다. 즉 일상생활에 필요한 제품들과 이야기들을 끊임없이 결합해내는 것이다. 마케터들의 얘기를 들어보면 여러분은 이 과정이 얼마나 중요한 것이 되었는지 알 수 있을 것이다. 그렇지 않다면 다음의 용어들을 어떻게 설명할 수 있을까? 브랜드 주기(brand cycle), 파워 브랜드, 브랜드 확장, 대형브랜드(megabrand), 우산 브랜드(umbrella brand), 브랜드 자산, 브랜드 핵심, 브랜드 조화, 브랜드 아이덴티티, 브랜드 환경, 공동브랜딩(cobranding), 기업 브랜드, 하위브랜드, 브랜드 부상력(brand buoyancy), 브랜드 감사(brand audit), 브랜드 아키텍처, 브랜드 구축, 브랜드 프로파일링(brand profiling), 브랜드 DNA, 브랜드 지문(brand fingerprint), 브랜드 계층구조(brand hierarchy), 브랜드 맵핑(brand mapping), 브랜드 탐사, 브랜드 가치, 브랜드 창조, 도전자 브랜드, 이 외에도 수백 가지가 더 있다. 에스키모인들에게 눈을 지칭하는 단어가 수없이 많은 것처럼 브랜드 매니저들에게는 상업용 스토리를 위한 용어가 수없이 많다.

학문으로서의 브랜딩

학계는 최근에 와서야 브랜딩의 힘과 복잡성에 주의를 기울이기 시작했다. 하지만 학자들이 마케터들에게 통찰력을 제공할 수 있을지도 모른다. 브랜드 스토리와 다른 종류의 이야기들을 연결시키는 것은 이 스토리들의 작동 방식을 이해하는 데 도움을 줄지도 모른다. 가장 명백한 것은 브랜드가 이야기화된 경험이기 때문에 한번에 두 개의 이야기를 동시에 의미할 수는 없다는 점이다. '장르(genre)'라는 개념은 작품이 기존의 형식을 따르면서, 만약 관객의 기대를 무너뜨릴 경우 혼란을 초래할 수 있다는 점에서 브랜딩과 연관성이 있다. 우리는 야마하^{Yamaha}가 피아노도 되고 오토바이도 된다면 당황스러워할 것이고, 플레이보이가 상상 속의 섹스에 대한 이야기를 해주면서 동시에 현실의 리조트가 되거나, 닭고기 레스토랑으로 알려진 후터스Hooters가 이와 동시에 항공사를 경영하는 것, 혹은 폭력적 환상을 '소유한' 세계 레슬링 연합WWF이 축구와 같은 격렬한 현실세계의 스포츠를 소유하는 것, 또는 캠벨Campbell's이 스프이면서 동시에 소스가 되는 것은 불가능함을 이해할 수 있다. (그래서 캠벨은 자신의 소스 라인을 프레고Prego라는 독립적 이름으로 불러야 했다.) 고대인들은 이 점을 알고 있었다. 그들은 통일성이라는 개념을 발전시켰는데 이것은 무엇보다도 여러 가지 스토리 유형을 하나로 섞을 수 없음을 골자로 하고 있다. 비극은 희극이 아니고, 희극은 전원시가 아니며, 전원시는 비가가 아니다. 그러나 이야기가 확장될 수는 있는데 바로 이것이 한 편의 로맨스가 단편에서 중편으로, 중편에서 장편으로 바뀔 수 있는 이유이다.

정서적 일관성(emotional coherence)은 브랜딩에서 당황스러운 문제인 '왜 어떤 브랜드는 확장될 수 있고 어떤 브랜드는 확장될 수 없는가'에 대한 설명을 가능케 한다. 만약 우리가 항상 이야기의 뿌리(즉 핵심)를 염두에 둔다면 우리는 왜 피에르 가르뎅Pierre Cardin이 그릇을 팔 수 없고 BIC가 팬티스타킹을 판매할 수 없는 반면 젤 오Jell-O는 요거트와 하드 아이스크림을 모두 팔 수 있는지 이해할 수 있을 것이다. 캐터필러Caterpillar는 트랙터와 신발 및 의류를 판매하는 데 있어 같은 브랜드를 사용하는데, 이는 그 브랜드의 정서적 스토리가 단순하기 때문이다. "우리는 터프하다"가 바로 그것이다. 하지만 이 회사가 최첨단의 농작물 수확 장비를 판매할 수는 없을 것이다.

이야기의 일관성은 현대 대중문화의 많은 부분을 이해하는 열쇠이다. 연예인을 예로 들어보자. 이야기의 일관성은 매리 타일러 무어Mary Tyler Moore가 왜 여러 이야기를 이동하면서도 항상 같은 캐릭터를

유지할 수 있는지(로라 페트리에Laura Petrie에서 매리 리차드Mary Richard까
지), 또 켈시 그래머Kelsey Grammer가 〈치어스Cheers〉뿐 아니라 〈프레이저
Fraiser〉에서도 프레지어 크레인Frasier Crane으로 분할 수 있는지의 이유
이다. 그러나 〈사인필드Seinfield〉의 캐릭터들이 다른 이야기들에서 실
패한 이유는 그들이 조지George, 크래머Krammer, 일레인Elaine의 역할에
서 벗어났기 때문이다. 그러나 제리Jerry는 현명하게 제리라는 브랜드
로 남아 있다. 반면 현실에서는 조지였던 레리 데이비드Larry David는
현실에서도 레리 데이비드인 척할 수 있다. 상업적 세계에서 이러한
이야기의 일관성은 리처드 브랜슨Richard Branson이 왜 버진Virgin이라는
브랜드 뒤에 숨어서 '정말 좋은 가격'이라는 개념을 레코드 라벨에
서 소매 체인점, 미디어 프로덕션, 콜라, 항공 여행, 핸드폰, 그리고
심지어는 콘돔에까지 확장시킬 수 있었는지에 대한 이유가 된다. 이
야기는 변하지만 캐릭터는 그대로인 것이다. 고정 배역(type-casting)
은 엔터테인먼트 업계가 브랜딩에 바치는 일종의 헌사이다. 믿어지
지 않는다면, 도널드 트럼프Donald Trump, 오프라 윈프리Oprah Winfrey, P.
디디P.Diddy, 그리고 마사 스튜어트Martha Stewart에게 물어보라.

브랜드 스토리를 확장하는 것은 비용도 많이 들거니와 어려운 것
으로 드러났다. 그러나 새로운 상업적 브랜드 하나를 소개하는 데에
일 억 달러 이상이 소요되는 반면 그것을 확장하는 비용은 그의 3분
의 1밖에 들지 않는다는 점에서 항상 브랜드 확장의 유혹은 존재해
왔다. 상업적 세계의 이 과정을 이해하면 우리는 (독립된 대학이 아니
라) 대학의 분교, (어느 한 종파에 소속되는 것이 아니라) 자립형 교회,
혹은 박물관의 외부 파견(여러 건물이나 심지어 다른 도시에 전시회 공간
을 배치하는 것)과 같은 공적 영역에서의 혁신이 앞으로 성공을 거둘
지 예측할 수 있을지도 모른다.

70

브랜딩의 유래(제품 및 서비스의 잉여 생산)와 그것의 작동방식(스토리와의 결합), 그리고 앞으로의 발전 방향(정서적 애착)을 이해한다면 우리는 비상업적 세계에서 일어나는 일들을 쉽게 이해할 수 있을 것이다. 그리고 최근 문화 산업의 변화를 당황스러워하기보다는 오히려 당연하고 심지어 신선한 것으로 간주하게 될 것이다. 비평가들은 아우성치겠지만 영리 단체처럼 행동하는 비영리 단체가 존재한다는 것이 나쁘지 않을 수도 있다. 사실 그것은 생동감 있고 매우 민주적이며 심지어는 칭찬할 만한 것이 될지도 모른다. 필자는 종종 '팔기 위해 무엇이든 하는 세상'이나 '모든 비즈니스는 쇼 비즈니스다'라는 말로 표현되는 상황들을 간과하려는 것이 아니다. 그러나 매일 우리는 그것이 수돗물이든 정치든, 신도 좌석이나 강의실, 혹은 예술 작품이든 간에 상업적 세계보다 더 형편없는 시스템이 있음을 목격하게 된다. 게다가 상업적 브랜드가 소진기(exhaustion period)에 접어들고 있는 듯 보이는 이때에 문화 산업은 르네상스를 맞이하고 있다. 교회, 박물관, 대학들은 지난 몇 년 간의 변화에 비하면 그동안 거의 아무것도 변하지 않았다. 그리고 그들 중 많은 이들이 문을 닫았다. 새로운 브랜드 세계에서 이들의 '새롭게 개선된' 버전들이 생존할 수 있을지 여부는(생존해야 하는가 여부는 말할 것도 없고) 앞으로 더 두고봐야 할 일이다. 하지만 이것 하나는 확실하다. 비영리 단체의 브랜딩은 세계화처럼 앞으로 일어날 일이 아니다. 그것은 바로 지금 일어나고 있다.

2장

하나님 아래 하나의 시장 | 브랜드, 교회에 가다

훌륭한 광고는 훌륭한 설교와 같아야 한다.
그것은 고통 받는 사람들을 위로할 뿐 아니라 편안한 사람들을
고통스럽게 해야 한다.
_ 버니스 피츠 기번Bernice Fits-Gibbon의 『메이시 백화점, 김벨스 백화점, 그리고 나:
소비재 광고로 연봉 9만 달러를 버는 방법』

신이 존재하든 존재하지 않든 간에, 그 개념은 신자에게나
무신론자에게 똑같이 매우 실제적이다.
만약 신이 하나의 브랜드 컨셉이고 종교가 그것의 공식적인 마케팅
회사라면, 신은 브랜드 약속을 실천하고 있는가? 아니면 우리는 새
천년을 위한 새로운 리포지셔닝 전략이 필요한가?

- Brandchannel.com에서의 토론, 2001년 9월

마케팅의 관점에서 본 종교의 모습은 어떤가? 필자는 지금 신에 대해 이야기하는 것이 아니다. 그것은 신앙이지 브랜드가 아니다. 브랜드는 제품이나 서비스, 혹은 이 경우에는 컨셉에 붙어다니는 이야기이다. 기독교의 초창기에 말씀이 있었고, 여러분이 이미 감지했겠지만, 브랜드는 바로 이 말씀이었다. 한편으로 종교는 마케팅과 그 역사를 같이 했지만 경쟁력을 얻는 수단으로서의 브랜딩은 매우 최근에 일어난 발전이다. 그리고 이는 놀라울 정도로 기독교답다. 사실상 신을 판매하는 것(selling God), 소위 전도로 알려진 행위는 매우 기독교적이고 자본주의적인 개념이다. 브랜드 매니저의 입장에서 설명을 해보겠다.

거시적 수준에서 볼 때 모든 종교는 동일한 거래를 제공한다. 그들은 인생의 의미를 신자들의 투자와 교환한다. 사람들은 경청의 대가로 이야기를 제공받는다. 때때로 이 거래에서는 경청만이 요구되지만 그보다 더 많은 경우에는 돈과 봉사를 요구한다. "지금 헌신하면 나중에 구원을 얻습니다." 이런 식의 약속을 제공하는 공급자는 많다. 옥스퍼드 대학 출판사에서 2년마다 한 번씩 발행하는 『세계 기독교 백과사전: 현대 세계 교회 및 종교 비교 조사^{The World Christian Encyclopedia: A Comparative Survey of Churches and Religions in the Modern World}』가 그 수를 세고 있다. 이 책은 두 권인데다 한 권당 800페이지에 달한다. 왜 이렇게 두꺼운 걸까? 이유는 간단하다. 세상에는 거의 만여 개의 종교가 존재하고 여기에 매일 두 개씩 추가되기 때문이다.

대부분의 종교가 제공하는 제품은 보통 사후 세계로의 안전한 이동이고, 최근까지 서양에서 이것은 매우 매력적이고 수지가 맞는 장사였다. 필자가 '최근까지'라고 덧붙인 이유는 세상 대부분의 종교들이 화려한 물질로 가득 찬 세계를 만들어냈던 것은 이 세상에 숭고한 의미를 부여할 물건들이 남아돌지 않던 시대였기 때문이다. 사후 세계는 대부분의 종교 브랜드들의 약속이다. 당연히 이러한 삶에 대한 접근은 보통 사후에 일어난다. 비록 회개자들 중에는 이승에서 '현현(顯現, epiphany)'을 경험하는 사람들도 있지만 말이다. 현현은 앞으로 일어날 일에 대한 힌트이자 사후 세계를 맛보는 것이다.

각각의 종교에는 브랜드를 전하고 신앙 체계를 성문화하여 전파하는 성스러운 문헌이 존재한다. 세계의 주요 종교 중 가장 역사가 깊은 힌두교에서는 신이 이 세상에 크리슈나Krishna를 비롯한 여러 가지 모습으로 등장하고, 인간은 해탈의 경지에 이를 때까지 윤회를 통해 계속해서 상승할 수 있다고 약속한다. 이들의 성전은 베다Vedas, 우파니샤드Upanishards, 바가바드 기타Bhagavad Gita 등이다. 불교는 유일하게 일신교가 아니지만 만트라(mantras)를 외움으로써 더 높은 경지에 오를 수 있음을 약속한다. 불자는 깨달음의 경지를 넘어 완벽한 해방, 즉 열반을 경험할 수 있다.

또 다른 고대 종교인 유대교에서는 정의가 보상받을 것이라는 약속 외에 별다른 약속은 하지 않는다. 대부분 정통파 유대교가 득세하고 있는 추세이지만 다원주의적인 미국에서는 유대교 중에서도 보수파와 개혁파를 선택할 수 있는데, 이것은 현대 시장이 어떻게 사람들의 선택에 부응할 뿐 아니라 그것을 만들어내는지를 보여준다. 그 다음으로 기독교에서는 그 개념이 명확하지만 복잡한 하나님(성부, 성자, 성령으로 이루어진 삼위일체)이 있고 구약성서 외에 신약성서가 또 추가되어서 사후 세계와 심판의 날을 정의하고 있다. 종교개혁 이전에는 여덟 개의 탁발수도회(도미니크회, 베네딕트회, 프란체스코회 등)가 시장 점유율을 차지하기 위해 경합을 벌이고 있었고 현재는 약 여덟 종류의 개신교 종파들(감독파, 감리교, 침례교 등)이 주류를 이루고 있다. 세계의 주요 종교 중 가장 역사가 짧은 이슬람교는 기독교보다 50년 이상 늦게 등장하였는데, 알라라는 유일신과 코란이라는 성전을 가지고 있고, 알라에게 의지를 복종시키는 사람들은 사후에 낙원에 들어갈 수 있다.

놀라운 점은 이런 종교 제도들이 시장 점유율을 놓고 서로 경쟁하는 일은 드물다는 것이다. 기독교와 이슬람교를 제외하면 나머지 종교들에는 무신론자를 거의 전도하지 않는다. 십자군 전쟁이나 지하드(jihad)는 역사적으로 드문 현상이다. 오히려 천국으로의 인도라는 제품의 제공자들은 내부적으로 치열한 경쟁을 벌이는 경우가 더 많다. 한 종교라는 테두리 안에서 교파들은 누가 가장 큰 파이를 먹을 것인가를 놓고 서로 다투는 것이다.

마케팅의 견지에서 볼 때 세계의 종교는 일본의 미쓰비시Mitsubishi나 마쓰시다Matsushita, 혹은 미쓰이Mitsui와 같은 거대한 우산 브랜드를 닮아 있다. 종교 조직은 매우 유기적이다. 즉 하나의 모체 조직 안에서 서로 다른 수백 개의 세포들이 경쟁을 벌이는 것이다. 그리고 마케팅의 역사가 진정으로 시작되는 곳은 바로 이 기독교 종파 체제에서이다. 이곳에서 서로 다른 교파들은 마치 세포처럼 서로에 대항해서 치열하게 싸운다. 때로는 문자 그대로 끝장을 보기도 한다. 사실 토비 레스터Toby Lester가 『애틀랜틱The Atlantic』에서 보고했듯이, 세계의 새로운 종교적 움직임을 연구했던 사람이라면 모두 가장 파벌 싸움이 치열한 곳이 기독교라는 점에 동의할 것이다. 이는 특히 아시아, 아프리카, 그리고 라틴 아메리카에서 더욱 그러하다. 그리고 이 뒤를 이슬람교 근본주의가 뒤따르고 있다.

현현은 즉각적인 제품이고, 천국은 최종적인 약속이다

상업적 브랜딩에서 살펴보았듯이, 불후의 스토리는 항상 정서적 효과(affect)를 동반한다. 이야기는 듣는 이를 감동시켜야 하고 주의를 끌어 느낌을 전달해야 한다. 모든 종교들이 브랜드화하려는 감정은 구원의 느낌이다. "휴, 이제는 안심할 수 있겠다"의 느낌. 그러한 감정은 영어에 수없이 많은 단어로 존재한다. 깨달음, 부활, 회심, 숭고함, 유체이탈의 경험 그리고 초월 등. 그 감동은 보통 특정한 종교 의식 후에 찾아오는 특정 시간에 집단적으로 일어난다. 이것은 정점(still point)을 향해 동요를 뚫고 위로 올라가는 느낌과 유사하다. 이는 다른 많은 경험에서 '새로 태어남', '다시 시작' 또는 '두 번째로 얻은 기회' 등의 감동을 느낄 때와도 비슷하다.

기독교에서 그 감동은 심지어 핵심적 이야기를 이루기까지 한다. 그것은 예수 탄생에 대한 이야기로 세 명의 현자가 아기 예수를 찾아와 바라봤을 때 들었던 느낌을 다룬다. 그들이 '현명한 사람들'인 데에는 이유가 있었다. 그들은 의심 많은 무신론자였던 것이다. 그러나 죽을 운명인 인간의 몸으로 세상에 온 하나님을 보았을 때 그들은 모든 이해를 넘어서는 평화로 충만해졌다. 이를 일컫는 공식적인 용어가 바로 현현이다. 그들은 인간의 몸을 한 신을 목도했다.

구원을 통한 초월은 인생의 깊은 갈망이다. 그것은 새로운 날의 시작이자 인생에 다시 찾아온 아침이고 우리가 이곳에 존재해야 할 이유가 된다. 올더스 헉슬리^{Aldous Huxley}가 그의 충격적인 저서 『인식의 문^{The Doors of Perception}』에서 지적했듯이, 이러한 종교적 경험은 때로 약리학적으로 경험되기도 한다. 우리는 환각제를 섭취하면 육체에서 빠져나가는 듯한 느낌을 갖게 된다. 그러나 이것은 보통 집단적으로 일어나지는 않는다.. 그래서 이것을 부를 때는 '짧은 여행(trip)'이라고 부른다.

우리 세대의 환각제인 엑스터시(Ecstasy, 무아지경)는 그 이름 안에 약의 효과가 내포되어 있다. 이 약은 기분을 좋게 만드는데 그 느낌은 종교적 신도들의 행복감과 이상하리만치 닮아 있다. 사실상 그것은 '숭고한 느낌'을 약속하는데, 실제로 이것은 다시 태어날 때 경험하는 유체이탈감이다. 열광의 오락 문화 속으로 들어가면 즉각적인 이탈감과 가벼워진 몸, 그리고 배고픔이나 졸림과 같은 욕구로부터의 해방, 그리고 특히 새로운 자신감과 낙천주의를 느끼게 된다. 이렇게 새로워지는 느낌이 음악이나 공동체적 흥분과 결합되는 것은 우연한 일이 아니다. 무아지경의 종교적 감동은 물론 수직적이지만 수평적이기도 하다. 한 개인 안에서는 위를 향한 상승이지만, 공동체 안에서는 외부로 발산되기 때문이다.

프랭클린 그레이엄 식의 엑스터시

모든 감동과 마찬가지로 현현 역시 판매될 수 있다. 2년 전에 필자는 플로리다 대학 캠퍼스에서 열리는 프랭클린 그레이엄 십자군 집회에 갔었다. 프랭클린은 빌 그레이엄Bill Graham의 아들로서 예전의 신앙 부흥회를 직접 계승한 집회를 주관한다. (한편 예전의 부흥회들은 감리교와 미국의 대각성the Great Awakenings 집회들을 개조한 것이었다.) 사흘 간의 부흥회는 '2002 축제'라고 불렸다. 십자군과 마찬가지로 부흥회 역시 현재는 나쁜 어감을 가지고 있다. 그러나 만약 이들의 상호작용을 슬로우 모션으로 관찰해 보면 우리는 감동을 갈망하는 사람들과 그것을 공급하는 마케팅 기계들을 볼 수 있다.

그레이엄 축제는 자주 열리기 때문에 마치 시계처럼 돌아간다. 그 행사가 시작되기 한 달 전에 광고가 시작된다. 일주일 전에는 플래카드가 올라간다. 그리고 버스가 도착한다. 지역 교회들은 같이 연합해서 행사를 홍보한다. 본질적으로 그들의 역할은 군중을 고립시키고 흥분시키는 것이다. 군중의 규모가 클수록 좋지만 그 군중들은 자원한 사람들이어야 한다. 이들의 유체이탈감은 군중심리에 의존하기 때문에 결국 참석한 사람들 간의 불일치를 최소화하는 데 그 성공 여부가 달려 있다. 입구에는 문지기들이 있다. 필자가 참석한 행사에서 그들은 떠들썩한 대학생들을 돌려보내는데 대부분의 시간을 사용하고 있었다. 그 체험을 하기 위해서는 옆에 앉은 동료들이 체험을 향해 앞으로 나아가는 것만 봐야지 뒤로 돌아서는 것을 봐서는 안 된다. 문밖에서는 '그들 대 우리(them against us)'라는 느낌을 자아내는 피켓이 걸려 있어도 별 문제가 되지 않지만 안에서는 모두 '우리 대 그들(us against them)'이라는 분위기를 조성해야 한다.

행사는 많은 음악 및 간증과 함께 시작되었고 이것은 끝도 없이 이어졌다. 약 세 시간 동안 진행되는 행사에서 실제 설교는 눈 깜짝할 사이에 지나갔다. 텔레비전과 록콘서트 덕분에 모든 것이 사운드 증폭기와 대형 스크린을 통해 거대하게 확대되었고 거의 두 시간에 달하는 음악이 끝나고 나서야 드디어 프랭클린 그레이엄이 등장했다. 그는 그의 아버지를 꼭 닮아 있었다. 그의 복장은 매우 특이했다. 머리에는 빨간색 랄프 로렌 폴로 포니 로고가 새겨진 야구 모자를 쓰고 있었고 상의는 청색 데님 셔츠를 입고 있었는데 가슴에도 역시 또 하나의 밝은 빨간색 랄프 로렌 폴로 포니가 있었다. 이 외에 그 강당 어디에도 정서적 제휴(affiliation)를 느끼게 하는 이미지, 가령 십자가나 제복, 종, 부활의 이미지는 없었다. 사실 그 부흥회는 게토레이와 나이키의 광고용 로고가 천장에까지 달려 있는 플로리다 대학교의 야구 경기장에서 열리고 있었다.

그레이엄은 자신의 의상 선택에 대해 주저 없이 이야기했다. 그는 자랑스럽게, "네, 이건 랄프 로렌입니다. 내일은 파이팅 게이터스 Fighting Gators의 로고로 차려 입겠습니다"라고 이야기했다. 마치 뭔가 가치 있고 볼 만한 것이 있다는 듯 때때로 텔레비전 카메라가 그의 야구 모자와 셔츠를 비췄다. 필자는 그레이엄이 폴로 포니를 내세운 이유에 대해 오랫동안 숙고했다. 왜 모자와 셔츠 모두 폴로였을까? 중하위층 촌사람들(백인이 흑인의 두 배 정도)이 대부분인 그의 청중은 그런 고가 브랜드의 소비자들이 아니었다. 그들은 타미 힐피거 Tommy Hilfiger, 구찌, 로렌 매장이 아니라 월마트, 시어스, J.C. 페니에 가는 사람들이었다. 사실상 청중들은 부흥회를 지원하기 위해 연합한 저 교회파(low-church, 교회의 의식을 경시하며 복음을 강조함 — 옮긴이) 개신교들이었다. 그들은 서로를 알지 못했고 같은 교회 소속도 아니었다. 주중에 그들은 신도들을 놓고 경쟁을 벌이는 사이였다. 부흥회만 예외였던 것이다. 그들이 공유하는 것은 플로리다 대학교에서의 축구와 쇼핑몰이 전부였다. 그러나 그들은 동일한 갈망을 공유하고 있었다. 그들은 이 부흥회에서 무언가 대단한 것을 체험하고 다시 태어나며 공동체를 느끼고 새로운 마음으로 귀가하기 위해 온 것이다. 그들은 그들이 원하는 감동이 무엇인지 알고 있었고 그레이엄이 그것을 줄 수 있음도 알았다. 그들은 교감하고 있었다.

필자가 다양한 기독교 종파들을 구분하지 못하고, 그레이엄의 말에 의하면 하나님도 다양한 종교를 인정해 주지 않는다고 하지만 (그레이엄은 "모하메드는 당신의 죄를 위해 죽지 않았습니다"라고 말했다. 박수가 터져 나오자, 그는 또 이렇게 말했다. "부처도 당신의 죄를 위해 죽지

80

않았습니다. 오직 한 분만이 당신을 위해 죽으셨고 그분은 바로 살아계신 하나님의 아들, 주 예수 그리스도이십니다.”) 그날 모인 청중들은 폴로의 포니 브랜드가 갖는 계시를 알아보았다. 그들은 축구팀의 유니폼과 코치의 모자에 어김없이 등장하는 나이키의 스우시처럼 쇼핑몰에서 이 폴로 포니 로고를 보았을 것이다. 정서적 제휴는 일단 알려진 후에는 상호 대체 가능해진다. “구원이 어떤 느낌인지 알길 원하십니까? 그건 바로 이런 걸 살 수 있을 때의 기분과 같습니다.” 이것이 바로 그레이엄이 말하는 바였다.

그 조그만 조랑말에 너무 많은 무게를 실으려는 것은 아니지만 현대 마케팅에서는 유사한 경험들을 포개거나 혼합하는 일, 즉 공동브랜딩(cobranding)이 상당히 많이 이루어진다. 예를 들어 가톨릭은 가을에 해가 짧아지는 것을 기념하던 고대 드루이드교의 의식에 만성절 전야^{All Hollows' Eve}를 덮어씌웠다. 그리고 그 이후에는 사탕 회사들과 맥주 양조업체들이 차례로 할로윈을 그들의 판촉행사로 만들며 상업화시켰다. 브랜드 국가에서는 이러한 겹치기(overlapping)가 제2의 천성과 같다. 우리의 공용어가 바로 브랜드이기 때문이다. 로널드 레이건^{Robald Reagan}의 홍보 담당자들은 그의 두 번째 대선 캠페인을 위해 ‘미국의 아침’이라는 반(半) 종교적인 몽타주를 사용하였다. 호텔과 자동차를 마케팅하기 위해 쉐라톤^{Sheraton} 호텔과 GM은 ‘종교적 구속(redemption)’이라는 개념에 호소하였다. 한편 제록스^{Xerox}는 ‘기적’에 호소했고 메르세데스^{Mercedes}는 자신의 SUV 운전자들을 가호하는 수호신들을 보여준다. 그리고 그것은 양방향으로 작용한다. 인기 있는 패션 악세서리가 무엇인가? 바로 십자가가 아닌가. 물건의 종교는 종교의 물건이다.

브랜드와의 제휴는 세속적인 공동체만큼이나 믿음 공동체에서도 중요한 부분을 차지한다. 실제로는 아마 믿음 공동체에서 더욱 두드러질 것이다. 왜냐하면 종교는 '집단적으로 생산된 상품'이고, 그렇기 때문에 참여했을 때의 보상과 관계를 끊었을 때의 대가를 계속적으로 되풀이해서 주입시키기 때문이다. 배제와 파문은 구원받은 우리들과 죄인인 남들 간의 재빠른 구분처럼 독특한 종교적 체험의 일부를 이룬다. 물질적 소비는 종교와 같은 구속성은 덜할지 모르지만 그에 못지않은 명료한 구분을 가지고 있다. 당신은 어느 한 브랜드의 편이거나 그 반대편 둘 중 하나이다.

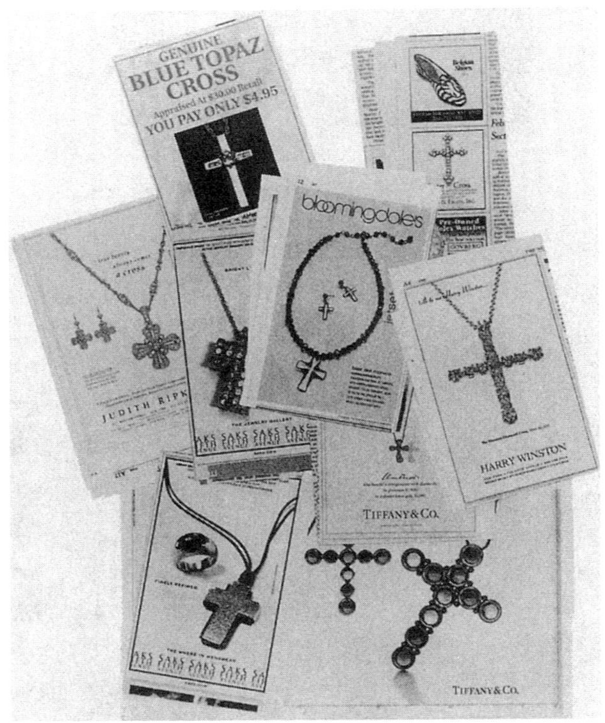

보석 십자가는 성상과 같다. 그것은 착용자를 신자로 만든다.

브랜드 종교는 큰 사업이다

랄프 로렌과의 연관을 통해 그레이엄은 자신이 구원받았다는 것을 시사하고 있었다. 종교적 구원은 큰 사업이다. 미국에는 포드Ford와 크라이슬러Chrysler의 직원 수를 합친 것보다 더 많은 수의 성직자가 있다. 만약 종교가 회사라면 종교는 《포춘Fortune》지 500대 기업에서 500억 달러의 매출로 IBM의 뒤, GE의 바로 앞에 놓이며 5위로 등극하게 된다. 교회 부지와 건물은 수천, 수백 억 달러에 이를 것이다. 그리고 이것은 연간 750억 달러에 달하는 자원 봉사자들의 노동을 포함하지 않은 것이다.

미국에서 종교 사업은 항상 격동 속에 있었다. 그것은 마케팅 격전장이었다. 이유는 간단하다. 국가의 지원을 받는 국교가 없기 때문이다. 수정헌법 제1조(언론, 결사, 종교의 자유를 보장한 조항 — 옮긴이)는 아이러니하게도 종파의 증식을 장려했고 그 때문에 모든 종파들이 서로 경쟁할 수밖에 없었다. 국교가 없다보니 개종자 탈환 전쟁은 끝도 없이 이어졌다. 많은 교회들에게 이 끝나지 않는 경쟁은 경제적으로 튼튼해야 한다는 영원한 압력을 더욱 가중시켰다. 이렇게 하여 교회들은 항상 숭고한 소명에 부응하는 척하면서도 더 많은 청중을 끌어 모으고 고객들이 집으로 가져갈 수 있는 테이크아웃 가치(take-away value)에 주목하며 항상 최종 소비자인 신도들에게서 눈을 떼지 못했다. 마케팅은 필수가 되었다. 필요는 발명의 어머니이다. 당연히 종교의 브랜딩에서 대부분의 혁신은 구원을 판매하는 것에서 나왔다.

일부 개신교 목사들이 탐욕, 부, 그리고 자유 경쟁에 반대하는 설교를 펼치긴 했지만 그에 못지않은 수의 목사가 이와 반대로 영적인

종교적 구속(redemption)
은 이제 자동차나 호텔 룸
의 브랜드 특성이 되었다.

브랜드 국가에서는 너무나 성스러워서 감히
사용할 수 없는 종교적 이미지란 없다.

것과 시장지향적 경제 간의 교류가 그들에게 도움이 된다고 생각했다. 적어도 성공한 목사들은 그랬다. 월요일부터 금요일까지는 하늘나라를 쳐다보고 사는 척할 수 있지만 주말에는 그런 마음을 한쪽으로 미뤄두는 것이 낫다. 그렇게 하지 않으면 시장에서 살아남지 못할 것이다.

미국 시장에서 성공하려는 교회는 자신을 강력한 것으로 만들어야 한다. 이것은 과거에도 그랬고 현재도 마찬가지다. 1800년대의 부흥운동은 구원과 함께 사과 주스와 뮤지컬 공연을 팔았다. 1850년대의 감리교 집회에서는 '주님 가까이'의 왈츠 버전에 맞춰 사람들이 롤러스케이트를 탔다. 1980년대에는 두 명의 TV 선교사인 짐과 태미 패이 바커Jim and Tammy Faye Bakker가 물질적 상품과 영생의 복음을 외치며 다녔다. 어떤 예배가 군중과 신문 보도를 모으기라도 하면 시장에서 떨어져 나가기 일보 직전인 교회들은 그걸 따라 하기에 바빴다. 만약 오순절 교회들이 후트내니(hootenanny, 포크송을 부르면서 춤을 추는 사교 집회 — 옮긴이)를 동원해 군중들을 모으면 주류 교회들은 눈을 부릅떴지만, 신자들을 계속 잃어가던 시내 교회들은 곧 뒤따라 했다. 교회의 마케팅 경쟁사(史)에 가장 통달한 역사가인 로렌스 무어Lawrence Moore는 그의 저서 『신의 판매: 문화 시장 속의 미국 종교 Selling God: American Religion in the Marketplace of Culture』에서 약간 풍자적인 뉘앙스로 이렇게 말한다. "미국의 교회들은 많은 즐거움을 고안해냈는데, 그것들은 진지하면서도 경쟁적인 것들이었다."

국가의 보호가 없었기 때문에 공급자들은 마치 스포츠 팀들처럼 서로 신도들을 유치하기 위해 치열한 경기를 펼쳐야 했다. 그런 경쟁으로 인해 그들은 혁신적인 마케팅에 집중하게 되었다. 이것은 유럽의 종교들에게는 생소한 일이었다. 오늘날 그들의 신도수가 상대적으로 적은 것도 여기에서 비롯된다. 미국 종교는 흥분, 전율, 일종의 감정적 보상 등을 제공해야만 했다.

퓨 리서치 센터Pew Research Center가 44개국을 대상으로 연구한 결과에 따르면 일인당 GNP와 종교가 그 나라의 국민들에게 갖는 중요성 사이에는 반비례 관계가 성립한다고 한다. 그러나 거기에는 단 하나의 예외가 있었다. 종교에 대해서 미국은 약간의 차이는 있지만 제3세계 국가와 비슷하다. 종교의 자립심을 장려하는 미국의 상황이 신앙계의 격렬한 경쟁을 부추기는 것이다. 이 문화에 속하는 사람들은 속삭이지 않고 소리친다.

그 결과 복음주의 하위문화가 번성했는데 그들은 자신들만의 음악, 잡지, 영화, 기독교 록 콘서트, 놀이 공원, 크루즈 등 가지각색의 엔터테인먼트를 구비했다. 고교회파(high church, 영국 국교회에서 교회의 의식, 권위를 중시하는 파 — 옮긴이)도 크게 다르지 않다. 심지어 영국 국교회의 감독파도 좀더 미묘하게 거만한 형식이긴 하지만 오락적인 요소를 생산한다. 적어도 1970년대에 그들의 브랜드가 해체되기 전까지는 그랬다.

무어가 그의 통찰력 깊은 책 『신의 판매Selling God』 서문에 언급한 것처럼 청중을 흥분으로 몰아가는 이러한 요소는 학문적 관찰자인 그를 거의 스포츠팬과 동일하게 만든다. 그는 이렇게 적는다. "내 친구들이 야구광이듯 나는 종교에 열광한다. 종교가 일종의 상업적 엔터테인먼트와 유사한 매력을 발산한다는 견해에 분노하는 독자들은 여기서 책을 덮는 것이 좋을 것이다. 이와 동일한 이야기가 앞으로 계속될 것이기 때문이다." 필자 역시 같은 생각이다. 이것은 섣부른 관찰이 아니라 자명한 사실이다. 그렇다. 우리는 유별나게 경건하면서도 다양한 종교 문화를 가지고 있다. 그러나 우리의 종교 문화는 실제로는 매우 경쟁적이다. 그것은 바로 우리의 브랜드들이 격렬한 경쟁을 벌이고 있기 때문이다. 이상하겠지만 그것은 모순이 아닌 마케팅 진리이다. 다양성이 적은 제품은 유사성이 높을 수밖에 없고 치열한 경쟁을 불러일으킨다. 코카콜라 대 펩시를 보라.

이렇게 큰 사업이 격동에 처할 때에는 (이 시장이 늘 그렇기는 하지만) 수많은 흥망성쇠가 거듭된다. 감리교, 침례교, 흑인 교회들(black church), 몰몬교Mormon, 그리고 최근 오순절교의 폭발적 증가에 이르기까지 이들의 롤러코스터와 같은 역사를 생각해보자. 가장 빠른 성장은 개신교 오순절 교회파에서 일어나고 있다. 강한 헌신을 요구하는 이 교회들은 장로교회나 조합교회(Congregationalist, 각 교회의 독립 자치를 주장한다. ─ 옮긴이)와 같은 중간 지대로부터 신자들을 끌어모으고 있다. 이 시장이 안정된 것이라고 생각한다면 다음의 사실을 기억하라. 1776년만 해도 감리교는 어디에도 존재하지 않은 반면 1876년이 되면 온통 감리교 일색이 되었고 1976년이 되면 빠르게 세력을 잃어 가기 시작한다.

가톨릭교회가 현재 당면한 마케팅 문제를 살펴보자. 이 70억 달러의 브랜드는 현재 위기에 처해 있다. 의욕적인 관리자도 없는데다가 차별화에 대한 인식도 부족하고, 시대적 적절성을 유지하는데도 실패하였으며, 그 소비자 층도 점점 노화하고 있기 때문에 가톨릭교회는 빠르게 줄어 가는 시장 점유율로 고생하고 있다. 성직자들의 부정은 이혼, 혼전 성관계, 낙태를 인정할 수 없는 교회의 배경뿐 아니라, 월드콤WorldCom, 엔론Enron, 마사 스튜어트Martha Stewart 같은 브랜드의 몰락을 목격해 온 상업문화를 배경으로 계속해서 이어지고 있다. 분명 가톨릭교회는 여전히 강력한 소비자 기반을 가지고 있고 브랜드 자산도 엄청나지만 대안적 종교 시장이 이러한 판도를 바꿀 것이다.

문제는 단지 미래의 교인들이 어디에서 나올 것인가뿐 아니라 미래의 성직자가 어디에 있을 것인가이기도 하다.

현현(epiphany)을 공급하는 종교 시장에서 특이한 점은 특정 교파의 흥망성쇠와 무관하게 매주 미국 성인의 40퍼센트가 교회나 유대교 집회에 참석하고 있고 그 비율은 1970년대 이래로 변해 오지 않았다는 점이다. 그러나 반 정도의 교인만이 헌금과 유산을 기부하기 때문에 기부금의 측면에서 교회가 거둔 성장은 그리 크지 않다. 우리는 현현의 경험을 뉴에이지 의식이나 럭셔리 쇼핑과 같은 다른 장소에서 찾고 있다. 대부분 독립적이고 교파혼합적인 개신교 교회들에서 발생되는 극적인 수입의 증가는 주류 교회가 겪는 손해와 맞먹는다. 한편 유대교에서는 별다른 변동이 없다. 그러나 유대교의 보수파 및 개혁파 계열들의 등장은 기독교의 다양한 교파 현상을 모방한 것이며 주로 미국에서만 존재한다.

그러므로 종교 시장은 축소되지 않았지만 시장 점유율은 항상 변하고 있다고 말할 수 있다. 이것은 슈퍼마켓 진열대에 놓인 비누의 사정과 같다. 성장하는 교회와 쇠퇴하는 교회 모두 전례 없는 마케팅 도전에 직면하고 있다. 그래서 시장 조사, 고객 만족, 테이크아웃 가치(take-away value), 포지셔닝, 자산 관리, 브랜드 자산 등과 같은 기업 회의실의 단어들이 목사와 주교의 사무실에서도 울려 나온다. "브랜드에 신경 쓰지 않으면 망한다"가 "네 어린양을 보살피라"를 대체하고 있다. 종종 가장 깊은 통찰력은 소비자들의 욕망이 아니라 부주의로 인해 진열대에서 퇴출된 브랜드들로부터 나온다. 다음에서는 이처럼 브랜드 관리를 제대로 하지 못해 대가를 치른 공급자의 경우를 살펴보도록 하자.

위기의 브랜드: 감독파의 사례

한때는 지배적이었던 감독파의 현재 상황을 살펴보자. 감독파는 용서할 수 없는 마케팅 죄를 지었다. 그들은 스토리를 분실함으로써 브랜드를 망각하였다. 더 정확하게는 이야기를 빼앗겼다. 마케팅의 견지에서 본 필자의 해석은 다음과 같다.

한두 세대 전만 해도 감독파 교회는 개신교의 선두를 달리고 있었다. 그것은 럭셔리 브랜드였다. 은행계, 법조계, 정치계, 교육계의 지도층에 가보면 메이플라워호를 타고 미국에 건너온 감독파의 후손들이 있었다. 1950년 《포춘Fortune》의 발표에 따르면 CEO의 3분의 1이 독실한 감독파 신자였다. 그리고 감독파의 교회 조직도 기업 모델을 반영하였다. 그것은 구 성공회(영국 국교) 체제의 영향으로 수직적으로 구성되었는데, 그 성공회 체제 또한 왕권신수설 개념으로 특징지워지는 제정일치의 가톨릭교회 모델을 모방한 것이었다. CEO였던 영국 캔터베리의 대주교를 제외하면 영국 국교회의 수장은 왕 또는 여왕이었던 것이다. 마찬가지로 미국 역시 다양한 지역 단체의 주교들은 수좌주교(presiding bishop)의 지휘 아래 감독파 브랜드를 책임지고 있었다. 그들은 예배뿐 아니라 상당 부분 나라까지 통치했다. 20세기에 당선된 미국 대통령들은 다른 어떤 교파보다도 감독파 출신이 많았다.

감독파의 매력은 강령이나 건축물, 스테인드 글라스(착색유리), 혹은 빛나는 목사에 있는 것이 아니었다. 이 교회의 브랜드 약속은 사회적 제휴(social affiliation)에 있다. 사실상 미국 상업문화의 특징인 감독파의 문화적 지배는 젊은 프랭클린 그레이엄의 모자와 가슴에 표현된 랄프 로렌의 영국 숭배(Anglophilia) 핵심에 자리하고 있다.

미국 소매업의 전통에서 보자면 감독파 교회가 (마케팅 용어로 하자면) '소유'했던 것 — 즉 조상의 힘 — 을 랄프 로렌이 가져다 썼고 그것을 프랭클린 그레이엄이 차용하고 있는 것이다. 폴로의 조랑말 마크(pony)는 왕족의 스포츠에서 비롯되었고 가치 있는 귀족 혈통의 유산을 의미한다.

가장 전성기의 감독파에 대한 최고의 연구는 1970년대 말에 키트Kit와 프레데리카 코놀리지Frederica Konolige 부부가 쓴 『영광의 권력: 미국의 지배 계층으로서의 감독파Power of Their Glory: America' s Ruling Class, The Episcopalians』이다. 이 책은 이 교회의 브랜드 스토리가 결단코 세속적이었다고 주장한다. 처음 출판되었을 때 이 책의 논제는 인기가 없었다. 코놀리지 부부는 이 교회의 약속이 세인트 그로틀섹스St. Grottelsex 사립 고등학교, 도시 클럽, 아이비리그, 스쿼시 코트, 박물관 이사회, 경영계의 상류층 그리고 정치가 등 신앙을 제외한 모든 것과 관련되어 있다고 주장했다. 그렇다. 이 모든 것을 총괄하는 브랜드는 일요일에 당신을 불러들이지만 주말보다 주중에 특히 더 많은 도움이 되었다. 감독파 교회 사회는 품위 있고 우아하며 주니어 리그적(Junior League)이고 영국적이며, 백인 중심에 지적이고 합리적이며 뉴잉글랜드 출신이 많고, 《명사록Social Register》에 오른 지각 있는 사람들이었다. 워싱턴 D.C.의 감독파 성당이 '국립 성당National Cathedral' 이라 불리는 것은 우연의 일치가 아니었다.

감독파는 흥미로운 자기만족을 보여준다. 그들은 자신감이 넘쳐났다. 즐겨 스스로를 낮추는 데서도 풍자적인 유머나 쾌활함이 묻어났다. 그들 스스로가 자신들에 대해 이야기하는 전형적인 농담으로 다음과 같은 것이 있다. 천국에 새로 온 사람이 성 베드로에게 묻는다. "왜 앞에서 본 방들은 그렇게 소란스럽습니까? 온통 술 냄새에 웃음

소리와 춤까지 난리법석입니다." 성 베드로가 대답한다. "그 사람들은 감리교와 침례교, 그리고 장로교인들입니다." 그 사람이 다시 묻는다. "그럼 마지막 방은 왜 그렇게 조용합니까?" "아, 그 사람들은 감독파 사람들이지요. 땅에서 살 때 이미 충분히 술 마시고 웃고 춤춰봤기 때문에 여기서는 그럴 필요가 없는 것입니다." 대부분의 교회들은 너무 가벼운 느낌을 줄까봐 별명을 달가워하지 않는다. 그러나 한창 전성기를 누리던 감독파 교회들은 아마 우쭐하는 자신감의 발로였겠지만 재치 있는 별명을 사용했다. 예를 들면 달라스에 있는 성 미가엘과 모든 천사 교회Saint Michael and All Angels는 성 밍크와 모든 캐딜락 교회Saint Mink and All Cadillacs가 되었다. 어떤 감독파 교인이라도 붙잡고 그가 다니는 교회에 별명이 있는지 물으면 아마 놀랄 것이다. 조지 부시도 이 전통을 그대로 따르고 있다. 그는 모든 사람들에게 별명을 붙인다. 그것은 바로 권력의 특전이다.

20세기 중반에 감독파 브랜드는 갑자기 세력을 잃는다. 이것이 너무 많은 자유를 두고 벌어진 소모적인 언쟁 때문이라 말하기 쉽겠지만, 문제는 브랜드 스토리에 있었다. 감독파 교회는 자신이 약속한 것을 더 이상 지킬 수 없었다. 시장의 실력주의(meritocracy)가 그것을 망쳐놓았다. 한 예로 1960년대까지 이 교회는 기업계뿐 아니라, 정계, 법조계 그리고 교육계의 상류층으로 접근할 수 있는 통로인 교육을 통해 사회적 지위를 배분하는 정교한 시스템을 지배하고 있었다. 성직자들은 세인트 폴Saint Paul, 그로톤Groton, 미들섹스Middlesex와 같은 사립 고등학교의 문지기들이었다. 그러나 어쩌다 이 문을 잃어버리게 되었을까?

니콜라스 레만Nicholas Lehmann이 『큰 시험: 미국 실력주의의 숨겨진 역사The Big Test: The Secret History of the American Meritocracy』에서 주장하는 것처

럼 SAT가 그러한 역할을 했다. 엘리트 대학으로의 입학 여부가 200명의 훌륭한 조상들을 두는 것이 아니라, 두 시간의 시험을 잘 치르는가에 달려 있는 게임으로 바뀐 것이다. 그리고 다음 장에서 알게 되겠지만 상위 학교들, 특히 하버드는 이제 문화적 쇼를 진행하고 있다. 1950년에는 엑세터Exeter 성당에 다니는 것이 캠브리지Chambridge나 매사추세츠Massachusetts 대학으로의 진학률을 높여 주었다. 그러나 오늘날 하버드에 들어가려면? 엑세터 성당에 가면 안 된다. 그냥 집에서 지내면서 스타가 되라.

이 교회의 공식적인 교인 수치는 항상 소규모였지만 (1960년대 말의 최대치인 364만 7000명에서부터 오늘날 200만 명에 이르기까지) 감독파의 힘은 그 수가 아닌 권력에 있었다. 적은 수, 오랜 전통, 사회적 행동 양상 등에서 여러 가지로 유사점이 많은 유대인들처럼 그들은 권력에 집중함으로써 브랜드를 보호할 수 있었다. 그러나 그것은 내세에 대한 안전한 통로가 아니라 현세에서의 권력에 대한 통로를 제공해야만 효과를 거둘 수 있었다.

1999년 십여 차례의 일요일을 작은 대학 마을 감독파 교회들에서 보낸 필자는 이들이 뭔가 어수선한 상태에 있는 것을 볼 수 있었다. 많은 개인 교회들이 혼란에 빠져 있었다. 그들은 모(母) 교파에서 떨어져 나왔다. 계산이 빠른 교회들은 점점 줄어드는 전체 모금에서 더 많은 부분을 차지해 가고 있었고 이로 인해 교파의 임원들은 전국 예산을 줄일 수밖에 없었다. 예를 들어 1991년 이래로 감독파의 모 교회는 본부 직원을 3분의 1로 줄여야 했다.

일부 분파들은 심지어 먼 곳의 부랑자 국가들과 제휴까지 맺고 있다. 가령 세상에나! 아프리카와 말이다. 아프리카에 있는 배교자 주교가 독립을 찾던 개인 교회들에게 일종의 종파 분리의 전통을 제공하고 있다는 사실은 미국의 주류 지배계급(WASP, 앵글로색슨계 백인 신교도)을 동요시킬 만한 소식이었다. 그리고 그가 르완다에서 미국으로 선교사를 파견한다는 사실은 도가 지나쳐도 너무 지나치는 사실이었다. 그러나 다른 일부에서는 맙소사! 루터파와 제휴를 맺고 있었다. 필자가 출석한 모든 교회에서는 누가 목사가 될지를 놓고 승강이를 하거나, 일반 기도서가 바뀐 것에 대해 끝도 없이 말다툼을 했으며, 앞으로의 현금 흐름이 점차 공동묘지로 이동해 가면서 일반적으로 우울한 분위기가 형성되어 있었다.

감독파 교회는 사실상 노인들의 교회이다. 제너럴 모터스의 캐딜락 부서를 보면 이것이 브랜드에 어떤 의미를 갖는지 알 수 있다. 아이러니하게도 이러한 내부 논쟁의 많은 경우가 결국 법정까지 가거나 신문기사 1면에 등장하게 되는데, 이는 간단히 말해 이 교회에 재고가 너무 많아서 그런 것이다. 구식의 남성적 기독교는 이제 팜올리브Palmolive 비누와 프렐Prell 샴푸, 그리고 플리트우드 브로엄Fleetwood Brougham이 걸어간 길을 따라 가고 있다.

이런 우울한 변화는 교회 건축물에서도 찾아볼 수 있다. 시내의 어느 곳이든 가서 오래된 감독파 교회를 살펴보라. 일요일에 가 보면 문제가 보일 것이다. 맨해튼의 6번 애비뉴 20번 스트리트에 가서 유명한 건축가인 리처드 업존Richard Upjohn이 디자인한 화려하고 비대칭적인 고딕풍의 교회를 보라. 한창 전성기에 이 교회는 존 제이콥 애스터John Jacob Astor, 제이 구드Jay Gould, 코넬리우스 밴더빌트Cornelius Vanderbilt를 교인으로 데리고 있었다. 그러나 1970년대 초에 그 건물은 약물재활 치료센터로 팔려 갔고 후에는 그 유명한 마약 저장고가 딸린 댄스 클럽, 라임라이트Limelight가 되었다. 이 경험이 너무나 충격적이었던 감독교 관구는 더 이상 '재정적 필요'로 인해 교회를 파는 일은 없을 것이라고 약속하기까지 했다. 그렇다면 파크 애비뉴 51번 가에 있는 성 바르톨로메Saint Bartholomew 교회는 이 문제를 어떻게 해결했을까? 그 교회는 시저 샐러드, 연어 라비올리, 와인 선택이 훌륭하기로 소문난 64개 테이블의 멋진 레스토랑인 세인트 바트 카페Café St. Bart's가 되었다.

교회 광고 프로젝트

이런 맥락에서 감독파의 리포지셔닝(repositioning)은 시사적이다. 이 교파의 일부는 사실상 상업적 경쟁에 참여하기 시작했다. 다음 페이지의 광고들을 보라.

이 광고들은 감독파 광고 프로젝트Episcopal Ad Project로 불리다가 지금은 교회 광고 프로젝트Church Ad Project로 불린다. 이것은 1990년대에 모든 세대가 자신의 교회를 외면하는 것을 발견한 미니애폴리스의 한 목사 겸 광고맨, 조지 마틴George Martin에 의해 시작되었다. 그 광고들은 시각적으로 재치 있고 정교한 언어를 가지고 있다. 그러나 실제로는 매우 역설적이다. 그것들은 어떤 새롭거나 특이한 점을 제공하진 않지만, 옛 교회의 자기만족적인 소속감을 잘 풍자하고 있다.

이 외에도 우리는 이런 광고들을 본다. 산타와 예수의 그림 위에 "근데, 누구의 생일이라는 거죠?"가 쓰여 있다거나 성경책 그림 위에 "오리지널 파워북"이란 말이 쓰여 있다. 혹은 하늘을 나는 스노우보더 옆에 "당신은 자신감 있고 독립적입니다. 하지만 뒤에서 밀어주는 자가 있다고 해서 나쁠 건 없습니다"라는 말이 쓰여 있다거나 성배 그림 위에 "10조잔 이상 팔렸음"이란 말이 적혀 있다. 감독파처럼 보이는 교회의 외관 사진에는 "미래에 투자할 최고의 장소"란 설명이

방향 전환은 정당하다. 교회와의 제휴를 광고업계 방식으로 판매하기.

곁들여 있다. 십자가에 못 박힌 예수의 그림에는 "우리는 바디 피어 싱이 생소하지 않답니다"라는 말이 쓰여 있고 "주간 예언 나눔"이라는 말 아래에는 기도서 그림이 그려져 있다. 에너자이저 버니가 등장하는 광고에는 이런 문장이 있다. "부활절의 진정한 의미가 좀 모호해지지 않았나요?" 그리고 "정말로 빠른 구원을 원한다면 두 알을 드세요"라는 문구 앞에는 십계명 석판이 놓여 있기도 하다.

교회 마케팅의 기원

마케팅의 측면에서 볼 때 지금 우리가 보고 있는 이런 상황은 많은 면에서 생수를 파는 일과 같다. 제품 차별화는 거의 없고 설사 있다 해도 무시할 만한 정도다. 이는 개신교가 이미 하나의 상품이 되었기 때문이다. 공급자는 넘쳐나고 교회 부지는 공급 과잉 상태다. 그 때문에 교파들은 브랜딩을 통해 차별화될 필요가 있는 것이다. 차이가 없는 제품에서는 어떻게 이야기하는가가 중요해진다. 그리고 그 이야기는 점차 시장과 슈퍼마켓, 대량 생산된 제품의 진열대로부터 유입되고 있다. 방향 전환은 정당한 것이다. 지난 수세대 동안은 그 영향력이 지금과는 반대로 교회에서 시장으로 흘러갔다.

어떻게 미국이 세계에서 종교적으로 가장 다양한 나라임과 동시에 가장 열렬한 나라일 수 있는가의 역설은 어떻게 미국이 물질적으로 가장 방탕하면서도 환경보호에 가장 적극적인 나라일 수 있는가의 역설과 비슷하다. 한편으로 우리는 삶과 종교를 분리하려고 애쓴다. 다른 한편으로 우리는 열정적으로 종교를 끌어안는다. 영 앤 루비컴 Young & Rubicam의 연구가 주장하듯이 만약 어떻게 "브랜드가 새로운 종교가 되었는지" 궁금하다면 그것은 종교가 오래된 브랜드이기 때문이다. 우리는 그 사실을 안다. 우리는 그것이 무엇을 약속하는지 알고 있다. 그러므로 역사적 관점에서 보면 현대 브랜딩의 시작이 목사가 되기 위해 공부하던 사람들이 그들의 재능을 대량 생산된 제품을 판매하는 데로 돌린 20세기 초반이라는 사실은 우연이 아니다. 그리고 감독파 교회가 사람들을 되찾기 위해서는 그와 똑같은 이야기 제조 방식을 사용해야 한다는 것도 당연하다.

마술적 사고가 종교와 브랜딩 모두의 핵심이라는 사실을 깨닫는다면 왜 그들이 잠시나마 융합될 수 있는지 분명해질 것이다. 브랜딩은 종교와 똑같은 방식으로 물건을 물신화한다. 그것은 물건에 마법을 걸고 그들에게 부가가치라는 아우라를 제공한다. 캔터베리의 대주교는 다음과 같이 말했다고 한다. "나는 광고를 읽지 않습니다. 그렇지 않으면 뭘 사고 싶다는 생각으로 시간을 다 써버리게 될 테니까요." 그러나 그는 자신이 실제로는 광고를 '읽고' 있고 많은 시간을 '뭔가를 사고 싶다는 생각을 하면서' 보낸다는 사실을 잊고 있다. 단지 그의 광고가 다른 종류의 텍스트에 등장할 뿐이다.

소비자 문화의 부상을 가져오는 데 일조한 광고맨들, 혹은 '주의끌기 기술자'들이 개신교의 전통에 흠뻑 빠져 있었던 것은 우연이 아니었다. 그들은 갈망의 본질과 그것을 어떻게 체인점화(franchise)해야 하는지 알고 있었다. 그들은 신실함의 언어와 약속의 힘을 이해하고 있었다. 그들은 판매와 거래를 성사시키는 방법을 알았다. 마케팅은 백인 중산층 기독교인들의 몫이었는데 이는 대부분의 교육받은 층이 개신교도였기 때문이기도 하지만 현재의 삶의 문제들에 대해 제조된 해결책을 판매하는 과정이 종교가 미래의 속죄를 파는 방법과 너무나 유사하기 때문이기도 하였다. 무엇보다도 그들은 스토리의 힘을 알고 있었다.

초기 광고의 사도들을 보자. 가장 중요한 상업의 목사들 중 한 명이자 개신교에 깊은 뿌리를 두고 있는 사람은 알테마스 워드^{Artemas Ward}였다. 감독파 목사의 아들인 그는 〈솔로몬의 노래〉만큼이나 유명한 사폴리오^{Sapolio} 비누 슬로건을 만들어냈다. 존 워너메이커^{John Wanamaker}도 독실한 장로교인으로 한때 목사직을 꿈꾼 적이 있다. 그의 마케팅적 천재성은 현대의 백화점과 그것을 사용할 수 있는 어머니의 날^{Mother's Day}과 같은 휴일을 만드는 데 일조했다. 클라우드 홉킨스^{Claude C. Hopkins}는 가난한 목사 집안 출신으로 열일곱 살부터 설교하기 시작했다가 이후 자신의 재능을 맥주, 카펫 빗자루, 라드 및 통조림 고기 등의 광고 카피를 쓰는 것으로 전환하였다. 제임스 웹 영^{James}

Webb Young은 신실한 신자로서 집집마다 돌아다니며 성경을 팔았는데 후에 월터 톰슨J. Walter Thompson에서 일하면서 이와 거의 비슷한 일을 했다. 헬렌 랜스도운Helen Lansdowne은 장로교 목사의 딸로 프린스턴 신학 대학교에서 3년 간 공부하다 후에 여성에게 온갖 종류의 제품을 파는 데 자신의 재능을 활용했다. 테오도어 맥마누스Theodore MacManus는 초기 광고계에서 몇 안 되는 독실한 가톨릭 신자로 세 군데의 가톨릭 대학에서 명예 학위를 받았다. 그는 담배를 건강식품이라고 우겨 파는 광고계에 질려 그만두기 전까지는 '온건한 판매(soft sell, 암시나 설득 등에 의한 판매 — 옮긴이)'의 대가였다.

로서 리브스Rosser Reeves는 감리교 목사의 아들로 '강매(hard sell)'의 대가였고 망치가 뇌의 침골을 두들기는 아나신(Anacin) 광고를 남기고 떠났다. 매리언 하퍼 주니어Marion Harper, Jr.는 감리교회 주일 학교의 회장 출신으로 이후 맥캔 에릭슨McCann-Erickson을 경영하였다. 아이어F.W. Ayer는 독실한 침례교인이자 주일 학교 감독자로 그의 광고회사를 아버지의 이름을 따서 'N.W. 아이어와 아들N.W Ayer & Son'로 지었는데, 그 이름이 더 안정감 있게 들리기 때문이었다. 그는 "영원히 유지한다(keeping everlastingly at it)"라는 모토를 통해 자신의 의도를 확실히 했다.

가장 흥미로운 경우는 브루스 바튼Bruce Barton이다. 침례교 목사의 아들인 그는 BBDO를 설립했고 종교와 마케팅을 연결시킨 가장 흥미로운 책 가운데 하나인 『아무도 모르는 남자The Man Nobody Knows』 (1925)를 저술했다. 이 책에서 그는 예수를 이름만 새로울 뿐 사실 오래된 브랜딩 기술을 사용해 구속을 판매하고, 항상 '나의 아버지의 일'로 분주한 회계 매니저에 비유한다. 예수와 그의 열두 명의 사업가들은 말씀을 현대 세계로 가져오는 자들로 묘사된다. 그는 '하나님의 어린 양'이 아니라 연단에 올라 선 본격적인 세일즈맨이다. 그 박식한 이야기꾼이자 광고맨은 종종 최근의 정보로 책을 장식한다. 그러나 기본적으로 그 책은 미국 비즈니스에 대한 기독교적 묵상으로 이루어져있다. 여기 몇 개의 짧은 발췌문들이 있다.

나는 의사도, 변호사도 비평가도 아닌 광고맨입니다. 광고가 직업이 된 것은 얼마 되지 않지만 그 영향력은 이 세상만큼이나 오래되었습니다. 태초의 단어인 '빛이 있으라(Let there be light)'가 우리의 헌장입니다. 모든 자연이 광고의 충동으로 약동합니다. 새의 눈부신 깃털은 제짝의 감성을 자극하기 위한 컬러 광고입니다. 식물은 꽃으로 자신을 단장하는데 이는 단지 아름다움만을 위해서가 아니라 벌과 같은 손님을 매혹하여 그 날개에 꽃가루를 퍼뜨리고 종을 영속하도록 하기 위함입니다.

"어떤 천문학자도 무신론자일 수 없다"라는 말이 있습니다. 이는 어떤 이도 최초의 위대한 전기 사인인 별빛을 보고 거기서 나오는 메시지, 즉 "나는 스스로 존재하지 않습니다. 하나님이 나를 만드셨습니다"를 외면할 수 없다는 말입니다. 나는 20세기 동안이나 지속되어 왔고 여전히 세상에서 가장 강력한 영향력을 행사하고 있는 예수의 광고에 대해 이야기하고자 합니다.

왜 그가 그토록 사람들의 주목을 끌 수 있었는가, 그리고 이와 반대로 그의 교회는 왜 그렇게 하지 못했는가라는 질문부터 시작해 보도록 합시다. 답은 두 가지입니다. 먼저 그는 모든 좋은 광고는 뉴스(news)라는 기본 원리를 이해했습니다. 그는 결코 진부하거나 평범하지 않았습니다. 그는 정해진 일상이 없었습니다. 두 번째로 그는 설교로 유명해진 것이 아니라 봉사로 유명해졌습니다. 어느 복음에 다음과 같은 소식이 있는 것을 본 적이 있습니까?

> 나사렛의 예수가 폭로할 것입니다.
> 서기관과 바리새파의 악덕을
> 중앙 예배당에서
> 오늘 밤 8시에
> 아주 특별한 기회!

만약 현대에 다시 태어난다면 그는 자신의 일을 알릴 방도를 찾을 것입니다. 역시 단순히 설교가 아닌 봉사로써 홍보가 되도록 하겠지요. 한 가지는 분명합니다. 그는 시장을 무시하지 않을 것입니다. 그의 설교가 회당 안에서 전파된 적은 거의 없습니다. 대부분 그는 붐비는 장소, 회당의 앞뜰, 도시 광장, 그리고 물건을 사고파는 중심지에 있었습니다. 현대에는 그런 시장을 어디서 찾을 수 있을까요? 5번 에비뉴 코너? 브로드웨이에 있는 어느 한 블록? 어느 특정 시간에 특정 장소를 지나치는 사람은 매우 소수에 불과합니다. 오늘날의 시장은 신문과 잡지입니다. 인쇄된 칼럼이 현대의 도로이고 광고들은 판매자와 소비자가 만나는 교차로입니다. 전국 잡지는 일종의 세계 전시회입니다. 세상의 온갖 제품으로 가득 찬 박람회지요. 예수가 오늘날 살아 있었다면 분명 국민적인 광고맨이 되어 있을 것입니다. 그 당시에도 위대한 광고맨이었던 것처럼 말입니다.

바튼에게 예수는 사업가였다. 광고는 사업이다. 예수는 우화로 이야기한다. 광고도 우화로 이야기한다. 기독교는 일종의 브랜드 제품이다. 광고는 브랜드 제품들을 판매한다. 예수는 기적을 행했다. 광고는 마술을 부린다. 이들의 유사성을 간과하기에는 너무 강력하다. 바튼이 언젠가 광고회사들의 미팅에서 말했듯이 "만약 광고가 한 사람에게 영향력을 미치기 위해서 천 명에게 말한다면, 교회 역시 그러하다." 종교를 내세운 바튼의 사업가적 기질이 아무리 속물처럼 보인다고 해도 그가 두 상품 시스템을 연결했다는 점은 부인할 수 없다.

종교와 브랜딩의 강력한 매력은 동일하다. 우리는 구원받을 것이다. 이 구원의 행위는 글래드^{Glad} 사에서 온 사람이건 갈릴리^{Galilee}에서 온 사람이건 간에 우리를 해결이라는 약속된 땅으로 보내준다. 우리는 이해를 넘어서는 평화를 찾게 될 것이다. 우리는 미국 위생 공학자 협회가 인증한 쓰레기봉투를 발견할 것이다. 낙인은 사라질 것이다. 목 주변의 링이나 악취도 사라질 것이다. 죄, 죄책감, 구속의 과정이나 문제, 걱정, 해결의 과정에서 전환은 명백하다. 구속이나 해결이 강력할수록 최후의 구원 현장은 더욱 내세를 향해 있을 것이다.

만약 종교와 광고 이야기의 유사성을 알고 싶다면 1950년대 텔레비전 광고를 떠올리면 된다. 예전의 텔레비전 광고는 종교적 비유의 거의 완벽한 모방이었다. 그것은 드라마의 축소판이었고 교회의 핵심적 모범이었으며 도덕적인 연극이었다. 우리는 텔레비전이라는 전자 제단 앞에서 회사들이 어떻게 우리의 세제, 마루 왁스, 가족, 성생활을 최대한 활용할 수 있는지에 대해 늘어놓는 설교를 흡수하며 명상에 잠겨 있었다. 텔레비전 광고에서 우리는 진심으로 누군가가(만약 스폰서 기업이 생활 제품 회사라면 젊은 여성이, 감기약 회사라면 중년 남자가) 위기에 처해 있다고 믿었다. 이 아무개는 중산층 백인이었다. 그 또는 그녀는 위기 상황에서 탈출하기 위해 자신을 안심을 시켜 주 겠다는 다른 사람에게 자문을 구한다. 이 다른 사람은 자신의 증언을 늘어놓는다. 갑자기 그 제품이 나타나고 시범 사용되며 짜잔, 문제가 해결된다. 저 높은 곳에서 보이지 않는 남성 아나운서의 목소리가 제 품의 치유력을 반복함으로써 그 종교적 비유를 명백하게 만든다. 우 리의 아무개는 영원한 기쁨으로 가는 길에 무사히 올라선 것이다.

이 행복의 계곡으로 가는 길을 따라 평행하게 달리는 것은 영원한 내세에서 온 특사들로 가득 찬 우주였다. 기독교에서 이것은 성인들 로 가득 찬 거룩한 세상이다. 리처드 사이먼^{Richard Simon}이 애드토피아 (Adtopia)라고 부른 광고가 만들어낸 상상의 세계에서 이 세상은 새 로운 종류의 인정 많은 영혼들로 붐빈다. 이 영혼들은 자연, 성경책, 마술적 표시나 주문 안에 있지 않고 자동차 타이어나 말린 담뱃잎, 고기 패티, 완두콩 그리고 설탕물과 같은 평범한 물건 안에 머무른 다. 천의 얼굴을 가진 사나이는 단지 이 물건들을 몇 개 더 가졌을 뿐 이며 대부분의 시간을 A&P 슈퍼마켓 진열대에 놓인 박스 안에서 보 낸다.

"여기 자신들의 이익을 위해 우리의 상상력을 가져가서 조작하는 못된 광고쟁이들이 있다"라고 말하는 것은 "세력을 확대하기 위해 우리의 상상력을 가져가서 조작하는 못된 교회인들이 있다"라고 말 하는 것만큼이나 단순하다. 이러한 전환이 우리에게 강제로 부과되 었다고 말하는 것은 제우스가 실제로 고대인들을 괴롭혔다고 말하는 것만큼이나 어불성설이다. 신들이 우리를 원하는 것보다 우리가 신 들을 더 많이 원한다. 우리의 신들이 이제는 상업적 조작자들의 손안 에 있다거나, 민담이 이제는 꾸며낸 이야기나 사람들을 홀리는 이야

기가 되었다거나, 성배(Holy Grail)를 술 광고에 빼앗겼다거나 하는
일들은 인간의 갈망과 이 갈망을 인도하는 기관들의 힘이 있기에 가
능한 것일 뿐이다. "그들이 우리에게 이 일을 한 것이다"라고 생각하
면 위안이 될지 모르겠지만 실제로 그 일을 한 것은 우리들이다. 좋
든 싫든 우리들이 바로 브랜드인 것이다.

교파들의 지배

성공적인 교파들이 이 과정을 인식하게 되면서 점차 중심도 이동하
고 있다. 광고 충동이나 브랜딩으로의 이동은 상호 대체 가능한 제품
의 생산자들이 많을 때에는 언제든지 발생한다. 제품의 내재적 가치
만으로 제품을 구분할 수 없을 때 우리는 픽션에 의존하게 된다. 종
교 개혁 이후로 종교 경험의 공급자들은 교파(denomination)라고 불
려 왔다. 그동안 교파 간 경쟁은 치열했다. 사실상 너무 치열해서 일
견 비교파적으로 보이는 '초대형 교회(megachurch)'라는 새로운 형
태가 개신교의 저교회파들을 휩쓸고 있다.

 이 과정은 다음과 같이 일어났다. 남북 전쟁 시대부터 동네 모퉁이
에 있는 작은 석조 교회나 마을 공원 위에 자리 잡은 하얀 판자 교회,
붉은 흙 위에 지어진 튼튼한 벽돌 교회 등은 거대한 마케팅 기관의
전초기지였다. 이 각각의 지점들은 마치 독립적인 목사들에 의해 지
시를 받는 것처럼 보였지만 실제로 교파의 지시 사항은 맨해튼이나
내쉬빌에 있는 본부에서 나왔다. 이 본부에서 단지 찬송가, 주일학교
교육내용, 건축 계획 및 성가대복 뿐 아니라 특정 경험을 전달하는
데 있어 장기간의 경험을 통해 검증된 실제 예배의 통과의례가 도착
했다. 이런 문화는 상업적 광고를 만들어냈고 역으로 상업적 광고에

심오한 영향을 받았다.

각 교파들의 패러다임이 무엇이었든지 간에 한 가지는 분명하다. 1950년대부터 새로운 시작과 다시 시작하기의 감동은 다른 종교적 공급자들뿐 아니라 새로운 전자 미디어와 경쟁하게 되었다. 전통적 종교에 대한 공동체적 감동의 인기가 떨어졌다는 뜻은 아니다. 오히려 그 반대다. 그것은 여전히 우리들 대부분의 삶의 중심에 있다. 12단계 치료 프로그램이 개종의 기초로 활용되던 교회에서부터 어떻게 약물 중독, 쇼핑, 성욕 그리고 초콜릿을 먹는 행위로 이동해 왔는지 보라. 지난 수십 년 간 대부분의 미국 주류 교파들의 교인 수가 줄었음에도 불구하고 미국인들의 대다수가 하나님을 믿는다고 말하는 것은 모순을 이루지 않는다. 최근 조사에 따르면 미국인 중 70~90퍼센트가 하나님을 어느 정도 믿지만 40퍼센트만이 정기적으로 교회나 사원에 나간다고 한다. 그러므로 이 시장의 중심에 뭔가 변화가 일어나고 있음은 분명하다.

어느 주류 교회에 가더라도 무슨 일이 일어났는지 알 수 있을 것이다. 중앙 자리는 말 그대로 텅 비어 있다. 가장자리만이 몇 사람들로 채워져 있다. 1995년 미국에서 여섯 번째로 큰 주류 개신교파의 신도는 2130만 명이었는데 이는 1965년과 비교했을 때 25퍼센트가 줄어든 수치이다. 감리교, 장로교, 감독교, 통일 그리스도교와 같은 전통 교파들이 가장 큰 타격을 입었다. 이들은 지난 20여 년 간 신도의 4분의 1 이상을 잃었다. 미국의 선벨트^{Sun Belt} 지역 및 근본주의로의 이동의 가장 큰 수혜자인 남부 침례교에서조차 성장이 둔화됐다. 오순절 교회파는 이런 현상을 확실하게 보여준다.

마케팅의 견지에서 볼 때 더욱 흥미로운 점은 최근 몇 년 간 신자가 늘어난 유일한 전통 주류 교파는 조금 더 자유로운 유니테리언 유

니버설리즘Unitarian-Universalism 교회라는 점이다. 이들은 딱딱한 오순절
파 교회에 정서적으로 정반대 편에 서 있다. 부분적으로 이러한 성
장은 지역의 자치 및 비교조적인 예배를 옹호하는 유니테리언의 전
통에 이끌린 사람들의 수가 증가한 데서 기인한다. 그러나 이것은
또한 신자들 중 점점 늘어나고 있는 노골적인 뉴에이지들을 포함시
키려는 그들의 의지에 기인한 것이기도 하다. 유니테리언들은 하얗
게 질리겠지만, 사실 그들은 틈새 시장 마케팅을 훌륭히 수행해 왔
다. 그들은 또한 다양성 및 페미니즘 정치 운동과 함께 어울려 다닐
수도 있었다.

이렇게 새롭게 교회화된 사람들이 종교의 보보스(Bobos)들이다.
그들은 데이비드 브룩스David Brooks가 쓴 일견 종교적인 제목의 경쾌
한 책, 『천국에 간 보보스: 새로운 상류층, 그들은 어떻게 그곳에 갔
는가Bobos in Paradise: The New Upper Class and How They Got There』에서 분류한
부르주아 보헤미안(bourgeois bohemians)들이다. 그들에게 놓인 선
택이란 개신교 전통의 낡은 교파적 전달 시스템과 개인의 직접적 감
성을 자극하는 새로운 오락 양식 중 어느 것을 선택하는가이다. 유니
테리언들은 이러저러한 목적의 '내 영혼의 치킨 스프'를 비롯해, 통
전적 치유 센터Holistic Healing center, 로버트 블라이Robert Bly의 '강철 존
Iron John', 빌 모이어스Bill Moyers, 조셉 캠벨Joseph Campbell, 제임스 레드필
드James Redfield의 천상의 예언The Celestine Prophecy, 천사의 토템화와 영감
을 주는 수단으로서 각성제의 등장, 주말 스파, 불교, 초월 명상법
Transcendental Meditation, 디팩 초프라Deepak Chopra 등 감정을 어루만져 주
는 방법들의 발전을 환영할 수 있었다. 랄프 왈도 에머슨Ralph Waldo
Emerson은 기뻐할 뿐만 아니라, 흥미로워했을 것이다.

선택으로 가득 찬 시장에서 저가 공급자는 보통 대서특필되는 동

시에 보이콧 당한다. 이러한 비판은 다음의 저가 공급자가 나타날 때까지 계속된다. 교회에 가는 것이 쇼핑이나 점심을 먹는 것(또는 심지어 마약을 하는 것)과 비슷하게 되면 불가피한 모순이 드러난다. 판매자는 적극적이 되는 반면 소비자는 수동적이 되고, 강매 및 수치심과 죄책감에 의한 판매는 부드럽고 좋은 느낌의 판매가 된다. 브랜드와 브랜드 스토리는 내용 위주의 물건을 대체한다. 곧 느낌이 전면에 부각된다.

종교의 감동을 전달하는 과정은 다음과 같이 변한다. 먼저 목사로서의 마케터가 등장하고, 그 다음에 마케터로서의 목사가 등장한다. 곧 제품들이 상호 대체 가능해짐에 따라 제품 중심의 마케팅("이게 우리의 상품이다. 그걸 사든지 아니면 말아라.")이 소비자 중심의 마케팅("어떤 상품들이 있습니까?")으로 바뀐다. "소비자들이 우리의 얘기를 들어야 한다"에서 "우리가 소비자들의 얘기를 들어야 한다"로 바뀐다. 쇼핑객들은 손님이 되고 고객이 되며 친구가 된다. 지옥의 불과 유황은 잊어버려라. 대신 리모콘을 건네줘라.

다수 공급자 시스템과 브랜딩

마틴 루터Martin Luther와 종교 개혁이 종교 공급자들에게 한 것, 그리고 헨리 8세와 영국의 종파 분립이 더욱 가중시킨 것은 갑작스러운 생산의 탈중심화였다. 개신교 시스템은 탁발수도승들끼리 동일한 서비스를 제공하기 위해 서로 경쟁하도록 하기보다는 교파 분리와 차별화를 공식화하였다. 그러나 만약 종교가 '판매'하는 것이 현현의 감동과 용서 및 구원의 약속, 우주 질서의 암시, 이승 뒤의 삶에 대한 약속이라면 근대 초기 삶의 위대한 변화는 그 제품을 둘러싼 열띤 재포장 경쟁이었다. 제품은 개인화되었다. 18세기가 되면 아르미니우스의 논쟁은 별로 논쟁거리가 되지도 않았다. 사실상 그것은 평범한 것이 되었다. 개인의 자유 의지의 중요성을 설파한 자코버스 아르미니우스Jacobus Arminius의 견해를 이어받아 존 웨슬리John Wesley는 기본적으로 개인은 자신과 신 사이에 중개자를 필요로 하지 않는다고 주장했다. 그리고 웨슬리 이후에는 무제한 자유경쟁 시대가 돌입하였다. 소비자는 왕이 되었다.

웨슬리 운동은 이후 감리교로 전환되었다. 감리교는 종교의 민주화에 놀라운 영향력을 행사했다. 이것은 마치 단독 공급 시장이 무너지고 수많은 지역 시장들로 바뀐 것과 같았다. 이러한 다양성의 폭발 속에서 우리는 브랜딩의 가장 매혹적인 측면을 발견한다. 로마 가톨릭의 중앙집권식 체제 하에서 수도회들은 청중을 사로잡고 건축, 그림, 장식적 예술 등을 통해 스토리를 제공하기 위해 성당을 위로 올려야만 했다. 베네딕트회, 프란체스코회, 예수회 및 다른 수도회들은 예배를 바꿀 수는 없었다. 그것은 로마에서 강제로 정해져 내려 왔다. 그들이 할 수 있는 것이라곤 포장을 바꾸는 것뿐이었다. 성당의 진화와 끊임없이 변하는 내부 장식(지금은 예술이라고 불리는)이 그들의 경쟁 방식이었다. 성당은 점점 높아져 갔고 장식은 더 강렬해져 갔다.

그러나 기독교의 민주화, 다시 말해 교파화(denominalization)는 외부에 대해 예배를 바꾸는 것을 가능하게 했다. 그래서 브랜드 스토리는 지역 단위 안에 머물게 되었다. 포장은 이제 중요하지 않게 되었다. 내부 장식도 마찬가지였다. 이제는 성경 텍스트의 해석, 다양한 의식과 규정들, 교파 내의 창조적인 집회에 대한 노력 등이 중요해졌다. 종교적 경험은 소비주의 사회의 다른 것들처럼 친밀하고 지역적인 것이 되어 갔다.

어떤 점에서 보면 신성 로마 가톨릭 교회라는 우산 브랜드는 개신교의 브랜드 일가가 되었다고 할 수 있다.

그리고 개신교의 주요 교파는 어떤 것들인가? 영국 국교회, 미국 감독파 교회, 장로교, 프렌드 교회(퀘이커파), 다양한 침례교회, 유니테리언 유니버설리즘 교회, 루터회, 그리스도 연합교회United Church of Christ, 그리고 연합 감리교회 등이다. 그들의 조직은 어떻게 이루어져 있는가? 아래로부터 위로 올라간다. 신도들은 먼저 지역 교회와 제휴를 맺는다. 그들은 보통 예수 그리스도에 대한 자신의 신앙을 고백하고 세례를 받으며 신도의 서약을 맺은 사람들이다. 지역 교회는 이들에게 하나님의 말씀을 듣고 성찬을 받는 곳이다. 이러한 지역 교회들이 모여 구역을 이루고 이 중 한 명의 목사 감독자를 두어 전체적인 감독을 보게 한다. 그리고 이 구역들이 모여 연례 회의를 하고 교파의 기본 단위를 이룬다. 중앙 총회Central Conference는 주로 미국 외부 지역에서 이루어진다. 미국 내의 총회는 보통 지역 관할권으로 나뉜다. 견제와 균형이 교회 생활의 모든 측면에 스며들어 있다. 교파 조직이 미국의 정부 기관을 닮은 것은 우연이 아니다.

종교 경제 이론

필자가 앉아 있는 플로리다 대학교 사무실에서는 다양한 교회들이 보인다. 물론 대학 캠퍼스는 종교적 교파들뿐 아니라 모든 종류의 마케팅을 끌어당기는 자석과도 같은 곳이다. 어쨌든 길 하나만 건너면 대학 루터 교회, 성 아우구스틴 가톨릭교회, 대학 침례교회, 장로 교회(또는 이곳에 있는 그들의 말을 따르자면 '그리스도의 사도들'), 감독파 캠퍼스 교회, 대학 연합 감독파 교회, 그리고 엠마누엘 메노파 교회 등이 함께 모여 있는 것을 볼 수 있다. 힐렐 재단The Hillel Foundation은 유대인 학생들을 위해 이 대학의 브랜딩 중심부가 될 플로리다대 재단 빌딩(이 빌딩에 대해서는 다음 장에서 자세히 다룬다) 오른쪽 옆으로 큰 빌딩을 짓고 있다. 그리고 한두 블록 떨어져서 그리스도 연합 교회, 유대교 예배당, 퀘이커 교회당 등이 있다. 이 교회들 사이에는 맥도널드와 온갖 패스트푸드 네온 사인들이 있다. 한편 매주 수요일마다 캠퍼스에서는 크리슈나를 생각하는 국제단체International Society for Krishna Consciousness 소속의 한 단체가 학생들에게 무료로 채식주의 점심을 제공한다.

종교 제공자들이 이렇게 빼곡히 모여 있는 이유는 바로 대학교 때문이다. 많은 이들에게 대학은 일종의 고모라이다. 그러나 이와 동일한 현상이 좀더 큰 규모로 시내에서도 일어난다. 동일한 외관과 동일한 활동을 펼치는 이들 교회는 정문에는 큰 기둥이 세워져 있고, 지붕에는 십자가가 달린 첨탑이 있으며 뒤쪽으로는 주차장을 가지고 있다.

그런데 마케팅의 견지에서 볼 때 교회의 밀집 현상과 다른 물건의 밀집 현상에 어떤 연관이 있는 걸까? 일부 사회학자들이 보기에 이 세상에 너무나 많은 종류의 예배 장소가 있는 이유는 슈퍼마켓에 너무나 많은 세제나 치약 브랜드가 있는 것이나 도시 외곽에 자동차 딜러들이 몰려 있는 이유와 다르지 않다. 즉 치열한 경쟁 때문이다. 공급과 수요의 법칙이 이승에서의 현현, 용서, 구원의 전달 체계를 형성한다. 신도들은 변덕스럽다. 그들은 지금의 것이 진부하거나 평범해 보일라치면 언제든지 경쟁 브랜드로 옮겨갈 준비가 되어 있다.

'종교 경제(religious economies)'라 불리는 이러한 경제적 접근은 일부 학자들로 하여금 경쟁이 신앙의 약화보다는 오히려 이를 활성화했다는 결론을 내리도록 만들었다. 그들은 경쟁으로 인해 성직자들이 더 열심히 일하게 되었을 뿐 아니라 뉴에이지건 아니면 성서적 문자주의자(biblical literalist)건 간에 누구든지 자신의 영적 성향에 맞는 브랜드를 찾을 가능성이 더 커졌다고 말한다. 생수 공급자가 다섯 명이라는 것은 그냥 수돗물일 뿐인 것의 시장을 확장하고 동시에 브랜드와의 정서적 제휴를 구축한다. 종교적 다원주의는 왜 다른 나라들에서는 지배 종교가 경쟁적 스토리의 흐름을 저해하고 브랜드를 무기력하게 만드는 데 반해 미국 시장은 그토록 활기가 넘치는지에 대한 이유이다.

『신념의 활동: 종교의 인간적인 면Acts of Faith: Explaining the Human Side of Religion』에서 두 명의 사회학자 로드니 스탁Rodney Stark과 로저 핀크Roger Finke는 미국 종교의 역설을 이해하기 위해 다음과 같은 시장 설명(market explanation)을 사용한다. 왜 미국의 종교는 그토록 다양한 동시에 열렬한 것일까? 그들은 1906년도에 미국 인구조사국이 종교적 행동에 대해 실시한 흔치 않은 깊이 있는 조사에서 종교적 다양성과 열렬함 사이의 관계를 연구한다. (안타깝게도 정부는 더 이상 그런 정보를 수집하지 않는다.) 이후 이 사회학자들은 연방 거래 위원회Federal Trade Commission가 소비시장의 경쟁 정도를 측정하기 위해 사용하는 것과 동일한 통계 공식을 사용하여 종교적 다원주의를 좀더 자세히 들여다본다. 그들은 유사한 크기의 마을에서 종교에 대한 선택의 폭이 가장 넓을 때 교회 출석률 또한 가장 높아진다는 사실을 발견해냈다. 간단히 말해 브랜드에 대한 충성도는 선택의 폭과 정비례 관계에 있다는 것이다. 선택의 폭이 넓어질수록 브랜드와의 정서적 제휴는 더 깊어진다.

마케터들은 언제나 이 점을 알고 있었다. 경쟁은 종종 소비를 증가시킨다. 코카콜라만 판매되는 나라에서는 코카콜라와 펩시가 경쟁하는 나라에서보다 탄산음료 소비량이 적다. 맥도널드는 웬디스나 버거킹과 모여 있을 때 더 잘 팔린다. 자동차는 딜러들이 한데 모여 있을 때 가장 잘 팔린다. 하드웨어도 바로 옆집에 경쟁 가게가 있을 때 더 잘 팔리는 것이다. 그래서 홈 디포Home Depot가 로우스Lowe's의 옆으로 가는 것이고 스테이플스Staples가 오피스 디포Office Depot 옆으로 가는 것이다. 가격이 같더라도 길 건너편에 또 다른 주유소가 있으면 더 많은 가스가 판매될 것이다.

종교 경제 이론은 유럽 교회들이 미국 교회들처럼 행동한다면 유럽이 종교적으로 각성할 것이라고 예측한다. 독점 교회들은 권태기에 접어들고 있다. 그러나 조심해라! 때로는 풍족함과 다원성이 과도한 경쟁을 불러일으킨다. 주유소가 너무 많을 수도 있다. 이슬람 교파들이 너무 많으면 브랜드와의 제휴 관계가 폭력적으로 변할 가능성이 높아지지만 일부만 있을 때에는 기독교 신자가 더 많아진다. 그리고 이 반대의 경우도 마찬가지다.

소비 공동체로서 교회 집회

만약 합리적 선택 이론이 옳다면 누군가는 이렇게 물을 것이다. "미국 개신교 다음에는 무엇이 올 것인가?" 만약 사회적 특권이 사라진다면(감독파의 몰락), 그리고 모든 교파가 본질적으로 동일한 제품, 동일한 브랜드 제휴 관계를 제공한다면 제조자가 새로운 브랜드를 창조하고 새로운 이야기를 만들어내며 예전의 감동을 전달하면서도 여전히 종교의 권한 아래 머무르기 위해서 무엇을 할 수 있을까? 분명 구속과 현현이 가져오는 치유의 감동, 새로운 시작 및 용서가 제공하는 약속과 같은 정서적인 제품은 그대로 유지되어야 한다. 어쨌든 사후 세계의 본질은 그들이 정확히 이 약속을 이행한다는 데에 있는 것이다.

아마도 우리는 내구재의 판매에서 일어난 변화를 관찰함으로써 미래를 예측할 수 있을 것이다. 우리는 이제 강력한 특정 공동체를 만들어내기 위한 하나의 방법으로써 브랜드를 구매하고 있다. 이런 소비 공동체에 대한 연구는 사이코 그래픽스(psychographics), 민족지학(ethnographics), 거시적 시장세분화(macrosegmentation) 등 여러 가지 이름으로 불리는데 그들은 모두 '유유상종'이라는 불가피한 원리를 근간으로 한다. 당연히 이런 그룹들에 대한 가장 날카로운 지식은 그런 정보를 이해하고 판매함으로써 가장 얻을 것들이 많은 마케팅 전문가들에게서 나온다. 노련한 마케팅 분석가에게 가서 여러분의 최근 구매 활동에 대해 털어놓으면 그는 여러분이 다음에 무엇을 사게 될지에 대해 놀랍도록 자세히 말해줄 것이다.

가령 우편번호를 살펴보자. 마케팅 회사들은 한 지역의 구성원들을 PRIZM^{Potential Rating Index for Zip Markets}이라 불리는 도구를 사용하여 약 40개의 집단으로 구분한다. 각각의 집단은 세부적인 인구학적 정보, 라이프스타일, 소비 정보, 그리고 종종 브랜드 수준에 의해서 정의된다. 예를 들어 샷건즈 앤 픽업스^{Shotguns & Pickups} 집단은 부분적으로 전기톱, 코담배, 통조림 병, 냉동 감자 식품, 그리고 휘핑크림의 사용률이 높은 특징이 있다. 이 집단의 구성원들은 보통 자동차 렌탈 서비스를 이용하지 않고, 컨트리클럽에 소속되어 있지 않으며, 미식가 잡지를 읽지 않거나, 혹은 아이리시 위스키를 마시지 않는다. 한편 퍼스 앤 스테이션 웨건즈^{Furs and Station Wagons} 집단의 구성원들은 전형적인 소비자들보다 2차 담보 대출을 받고, 상자 통째로 와인을 사며, 건축 관련 잡지를 구독하고, BMW5 시리즈를 몰며, 천연 시리얼과 호밀빵을 먹고 시사 프로그램을 보는 빈도가 높다. 이 집단은 말린 담배를 씹거나 사냥을 다니거나 시보레의 소형차 쉬베트^{Chevette}를 몰거나, 우유가 함유되지 않은 크림을 사용하거나 통조림 스튜를 먹거나 〈휠 오브 포춘^{Wheel of Fortune}〉이라는 TV 프로그램을 거의 시청하지 않는 특징이 있다.

캘리포니아의 컨설팅회사 퍼셉트 그룹^{Percept Group} 등은 이런 종류의 데이터를 가지고 거의 교회들하고만 일한다. 아래는 퍼셉트 그룹이 자신의 서비스에 대해 설명한 내용이다.

우편번호는 여러분의 대상 지역을 파악하는 간단하고도 쉬운 방법입니다. 우편번호는 자연적인 공동체의 경계를 따라 형성되어 있기 때문에 이미 우리들에게 익숙합니다. 대상 지역을 정하기 위해 여러분은 하나의 우편번호나 여러 개의 우편번호를 사용하실 수 있습니다. 여러 개의 우편번호를 사용할 경우에는 여러분의 대상 지역이 꼭 지리적으로 연결되어 있지 않아도 됩니다. 보통 저희 회사는 응답자의 80퍼센트를 대변하는 상위 우편번호만을 사용합니다. 이것은 여러분이 어느 일요일에 실시한 설문조사에 우연히 응하게 된 방문객과 같은 예외적인 상황을 제거해 줍니다. 이 옵션을 사용하고자 할 때 여러분은 80퍼센트 외의 다른 판별 임계치(cutoff value)를 사용하실 수도 있습니다. 참고로 저희는 70퍼센트 이하나 90퍼센트 이상의 임계치는 권하지 않습니다.

그들이 여기에서 밝히고 있지 않고 사실 밝힐 필요도 없는 것은 신도들의 소비 습관, 그리고 더 나아가 그들의 영적 필요를 알아내기 위해 그들이 사용하는 것이 PRIZM 데이터라는 사실이다. 이런 방식으로 퍼셉트 그룹Percept Group은 장래의 신도들 뿐 아니라 현재 구성원들의 절박한 관심에 대해서까지도 일견 상당히 자세해 보이는 그림을 그릴 수 있다. 퍼셉트 그룹은 개별 교회뿐 아니라 전체 교파에도 그들의 서비스를 판매한다. 예를 들면 미국 특정 지역의 장로교회도 그들의 고객이다.

소비자는 왕이다

만약 여러분이 브루스 바튼Bruce Barton 학파의 일원이라면 이런 식의 타깃팅에 대해 전혀 부끄러워할 필요는 없다. 예수는 자신의 청중이 누구인지 알고 있었고 그들에 맞게 자신의 '말씀'을 포지셔닝했다. 이것은 어떤 고객이 다른 고객들보다 우월하다는 것이 아니라 단지 서로 다른 영적 관리가 필요하다는 말이다. 투자대비 회수율(ROI)의 면에서 보면 브랜드 파워를 최대화하는 데 필요한 일정 정도의 가처분 소득과 시간이 있는 신도들을 찾아내는 목사들이 확실히 유리하다. 이 신도들은 정기적인 소비자들이고 그들이 소속됨으로써 교회는 금고도 커지고 예배의 신뢰성도 높아진다.

여러분들은 분명 여러분의 인생에 대해 이야기하러 왔다며 현관문을 두드리는 하얀 셔츠의 말쑥한 청년들을 본 적이 있을 것이다. 가끔 자전거를 타고 오기도 하지만 그들은 항상 깔끔하고 단정하다. 그들이 어떻게 여러분이 사는 동네에 오게 됐는지 궁금하게 여겨 본적이 있는가? 그리고 그들이 왜 항상 여러분에 대해 질문하는지 생각해 본적이 있는가? 그들은 당신에 대해 뭔가 아는 것처럼 보인다. 몰몬교, 혹은 말일 성도 예수 그리스도 교회^{The Church of Jesus Christ of Latter-Day Saints}는 새로운 기회를 찾아내기 위해 인구학적 데이터를 매우 활발하게 활용한다. 이 교회는 전 세계적으로 정기적인 설문 조사를 실시하고 각 지역 단위는 솔트 레이크 시티^{Salt Lake City}에 있는 세계 본부로 회원들의 데이터를 보고한다. 그들은 특히 인구학자들이 소위 '결혼 시장'이라 부르는 것에 관심이 많다. 기저귀 판매량이 증가하고 있는 동네를 찾으면 곧 거기서 자전거 타고 다니는 이 젊은 신사들을 만나볼 수 있을 것이다.

가장 수요가 높은 종교적 감동의 소비자들은 다양한 명칭으로 불린다. 구도자(seeker), 비교회인, 아직 헌신하지 않은 자 등이 그것이다. 이유는 다음과 같다. 이미 개종한 사람들에게 브랜드를 판매하는 것은 장래성이 없다. 아직 브랜드 스토리를 사거나 선택을 내리거나 개종되지 않은 사람들에게 팔아야 하는 것이다. 이미 흰 머리가 나기 시작한 사람들에게는 염색약 광고를 하지 않는다. 또 이미 맥주를 마시는 사람들을 겨냥하여 맥주를 판매하는 것도 아니다. 마찬가지로 흡연자들을 대상으로 담배를 파는 것도 아니다. 물론 겉으로는 그렇다고 말할 것이다. 그들은 단지 브랜드 전환을 이끌어내려는 것뿐이라고 말할 것이다. 그러나 마케팅에서 성공하려면 아직 본격적으로 구매를 시작하지 않은 사람들에게 제품을 팔아야 한다.

십대용 잡지를 보면 이 말의 진리를 알게 될 것이다. 염색약 광고에 등장한 여성의 나이를 확인해보라. 모델들은 머리가 희어지는 연령대와는 거리가 먼 사람들이다. 이는 바로 똑똑한 마케터란 이미 제품을 사용하고 있는 사람들이 아니라 사용하기 전의 독자들을 대상으로 제품을 판매하기 때문이다. 이 청중들은 브랜드 스토리에 관심이 많다. 담배 회사 임원들이 국회 앞에서 증언하면서 모두 한결같이 자신들은 절대로 어린이들을 겨냥하지 않았다고 말하는 것을 기억하는가? 마케팅 업계의 종사자들치고 이 말을 믿는 사람은 한 사람도 없을 것이다. 마케팅 입문 제1법칙, "이제 막 소비에 진입하려는 청중들을 겨냥하라. 그들이 구매하기 전에, 그리고 그들이 경쟁사의 브랜드에 귀기울기 전에 먼저 그들을 찾아내라. 그러면 그들은 평생 당신의 고객이 될 것이다." 지금 당장 약간의 비용만 들이면 그들은 우연히 당신의 브랜드를 사용하거나 혹은 그냥 지나쳐버릴 중년 소비자층보다 훨씬 더 오래 제품을 소비해줄 것이다.

미국의 광고가 왜 청소년들을 겨냥하는지 궁금해 해 본 적이 있는가? 그것은 50세 남성의 맥주 취향을 바꾸는 데 350달러의 마케팅 비용이 드는 반면, 18세에게 맥주를 마셔 보게 하는 데에는 단돈 50달러면 되기 때문이다.

게다가 일단 젊은 소비자 층에 진입하기만 하면 — 이들을 마케팅 용어로 조기 수용자(early adopter)라고 부른다 — 곧 그들 뒤로 무리를 이루며 따라오는 동료 신자들의 물결을 발견하게 될 것이다. 그레이엄 목사가 새 신자들을 앞자리로 초대했을 때 필자는 그들 뒤로 쐐기형 포물선을 그리며 따라가는 소비자 무리들을 목격할 수 있었다. 처음에는 적은 수의 젊은이들만 있었다. 그들이 전도사들과 한패였을까? 아마 그럴지도 모르겠다. 하지만 곧 '나도 끼워줘'의 반응이 천천히 일어났다. 그러다 마침내는 낙오자들이 생겨날 정도였다. 즐거운 찬양으로 사람들을 유도하는 5분 간의 휴식시간에 그레이엄은 마이크로 다가가서 사람들을 안심시킨다. "기다려드릴 수 있습니다. 여러분 없이 버스가 떠나지는 않아요. 여러분의 친구들도 다 이해할 겁니다."

마케팅 면에서 볼 때 다른 사람들이 욕망을 분출하는 모습을 보는 것이 자신의 소비 욕망을 결정하는 데 있어 차지하는 파급력은 아무리 강조해도 지나치지 않는다. 욕망은 종종 제품 내부에 있는 것이 아니라 다른 사람들의 열광에 있다.

폴 오메로드Paul Ormerod는 『나비 경제: 사회 및 경제적 행동에 대한 새로운 일반 이론Butterfly Economics: A New General Theory of Social and Economic Behavior』에서 그런 식의 소통 가능한 열광이 심지어 우리 몸에 내장된 고유한 능력일지도 모른다고 지적한다. 1980년대 중반에 곤충학자들은 개미를 대상으로 일련의 실험을 실시했다. 그들은 개미집에서 양쪽 방향으로 동일한 거리에 먹이를 배치해 놓았다. 먹이 더미는 개미들이 얼마만큼의 음식을 가져가든 동일한 크기를 유지하도록 했다. 개미들은 말하자면 두 브랜드 중 어느 한 브랜드를 특히 더 선호할 이유가 없었던 것이다. 논리적인 경제학자들은 개미들이 두 먹이 더미를 똑같이 나누어 먹으리라 예상했다. 그러나 예상은 빗나갔다. 개미들이 어디에 먹이가 있는지를 서로에게 신호로 보낼 수 있기 때문에 먹이의 배분은 20대 80에서 80대 20으로 변할 정도로 크게 들쑥날쑥했다. 리더를 따르는 것은 단순한 애들 놀이가 아니라 우리 몸 깊숙이 배어 있는 군집행동이다.

초대형 교회: 새로운 중심 브랜드

떼거리 행동은 인간 행동의 고립된 현상이 아니다. 《뉴요커The New Yorker》의 객원 작가 말콤 글래드웰Malcolm Gladwell이 『티핑 포인트The Tipping Point』에서 보여주듯이 유행, 자살률, 십대 흡연, 전쟁, 베스트셀러, 그 외 독감처럼 퍼지는 수많은 다른 행동들의 중심에는 바로 군중 심리가 놓여 있다. 사실상 글래드웰은 본질적으로 개인의 취향 문제인 것들에서 발생하는 기하학적 폭발을 설명하기 위해 유행의 세 가지 법칙을 만들어낸다. (소수의 법칙, 점성도, 그리고 컨텍스트의 힘 등이 그들이다.)

오늘날 어느 중소 도시든지 가보면 교회와의 제휴가 티핑 포인트에 도달했을 때 어떤 일이 발생하는지 알 수 있다. 20만 명 이상의 인구를 가진 거의 모든 도시에서 우리는 단 몇 년 만에 두 배의 성장률을 보이는 교회를 발견할 수 있다. 이 새로운 교회들은 마케팅, 인구 이동, 소비자의 수요, 소비 공동체, 엔터테인먼트 경제 그리고 현현의 느낌에 대한 전통적인 갈망과 그것을 발현시키는 군중 심리 효과, 이 모두가 절묘하게 만나 만들어낸 결과이다. 이런 교회들은 심지어 새 이름도 가지고 있다. 초대형 교회(megachurch)가 그것이다.

이 교회들은 쉽게 눈에 띈다. 일단 그들은 도시 외곽에 위치한다. 또한 전문대학 캠퍼스처럼 생겼고 넓은 주차장으로 둘러싸여 있으며 자체 버스를 운영하고 정문에는 큰 표지판을 갖추고 있다. 그런 교회에는 유난히 젊고 활기 넘치는 신도들이 많다. 이들의 대부분이 백인 교회이지만 아프리칸-아메리칸 교회들도 급증하고 있다. 휴스턴, 필라델피아, 그리고 워싱턴 D.C.에서 신분 상승 중인 전문직 흑인들(이들은 '버피족buppies' 이라 불린다)로 이루어진 이런 교회들은 기존의 교파적 요소들을 격렬하게 전복한다. 보수적인 교파들과 다르게 그들은 효율적으로 전문가 집단을 활용한다. 그들이 말하는 것을 들어보면 "우리는 성장하고 있다"라는 말을 되풀이하는 것을 들을 수 있다. 마치 그것이 구제 사역의 성공 신호인냥 말이다. 그리고 그들은 비디오 스크린과 음악을 동원하여 개종(conversion)의 경험이라는 감성적 제품을 제공한다. 이 새로운 자립 기관들은 마케팅 용어로 '교회 운영(doing church)' 이라 부르는 것에 혁명을 가져올 것이다.

이런 브랜드 강화를 인구학적 통계 하나만 놓고 보더라도 충분히 예측할 수 있다. 교회에 다니는 모든 미국인 중 절반이 미국에 있는 40만 개의 교회들 중 12퍼센트에 집중되어 있다. 또 다른 통계를 보면 미국 개신교 교회 중 절반 가량이 75명 미만의 신도 수를 보유하고 있다. 시골 길마다 펼쳐져 있는 그 모든 작은 교회들을 보았는가? 또 큰 시내 교회들은 어떤가? 일요일에 누가 그 교회들을 채울지 궁금해 한 적이 있는가? 그들을 채울 사람은 아무도 없다. 주류 교파들은 메말라가고 있다. 그 교회들은 사람 수보다 자리 수가 더 많고, 무언가 조치가 취해지지 않는 한 미래보다 과거를 더 많이 간직할 것이다. 농촌 지역이나 도심 지역을 통틀어 신도 수가 백 명 미만인 집회들은 매주 50개 정도가 문을 닫는다. 그들은 기부금이 부족한 영세 사립학교와 박물관이 걸어간 길을 걷고 있다.

그렇다면 신자들은 어디로 가고 있는가? 개신교는 샘스 클럽이나 코스트코(이상 대형할인마트들임 — 옮긴이)가 마을에 들어올 때 일어나는 브랜드 이동(brand shifts)과 동일한 현상을 겪고 있다. 소비자들은 한두 명으로 시작했다가 곧 큰 무리를 지어 이동한다. 이런 창고형 교회들 간의 유일한 공통점은 이들이 프랭클린 그레이엄 부흥회와 공유하는 공통점이기도 하다. 그들은 보통 전통적인 교파에 속하지 않는다. 이러한 새로운 종교 전달 시스템은 전자적이면서 지역적이고 또한 효율적이다. 학자들은 그들을 '탈교파적 교회(혹은 후기교파적 교회postdenominational church)' 또는 '새로운 사도 개혁'의 일부라 부를지도 모르지만, 평신도들은 이들에 대해 더 잘 알고 있다. 초대형 교회들은 종종 '목표 지향적'이고 '구도자에 민감'하며, '풀 서비스', '일주일 내내 운영되는' 교회로 불린다. 이들을 싫어하는 사람들은 이들을 '쇼핑몰' 교회, 맥도널드 교회(McChurches), 혹은 월마트 교회라고 부른다.

이러한 의도적인 정체성의 모호함을 이 교회들이 자칭하는 이름에서도 발견할 수 있다. 우드데일 교회Wooddale Church, 오버 더 마운틴 커뮤니티 교회Over the Mountain Community Church, 마운틴 밸리 커뮤니티 교회Mountain Valley Community Church, 인 더 파인즈 커뮤니티 교회In the Pines Community Church, 새들백 밸리 커뮤니티 교회Saddleback Valley Community Church, 윌로우 크릭 커뮤니티 교회Willow Creek Community Church, 펠로우십 오브 라스 콜리나스Fellowship of Las Colinas, 매리너스 교회Mariners Church, 갈보리 채플Calvary Chapel, 열린 교회Church of the Open Door, 커뮤니티 오브 조이Community of Joy, 하우스 오브 호프House of Hope, 게이트웨이 성당Gateway Cathedral, 뉴 라이프 펠로우십New Life Fellowship, 세네카 크릭 커뮤니티 교회Seneca Creek Community Church, 시더 런 커뮤니티 교회Cedar Run Community Church, 시 브리즈 커뮤니티 교회Sea Breeze Community Church 등을 보라. 도시 외곽의 행인들을 대상으로 자신이 감리교회, 감독파 교회, 장로교회라고 알리는 작은 표지판을 통해 자랑스럽게 자신을 드러내는 그들의 형제들과는 반대로 이 교회들은 공통적으로 교파에 대한 언급을 피한다. 대신 그들의 이름에는 '커뮤니티'라는 단어가 반복해서 등장한다.

커뮤니티와 함께 이런 종교의 중심적인 셀링 포인트가 '성장'이라는 데는 의심의 여지가 없다. 이것은 주차장에 들어서는 순간 바로 느껴진다. 건물 안에 들어설 때쯤이면 우리는 이 교회가 하늘 높이 치솟는 공간이나 아치형 발코니에는 별 관심이 없는 반면 수평으로 뻗는 공간이나 좌석을 채우는 것에는 강박적인 관심을 가지고 있음을 알게 된다. 이 교회들에는 발코니 대신 마치 시네플렉스처럼 음향 및 영상 시스템이 완비된 운동 경기장 같은 좌석들이 있다.

초대형 교회들이 전자 미디어에 많은 것을 빚지고 있긴 하지만 그렇다고 1970년대의 엘머 갠트리들Elmer Gantrys이나 80년대의 텔레비전 전도사들과 비슷한 것은 아니다. 이들에게는 땀 흘리거나 숨을 세차게 쉬거나 지옥에 대해 협박하고 으름장을 놓는 것이 없다. 사실상 친절한 호스트와 같은 이들 목사들은 지미 스웨거트Jimmy Swaggart나 짐 바커Jim Bakker가 아니라 제이 레노Jay Leno나 데이비드 레터맨David Letterman에 그 원형을 두고 있다. 물론 이들의 궁극적 목표는 수동적인 관찰자를 능동적인 기부자로 바꾸는 것이다. 하지만 그 목적은 목사의 주머니를 두둑이 하기 위한 것이 아니라 교회의 규모를 늘리는 데 있다. 이들에게는 규모가 클수록 더 좋은 것이다.

전통적 교파에서는 성장과 큰 규모에 대해 회의적으로 바라보았기 때문에 소규모의 새 교회를 짓는 방식으로 이 문제를 해결해왔지만 초대형 교회는 친밀감에 의존하지 않는다. 오히려 반대로 익명성에 기대어 번영한다. 그것은 군중심리를 이용한다. 규모에 대한 집착은 심지어 미국 교회 성장 협회American Society for Church Growth라는 이름의 새로운 조직에 의해서도 정당한 것으로 승인되는데, 이들은 신도 수의 증가를 타당한 목표로 여기고 그 목표를 달성하기 위한 한 방법으로 인구조사 추적 자료를 공유한다.

교조적인 관점에서 봤을 때 규모를 늘리는 것은 정의로운 삶의 자연스러운 부산물일 뿐 아니라 요한계시록의 전조이기도 하다. 좋은 제품이 아니라면 사람들이 사겠는가? 그러므로 '시장 세분화', '틈새시장', '고객 만족', 심지어 'ROI(투자대비 회수)' 등과 같은 상업적 마케팅 용어가 아무런 거리낌 없이 사용된다. 사실상 이런 문구는 목사들의 입에서 서슴없이 흘러나온다.

성장의 보상은 단지 제휴와 구원의 느낌을 제공하는 것뿐 아니라 그 과정에 규모의 경제를 가져온다는 것이다. 그런 규모와 자립성은 대량 생산의 효율성에 기여하는 동시에 교파와 관련된 경비를 부담해야 하는 비효율성을 제거한다. 모든 것이 다시 주머니 속으로 들어간다. 거대한 규모의 신도 집단은 장애물이기는커녕 마케팅 자산이다. 그것은 새 신자, 쇼핑객, 호기심 많은 자(전문 용어로는 이들을 구도자seekers라 부른다)들이 교회를 비교 쇼핑함에 있어 편안함을 느낄 수 있는 익명성을 제공한다. 쇼핑몰에서처럼 윈도우 쇼핑과 돌아다니기는 이들 교회에서 중심적이고 중요한 경험의 일부이다. 사람들은 그 쇼핑몰로 차를 몰고 온다. 안으로 들어간다. 구경하고 꿈꾼다. 그리고 개별 매장으로 들어가서 브랜드 상품을 산다. 큰 규모는 또한 열정적이고 헌신적인 자원 인력 풀(pool)을 만들어낸다. 사실을 직면하자. 교회는 목사 한 명에, 교인 한 무리만 있으면 된다. 그 밖의 나머지는 모두 일일 노동자들이 한다. 이런 방식으로 그들은 브랜드를 강력하게 만드는 것, 즉 성장을 유지하는 데에만 집중할 수 있게 된다. 교회가 파는 것은 그들이 파는 것이 무엇이든 분명 그에 대한 수요가 있다는 인식, 바로 그것이다.

19세기의 소매업자들은 판매의 핵심적 진실을 우연히 발견하게 된다. 빅토리아 시대의 소매업자들은 종종 문 앞에 제품을 쌓아놓고 서서 그 다음에 일어나는 일들을 놀란 눈으로 바라보곤 했다. 에밀 졸라Emile Zola는 그의 소설 『숙녀들의 천국Ladies' Paradise』(1883)에서 파리에서 흔히 볼 수 있는 거리 풍경으로 가게 입구에 우르르 몰려 있는 사람들의 모습을 들었다. "거리에서 보면 마치 폭동이 일어난 것처럼 보였을 것이다. 평소에는 반만 차 있던 가게가 사람들로 넘쳐 났다." 안에 들어서면 여자들은 모든 것을 만져볼 수 있고 숭고한 것을 가까이서 볼 수 있다는 사실이 당황스럽기까지 한 눈부신 알라딘 동굴에

갇히게 된다. 매장 감독들이 이후 내부 경찰관이 되기 전에 맡았던 주요 업무는 숙녀들이 상품이 주는 엄청난 흥분과 소비 바이러스에 동요되지 않도록 이들을 안전하게 매장을 따라 에스코트하는 일이었다. 초기의 백화점들이 '매혹의 땅(Lands of Enchantment)'으로 불린 데에는 이유가 있었다. 그들은 마법적이었고 전염성 짙은 욕망으로 가득 찼다.

성장하는 교회와 신도들은 성장하는 기업처럼 '문 앞'을 붐비게 하는 것이 중요하다는 것을 배웠다. 쇼핑객들은 사람이 붐비는 것을 가치와 동일시한다. 쇼핑몰에 혼자 있는 것만큼이나 이상한 느낌이 또 있을까? 그리하여 초대형 교회는 종종 성공한 쇼핑몰처럼 행동하면서 학교, 가족, 정부, 이웃 그리고 심지어는 직장과 같은 오래된 기관들을 통합시킨다. 어떻게 보면 초대형 교회는 공유지 개념의 마을 광장까지 갖추며 노먼 록웰Norman Rockwell의 타운 센터를 모방하는 것 같다. 사람들이 들끓는 것은 매우 중요하다. 초대형 교회들은 (전통적 가족과 학교는 물론) 신참 환영단Welcome Wagon, 로터리 클럽, 독서 클럽, 그리고 서포트 그룹(support group)이 됨으로써 많은 미국인들이 예전에 자라 왔고, 이제는 텔레비전으로만 볼 수 있다고 생각하는 전통적 마을을 모방하고 있다. 그리고 다음 단계가 이미 진행 중이다. 콜로라도에 위치한 한 초대형 교회는 313에이커의 부지를 주택가, 커뮤니티 칼리지, 그리고 양로원으로 개발할 계획이다.

초대형 교회 커뮤니티

그런 면에서 쇼핑몰과 초대형 교회는 매우 비슷해 보인다. 그들은 제도화된 커뮤니티로서 위로 성장하는 것이 아니라 외부로 성장한다.

그들은 마치 지역 병원처럼 끊임없이 새 부속 건물을 짓는다. 한편에서 보면 그들은 상품을 유통시키고 서비스를 제공한다. 다른 한편에서 보면 그들은 기꺼이, 심지어 열성적으로 시장 거래를 실험한다. 새로운 제품 라인이 순식간에 생겨나고 가게들이 끊임없이 매장을 바꾸며, 새로운 기계 장치가 들어온다. 현대 소비자들은 비교 쇼핑은 물론 절충주의에도 익숙해져 있다. 다음 시대의 선두주자가 바로 코앞에 임박해 있다. 결국 이것은 경쟁적 브랜딩의 핵심인 선택의 구체화이다. 교파적 교회가 전통을 고집할 때 초대형 교회는 혁신을 바탕으로 번영한다. 필자는 "이곳은 여러분들이 익숙해져 있는 그런 교회가 아닙니다"라는 말이 설교단에서 자랑스럽게 나오는 것을 얼마나 많이 들었는지 모른다. 여기서 말하는 '이곳'이 무엇이든 간에 그것은 한 교회를 다른 모든 상호 대체 가능한 교회들과 분리시키는 브랜드의 본질이다.

이렇게 쇼핑몰과 초대형 교회는 한 지붕 아래 온갖 선택 사항들(가령 예배 스타일에서부터 유행을 선도하는 목사들, 넓은 주차장, 배경 음악, 깨끗한 화장실, 그리고 원하는 것을 찾고 집으로 돌아올 가능성 등)을 구비하고 있다. 쇼핑몰 마케팅에서는 최초의 자립식 쇼핑몰의 건축가 이름을 따서 지은 그루엔 전이(Gruen transfer)라는 현상이 있다. 그는 유사한 가게들이 한데 몰려 있는 것이 소비를 감소시키는 것이 아니라 오히려 증가시킨다는 사실을 깨달았다. 미시적인 측면에서 일어나는 그루엔 전이 현상이란 사람들이 특정 물건을 사기 위해 쇼핑몰에 갔다가 이것저것 사고자 하는 산만한 충동을 가진 사람들로 바뀐다는 것이다. 사회학자들은 쇼핑몰 방문객들이 이렇게 이 가게에서 저 가게로 배회하는 현상을 재빨리 지적해냈다. 그리고 이것이 바로 한 공간 안에 여러 가게들이 모여 있는 쇼핑몰이 존재하게 된 이유

126

중 하나이다. 손님들은 어디든지 마음대로 돌아다니되 건물 안에 머물게 된다. 한편 거시적 차원에서 일어나는 그루엔 전이 현상도 있다. 로우스Lowe's를 홈디포Home Depot 옆에 지으면 두 매장의 판매량이 모두 올라갈 것이다. 우리가 소비할 때 떼를 지어 소비하듯 예배 역시 마찬가지이다.

바로 이런 이유에서 우리는 정말 성공적인 초대형 교회에서 왠지 교회가 멀리할 것 같은 온갖 종류의 엔터테인먼트 및 선정주의를 목격하게 되는 것이다. 이곳에서 우리는 에어로빅 강의실, 패스트푸드 체인점, 볼링 센터, 카운슬링 센터, 그리고 MTV에 필적하는 송 에 뤼미에르Son et lumiere의 멀티미디어 성경 공부반을 볼 수 있다. 초대형 교회들이 이렇게 급격히 바뀔 수 있는 것은 그들이 독립적이기 때문이다. 그들은 전통이나 교파를 대변할 필요가 없다. 그들은 매스(mass)를 소유하고 있는데, 그것은 대중과 미사를 모두 의미한다.

또한 초대형 교회는 쉽게 미디어를 바꾸는데, 왜냐하면 다른 곳에서 생산되는 즐거움을 의식적으로 모방하기 때문이다. 인류학에서 이것은 혼합주의(syncretism), 즉 한 기관이 이질적인 기관과 절충, 융합하는 능력이라 불린다. 이제 초대형 교회가 다른 기관들의 시스템을 흡수하는 네 가지 사례를 살펴보도록 하자.

음악

아마 초대형 교회에서 가장 놀라운 점은 그것이 오락 산업의 한가운데 있다는 점일 것이다. 정확히 말하자면 음악은 항상 격분한 마음을 진정시켜 왔고 그 반대의 기능도 할 수 있기 때문에 거의 모든 종교의 핵심에 놓여 있었다. 모든 감각 중에서 음악은 가장 직접적으로 감성을 자극한다. 그것은 정서적인 삶과 연관되어 있는 것이 아니라 정서적 삶 그 자체이자 우리가 따라야할 현현이다. 그러나 초대형 교회의 사운드는 파이프 오르간이나 찬송가, 성가대의 음악이 아니다. 그것은 FM 라디오의 음악으로서 현대적이고 언제든지 바꿀 수 있으며 가락이 풍부하고 그리고 무엇보다 좋은 점은 단순하고 따라 부르기 쉽다는 점이다. 그리고 양이 더 많기도 하다. 전형적 예배의 거의 절반이 음악이다.

거의 예외 없이 초대형 교회의 음악은 무대의 밴드에 의해 연주된다. 그렇다, 진짜 라이브 밴드이다. 감각적이라는 이유로 한때 청교도들에 의해 혐오되었던 온갖 악기들 — 가령 색소폰, 드럼, 일렉트로닉 기타, 그리고 키보드 등 — 이 예배 시작 전 준비 음악뿐 아니라 일어서서 따라 부르는 음악에도 등장한다. 구시대의 교파 음악들은 종종 18세기 시를 각색하여 사용한 반면 현대 교회의 소프트 록(soft rock)은 쇼핑몰에 음악을 제공하는 사람들과 동일한 이들에 의해 작곡된다. 크레이트 앤 배럴Crate and Barrel, 포터리 반Pottery Barn이나 갭The Gap에 가보라. 음악이 좋으면 계산대에서 CD를 구입할 수 있다. 초대형 교회에서도 마찬가지다. 여러 예배에서 사용된 음악이 공급되고 또한 CD나 위성을 통해서도 제공된다. 때로는 문 앞에서 테입이나 CD를 살 수도 있다. 이 음악들은 모두 저작권 등록이 되어 있다. 다양한 장르의 음악을 소개하는 《빌보드Billboard》지에서 이 장르는 '현대 기독교 음악Contemporary Christian' 이라 불리는데, 음악 산업에서 가장 빠르게 성장하고 있는 장르 중 하나이다.

스펙터클한 스크린

한때는 끝도 없이 반복되는 지루한 찬송가의 깨알 같은 가사를 찾으려고 눈을 가늘게 떠야 했지만 이제는 노래방 가사 자막을 사용한다.

새 시스템에서는 오버헤드 프로젝터(OHP)가 우리의 머리 위로 가사를 보여준다. 이것은 일종의 가라오케 기독교이다. 대형 전광판의 구제랄까? 이제는 더듬지 않고 따라 부를 수 있게 되었다.

이런 고화질 스크린은 또한 사람들이 가장 좋아하는 여가활동인 텔레비전 시청의 안락함을 제공한다. 이와 똑같은 스크린들이 프랭클린 그레이엄의 축제에서도 중심적인 역할을 차지한다. 그러나 초대형 교회에서는 다양한 화면을 제공하는 두 개 이상의 스크린이 있다. 자기가 보고 싶은 것을 볼 수 없다는 점은 청중들에게 별로 문제가 되지 않는 듯 하다. 오히려 더 좋은 것 같다. 그것은 마치 축구나 하키를 보는 것과 같기 때문이다.

게다가 스크린은 목사에게 일종의 영상 칠판을 제공한다. 이 칠판에 목사는 메시지를 띄우거나 만화 및 영상 슬라이드를 보여줄 수 있다. 어떤 점에서 이 스크린들은 또 하나의 비언어적 이야기 도구인 스테인드글라스 창문의 후예와 같다. 이 오버헤드 스크린들은 이곳에 프로그램되고 있는 내용들을 강제로 보게끔 만든다. 사실상 거기에서 눈을 뗄 수가 없다. 화질이 너무 좋기 때문이다. 그리고 개인적인 간증이나 두세 명의 극적인 장면, 심지어 성경의 주석까지도 어느 자리에서건 다 보인다. 관객들은 기획자들의 의도대로 아주 세밀하게 보게 된다.

스크린은 말 그대로 전자 제단이 된다. 이 스크린이 사치처럼 보일지도 모르지만 사실 2000권의 찬송가와 기도서를 사는 것보다 이 스크린을 사는 것이 훨씬 비용이 적게 든다. 게다가 더 똑똑하기까지 하다. 적어도 말씀과 가사를 스크린에 띄우면 교인들이 허둥대며 페이지를 넘기지 않아도 되기 때문이다. 이제 더 이상 예배 도중 따라가지 못하는 일은 없게 된다. 이런 교회에서 들리는 노래는 모두 한 목소리가 되어 열광적으로 울려 펴지는데 이것은 물론 음악이 유치할 정도로 반복적이고 단순하기 때문이기도 하지만 사람들이 턱을 쳐들고 손을 자유롭게 쓸 수 있기 때문이기도 하다. 종종 자발적으로 박수를 치고 엉덩이를 흔들며 이따금씩 하나님께 한 손을 뻗치는 것은 간소화되고 대중화된 현현이다.

주차

주차는 중요하다.이삼십 년 전에는 감리교도의 차 한 대로 보통 네 명의 사람들이 함께 교회에 왔었다. 그러나 이제는 그 수치가 채 반도 안 되는 1.68명이 한 대의 차로 이동한다. 초대형 교회들이 주차에 집착하는 데에는 이유가 있다. 그들은 보통 거대한 주차장, 자체 셔틀버스, 그리고 공항이나 디즈니랜드를 떠올리게 하는 작고 귀여운 안내 표지판들을 갖추고 있다. 다시 말하지만, 군중을 유지하되 사람들로 붐비지 않아야 한다는 점이 핵심이다. 적어도 필자가 보기에 가장 감동적이었던 것은 자원봉사자 남성들이 항공 관제사 같은 헤드폰을 쓰고 주차 안내를 하는 모습이었다. 입장 의식이 주차장에서부터 시작되도록 하는 것은 매우 중요하다. 고속도로에서 갑자기 교통 체증을 증가시키는 것은 이상적인 군중 효과를 만들어낸다. 또한 이곳저곳에 지역 경찰을 배치해 두는 것도 단지 그들에게 초과 근무수당을 벌게 할 뿐 아니라 그보다 더 값진 효과를 만들어낸다. 즉 뭔가 정말 중요한 일이 일어나고 있다는 느낌 말이다. 이런 상태에 매혹되지 않기란 힘들다. 당신은 어딘가 매우 중요한 곳으로 가고 있는 듯한 느낌을 받는다.

어린이 보호

교회와 어린이 보호의 역사는 교회 브랜딩에 대해 흥미로운 논평을 제공한다. 19세기에는 어린이들을 교회에 데리고 가면 그들을 가족 좌석에 앉혔다. 좌석은 물론 집회를 바꾸는 것은 생각할 수도 없었다. 아이들은 얌전하고 조용하게 굴었다. 교회는 일종의 시험이자 피하고 싶은 대상이었다. 그후 20세기 초에 일어난 주일학교 운동과 함께 어린이들은 예배의 일부를 다른 곳에서 보내게 된다. 그리고 20세기 중반이 되면 아이들은 아예 따로 예배를 드리게 된다. 그들은 예배에서 사라졌고 그들과 함께 유산(hertiage)의 의미를 상징적으로 보여주던 가족석도 모두 사라졌다.

그러나 초대형 교회와 함께 어린이들은 마치 복수하듯 예배가 아니라 교회로 되돌아왔다. 마케팅의 관점에서 이것은 일리가 있다. 판매는 기존 사용자가 아닌 아직 제휴하지 않은 사람들(the unaffiliated)에게 하는 것이다. 어린이 프로그램은 성인 프로그램보다 더 하면 더했지 그에 못지않게 강조된다. 이제 지정석은 없어졌다. 초대형 교회는 종종 최상의 방과 후 장소가 되기도 한다. 엄마와 아빠가 무선호출기나 티커(ticker)를 통해 아이들이 어디에 있는지 확인할 수 있는 최신식 커뮤니케이션 시스템을 갖추지 않은 교회는 안타깝지만 뒤처질 수밖에 없다. 예배시간 동안 필자는 마치 CNN 뉴스 자막이나 CNBC의 시장 보고처럼 대형 스크린 아래로 "267번 어린이의 부모님은 주일학교로 와 주시기 바랍니다"라는 자막이 나오는 것을 보았다. 이것은 붐비는 쇼핑몰에서 현대 부모들이 느끼는 아이들의 안전 문제를 반영하기도 하지만 불안한 부모들이 그들의 아이들과 절대 분리되지 않을 것이라는 환상을 심어 주기도 한다. 그들은 삐삐로 연결된 채 단지 다른 가게에 가 있을 뿐이다.

초대형 교회에 대한 비판

이러한 성장에 대해 자리를 빼앗긴 교파들의 비판이 없을 수 없다. 대체 가능한 제품의 세계에서 누군가 시장을 차지하게 되면 당연히 밀려나는 자들의 아우성이 들려올 수밖에 없다. 가령 월마트가 등장했을 때에도 불공평하다는 아우성이 여기저기서 들려왔다. 누가 그랬는가? 시어스Sears와 J.C. 페니이다. 한편 시어스와 J.C. 페니(그리고 특히 그들의 카탈로그)가 등장하였을 때는 누가 아우성쳤는가? 시내 상인들이었다. (사실 우편으로 상품을 포장해서 보내는 데 사용되는 갈색 포장지는 카탈로그 구매에 붙어다니던 수치스러움을 줄이기 위한 방법이었다. 이제 "갈색 포장지로 포장돼서 도착합니다"라는 말은 포르노그래픽용으로 사용되지만 원래는 시어스가 처음 사용하였고 그 다음에는 유피에스UPS에 의해 브랜딩 방법으로 채택되었다.) 그러면 시내 상인들이 등장하였을 때는 누가 불공평하다고 소리쳤는가? 구멍가게들이었다. 그렇다면 구멍가게는 누구를 밀어냈는가? 방문판매자, 즉 외판원들이었다. 초대형 교회 목사가 빅토리아 시대의 외판원과 많은 점을 공유한다는 점에서 기묘하게도 상황은 큰 원을 그리며 제자리로 돌아온 듯하다. (둘 모두 독립적이고 담당하는 지역이 있다.) 외판원이 드러머라는 별명을 가진 이유는 북을 쳐서 사람을 불러 모으는 것이 그의 임무였기 때문이다.

그렇다면 개종의 경험을 공급하는 자들이 밀려날 때 내는 아우성은 어디에서 나오는가? 예상대로 오래된 교파들에서 나온다. 그들은 [초대형 교회가] "신도들을 가로채 갔다, 체험의 가치를 떨어뜨렸다, 피상적이다, 진정한 신학적 내용 대신 조잡한 감상을 제공한다"고 비난한다. 이들에게 초대형 교회는 미국 종교의 하향 평준화이자, 현현의 경량화(epiphany lite)로서 목사는 저명인사요, 예배는 간주곡이 있는 TV 프로그램이며, 베이비붐 세대와 같은 우량고객만 좋아하고, '정문'에만 집착할 뿐 '뒷문'으로 홍수처럼 빠져나가는 사람들은 신경 쓰지 않으며, 이미 과체중인 사람들에게 먹기만 좋은 인스턴트 식품을 제공하는, 좋을 때만 좋은(fair-weather) 교회이다.

이러한 패턴이 종교뿐 아니라 마케팅 전반에서 일어난다는 사실은 편리하게 잊혀진다. 상호 대체 가능한 제품 시장에서 누군가 새 포장지나 새 배달 시스템을 개발해내면 시장은 하룻밤 사이에 그것에 적응해야 한다. 이것이 최첨단 브랜드다. 초대형 교회 목사들은 그들 말고도 세속적 문화에 접근한 존경할 만한 선례들을 현대 기독교사에서 줄곧 찾아볼 수 있다고 반박한다. 예를 들어 19세기 전반기 동안 갑자기 부상한 감리교 및 사도 교회Disciples of Christ 신자들을 떠올려 보라. 감리교의 전도 집회나 셔토쿠어Chautauqua 운동의 '흥분'은 얼마나 대단했는가. 한편 20세기 들어 하나님의 성회Assemblies of God는 새로운 종류의 참여적 경험을 약속하며 1920년대의 5만 명에서 현재의 170만 명으로 성장했다. 초대형 교회도 이와 똑같은 일을 좀더 효율적으로 하고 있을 뿐이다.

그리고 지금까지의 종교적 브랜딩의 궤적은 항상 고상한 것에서 천박한 것으로의 이동이 아니었던가? 마틴 루터는 성경을 자국어인 독일 지방어로 번역하였고 루터 교회는 술자리 노래를 포함한 당대의 민속 음악을 각색하였다. 그들이 마주한 것은 무엇이었는가? '신성 모독!'이라는 아우성이었다. 웨슬리Wesley 형제 하의 감리교는 보통 사람들에게 더 가까이 다가가기 위해 심지어 들판이나 마을 광장에서 설교를 하기도 하면서 '좀더 타락하는 데 찬동했다.' 그들은 신도들에게 '우리의 의미가 전달될 수 있는 가장 명백하고도 쉬운 일상어들로' 이야기할 것을 권고했다. 이로 인해 그들은 그야말로 매도되었다. 개종의 경험을 민주화하는 자들에게 언제나 비난의 집중 공세가 쏟아지는 것은 충분히 짐작할 수 있는 일이다. 구세군을 창립한 윌리엄 부스^{William Booth}는 다음과 같은 기억에 남는 말을 했다. "왜 악마가 가장 좋은 곡들을 다 가져가게 하는가?"

이런 식의 세속화(secularization) 과정은 예수의 얼굴 변화만 관찰하더라도 발견할 수 있다. 사실 브랜딩에 관한 가장 훌륭한 저서 중 하나는 예수의 이미지 변화에 집중한다. 예술사가 레오 스타인버그^{Leo Steinberg}는 『르네상스와 현대의 망각에 놓인 예수의 섹슈얼리티^{The}

워너 샐먼(Warner Sallman)의 예수 이미지는 말 그대로 브랜드 물건들의 아이덴티티 캐릭터가 되었다.

134

Sexuality of Christ in the Renaissance and in Modern Oblivion』라는 책에서 예수의 이미지가 수도원들의 오랫동안 논란이 되어 온 마케팅 수단이었다고 말한다. 우리는 예수의 이미지가 불과 몇 세대 전에서야 저 먼 세계의 셈족에서 친근한 코카시아인으로 변했다는 사실을 잊어버린다. 이러한 변화는 시카고의 미술 전공생인 워너 샐먼Warner Sallman에 의해 실행되었다. 샐먼의 이미지는 거의 모든 기독교 교회에 등장했고 성경책의 속표지로 사용됐으며, 게시판에 붙여졌고 달력에도 나왔으며 고등 법원이 끌어내리기 전까지는 거의 모든 미국 학교에 길버트 스튜어트Gilbert Stuart가 그린 조지 워싱턴George Washington 그림 바로 옆에 걸려 있었다.

교회와 커뮤니티 대학을 합치면 무엇이 나올까?
바로 윌로우 크릭 커뮤니티 교회이다.

윌로우 크릭: 초-초대형 교회

모든 초대형 교회 중 마케팅의 관점에서 볼 때 가장 흥미로운 곳은 시카고 남서부에 있는 윌로우 크릭 커뮤니티 교회Willow Creek Community Church이다. 초대형 교회들이 종종 사용하는 목가적인 이름과는 달리 윌로우 크릭이라는 이름은 매우 적절하게도 신도들이 한때 윌로우 크릭 영화관에서 모였다는 사실에서 만들어졌다. 마치 자신이 허문 것에서 이름을 따오는 쇼핑몰처럼 이 교회는 이제 자신과 경쟁 관계에 놓인 엔터테인먼트의 이름을 따와서 사용하고 있는 것이다. 교회 성장 운동계Church Growth Movement에 있는 어느 누구에게나 물어봐도 이 이름을 알 것이다. 윌로우 크릭과 미국 종교의 관계는 홈 디포와 집수리의 관계, 맥도널드와 고기 패티의 관계와 같다. 이 교회가 바로 개신교의 다음 주자, 즉 종교 커뮤니티의 대형 할인매장이다.

일단 가장 분명한 점은 이 교회가 시각이나 건축학적인 측면에서

136

볼 때 전혀 전통적인 교회와 다르다는 점이다. 이 교회는 멋들어진 작은 전문대학이나 약 혹은 컴퓨터 부품처럼 뭔가 깨끗한 것을 제조하는 작은 기업처럼 생겼다. 은행과 대학이 한때 고딕 양식의 교회처럼 생겼던 것을 기억하는가? 예일 대학, 시카고 대학, 프린스턴 대학을 떠올려 보라. 그러나 마케팅의 보복일까? 이제는 교회가 은행을 닮고 있다. 윌로우 크릭의 기업가다운 목사 빌 하이벨스^{Bill Hybels}는 교회에 온 신도에게 가장 듣고 싶은 말이 "제가 이번 주 수요일에 애틀랜타에 있는 IBM 본사에 갔었습니다. 그런데 이 교회에 와보니 거의 똑같은데요"라고 말한 바 있다. 하이벨스의 소원은 성취됐다.

캠퍼스(이 교회에서는 정말로 이렇게 부른다) 한쪽으로 푸른 잔디가 있고 다른 한쪽으로 5에이커에 달하는 반짝이는 연못, 그리고 그 사이에 끝도 없이 펼쳐진 주차장이 있다. 주차장은 말 그대로 끝도 없는데 무려 차량 3100대의 공간이 갖추어져 있다. 현대 소매업 제1법칙, "회사는 주차장 크기만큼 성장한다." 지금 이 글을 쓰고 있는 동안에도 윌로우 크릭은 본관 주차장을 넓히기 위해 공사를 하고 있다. 경찰차를 탄 지방 경찰관들을 동원하여 교구민들을 고속도로에서 주차장으로 데려오는 데에만 연간 10만 달러 이상이 소요된다. 그래도 그럴 만한 가치가 있다. 록 콘서트와 같은 제휴 관계가 만들어지니 말이다. 즉 이 브랜드는 너무 인기가 좋아서 경찰이 다 통제할 수 없을 정도라는 것이다!

주차를 돕기 위해 한 무리의 남자들이 반사 조끼를 입고 마치 햄버거 직원이나 옵션 트레이더들이 쓰고 있는 것과 같은 헤드폰을 쓰고서 서로 대화한다. 그들은 교회 건물 꼭대기에 있는 관제관에게도 이야기한다. 주차가 끝나면 마치 디즈니 월드에서처럼 셔틀버스를 타고 여러 문으로 이동할 수 있다. 주차장은 또한 마치 쇼핑몰이나 공항에서처럼 차를 찾을 수 있도록 만든 귀여운 만화 표지판도 갖추고 있다. 두말할 나위 없이 주차장은 캠퍼스의 다른 곳들과 마찬가지로 매우 깨끗하다. 사실상 무균 지역이나 다름없다.

월로우 크릭은 사람들이 모일 수 있는 장소로 만들어졌다. 거대한 아치와 글씨체로 또 다른 세계로 가는 통로처럼 보이는 입구는 하나도 없다. 단테의 유명한 희곡처럼 "이곳으로 들어오지 않는 자, 모두 희망을 버릴 지어다"라고 말하는 것은 아무것도 없다. 대신 이곳에는 현대 매장으로 가는 수많은 넓은 문들이 있다. 이 문들은 지역 슈퍼마켓에 있는 자동문은 아니지만 거의 비슷하다. 안으로 들어가면 구식 종교의 특징은 조금도 찾아볼 수 없다. 성상도 십자가에 못 박힌 예수상도 없고 "만지지 마시오! 주의하시오! 정숙하시오! 헌신하시오! 하나님이 당신을 보고 계십니다!"라고 말하는 듯한 스테인드글라스나 금이나 은으로 도금한 윤나는 접시도 없다.

들어가서 정면에 보면 4540석의 큰 강당이 있다. 이 좌석들은 시네플렉스에 있는 것들과 똑같다. 단지 음료수 홀더만이 없을 뿐이다. 무릎을 꿇기 위한 기도 쿠션이나 방석도 없다. 기도는 앉거나 서서 하지 무릎을 꿇고 하지는 않는다. 월로우를 이해하기 위해서는 한때 하이벨스의 가까운 참모였고 지금은 독립해서 나간 리 스트로벨^{Lee Strobel} 목사의 다음과 같은 발언이 핵심적이다. "런던에 있을 때 성 바울 교회에 갔었는데 거기는 별로 사용자 친화적이지가 않더군요. 조명은 형편없었고 좌석은 불편했으며 앞에 나가서 말하는 사람의 소리를 들을 수도 없었습니다. 우리는 500년 전의 사람들이 그렇게 했기 때문에 지금의 비교회인들도 매주 일요일 아침마다 한 시간씩 딱딱한 의자에 앉아야 한다고 설득할 수가 없습니다."

카펫이 깔린 로비에는 오버헤드 비디오가 그날의 활동에 대해 자세히 공지한다. 이곳은 호텔 로비나 공항이라고 해도 손색이 없다. 비디오 모니터에는 예배 시작 전까지 카운트다운을 하는 디지털시계가 있다. 또 불빛이 환한 안내 데스크, 넓은 통로, 그리고 분명한 안내 표지판들이 설치되어 있다. 그러나 재차 말하지만 성상이나 성수대, 제의실 등은 없다. 그리고 '고장'이라는 표시는 어디에도 없었다. 교회는 모든 것이 제대로 굴러가도록 보이게 하는 데 열심이었다. 마치 쇼핑몰처럼 말이다.

암회색의 이 큰 강당 안으로 들어서면 자동 커튼이 내려와 침착하고 약간 어두운 분위기를 만든다. 아래 앞쪽에는 천장에서 드리운 각종 스크린과 현수막이 완비된 화려한 조명의 중앙 무대가 있다. 목사가(여기에서는 이 용어를 쓰지 않는다. 그냥 목사의 이름을 부르는 것으로 충분하다.) 설교를(이 말 역시 쓰지 않는다. 그냥 메시지라고 한다) 할 때 사람들은 마치 시각을 바꿀 수 있는 첨단 DVD 기술처럼 그를 여러 개의 스크린에서 다양한 각도로 볼 수 있다.

그러나 처음에 필자를 감동시킨 것은 영상 기술이 아니었다. 그보다는 말 그대로 몸을 날려버리는 사운드 시스템이 더 인상적이었다. 필자는 강당 중간쯤에 있었는데도 하이벨스의 숨소리를 들을 수 있었다. 그것은 엘머 갠트리처럼 숨을 헐떡거리는 소리가 아니라 그냥 조용히 숨을 들이쉬는 소리였다. 그리고 음악이 시작될 때의 그 반향이란! 우리는 음악이 시작되는 것을 그 공간의 진동으로 알 수 있었다. 그리고 조용할 때는 숨 쉬는 소리까지 들렸다. 필자는 록 콘서트에 많이 가 보지는 않았지만 우리 애들이 하는 말을 들어보면 사운드 시스템 때문에 공연에서 거리를 두는 것은 불가능하다고 한다. 여기에서는 소리를 듣는 것이 아니라 느끼는 것이다.

신도들이 함께 노래를 부를 수 있도록 오버헤드 스크린이 가사를 띄워 준다. 늦게 온 사람들이 서둘러 자리를 잡는 동안 10인조 밴드가 음악을 연주한다. 이후 천천히 절정에 이르러 분위기가 잡힌다. 무대 위 밴드가 연주를 멈추면 4000여 명 이상의 무리가 큰 갈채를 보낸다. 목사는 무대 위로 올라와 말하길, "방금 이 박수는 어느 특정 연주자를 위한 것이 아니라 하나님께 드리는 것이었습니다." 모든 사람이 이에 동의한다. 그러면 하이벨스가 이렇게 말한다. "이제 연주자들에게 감사합시다." 박수.

앞으로 있을 설교를 설명하는 잠깐의 촌극이 있은 후에 (이것은 몇 개의 광고 길이보다 짧다.) 빌 하이벨스가 무대 위로 올라선다. 깨끗하게 단장한 캐주얼 스타일로(그렇다. 가끔씩 그는 폴로 포니 셔츠를 입는다.) 그가 그날의 주제를 설교한다. 그가 잡는 설교의 주제들은 '미덕을 개발할 필요성', '삶의 중대한 시기에 직면했을 때' 또는 사람들이 잘 아는 일반적인 주제들이다. 그가 빠르고 재치 있게 설교를 할 때면 우리는 왜 그가 활기를 잃은 기업 간부들이나 동네 햄버거 가게에서 고기를 뒤집는 사람들에게 동기를 부여하고 격려하는 지도자 역할을 하는지 알게 된다. 그는 강렬하면서도 편안하고 절제되면서도 느슨한 분위기를 빠르게 왕복 한다. 예배 그 자체는 별로 감동적이지 않다. 거기에는 어떤 위협도 협박도 훈계도 없다. 다음의 사항들만 제외하면 필자를 당황하게 하는 것은 아무것도 없었다.

주말에는 정확히 네 번의 완벽하게 상호 대체 가능한 예배가 열린다. 이것들은 신참들을 위한 '구도자 예배'로서 일종의 특매품 엔터테인먼트이다. 교회는 너무나 노골적인 솔직함으로 이 예배들을 '기독교 입문' 혹은 '기독교 라이트(Christianity Lite)'라 부른다. 그리고 주중에 두 번의 신자 예배가 있다. 그것은 이를테면 신자들을 위한 대학원 과정이자 십일조를 위한 장소이기도 하다.

주말의 구도자 예배는 정확히 말하면 예배가 아니라 일종의 에듀
테인먼트(edutainment)이다. 그 예배들은 보통 하나님에 대해 회의적
인 사람들을 겨냥한다. 왔다가 싫으면 가도 된다는 식이다. 그것은
마치 텔레비전의 슈퍼볼 광고처럼 순수한 소프트 셀(soft sell, 암시 설
득 등에 의한 온건한 판매)이다. 그것은 신자들에게는 편안함을, 궁금
해 하는 사람들에게는 정보를 주는 일요판 보충 예배이다. 하이벨스
가 베이비 붐 세대의 '생활에서 느끼는 필요'에 초점을 맞춘다는 의
미는, 이런 주말 예배가 가족생활, 육아, 직장 스트레스, 레크리에이
션 등을 다루면서 인간을 양육하고 용서하는 하나님의 면모를 주로
반영하겠다는 뜻이다.

윌로우 크릭의 직원들은 일견 변덕스러워 보이는 시장에 맞춰 설
교 관련 결정을 내린다. 이 과정에서 교리는 하늘이나 주교 등 위에
서 내려오는 것이 아니다. 그날의 주제에 대한 결정은 신속함과 생활
에 대한 관련성을 핵심으로 한다. 종교 프로그래머들은 단순히 소비
자가 무엇을 원하고 좋아하는지만 분석한다. 가령 하이벨스는 직원
들에게 세속적인 엔터테인먼트 스타일을 모방하라고 요구한다. 그리
고 이 목사들은 주초에 이메일을 체크하면서 종종 그 안에 표현된 근
심거리를 바탕으로 예배를 펼친다. 그것은 물론 가볍지만 강력하다.
마치 〈60Minutes〉이나 〈Today〉 쇼처럼 말이다.

예배는 당황스러울 만치 개인적이다. 하이벨스는 계속해서 그의
가족, 이웃, 과거 그리고 경험을 언급한다. 당시 신학 박사 과정에 재
학 중이었고, 이후에 『윌로우 크릭 구도자 예배: 새로운 교회 운영
방식에 대한 평가』Willow Creek Seeker Services: Evaluating a New Way to Do Church
를 쓴 그레고리 프리차드Gregory Pritchard에 따르면 일년 간(1989~1990)
특정 성경 구절이 인용된 횟수는 169번에 그친 반면 친밀함을 자아

WILLOW CREEK SURVEY 2002

Thank you for completing this survey! This information will be used to understand our church and to closely evaluate ministry opportunities. This is anonymous, so please give us your honest and thoughtful responses to the questions. If you have already filled out this survey at a previous service, do not fill out another one now. Use a pencil or pen; an usher can provide one for you. At the end of the service, please place your survey in one of the baskets located in the lobbies. Thanks again!

SECTION ONE

Please tell us about your church involvement

1. **How long have you been attending Willow Creek (including Axis and Willow Creek Wheaton)?**
   - O_1 I'm visiting for the first or second time
   - O_2 One year or less
   - O_3 2–3 years
   - O_4 4–5 years
   - O_5 6–10 years
   - O_6 11 years or more

2. **What *most* influenced you to attend a service at Willow Creek <u>for the first time</u> (including Axis and Willow Creek Wheaton services)?**
   check one option
   - O_1 A friend or relative brought me to a service or an event
   - O_2 I heard about Willow Creek from a friend or relative
   - O_3 I drove by the church and decided to visit
   - O_4 I moved to Chicago and someone recommended Willow Creek
   - O_5 Media coverage caught my attention
   - O_6 I was attracted to a particular program or ministry here
   - O_7 I heard about a special event or service
   - O_8 I learned about Willow Creek through the web site
   - O_9 Other: _______________________________________

3. **How would you describe your church involvement before attending Willow Creek?**
   - O_1 I did not attend church
   - O_2 I attended church primarily on holidays/special occasions
   - O_3 I attended church regularly
   - O_4 I attended church regularly and was involved in serving and/or a small group

교회 활동, 영적 생활, 그리고 제휴 관계의 깊이에 대한 30개 이상의 질문들로 이루어진 윌로우 크릭의 설문지 첫 부분

내기 위해 사용된 '저는' 이라는 단어는 6000번 이상 쓰였다고 한다. 이 사람은 당신의 고통을 함께 느끼지만 그렇다고 그 문제를 해결하기 위해 당신에게 예수를 권하지는 않을 것이다. 적어도 주말에는 그럴 것이다. 억지로 겸손해져야 했던 2000년 8월에 빌 클린턴은 윌로우 크릭을 찾아와서 '도덕적 결함' 에 대해 토의하고 돌아갔다. 하이벨스가 클린턴 대통령의 신임을 받는 종교적 조언자 중 한 사람인 것은 우연한 일이 아니다. 그리고 멜 깁슨도 당시 논란이 심했던 〈패션 오브 더 크라이스트The Passion of the Christ〉를 어떻게 마케팅 할 것인가를

142

놓고 고민하던 2004년 1월에 윌로우 크릭에 찾아와서 호의적인 청중을 만나고 돌아갔다.

대통령부터 소교구민에 이르기까지 이곳은 문제를 해결해 주는 것을 업으로 삼는 교회이다. 윌로우 크릭은 먼저 이승에서 잘 사는 문제를 다루고 그 다음에 천국에 가는 일에 대해 다룬다. 지난 십 년 간 실시된 설교를 훑어보면(이것은 이 교회의 웹사이트에 게재되어있다.) 거의 『영혼을 위한 닭고기 수프Chicken Soup for the Soul』식의 주제들이다. 여기에서는 '적응(adjustment)'이 핵심이다. 당신의 자녀들에게, 바람피우는 배우자에게, 무기력함에, 낙태에, 빚에, 이혼에, 마약에, 경쟁에, 외로움에, 능력 부족에, 반복됨에, 방황에, 정욕에, 분노에, 죽음에, 인종차별에, 늙어감에, 그리고 그 외에도 사람들이 공개적으로 말하기 꺼려 하는 모든 것에 적응하도록 하는 것 말이다.

예배가 끝나자마자 우리는 방금 본 예배의 오디오 테이프나 CD를 사서 자동차나 집에서 예배의 교훈을 다시 들을 수 있다. 지하에 있는 최신식 복제기계가 3000개의 테입을 만들어내면 예배가 끝나는 시간에 맞춰 이것들을 로비에 배치해 놓는다. 2달러만 내면 저작권이 보호된 음악을 제외하고 모든 것을 다 가질 수 있다.

윌로우 크릭의 마케팅적 통찰력은 이 교회가 기독교의 수직성을 수평적인 것과 조화시킬 수 있다는 점에 있다. 이 교회는 무엇보다 수평적인 기독교이다. 그것은 이 교회의 물리적 시설로 대변된다. 어느 곳이나 사람들로 붐빈다. 이것은 마치 이곳에 나타나기만 하면 우리의 일원이 될 수 있다는 식이다. 강당 입구 한쪽으로 어느 공항에서나 볼 수 있는 수많은 카페테리아와 작은 테이블들로 이루어진 푸드 코트(이곳에서는 정확히 이렇게 부른다)가 있다. 750명을 수용할 수 있는 이 푸드 코트에서 신도들은 중국 음식이나 햄버거를 먹을 수 있

다. 비싼 가격으로 인해 푸드 코트는 명실상부한 돈벌이로 자리 잡는
다. 푸드 코트에서 벗어나면 다른 방들이 보인다. 이곳에는 AXIS라
는 신세대 그룹의 귀청이 찢어질 듯한 음악을 위한 연주 공연장뿐 아
니라 세 개의 농구장이 있는 체육관, 십대와 어린이 활동을 위한 수
많은 방들이 있다.

필자가 이 교회에 처음 갔을 때에는 광고까지 갖춘 스타벅스
Starbucks 간이매점이 있었다. 그러나 일년 후에 다시 찾아갔을 때 그것
은 시애틀스 파이니스트Seattle' s Finest로 바뀌어 있었다. 왜 바뀌었냐고
묻자 '더 좋은 조건' 이라는 대답을 들었다. 안타까웠다. 왜냐하면 필
자는 항상 스타벅스의 천재성이 윌로우 크릭과 똑같다고 생각했기
때문이다. 그 회사의 유명한 광고인 '집도 직장도 아닌 제3의 장소'
는 이 교회에도 해당되었다. 결국 그 제3의 장소라는 것이 바로 윌로
우 크릭이 되고자 하는 것이지 않은가. 집도, 직장도 아닌, 그리고 아
버지의 교회는 더더구나 아닌, 그러나 이 세 가지를 모두 포함하는
장소 말이다.

푸드 코트 위로 중간 2층에는 매우 좋은 서점이 있다. 당연히 초대
형 교회와 관련된 서적들이 많긴 하지만 이 서점은 상당히 초교파적
이다. 이곳에서는 400여 개의 출판사에서 출간된 7만 5000개 이상의
영적 도서들을 포함하여 할머니들을 위한 장식용품과 아이들을 위한
비디오 게임도 제공한다. 쇼핑몰에서처럼 샘플로 들어볼 수 있는 종
교적 CD들도 구색을 갖추고 있다. 책들 사이사이에는 인사 카드 가
판대도 있는데 카드에는 모두 다른 사람들이 살아가는 데 도움이 될
만한 적절하고 성실한 메시지가 들어 있다. 서점 역시 돈벌이가 된
다. 한편 반즈 앤 노블Barnes & Noble에서 실시하는 것과 같은 할인 가격
정책은 이곳에 없다.

144

현대 마케팅의 많은 부분이 그러하듯 청소년을 강조하는 것이 빠질 수 없다. 마케터들이 아직 제품 선택을 하지 않은 사람들에게 집중할 수 있을 경우 기존 사용자들을 전환시키기 위해 노력하지 않는 것처럼, 윌로우 크릭도 마찬가지이다. 이 교회는 젊은 사람들이 무엇을 하고 있는가에 굉장한 비중을 둔다. 젊은 사람들은 어떻게 느끼는가? 그들의 예배 음악이 전율하는 정도로 봤을 때 그들은 꽤 괜찮게 느끼는 것 같다. 윌로우 크릭은 아이들이 조용히 있어야 한다는 격언을 바꾸어 놓는데 성공한다. 이 교회보다 더 시끄러운 교회는 없을 것이다. 그리고 때때로 어른들이 있는 대강당에서는 십대들이 무엇을 하는지 영상으로 보여준다. 안타깝지만 음향도 함께 나온다.

이 대형 건물의 다른 편에는 260명 이상의 정규직, 220명 이상의 파트타임 직원들이 있는 조용한 사무실과 아이들이 정말 안전하다는 확신을 주기 위해 경호원이 상주하는 대형 탁아소 시설이 있다. 이 부속시설 위에는 성상이 전혀 없는 예배당(필자는 성상 비슷한 것이라도 보기를 바라면서 커튼 뒤에서 몰래 안을 엿보았다)과 카운슬링 스위트, 그리고 보통의 세미나실, 공부방, 그리고 다양한 자활 그룹들의 '탈출실'이 있다. 모든 것이 깔끔하게 스위스 헬베티아어로 이름 붙여져 있고, 바닥에는 여기서 저기로 어떻게 가는지 알려주는 색깔표시선이 있으며, 벽은 초록색이고 계단에는 모두 미끄럼 방지턱이 있으며, 모든 분위기가 메이요 의료원^{Mayo Clinic}을 떠오르게 하였다. 사실상 윌로우 크릭의 이쪽 면은 병원 같아 보인다, 곰곰이 생각해보면 그것이 바로 이곳이 하는 일이기도 하다. 이곳은 문화적인 안전지대다. 필자는 심지어 어린이가 누군가의 품에 안긴 채 안전지대라고 말하고 있는 표지판을 볼 것만 같았다.

1991년 하버드 비즈니스 스쿨이 이 교회의 운영을 살펴보기 위해

MBA 일행을 파견하였을 때 그들은 윌로우 크릭의 또 다른 면인 재무제표 부분을 살펴보았다. MBA 사람들은 숫자를 중시했다. 이 교회의 연간 매출은 1200만 달러로 (요즘은 그 두 배 이상이다) 그 중 절반 정도가 운영비로 나가고 약 30퍼센트가 관리비와 월급으로, 12퍼센트가 3400만 달러짜리 건물을 짓는데 든 빚 청산금으로, 그리고 2퍼센트가 잡비로 쓰였다.

상위 교파에게 나가는 돈은 단 한 푼도 없다. 오히려 정반대로 돈이 들어온다. 윌로우 크릭은 수직적 교파로부터는 독립적인 반면 수평적인 확장을 통해 윌로우 크릭 연합Willow Creek Association을 형성해왔다. 이 연합은 2000곳 이상의 교회들의 네트워크로서 각각은 뉴스레터를 받아보고 윌로우 크릭의 종교 서적에 대한 할인혜택과 목사들의 컨퍼런스에 초대받기 위해 매년 약 200달러를 기부한다. 이곳에서 마케팅 조언을 얻고자 하는 사람들도 많다. 윌로우 크릭 스타일의 교회에는 평균적으로 약 400명의 신도가 있으나(이것은 전국 평균의 4배이다), 더 중요한 것은 그것이 계속 성장 중에 있다는 것이다. 이보다 더 좋은 것은 제휴 교회들의 이름이 전화번호부에 올라감으로써 새 신자들에게 어떤 교회가 윌로우 크릭식의 브랜딩을 보여주는지 알려준다. 만약 이것이 교파와 비슷해 보인다면, 그렇다고 치자. 그러나 그것이 진짜로 의미하는 바는 판형화된 예배를 체인점화하는 것이다.

한편 숫자들은 어떤가? 1995년, 윌로우 크릭은 2200만 달러의 매출을 기록했다. 이 중 1300만 달러는 교인들의 기부로, 나머지는 음식 판매, 교회 가게, 그리고 윌로우 크릭 연합 회비에서 나왔다. CEO인 빌 하이벨스의 봉급은 상대적으로 보잘 것 없는 8만 5000달러와 주택 비용 정도에 불과했다. 필자는 사업가는 아니지만 이 수치들은 사업적으로 봤을 때 좀 특이한 경우에 속한다. 매주 일인당 15달러 (이는 다른 교회들과 비슷한 금액이다)의 수입이 만들어진다는 점보다는 지출의 많은 부분을 차지하는 노동력이 자원봉사자들에 의해 이루어진다는 점에서 특히 그러하다. (이 점은 정말 특이하다.) 이것은 많은 사람들이 브랜드를 위해 돈은 적게 내지만 일은 많이 한다는 것을 의미한다. 그리고 새 신자가 조금씩 계속해서 들어오고 있다. 이 모든 것을 무엇과 비교할 수 있을까? 아마 구세군이나 걸스카우트, 그리고 구분이 어려운 다양한 준 군사조직들이 이와 비슷하지 않을까? 하버드 비즈니스 스쿨의 결론에 따르면 윌로우 크릭의 성공은 '소비자를 알고 그들의 필요를 충족시켰으며', 들을 준비가 되어 있는 청중들 앞에 이야기를 들고 나타났던 데서 기인한다고 한다.

이 교회의 브랜드는 어떻게 작동하는가

윌로우 크릭의 이야기는 어떻게 전달되는가? 윌로우 크릭은 마치 예전의 공산당과 같이 운영된다. 전체 사업은 서로 연결된 세포 조직들의 네트워크에 기반한다. 이러한 세포 조직들이 바로 이 수평 조직의 중심이자 커뮤니티의 핵심이다. 물론 서포트 그룹은 서포트도 하지만 이야기를 묶어 주는 역할도 한다. 윌로우 크릭의 지도자이자 『비교회인 해리와 메리의 마음속으로Inside the Mind of Unchurched Harry and Mary』라는 초대형 교회 관련 책을 쓴 리 스트로벨Lee Strobel은 예전 공산당과의 비유 못지않게 적절한 비유로 시카고 컨티넨탈 은행Continental Bank of Chicago(지금의 뱅크아메리카BankAmerica)의 광고를 언급한다. 그 광고에서 우리는 거대하고 비인간적인 은행 내부에 소규모 은행들이 아늑하게 들어 있는 모습을 볼 수 있다. 그 광고는 컨티넨탈 은행을

'내부에 작은 은행을 가진 큰 은행'이라고 선전한다. 윌로우 크릭도 내부에 많은 작은 조직을 가진 하나의 커다란 집합체이다. 아마도 현대의 백화점에 비유하는 것이 더 적절할 것이다.

윌로우 크릭의 2만 5000명 이상의 교인 중 약 3분의 2는 이러한 작은 소규모 그룹들에 속해 있다. 백 개 이상의 이러한 소규모 그룹들 중 어떤 것은 독신들을, 또 어떤 것은 부부들을 위한 것이고, 어떤 것은 성별이나 나이로 분류되며, 대부분은 지역으로 구분된다. 실제의 조직적 마케팅은 말하자면 하위 부분인 이곳에서 진행된다. 12단계 치료 프로그램처럼 풍부한 서포트 그룹들도 있다. 낙태, 성희롱, 마약중독, 이혼, 성욕 과잉, 성욕 부진, 산후나 산전 우울증, 강박증, 편친가정 등 다양한 지원 그룹들이 있다. 또한 당신의 재정 문제, 직장 문제, 심지어 당신의 헤어스타일이나 결혼까지 도와주는 그룹들도 있다.

이러한 모든 세포 조직들을 관장하는 것은 온화한 가부장인 빌 하이벨스이다. 윌로우 크릭 커뮤니티 교회와 같은 종교적 폭발에는 언제나 다른 공급자들이 놓친 미세한 부분을 연결해내는 카리스마적인 인물의 역할이 크다. 하이벨스를 비범하게 만든 것은 그가 설득력 있는 연설가라던가(물론 그는 훌륭한 연설가이다), 정력적인 조직가라던가(물론 그는 좋은 조직가이다), 또는 그가 놀라운 직관력을 가져서가 아니고(물론 그는 좋은 직관력을 가졌다), 그가 브랜딩의 천재라는 사실이다. 스토리는 이 브랜드의 제2의 천성이 아니다. 그것은 제1의 천성이다. 그리고 하이벨스는 그 사실을 알고 있었다. 하이벨스가 끊임없이 말해 온 대로 그가 "우리는 우리의 성공 비결이 마케팅에 있다고 생각하지 않는다. 예수를 마케팅할 수는 없지 않은가"라고 말할 때 그는 절대적으로 진심이다. 하지만 그것이 바로 (즉 예수를 마케팅

148

한 것이) 그가 해 온 일이었다. 이것은 단지 이 브랜드의 스토리일 뿐이다.

이제 하이벨스가 무엇을 어떻게 했는지 살펴보자. 1975년 스물세 살이던 그는 왜 많은 사람들이 믿음을 표명하면서도 실제로 교회에 가는 사람은 소수에 불과한지를 의아하게 여겼다. 그래서 그와 그의 청년회 회원들은 하루에 8시간, 일주일에 6일씩 6주간 집집마다 방문하며 조지 갤럽George Gallup에 필적하는 설문조사를 실시하였다. 질문들은 꼬리에 꼬리를 물며 이어졌고, 그래서 하이벨스는 응답자들의 생각을 따라가며 그 생각들의 원천에 도달할 수 있었다. 그가 해결하고자 했던 수수께끼는 다음과 같다. 수많은 사람들이 스스로를 기독교인이라 칭하는데도 불구하고 왜 그렇게 적은 수의 사람만이 교회에 가는가? 수많은 스포츠 팬들도 경기를 멀리하는가? 또는 수많은 쇼핑객들도 쇼핑몰을 멀리하는가? 말과 행동 사이의 이러한 불일치는 왜 발생하는가?

이에 대한 대답은 놀라운 것이었다. 한마디로 가족 신앙을 방해하는 것은 '남자들'이었다. 그들이 문제였던 것이다. 그가 이 사실을 발견하게 된 경위는 다음과 같다. "적극적으로 지역 교회에 나가고 계십니까?"라는 물음으로 그는 질문을 시작했다. 만약 대답이 "네"라면 그는 정중히 다음 집으로 옮겨 갔다. 시간을 낭비할 필요가 없기 때문이다. 그러나 만약 대답이 "아니오"라면 "왜 나가지 않으십니까?"라고 물으며 응답들을 기록하였다. 공통적인 답변으로 다음과 같은 것이 나왔다. "교회들은 항상 돈을 요구한다." "교회 예배는 지루하고 뻔하며 틀에 박혀 있거나 부적절하다." "거기에 가서 하는 일이라곤 고작 일어났다 앉았다 하는 것밖에 없다." "나는 부끄러움을 느끼고 싶지 않다." 남성들만 모여 얘기를 나누었을 때 하이벨스는 진정한 비밀을 발견할 수 있었다. 남성들은 자신의 신앙심을 공개적으로 드러내기를 원치 않았다. 그들이 현현의 경험을 갈망하지 않아서가 아니다. 그들은 자신들의 경험이 외부로 드러나는 것을 원치 않았기 때문이다. 미식축구 경기장을 남성들로 가득 채우는 근본주의 기독교 단체인 '약속을 지키는 사람들Promise Keepers'은 성차별적 정책으로 비난을 받아 왔지만, 적어도 남성들의 과묵을 이해하고 있었다. 여성들과 함께 있을 때 남성들은 노래를 부르거나 말을 하거나 뭔가를 내놓으라는 소리를 별로 듣고 싶어 하지 않는다. 남성들은 지배력을 잃기를 원치 않는다. 그들은 자발적인 능동성, 다시 말해 무언가를 실행하고 추구하고 있다는 느낌, 스스로의 한계를 탐험한다는 느낌을 좋아한다.

하이벨스가 배운 한 가지 마케팅 비법이 있다면 그것은 남성들이 종교에 있어서 결정적인 선택권자들이라는 사실이다. 만약 그들이 티핑 포인트를 넘어선다면 여성들과 아이들은 자연히 이끌려서 따라오게 마련이다. 개미들도 수컷 개미들이 군집 행위를 결정한다. 그러나 남성들은 여성들이 교회를 좋아하는 이유 중 하나, 즉 권위에 극도로 민감하다. 너무 많은 자율성을 양도해야 한다면 그들은 동하지 않을 것이다. 하이벨스는 남성들을 편안하게 하는 방법을 정확히 알고 있었다. 그는 그들에게 새로운 이름을 지어주었다. 그의 교구민들은 '구도자'가 되었고 예배 주제는 '살면서 느끼는 필요성'이 되었다. "이제 기도합시다"라는 말은 "제 기도에 함께 하십시오"라는 문구보다 효과적이지 못하다. 하지만 이보다 더 효과적인 말은 필자가 윌로우 크릭에서 들은 다음과 같은 문구이다. "제가 기도하겠습니다. 여러분도 함께 하실 줄 압니다."

하이벨스는 틈새 마케팅 전략을 한 단계 더 확장했다. 그는 심지어 타깃을 부를 새로운 이름까지 지어냈다. 그는 구도자를 '비교회인 해리(unchurched Harry)'라고 불렀다. 전문 스포츠 체인점 주인들이 깨달았듯이 만약 당신이 남성들을 한데 뭉치게 하고 스스로가 중요하다고 생각하게 만들며, 모든 것이 자발적이며 강요되지 않는다는 느낌을 유지한 채 서로를 묶이게 할 수 있다면, 그 남성들은 격렬한 에너지의 핵을 형성할 것이다. 그들은 헌신한다. 주류 야구 클럽들이 책정한 시즌 티켓의 가격을 보면 당신은 헌신에 대한 이들의 수요가 비탄력적이라는 사실을 알게 될 것이다.

'강철 존(Iron John)'은 아무렇게나 지은 이름이 아니다. 왜냐하면 집단 속의 남성들은 함께 연마되기 위해 격렬한 불 속에라도 뛰어들어 갈 것이기 때문이다. 이들은 화약상자를 폭발시키기 위해 언덕으로 돌격하거나 또는 누군가를 구출하기 위해 우물까지 파는 사람들이다. 집단 속의 남성들은 극도로 강력하다(그리고 매우 위험하다). 윌로우 크릭의 특별 남성부는 '강철 중의 강철'이라고 불린다. 물론 '강철 중의 강철' 그룹은 사실 아침식사를 하며 이야기를 나누기 위해 모인 풍채 좋은 남성들의 모임이지만, 한편으로는 남성들을 모이게 하는 것이 얼마나 어려운가를 보여준다. 여성들은 이야기하고 싶을 때 전화를 하거나 점심을 먹으러 나간다. 하지만 남성들은 이야기하고 싶을 때 뭔가 그것을 대단한 것으로 만들고 싶어 한다.

하이벨스가 잘 이해하고 있었던 것은 남성들이 혼자 책을 읽을지는 몰라도 공석에서는 다른 남성 동료 집단을 갈망한다는 것이다. 남성들은 그러한 동료 집단이 조직되면 매우 좋아한다. 그래서 교회는 '남자는 그리스도 안에서 어떻게 성장하는가'나 '정결한 마음 갖기'와 같은 주제의 세미나를 항상 여성들을 제외하고 운영한다. 보통 그러한 그룹들은 6명에서 8명의 남성들로 이루어지지만, 때때로 1000

여 명이 참가하는 모임이 벌어지기도 한다. 이러한 분대에서 대대로
의 이동이 남성들 간 제휴의 핵심이다. 교회 안내책자에도 쓰여 있듯
이 윌로우 크릭은 "비종교적인 남성들을 그리스도의 헌신적인 제자
로 전환시키기 위해 노력한다." 왜냐하면 모든 정치 지도자가 알고
있듯이 그러한 전환의 경험은 여성들보다 남성들에게 더욱 효과적이
기 때문이다.

남성들을 다루는 하이벨스의 솜씨를 이해하고 싶다면 교회에 그리
소속감이 크지 않은 사람들에게 보낸 다음의 이메일을 읽는 것으로
충분할 것이다.

보내는 이: 빌 하이벨스 〈weekends@willocreek.org〉
수신인:
주제: 중대한 시기
날짜: 2002년 10월 2일 수요일

e-뉴스 친구들에게

방해해서 미안하지만 여러분들이 저를 도와줄 수도 있겠다는 생
각이 들었습니다. 이번 주에도 저는 지난주에 이어 '중대한 시기
의 삶'에 대한 설교를 계속할 예정입니다. 저는 그리스도의 이름
으로 사람들을 섬기는 일이 어떻게 우리의 영적 삶에 활기를 북돋
아 주는지, 그리고 어떻게 우리를 중대한 시기에 더욱 가깝게 다
가서게 하는지 설명할 것입니다. 그리고 그리스도의 이름으로 다
른 사람들을 섬기고 자원한 결과 중대한 영적 성장을 경험하신 분
들의 실제 체험담으로 설교를 마치고자 합니다.

여러분들이 본격적으로 봉사복을 입고 게임에 뛰어들기로 결정한 후 얻은 영적 혜택에 대해 간단하게나마 써주실 분이 계십니까? 여러분들의 이야기는 수천 명의 사람들을 감동시킬 잠재력을 지니고 있습니다. 저는 익명을 보장할 것이며 이 과정에서 모든 영광을 하나님께 돌릴 것입니다. 어떻습니까?

감사합니다.

빌

추신: 이제까지 우리의 e-뉴스는 일방적이었습니다. (그래야 제가 하루 업무를 할 수 있기 때문입니다.) 하지만 이번에는 여러분들의 이야기를 듣고 싶습니다. 답변 아이콘을 클릭하고 거침없이 답변해 주십시오!

이러한 문의에는 강렬하고 남성적인 기독교 정서가 들어 있다. 남성 수신자는 괴로워하는 동료를 도와달라는 부탁을 받고 있다. '봉사 타올을 걸치는 것'에서 더욱 남성적인 '봉사복'으로의 미묘한 전환, 게임에 참여하라는 암시, 그리고 팀워크의 호소뿐 아니라, 종결부의 거침없이 답변해 달라는 말은 적어도 필자가 보기에는 다른 남성들을 돕는 남성들을 향해 하는 말이다. 이것을 어떻게 거절하겠는가?

남성들에게 신경을 많이 쓰는 것은 초대형 교회의 가장 흥미로운 포지셔닝 중 하나다. 젊은 남성들은 솔직히 보수 교파들에서는 어느 정도 위기에 처해 있다. 하지만 항상 그래왔던 것은 아니다. 19세기 후반과 20세기 초만 해도 보통의 젊은 남성들은 일주일에 20시간 이상을 다른 남성들과의 모임에서 보냈다. 그것이 바로 그레인지^{Grange},

엘크스회Elks, 메이슨the Masons, 그리고 무스the Moose와 같은 클럽들이 성행했던 이유이다. 이러한 많은 조직들은 교회와 관련이 있었다. 게다가 남성들은 그들의 가처분 소득의 거의 10퍼센트를 제복, 클럽 회관, 여행과 같은 것에 소비하였다.

이러한 남성만의 조직들이 멸종되고 있다. 그것이 바로 사슴 야영과 흡연 바(bar)와 같은 자발적인 남성들의 모임이 민족지 학자들(ethnographer)에게 커다란 흥미를 끄는 이유이다. 종종 남성들은 사냥을 하거나 흡연을 하기 위해서가 아니라 다른 남성들과 함께 있을 수 있다는 사실만으로 그러한 모임에 참석한다. 종종 스트립쇼 클럽은 나체의 여성을 보고 싶어 하는 욕망보다는 여성들과 분리되기를 바라는 열망을 대변하는 것이다. 이것은 또한 바비큐 파티가 왜 그처럼 인기를 끌고 골프 클럽이 왜 여성을 허락하는데 그렇게 더뎠는지를 설명해 준다. 카풀은 여성들에게만 인기가 있지 남성들에게는 인기가 없다. 만약 남성들만의 카풀이 보장된다면, 아마도 크게 성공할 것이다.

이 모든 것이 여성 운동에 대한 반작용이라고 말하기에는 너무 단순한 설명이다. 남성들의 열망은 부인할 수 없다. 남성들은 무리를 지어 사냥을 한다. 많은 남성들에게 있어서 락커룸, 증기탕, 사냥 오두막, 그리고 SUV는 피난처이자 휴식처가 되었다. 사회학자들은 그러한 남성들만의 전용공간을 일컫는 용어도 가지고 있다. '빈둥거리는 오두막(loafing sheds)'이 그것이다.

윌로우 크릭의 남성 집단을 보면 이혼, 자활 그룹, 부부 상담, 독신 그룹, 성직자 및 전도자 클럽 등과 함께 그냥 다른 남성들과 함께 있는 남성들의 공간, 즉 '빈둥거리는 오두막'을 들 수 있다. 다음과 같은 것이 그러한 예들이다. (남성들만으로 구성된) 회계 그룹이 회계 장부를 만들고 캠퍼스 운영부서가 주차, 청소, 그리고 정원관리 등을 한다. CARS라는 부서는 자동차를 유지하고 손질하며 수리한다. '믿음직하고 진실된 남성' 클럽은 '성적으로 타락한 이 세상에서 성적 순결함과 고결함을 추구하는 남성들을 지원하고 격려' 한다. '일일 목사' 클럽은 "영적인 질문이나 고민을 가지고 교회에 찾아온 사람들의 이야기를 듣고 영적인 방향을 제공"한다. 그리고 물론 야구, 배구, 미식축구, 골프, 그리고 5킬로 마라톤 등의 스포츠 목회팀과 삶에 관해 이야기하는 남성 목회팀이 있다. 새 신자 안내에 집중하는 정문팀도 있다. 뿐만 아니라 사운드 시스템과 무대, 그리고 카메라와 조명을 관리하는 프로덕션 프로그램팀도 운영된다. 오토바이를 타려고 모이는 십자가의 길(Cross-Roads, 교차로라는 뜻도 있음 — 옮긴이)이라는 그룹도 있다.

남성들의 문제에 민감하다는 것이 윌로우 크릭 브랜드의 핵심이다. 대부분의 교회들은 구속과 용서, 그리고 구원의 느낌을 제공한다. 프랭클린 그레이엄이 보여주듯이 대부분의 회개자는 이미 준비를 하고 있다. 음악이 연주되면 그들은 앞으로 나갈 것이다. 그러나 남성들을 위한 공동체를 제공해 주는 교회는 거의 없다. 빌 하이벨스의 사무실 바깥에는 한 장의 포스터가 걸려 있다. 거기에는 다음과 같이 쓰여 있다. "우리의 직무는 무엇인가? 누가 우리의 고객인가? 고객은 어떤 것에 가치를 두는가?" 이러한 질문은 성 베드로St. Peter가 아니라 경영의 수호성인인 피터 드러커Peter Drucker에게서 가져온 것이다. 그러한 질문들은 남성들에게 특별한 관심을 쏟으며 기존의 문지기/현현을 베푸는 자의 태도에서 고객 중심적 대응으로의 전환을 확실히 한다.

브랜드는 상업적 이야기, 즉 판매를 위한 민간 설화이다. 그것은 이야기이기 때문에 감정을 담는다. 그것은 이야기되고 다시 이야기되는 과정 속에서 항상 덧없이 흘러간다. 쉽게 강탈되고 전복되며 파괴되고 다시 쓰인다. 월트 휘트만Walt Whitman이 언젠가 이야기했듯이 좋은 이야기가 있고 낭만적인 이야기꾼이 있기 전에 먼저 '훌륭한 청중들'이 있어야 한다. 이야기꾼의 창작 방향은 언제나 청중들에게 의존할 수밖에 없기 때문이다. 잠잘 때 아이들에게 동화를 들려주는 것과 마찬가지로 이야기꾼, 음유시인, 목사, 큐레이터, 그리고 선생님들은 단지 관객들이 어떤 이야기를 원하느냐가 아니라, 그들이 어떤 이야기를 들을 준비가 되어 있는지 알 필요가 있다. 이야기꾼이 들으려고만 한다면 사람들은 그에게 말할 것이다. "빨간 망토 아가씨 이야기를 해주세요. 그리고 이번에는 늑대의 모습에 대해 자세히 설명해 주세요." 자라나는 아이들은 아마 이렇게 말할 것이다. 마찬가지로 현대의 구도자들은 "구원에 관해 이야기해 주세요. 다만 이번에는 지옥불에 관한 이야기는 빼주세요"라고 말할 것이다.

월로우 크릭의 브랜드를 다른 대부분의 초대형 교회들과 구분하는 것은 매우 온화한 구원의 이야기와 강력한 공동체성이다. 사적인 이야기지만 필자도 사람들을 따라 남아서 기도하는 경지에까지 가지는 못했지만 적어도 그들을 관찰하고 놀라웠다고는 말할 수 있다. 배타적이지 않은 종교 브랜드가 가능한 것일까? 결국 위대한 종교의 역사는 결코 그들이 약속하는 감정 전달에만 있지 않다. 그들은 또한 감정의 억제를 요구하기도 한다. 어떤 종류든지 추방의 위험은 가장 친절한 브랜드 안에서도 항상 도사리고 있다. 프랭클린 그레이엄의 구원 운동 이면에는 다른 사람들은 지옥에 떨어질 것이라는 약속이 있다. (그는 이 말을 여러 차례 반복한다.) 미국에서 가장 빠르게 성장한 교파로 몰몬교와 오순절 침례교가 있다. 그들 모두 이탈자들은 지옥불에 떨어질 것이라고 단언한다.

윌로우 크릭에서 필자는 이것의 한계를 어렴풋이 보았는지도 모른다. 필자는 2002년 가을을 일리노이 대학의 광고학과에서 강의하며 보냈다. 필자는 대학 교수들에게 필자의 관심 분야에 대해 말하도록 요청받았다. 그래서 필자는 윌로우 크릭과 그 교회가 해왔던 흥미로운 틈새 마케팅에 대해 이야기했다. 많은 교수들이 눈살을 찌푸렸다. 이것은 경쟁 기관에 직면한 학자들의 전형적인 반응이기도 했다. 필자는 그 주 일요일(10월 13일)에 일 년 동안 가보지 못했던 윌로우 크릭을 다시 방문하였다. '제2막'이라는 교회 시설의 대규모 확장 공사가 순조롭게 진행되고 있었다.

공사가 진행되는 것은 특정 브랜드에 있어서 매우 중요하다. 특히 성장에 집중하는 브랜드라면 더욱 그렇다. 예를 들어 라스베이거스는 매 십 년마다 재공사에 들어간다. 즉 이것은 브랜드 확인의 한 방법인 것이다. "공사가 끝나면 사람들이 올 것이다." 단지 높이 솟은 빌딩 사이로 기중기들을 보는 것만으로도 구경꾼은 활력과 열정을 느낄 수 있다. 그러나 윌로우 크릭에서는 이러한 재건축과 함께 퇴조가 찾아오는 것을 느낄 수 있었다. 필자는 교회에서 일종의 공황 상태를 감지하였다. 그 주말에 필자는 윌로우 크릭에서 초초로 돈에 대한 요청을 들었다. 사건의 경위는 다음과 같다.

교회에 들어서자 무대에 걸린 커다란 나무 십자가가 보였다. 상기했듯이 필자는 이곳에서 한 번도 성상을 본 적이 없었다. 이와 함께 '중대한 시기의 삶: 기부를 통한 열정'이라는 메시지도 걸려 있었다.

이 설교 시리즈는 한 달 전부터 시작되었으며 믿음이 삶의 한 부분으로 자리 잡으면 의식이 고양된다는 내용이었다. 하지만 이전의 설교들은 이 거대한 나무 십자가를 필요로 하지 않았다. 분명 무슨 일이 있는 것이다.

예배는 밴드의 멤버들이 의자에 올라간 후 동료들의 팔에 떨어지는 것으로 시작되었다. 그러한 행위를 '뛰어들기'라고 불렀다. 그 후 두 개의 소도구가 무대 위로 등장하였다. 하나는 금속관으로 만든 감옥이었고 다른 하나는 거대한 백 달러짜리 지폐였다. 그리고 다음과 같은 주장이 뒤따랐다. "우리의 하느님은 당신이 베푸는 사람이기를 바랍니다. 그러한 연유로 하느님은 당신에게 많은 것을 베푸신 것입니다. 그렇기에 당신은 보답해야 합니다. 뛰어드세요. (설치된 감옥으로 들어가며) 당신은 가난한 사람들을 방문함으로써 하나님께 보답할 수도 있습니다. (거대한 백 달러 지폐에 다가가서 그것의 일부분을 접으면서) 또는 교회에 내실 수도 있습니다. (십자가를 가리키며) 다만 하느님이 당신에게 베푸신 것을 기억하십시오. 당신은 교회에 십일조를 바치는 것이 아닙니다. 하나님께 되돌려드리는 것입니다." 놀란 사람은 필자뿐만이 아니었다. 주위를 둘러보자 다른 이들도 똑같이 당황스러워 하고 있었다. 윌로우 크릭의 이런 면모는 금시초문이었다. 이것은 수요일 밤에도 일어났을 것이다. '제2막'을 짓는 것이 이것과 무슨 연관이라도 있을까? 빌 하이벨스는 손익 계산서를 제대로 검토하고 있었던가?

청중들에게 눈을 돌리니 그들은 진저리를 치고 있었다. 어쩌면 진정한 신자들은 나와 같은 무임 승차자들을 감당하는 것에 진력이 났는지도 모르겠다. 방금 이야기한 것처럼 저교회파 개신교에 다니는 이유 중 하나는 다른 사람들이 처벌될 것이라는 데에 있다. 신도들은

그것이 하나님이 판단하실 일이라고 믿고 싶어 하겠지만 누군가는
희생을 해야 하기 때문에 보복이 있어야 한다. 누군가는 부끄러움을
느껴야 하는 것이다. 윌로우 크릭은 아무도 꺼리지 않는다. 그러나
이것도 그만둘 때가 된 것이다.

그리고 이것은 다음을 생각하게 만들었다. 교회 브랜드가 마을과
같은 삶을 제공하고, 작은 그룹들과 가족 공동체를 제공하며, 훌륭한
푸드 코트와 농구 코트를 구비하고, 십대들이 사운드 시스템을 가지
고 놀 수 있게 하며, 많은 서포트 그룹을 마련해 주면서도 엄격한 규
율을 강요하지 않는 것이 가능할까? 조금 바꿔 말하면 우리는 특정
한 인간관계를 조직하기 위하여 법에 의존한다. 우리는 법이 어떤 신
비한 원천에서 나온다고 생각한다. 미국의 경우에 그것은 헌법이다.
모든 것을 한데 묶어 주는 궁극적인 텍스트의 신화는 미국 법률체계
브랜드의 핵심이다. 모든 이가 자신의 판사라거나 혹은 높은 정도의
불확실성이 이 시스템 안에 내포되어 있다는 믿음은 좋지 않다. 이것
은 종교에 있어서도 마찬가지이다. 만약 우리가 스스로의 이미지로
신을 만드는 것이 인간일지도 모른다는 것을 믿는다면, 성직자에게
자신을 내맡길 사람이 어디 있겠는가?

프랭클린 그레이엄은 터프 가이의 접근법을 대표한다. "나를 따르
라. 그렇지 않으면 지옥에서 불탈 것이다." 빌 하이벨스는 이와 반대
의 접근법을 취한다. "나를 따르라. 그러면 성공을 발견할 것이다."
이와 같은 부드러운 전략이 성공할 수 있을까? 사회적 유대, 사회화,
좋은 감정, 그리고 동정 등의 혜택이 성공을 거둘 수 있는가? 여기에
충분한 테이크아웃 가치가 있을까? 아니면 때때로 '뛰어들기'를 유
도해야 하는가? 역사적으로 볼 때 죽음, 도덕적 우월성, 폐쇄적 사고
의 섭리들(나의 길을 따르라. 그렇지 않으면 당신에겐 지옥뿐이다.)에 대

한 강조는 가톨릭에서부터 주요 개신교 교파, 그리고 말일 성도 예수 그리스도 교회, 안식일 재림파 교회, 여호와의 증인과 같은 지류들에게 힘을 실어주었다. 그러나 우리는 이 중 어떤 이야기들은 이제 소멸되었다는 것도 알고 있다. 감독파의 곤경을 보라. 감독파 신도를 제외하고 그것에 관심을 기울이는 사람은 없다.

거대한 감독파 체계의 몰락을 야기한 것은 다른 한편으로 초대형 교회의 새로운 폭발을 불러온 마케팅의 발전이다. 필자의 생애 동안 수요와 공급에 있어 엄청난 변화가 있어 왔다. 마케팅의 첫째 법칙 중 하나는 결코 가격 경쟁을 벌여서는 안 된다는 것이다. 왜냐하면 언제나 당신보다 덜 먹고 덜 자며 덜 지출하면서도 더 많이 공급할 수 있는 사람들이 존재하기 때문이다. 대체 가능한 제품을 제공할 때에는 비록 그것이 재고의 증가를 의미할지라도 절대 가격을 할인해서는 안 된다. 윌로우 크릭은 구도자들, 비교회인들, 궁극적으로는 단지 지나가기만 할 사람들, 필요할 때만 교회를 찾는 사람들의 요구에 헌신하기로 한 날을 후회하게 될지도 모른다. 때때로 소비는 너무 쉽고 수동적이다. 반면 희생은 중요한 가치 생성자이다. 그래서 에비앙이 비싼 것이고 대학에 가기 위해 대출까지 받는 것이다.

혹시나 이 안락한 종교 브랜드가 계속해서 소비자들을 붙잡아 둘지 누가 알겠는가? 그러나 윌로우 크릭은 단지 다른 교파들뿐 아니라 다른 모든 종류의 오락 형태, 특히 텔레비전과 경쟁을 벌이고 있다. 왜 구도자들이 리모콘 버튼을 눌러서는 안 되는가? 만일 경쟁자들이 수직적인 구원의 보상과 추방자들에 대한 형벌을 약속하면서도 여전히 수평적인 공동체의 보상을 더 많이 제공한다면 어떻게 될까? 구매와 마찬가지로 믿음은 원래 소비될 뿐 아니라 목격되어야 한다. 그러나 윌로우 크릭은 익명성을 단지 가능할 뿐 아니라 불가피한 것으로 만든다. 어쨌거나 분명해지는 것은 소비주의 교회는 이야기와 정교화, 전자 매체를 통해 청중들의 삶의 필요에 극도로 집중함으로써 교회 운영을 믿을 수 없을 만큼 강력한 것으로 만든다는 것이다. 그러한 교회는 거대한 청중을 모을 수 있다. 그러나 얼마나 오래 청중들을 붙잡아 둘 수 있을지는 앞으로 더 두고 봐야 할 일이다.

3장

대학교의 현혹 │ 브랜딩 시대의 고등교육

이 대학교에는 자치라는 것이 있습니다. 우리는 그것을 유지하여 왔습니다. 우리는 총장에게 다음과 같이 물었습니다. 만약 총장이 대학 이사회로부터 정말로 좀더 많은 자유를 얻어내려 한다면, 그러한 목적으로 공식적 발언을 하는 건 어떻겠습니까? (이 선의의 자유주의자로부터) 우리가 얻은 답변은 다음과 같았습니다. "세상에 어떤 회사의 경영인이 이사회와 반대되는 의견을 공식적으로 발언할 것이라고 생각하는가?" 이것이 답변이었습니다! 자, 이제 이 점을 함께 생각해 보았으면 합니다. 만약 우리 학교가 일종의 회사이고, 대학 이사회는 일종의 기업 이사회이며 총장이 사실은 경영인이라면 이건 어떻습니까? 교수들은 단지 피고용인들일 뿐이고 우리는 (제품을 만드는) 원료들일 뿐이라고! 하지만 우리는 어떠한 가공도 해서는 안 되는, 어떤 상품으로도 만들어져서는 안 되는, 그리고 그것이 정부이든 산업체이든, 혹은 노동조합이나 그 누구이든, 대학교의 고객들에게 최종적으로 팔려나가서는 안 되는 원료들입니다! 우리는 인간입니다! [박수]

_ 마리오 사비오Mario Savio , www.lib.berkley.edu/MRC/saviotranscript.html

1964년 12월 2일 이른 오후, 마리오 사비오는 신발을 벗어던지고 자동차 후드 위로 올라갔다. 그는 철학과 3학년 학생이었다. 그는 학생들이 다양한 정치 및 사회적 이슈들을 신입생들에게 알리는 자리를 만드는 것을 캘리포니아 버클리 대학이 금지한 데 대해 분노하고 있었다. 게다가 학교 측은 몇 명의 학생들을 체포하기까지 했다. 그래서 그는 이 대학교라는 기계에 맞서 자신을 내던졌다.

미국 학계 사상 최초로 학생들이 명문 대학을 통치하게 되었다. 그 당시 필자는 동부 해안에서 대학을 다니고 있었다. 그러나 필자는 사비오의 한마디 한마디를 모두 듣고 있었다. 그의 행동에 주의를 기울이고 있었던 것이다. 이것은 영리한 이름을 지닌 프리 스피치 운동Free Speech Movement의 시작이 되었고, 이후 이 운동은 거의 모든 대학교로 퍼져 나갔다. 그것은 일대의 전환기이자 진실로 현대적이고 매우 아이러니한 순간이었다. 그 운동은 심지어 스타 파워를 얻게 되었고, 당시 각광받던 용어를 사용하자면 동시성(synchronicity)을 지녔다. 조안 바에즈Joan Baez는 '우리는 이겨낼 것이다' 라는 선동 구호의 최전선을 이끌었고 그렇게 하는 동안 왠지 학교 다니는 것을 흑인이 되는 것과 비슷한 것으로 만들었다.

사비오의 주장은 적절한 지적이었다. 대학은 더러운 기업일 뿐 아니라 무엇보다 하나의 기업이었다. 그 이후로 고등교육은 대규모의 매우 성공적인 사업이 되었다. 그리고 놀라운 흡수력을 지닌 자본주의의 전형적인 특징처럼, 대학은 자기 내부의 투쟁을 부정하기보다는 오히려 그것을 마케팅의 재료로 활용했다. 마리오 사비오는 1996년에 생을 마감했다. 그의 운동과 통찰력을 기리기 위해 대학 이사회는 수많은 정치적 연설의 장으로 활용되던 스프라울 계단Sproul Steps의 명칭을 사비오 계단Savio Steps으로 변경하는 데 합의했다. 이 흥미로운 기업적 융합의 사례에서 사비오는 그가 했던 비판의 마지막 일부가 되었다. 그 자신이 하나의 브랜드가 된 것이다.

비록 마리오 사비오는 언급하지 않았지만, 고등교육의 성공 신화는 그가 버클리 대학에 다닐 수 있도록 한 바로 그 변화에 기대고 있다. 제2차 세계 대전 이후로 그 문은 점점 더 넓어지고 있다. 질문의 여지없이 대학 교육은 자유경쟁 시장의 필수 조건인 능력주의의 핵심적 요소를 이룬다. 대학 생활에 대한 접근 증가는 그 어떤 예상도 뛰어넘는 대단한 성공을 거두었다. 사실 현재의 딜레마는 성공의 비용이다. 공급이 너무 많아졌고 빈 좌석도 너무 많은데 마리오와 같은 학생은 부족한 것이다. 붐은 끝났다. 이제는 마케팅의 시대가 열렸다.

거대한 부분을 차지하는 기부금을 제외한 모든 것을 계산해 볼 때 고등교육은 약 2500억에서 2700억 달러에 이르는 사업으로서 이는 종교보다 클 뿐 아니라 예술보다 훨씬 큰 규모이다. 그리고 이 사업에 종사하는 어느 누구도 인정하려 들지 않겠지만, 대학에 들어가는 것은 식은 죽 먹기이다. 사실 2002년에 자넷 맥페디언Janet MacFadyen과 딕 테레시Dick Teresi라는 두 명의 기자는 좋은 대학에 들어가기가 얼마나 어려운지에 대해 자세히 설명하는 기사를 《포브스 FYI》에 실으려 했다. 그러나 그들이 발견한 것은 무엇인가? "몇 개월 간의 조사 끝에 우리는 혼란의 원인을 발견했다. 그것은 모두가 거짓말을 하고 있다는 것이었다." 물론 문제는 너무 많은 학생들이 몇 안 되는 똑같은 명문대학에 들어가고 싶어 한다는 것이다. 이것은 마치 전체 대학 시장이 치열한 것처럼 보이게 한다. 그러나 실상은 전혀 그렇지 않다. 여기 중요한 통계 자료가 있다. 미국에는 약 2000개의 4년제 대학교들이 있다. 그런데 단지 100개의 대학들만이 그들의 입학 정원수보다 더 많은 수의 학생들을 탈락시킨다. 대부분의 학교들은 전체 지원자 중 80퍼센트 이상을 통과시킨다. 나머지 20퍼센트 학생들은 추후에 입학 허가를 받거나 고등교육에 대한 진학 계획을 연기하거나 아예 포기한다.

상위권에서의 열기는 모두에게 마케팅 악몽을 만들어내고 있다. 그 열기는 단지 열성적인 학생들과 그들을 보호하려는 학부모들만 초래한 것이 아니라 대학교와 고등학교 양쪽 모두의 입학 담당자들에 의해 부추겨지고 있다. 항상 SAT(Scholastic Aptitude Test, 미국의 학습 능력 적성 시험) 점수를 향상시키려는 미국 대학 위원회도 이 물결에 동참한다. 모든 당사자들이 수요를 촉진시키기 위해 협력한다. 그리고 그러는 동안 그들은 치열한 브랜딩 전쟁을 방불케 하는 상황을 양성해낸다. 마케팅 입문, 제1원칙. "차별화로서의 스토리텔링이 일어나는 시기는 너무 많은 공급자들이 너무 많은 호환 가능한 제품들을 생산해낼 뿐 아니라 이들의 이야기를 열성적으로 듣고자 하는 관객이 존재할 때이다."

통계

고등교육 기관의 폭발적인 팽창은 등록생의 증가나 새로운 대학의 건축, 주립대학 시스템의 확장, 연방 정부 지원금의 증가, 교수진의 변화 등 다양한 측면에서 살펴볼 수 있다. 이 중 여기에서는 마지막의 경우만 살펴보도록 하자. 1950년 인구조사에 따르면 그 당시 미국에는 약 19만 명의 교수들이 있었다. 10년 후 사비오가 자동차 후드에 올라가던 당시 이 수치는 28만 1000명으로 증가한다. 필자가 이 대열에 합류했던 1970년이 되면 이 숫자는 53만 2000명으로 늘어났고 미국 교육부가 내놓은 가장 최근 수치인 1998년에는 약 107만 4000명이 되었다. 이보다 더 폭발적으로 팽창하면서도 전혀 줄어들 줄 모르는 집단이 또 있을까? 또 하나 기억해야 할 점은 학계를 다른 세계와 구별시켜 주는 것이 평생고용이라는 점이다. 심지어 성직자 들조차 결국에는 일시 해고되고 박물관 디렉터들도 수시로 해고된 다. 그러나 학계에서는 종신 재직권(tenure)만 얻으면 영원히 그 자 리에 머물 수 있다.

미국 상위 학교 교육의 끈질긴 팽창 경향에 신경 쓰는 사람이 아무 도 없었던 이유는 입학 단계에서의 변화가 너무나 엄청났기 때문이 다. 20세기 초에는 고등학교 졸업생 중 단지 1퍼센트만이 대학교를 다녔다. 그러나 현재 그 수치는 70퍼센트에 육박한다. 이것은 연간 수익이 철강 산업의 6배나 되는 약 2000억 달러의 산업을 의미한다. 중산 계급 자녀들이 반에서 중간 이상의 성적으로 졸업하기만 하면 주립대학으로의 입학을 보장해 주는 특별 장학 프로그램이 없는 주 (州)에 대해서는 안타까울 따름이다. 대학 교육을 받는 것은 이제 적 어도 일부 사람들에게는 일종의 생득권이 되었다. 대학은 과거의 고 등학교가 차지하던 위치를 차지하게 된 것이다.

통계 자료를 보면 인구 구성 면에서 어떤 변화가 생기고 있는지 알 수 있다. 대학 등록자 수는 1998년 가을 학기에 1450만 명이라는 최 고 기록을 수립하고 이후 소폭 감소하였다가 2000년에 다시 1510만 명으로 최고치를 갱신하였다. 자격을 충족시키는 지원자 풀(pool)에 그다지 큰 변동이 없는데도 어떻게 이런 일이 일어날 수 있었을까? 1980년대와 1990년대 초 동안 전통적 의미에서의 대학 연령 인구가 줄어들었음에도, 총 대학 등록자 수가 증가한 것은 이전에는 배제되 었던 새로운 학생들의 높은 등록 비율 덕분이었다.

대학 시장을 보호하기 위해 대학 행정가와 교수진들은 기본적으로 학교의 문턱을 낮추고 고객층을 확장했다. 그럴 수밖에 없었다. 교수들의 숫자는 너무 많아졌고 그 수치는 줄어들 수 없었다. 개신교의 여러 종파들처럼 우리는 천국에 들어가는 것을 더 어렵게 만들 수는 없었다. 우리는 그것을 더 수월하게 만들어야 했다. 그래서 우리는 상업 마케터들처럼 가격을 낮추고 브랜드를 확장시켰다. 앞으로 살펴보겠지만 우리는 미국 대학 위원회로부터 도움을 받았고, 적어도 한동안은 우리의 성장을 지켜보고 싶어 하던 민간 기부자들과 주 의원(state legislator)들에게도 도움을 받았다.

왜 소수집단 배려정책과 다양성이 중요한가

고등교육 기관에 실제로 도움을 준 것은 무엇보다 새로운 시장을 만들어내는 우리의 능력이었다. 빌 하이벨스와 같은 목사들이 남성들을 공략했듯이, 고등교육 기관은 여성들과 소수자들을 공략했다. 비록 소수집단 배려정책(affirmative action)은 분명 법원에서 의무로 정한 페어플레이의 일부였지만, 뜻하지 않은 행운이기도 했다. 그것은 다른 문화 기관들이 겪었던 시장 충격으로부터 학교를 차단시켜 주었다.

만일 부동산에서 가장 중요한 것이 입지라면, 고등교육에서 가장 중요한 것은 등록이다. 최근까지 대학을 이끌었던 동력은 전업학생들(full-time equivalents)의 안정적 유입이었다. 학위 수여 기관에 등록한 학생 수는 1978년에서 1988년까지 급격하게 증가했고 1988년부터 1992년 사이에는 약간 주춤했다가 1992년부터 1995년까지 약간 감소했으며 1990년대 후반에 다시 도약하기 시작했다. 이러한 성장의 대부분은 이전까지 소수자(여성과 소수인종)라 불렸던 집단들의 등록에서 일어났다. 게다가 우리는 제품 라인을 대학원과 전문학교로 확대할 수 있었다. 그렇다면 현재의 성장 시장은 무엇일까? 바로 외국인 학생들이다. 언급하는 사람은 별로 없지만, 이 시장은 2001년 9월 11일 사건으로 큰 타격을 받았다. 더 이상 외국인 학생들이 미국에 오지 않는 것이다. 아직까지는 먹이가 충분해서 큰 타격을 입고 있지 않지만 곧 그렇게 될 것이다.

충분히 예상해 볼 수 있듯이 규모의 경제는 대량공급업자들에게 큰 보답을 가져다 주었다. '빨리 성장하자'는 일종의 좌우명처럼 쓰였다. 수많은 소규모 학위 수여 대학들이 있음에도 불구하고 대부분의 학생들은 대규모 대학이나 종합대학에 다닌다. 대형교회나 블록버스터 박물관의 경우와 마찬가지로, 고등교육 기관의 미래는 분명하다. 1998년 가을 전체 대학교의 40퍼센트가 1000명 이하의 학생 수를 지닌 반면 그들의 등록생 수는 전체 등록생 수의 단지 4퍼센트에 불과했다. 반면 1만 명 이상의 정원을 가진 10퍼센트의 대학들은 전체 등록생 수의 49퍼센트를 차지했다. 이것은 교회에서 일어나는 일과 기묘하게 닮아 있다. 교회에 가는 미국인 중 절반이 전국 교회 중 단지 12퍼센트의 교회에만 다니고 있는 것이다.

마케팅의 관점에서 봤을 때 이 폭발적 증가가 흥미로운 것은 그것이 사비오의 주장("교수들은 단지 피고용인들일 뿐이고 우리는 원료들일 뿐이다")이 맞다는 것을 확인시켜 준다는 점이다. 사실 사비오의 통찰력은 사회 기관이 과잉공급의 조건에 근접할 때 일어나는 브랜딩의 성격을 이해하도록 해 준다. 하지만 그가 미처 보지 못한 점이 있는데, 고등교육 기관은 단지 원료들을 집어삼킨 후 뱉어내는 것이 아니라 이보다 훨씬 더 흥미로운 일을 해 왔다는 것이다. 급속한 팽창과 함께 고등교육의 내용도 획기적으로 바뀌었다. 혹자는 수준이 낮아졌다고 말하겠지만 이것은 요점을 놓치는 지적이다. 종교와 예술 영역의 자매 문지기 기관들과 마찬가지로, 학부 수준에서 우리의 사업은 고객들을 만족시키는 것이다. 성적 인플레이션 덕분에 낙제하는 것은 거의 불가능해졌다. 강의실과 기숙사 시설은 급격하게 개선되었다. 살아남기 위해 우리는 소매업계의 동료들을 모방한다. 여기에서 우리들의 상품이란 '지위의 충족(status satisfaction)'이 되고 이것을 공급하기 위한 경쟁은 이따금씩 격렬해진다.

현재 고등교육 기관에서 돈이 되는 곳은 어디인가

필자는 대형 공립학교인 플로리다 대학교에서 가르치고 있다. 자전거를 타고 캠퍼스를 빠져나와 집으로 가는 길에 필자는 수많은 신축 건물을 지나친다. 일단 멀리 왼편으로 학생회관이 두 배의 규모로 확장되고 있다. 푸드 코트, 무도장, 복합 영화관, 볼링장, 3층짜리 호텔, 학생 법률 서비스와 자전거 수리(둘 다 무료이다), 취업 상담, 그리고 한 층 전체가 스피리트웨어(spiritware)라고 불리는 것(즉 학교 로고와 마스코트를 달 수 있는 모든 것)의 판매에 할애되어 있는 축구장 절반만한 크기의 가게를 포함하여 그동안 쇼핑 상가의 영역에 속해 있던 온갖 종류의 물품들, 미술관, 비디오 게임, 안경점, 여행사, 액자 가게, 야외 운동용품점, 오렌지색과 파란색(이 둘은 학교를 상징하는 색상이다) 물고기들로만 채워진 거대한 수족관이 이곳에 들어선다. 평일에 약 2만 명의 방문객들이 이 건물을 지나간다. 대학과 마찬가지로 학생회관은 기묘하게 백화점과 닮아 있다.

한편 바로 왼편으로는 축구 경기장이 펼쳐진다. 그것의 한쪽 면은

170

스카이박스(skybox) 자리를 추가하기 위해 허물어져 있다. 스카이박스는 소중한 자원이 되는데 왜냐하면 거의 100퍼센트의 이윤을 의미하기 때문이다. 그 비용을 지불하는 것은 주정부가 아니라 운동부(Athletic Department)이다. 스카이박스들은 주로 기업들에게 임대되어 그들의 VIP들에게 에어콘이 나오는 곳에서 장관(splendor)을 일반인들보다 훨씬 높은 자리에서 감상하도록 하는 데 사용된다. 스카이박스는 화강암으로 된 납작한 테이블과 아름다운 곡선을 그리는 천장, 그리고 고속 엘리베이터를 가지고 있다. 스카이박스에서는 축구 경기를 텔레비전에서 본다. 이보다 더 근사한 점으로 스카이박스에서는 저 아래층 관람석에서는 금지된 것을 허용한다는 것이다. 즉 여기서는 '술'을 마실 수 있다. 이 스카이박스의 가격은 얼마일까? 그 대답은 복잡하다. 불 게이터 데크Bull Gator Deck(플로리다 대학교의 미식축구 경기장 — 옮긴이)에는 쿠션이 들어간 347개의 21인치짜리 좌석이 있다. 그 좌석들은 1개당 1만 4000달러를 받는데, 그 박스에서는 4개의 경기만 관람할 수 있다. 다른 4개의 경기는 스탠드에서 관람해야 한다. 그렇다면 계산이 어떻게 되는가는 고민하지 않아도 된다. 벌써 다 팔려나갔기 때문이다. 필자가 가르치는 건물은 스타트렉 우주선과 비슷한 모양의 대형 건물이다. 몇 해 전 그 건물을 짓는데 1000만 달러가 들었다. 건물 안에는 강의실과 교수 사무실이 갖추어져 있다. 한편 이 스카이박스들을 짓는 데에만 5000만 달러가 들어가고 있다. 모두가 이 스카이박스를 좋은 아이디어라고 생각한다. 스카이박스는 수익을 낼 것이다. 뿐만 아니라 이보다 더 훌륭한 점은 그것들이 학교의 브랜드를 구축해 줄 거란 사실이다.

미식축구 경기장을 가로 질러 오른쪽으로 캠퍼스 저 끝자리에는 우리 학교의 미래가 있다. 필자는 널찍한 중앙 홀을 갖춘 거대한 새 건물을 지나간다. 이 건물에는 주 전체를 대상으로 많은 활동을 벌이는 플로리다 대학 재단 본부가 있다. 이 재단은 수백만 달러의 민간 자금을 대학의 여러 부서로 연결해 주거나 그들을 거쳐 지나가도록 한다. 필자는 이것에 불평하지 않는다. 플로리다 주도 뭐라 하지 않는다. 사실 아무도 불평하지 않는다. 우리는 무슨 일이 일어나고 있는지 뻔히 안다. 그러나 누군가 거액을 횡령하다가 붙잡히면 우리는 모두 기겁을 한다. 20년 전 그 재단은 영문학과에 한 푼도 건네주지 않았지만 이제는 1년에 약 10만 달러가 무상 제공된다. 엘리트 학교의 경우라면 어떤 모범적인 기부자나 많은 사랑을 받은 교수의 입상이 세워져 있을 재단의 앞 공간에는 우리학교 운동부의 트레이드마크 마스코트들인 앨버트와 앨버타 엘리게이터^{Albert and Alberta Alligator} 청동상이 세워져 있다.

이 장소들에서는 '등록'의 문제가 '기부'의 문제로 바뀐다. 미국인들은 종교를 제외하면 다른 어떤 곳보다도 대학에 더 많은 돈을 기부한다. 그리고 수백만 명의 은퇴자들이 '기념을 만들 기회'를 찾고 있는 플로리다 주는 농부의 부드러운 손길을 기다리는 캐시 카우(cash cow)와 같다. 한편 플로리다의 거주민들은 교육에 돈을 지원하는 것에 거의 관심이 없다. 특히 꼴사나운 K-12(초등학교부터 고등학교 3학년까지 12년제 초중등 교육 제도 — 옮긴이)는 더욱 사절이다. 그러나 호감을 가지고 있거나 이따금씩 네이밍 권리와 맞바꾸는 조건으로 캠퍼스의 이곳저곳을 지원하겠다는 돈뭉치들도 있다. 이 책을 쓰는 동안 필자의 대학에서는 약학 대학의 한 분교를 짓고 이름을 플로리다 대학교 에커트 약학 교육 센터^{Eckert Pharmacy Education Center of the Florida University}라고 부를 계획을 세우고 있었다. J.C.페니 컴퍼니^{J.C. Penny Company}의 드러그스토어 자회사인 에커트 코퍼레이션^{Eckert Corporation}이

비용의 절반을 대고 있다.

미국의 대학들은 연간 약 250억 달러를 민간 기부자들에게서 거둬들인다. 공립대학들은 이제 막 이 게임에 뛰어든 신참내기지만, 이곳이 입법부를 제외하고 가장 중요한 대상이라는 것을 알고 있다. 민간 기금은 이제 일리노이 대학교의 연간 예산 중 약 30퍼센트를, 버클리 대학에서는 약 20퍼센트를, 그리고 플로리다 대학에서는 약 10퍼센트를 차지한다. 세금이 다른 곳으로 흘러감에 따라 (안타깝게도 그 돈이 필요한 K-12가 아니라) 큰 규모의 연구 대학들은 기업이 후원하는 연구나 기념 기회의 판매와 같은 새로운 영역으로 이동함으로써 몸집을 키워나가고 있다. 대학이 변덕스러운 입법자들로부터 자율성을 얻길 원한다면 자신의 브랜드를 50세의 입법자나 20세의 학생이 아니라 75세의 기부자에게 판매하는 것이 가장 탁월한 선택이다. 이렇게 하기 위해서는 대학교의 이야기를 바꿔야 한다. 새로운 고객에게 물건을 파는 것이기 때문이다.

어떤 의미에서 보면, 등록금을 지불하는 대학생들은 이 신종 사업에서 가장 큰 손해를 보고 있는 자들이다. 1980년대부터 학생수와 학비는 약 10퍼센트 증가했고 교수의 임금은 약 6퍼센트, 그리고 행정에 들어가는 비용은 약 45퍼센트 증가하였다. 이것은 공연한 팽창이 아니다. 이것은 자금이 어디에 있는지를 깨닫고 그것을 뒤쫓은 결과이다. 예전에는 지식 사업이던 것이 이제는 경험과 제휴 관계를 판매하는 사업이 되었다. 즉 대학은 이제 제조하고 포장해서 사고파는 상품이 된 것이다. 내 말을 오해하지 말기 바란다. 대학의 지적 활동은 여전히 강하게 이루어지고 있다. 사실상 그 어느 때보다도 활발하다. 위대한 창조적 행위들이 여전히 일어나고 있고 발견도 계속 이루어지고 있다. 그러나 고등교육의 경험 — 그 액세서리와 편의시설,

그 분위기 — 자체는 상업화되고 아웃소싱되며 체인점화되고 브랜드
화되었다. 제품을 제공하는 데 있어 주인공의 자리는 이제 교수에서
전문 경영인으로 대체되었다.

대학 시장은 어떻게 작동하는가

제2군에 속하는 학교들에게 운동선수들은 종종 이러한 기금 마련에
있어 정문과 같은 역할을 한다. "스포츠는 세계를 향한 우리의 창문
이다"라는 말을 필자는 얼마나 많이 들었던가! 이것이 바로 우리 학
교 브랜드 뒤에 숨겨진 이야기이다. 예를 들어 플로리다 대학교는 자
발적 기금으로 약 1억 3000만 달러를 받는다. 그 중 졸업생들의 기부
금은 단지 3200만 달러에 불과하다. 한편 많은 플로리다 주민들은
파이팅 게이터스Fighting Gators(플로리다 대학교의 미식축구 팀)를 매우 좋
아하거나 아니면 매우 싫어하는데 이 중 애호가들은 부분적으로 이
혐오가들 덕분에 더욱 열성적이 된다. 그들에게는 이것이 바로 브랜
드의 의미이다. 스티브 스퍼리어Steve Spurrier가 우리 학교 미식축구 코
치였을 때 사람들은 그가 거만하고 건방지며 오만하다고 비난하곤
했다. 그러나 그의 재임 기간동안 기부금은 증가하였다. 왜일까? 왜
냐하면 뉴욕 양키스가 조지 스타인브레너George Steinbrenner의 난폭한
행동으로 팬을 얻는 것과 마찬가지 방식으로 스티브도 사람들에게
그와의 제휴 관계를 허락하기 때문이다. 물론 그의 팀이 이긴 것도
사실이다. 그러나 그가 도발적인 성격을 가진 것도 사실이다. 흔히
말하듯이 그는 쉽게 알아볼 수 있는 인물인 것이다. 어떤 이들에게
그는 망나니와 같겠지만 그래도 그는 '우리의' 망나니였다.

　플로리다 대학 재단의 회장인 폴 로벨Paul Robel의 말처럼, 학교 브랜

드에 신경을 쓰는 사람은 그 학교의 졸업생이 아니라 그 학교의 졸업생이 되고 싶어 하는 사람들인 경우가 많다. 한번은 필자가 교무처장 대리에게 만약 오늘 회의에 참석한 모든 학교들이 학생 운동선수라는 뻔한 수작을 버리고, 마치 오보에를 연주하는 학생들과 마찬가지로 미식축구를 하는 학생들을 둔다면 멋지지 않겠냐고 말했다. 필자는 팬들이 축구 경기의 질과 상관없이 여전히 오렌지색과 파란색으로 된 사상요트(land yacht)를 타고 나타나고, 여전히 스피리트웨어를 구매할 것이라고 말했다. 그는 나를 바라보더니 종신 재직권은 바로 필자와 같이 생각하는 사람들을 위해 만들어진 것이라고 말했다. 그리고 그는 옳았다.

그러나 제1군에 속하는 학교들의 이야기는 이와 전혀 다르다. 승자 독식형 학교들의 브랜드는 배타성이다. 저조한 성적의 스포츠 팀을 가진 것도 이따금씩 그들의 브랜드 스토리에 도움을 준다. 그러나 1, 2군 모두 학교와의 제휴 관계를 독점 사용할 권리를 허가해 줌으로써 돈을 벌 수밖에 없다. 대중문화가 높은 수준의 고등교육을 향해 올라가는 예전의 피라미드식 구조는 이제 양쪽 모두 거대한 거품이 형성되어 있는 바벨(barbell) 시장으로 돌변했다. 이 바벨의 한쪽에서는 초과수요뿐 아니라 철철 넘치는 기부금으로 인해 이중의 승리를 거두는 부유한 학교들이 있다. 이들은 입학생들의 배타성을 강조함으로써 경쟁한다. 한편 이 바벨의 다른 한쪽에서는 초과 용량을 갖춘 공장식 학교들이 있는데 이들은 규모의 경제와 관중 스포츠(spectator sports)를 제공함으로써 경쟁한다. 비유하자면 티파니Tiffany's 대 월마트Wal-Mart인 셈이다. 어떤 면에서 봤을 때 이것은 감독 교회와 초대형 교회의 평화로운 왕국의 모습과 비슷하다. 그러나 이들 사이에 존재하는 학교들, 즉 별로 크지도 좋지도 않은 소규모의 기부금도 부족한 사립학교들은 이 가운데서 붕괴되고 있는 중이다.

교회와 학교

교육과 종교를 비교하는 것은 우리에게 많은 점을 시사한다. 둘 다 일종의 의미와 장소를 사람들의 주목 및 돈과 맞바꾸는 곳이다. 역사적으로 교회와 학교는 같은 장소에서 유래했다. 그들은 18세기부터 분리하기 시작했지만 여전히 나란히 붙어 다녔는데 이러한 관계는 교회 제단이 아니더라도 교회부속실(vestry, 일요 학교 따위로 사용하는 예배실 — 옮긴이) 등에서 이루어졌다. 그들은 인력과 칭호, 정전(正典), 회합 공간 등을 공유했고 가장 중요하게는 특정 행동을 금지하는 소명을 공유했다. 성직자와 교수 모두 권위를 소유했고 검은 의복을 입었으며 특별한 언어를 사용하고 다양한 종류의 신임장들을 수여했다. 그들은 모두 신학에서 빌려 온 멋진 표현을 사용하자면, '숭고함의 수호자들(policers of the sublime)'이었다. 그들은 또한 처벌에 필요한 의식들을 통제했고 수치스러움의 형벌, 즉 회피를 실시할 수 있다. 교회에서의 파문은 대학에 비유하자면 입학의 부정, 즉 불합격에 해당했다. 그러나 합격하면 구원을 얻었다. 입학은 이를테면 세속적 구원인 것이다.

최근까지 상황은 두 갈래로 깔끔하게 나뉘어져 있었다. 교회와 학교 모두 교육기관이었지만 하나는 신성함을 다루었고 다른 하나는 세속을 다루었다. 하나는 영적인 것을, 다른 하나는 육체적인 것을, 하나는 내세의 삶을, 다른 하나는 현세의 삶을 준비했다. 모자와 가운을 입은 이 두 중재자들은 다른 공통점들도 지니고 있었다. 두 직업 모두 남성만을 — 좀더 정확하게는 중산 계급의 코카시안 남성들만을 — 위한 것이었다. 둘 모두 소명(calling)은 하늘 위나 과거라는 저 먼 곳에서부터 나왔다. 사람들은 고교회파 교회와 고급문화, 이 둘 중 하나를 고르면 됐다.

이 기관들의 구성원이 바뀜에 따라 이들도 바뀌었다고 말할 수 있다. 여성들과 흑인들이 이들 진열에 들어가게 된 것이다. 교회와 학교가 남성들의 통제에서 벗어남에 따라 좀더 인정 많고 친절하며 관대하고 타인들의 아픔에 민감해졌다는 생각은 위안을 준다. 그러나 진짜 변화는 그들이 그들의 관객들과 맺는 관계이다. 예전에는 교구민과 학생들이 그들을 찾아온 반면 이제는 그들이 밖으로 나가 관객들을 모아야 한다. 한마디로 그들은 마케팅을 해야 하는 것이다.

교회와 학교는 이제 수치심이라는 채찍을 휘두르는 것이 아니라 에듀테인먼트라는 당근을 약속하는 방법으로 사람들을 설득한다. 몇 가지 중요한 예외가 있긴 하지만 (가장 빛나는 것으로 오순절Pentecostal과 시카고 대학이 있다) 지배적인 학교들은 이제 두려움과 공포가 아니라 좋은 느낌과 장학금을 약속함으로써 관객을 모으려 한다. 불과 유황은 부디 사절이다. 고된 훈련도 사양이다. 회피와 실패도 있어서는 안 된다. 과거에는 "자신에게 부끄러운 줄 알아야 한다"고 말했던 반면 이제는 "남들이 어떻게 생각하건 자기 자신이 되어라"라고 말한다. 이는 마치 〈토요일 밤의 라이브Saturday Night Live〉에서 데일리 어퍼메이션Daily Affirmation을 진행하는 스튜어트 스몰리Stuart Smalley가 고등교육 기관의 입학 후 관리를 담당하는 듯하다. 앞으로 살펴보겠지만 입학 전 관리는 사드 후작Marquis de Sade에게 맡겨졌다.

대학에서의 핵심은 그 과정을 경험하는 것이 아니라 그 과정 속으로 들어가는 것이라는 역설을 이해하고 나면 우리는 교육의 장에서 일어나는 다음의 놀라운 발전들을 이해할 뿐 아니라 심지어 인정하게 될 것이다. 고등교육에서의 대대적인 성적 인플레이션, 대부분의 수업은 물론 심지어 일부 도서관 서비스에 이르기까지 학교 서비스를 아웃소싱하는 것, 건물과 경기장뿐 아니라 콜라를 따라 줄 권리와 신발 판매권 등을 포함한 공간의 판매, 조기 입학이나 '학비 면제 패키지'와 같은 입학 행정 처리, 안내책자와 같은 값비싼 선전물, 그리고 학생의 재정 형편을 고려치 않는 입학 허가의 점차적인 실종 등이 그런 현상이다.

이러한 변화는 단지 겉면을 훑어보는 것만으로도 쉽게 알 수 있다. 마케팅에서는 이를 상품외장(trade dress)이나 워드마크(wordmark)라 부른다. 치열한 마케팅 전쟁은 일련의 명칭 변경을 가져왔다. 푸에블로 소재 콜로라도 주립대학Colorado State University은 서던 콜로라도 대학University of Southern Colorado으로 이름을 변경하였고 비버 칼리지Beaver College는 아카디아 대학Arcadia University이 되었으며 리전츠 칼리지Regents College는 익셀시어Excelsior가, 홀린스 칼리지Hollins College는 홀린스 대학Hollins University이 되었으며, 펜 주립대학과 펜실베이니아 대학Penn State/University of Pennsylvania 간의 혼동은 여전히 끔찍한 악몽이다. 오하이오 대학Ohio University과 오하이오 주립대학Ohio State University은 누가 오하이오라는 이름을 차지할 것인가에 대해 법정까지 가기도 했다. 대학에서 제공하는 경험이라는 것이 기본적으로 대체 가능하기 때문에 학교의 브랜드가 매우 중요한 역할을 하게 된다.

게다가 시장의 압력은 개구리인 커밋 더 프로그Kermit the Frog를 졸업식 연설자로 만들었고, 가르치진 않지만 유명한 스타 교수를 등장하게 했으며, 휴스턴 대학University of Houston이 맥켄 에릭슨McCann-Erickson이라는 광고 회사를 고용하게 만들었고, 기만적인 수업 평가를 낳았으며(그러면서 수업의 중요성은 점차 감소하게 되었다), (캘리포니아부터 시작하여) 많은 지역에서 항의에 의한 입학(admission via complaint)이 난립하도록 만들었고, 지역 출신에 근거한 특혜 '장학금'의 폭발적인 증가를 가져왔고, 공통된 커리큘럼의 실종을 초래했다. 고객 중심적인 거래에서는 교수가 학생에게 전수하는 내용이 중요한 것이 아니라 그 경험에 대해 소비자가 어떻게 느끼는가가 중요해진다. 이렇게 하여 학생이 이미 알고 있는 것(성별이나 인종, 대중문화 등)이 학문적 관심의 대상으로 승격하게 — 또는 속된 말로 편애를 받게 — 된 것이다. 다음에는 브랜딩이 고등교육 기관에 미친 영향을 살펴보기 위해 이렇게 교육에서 마케팅으로 변화하게 된 과정을 몇몇 특정한 장소를 중심으로 살펴보도록 하겠다.

대학 개발부

대학 교육에서 가장 파급력이 큰 변화들은 운동장이나 강의실, 심지어 행정실에서조차 발견할 수 없다. 그것들은 행정실 내에 있는 '개발부(Development Office)'라는 애매모호한 이름으로 불리는 곳에서 일어난다. 믿지 못하겠으면 어디든지 1만 명 이상의 학생들을 데리고 있는 학교에 가서 행정실 건물을 찾은 후(다시 한번 말하지만 이 정도 규모와 같거나 더 큰 10퍼센트의 대학들이 현재 전체 학생수의 거의 50퍼센트를 차지하고 있다) 그 대학의 개발부 사무실을 물어보라. 그러면 이 부서의 사무실이 얼마나 두꺼운 카펫으로 깔려 있고 징두리 벽판은 얼마나 광택이 나며 조명은 얼마나 은은하게 설치되어 있는지 알 수 있을 것이다. 종종 이 사무실은 기업 모델에서 가져온 명칭을 쓴다. 그 예로 이따금씩 이 부서는 공무실 또는 더 흔하게는 홍보실이라는 이름 아래 숨겨져 있다. 필자가 가장 맘에 드는 이름은 대학 진홍부(University Advancement)라는 이름이다. 몇 년 전 필자의 학교에서는 대학 관계부(University Relations)가 홍보부로 바뀌었다. 이제 이 부서의 원동력은 플로리다 대학 재단이다. 이 부분의 행정실은 원래 우리가 서로에게 혹은 졸업생들에게 어떻게 말할 것인가를 담당하고 있었다. 이제 그 부서는 우리 대학의 이야기를 어떻게 외부 세계에 제시할 것인지를 담당한다. 한편 기업 세계에서 개발부는 대외 협력부(corporate relations)라 불린다.

필자가 전 플로리다 대학 총장이자 아카데미 브랜딩의 신동인 존 롬바르디John Lombardi에게 그의 중요한 업적이 무엇인지 물어보았더니, 그는 많은 업적 가운데 특히 멋진 로고와 사무용 서신용지의 표준화, 사인의 통일화, 모든 PR의 중앙집권화 및 대학 재단을 들었다. 그는 옳았다. 대학 내의 다양한 부분들 — 운동부, 의학부, 농업부, 교육부, 그리고 개발부 등 — 이 하나의 목소리를 내게 한다는 것은 매우 큰 쾌거이다. 그것은 마치 말 안 듣는 고양이들을 한데 모으는 것과 같은 일이다. 아이러니하게도 그가 해고된 이유 중의 하나는 그가 대학이 돌아가는 법을 너무 잘 알고 있었기 때문이 아니라 그것을 너무 솔직하게 떠들고 다녔기 때문이다. "입법부는 잊어버려라. 브랜드 이야기를 만들어라. 그러면 그 이야기와의 제휴 관계를 빌려 줌으로써 돈을 벌게 된다." 교수진들 중 많은 이는 그가 옳다는 것을 알았지만 그를 옹호해 준 사람은 거의 없었다. 그는 교직원 전체를 하루아침에 교체할 수 있지만 미식축구의 코치를 얻는 데에는 시간이 걸린다는 사실을 알고 있었다. 그리고 재단의 우두머리는 이보다 훨씬 더 중요했다. (롬바르디는 이후 매사추세츠 애머스트 대학교University of Massachusetts, Amherst의 총장이 되었다.)

개발부는 대학에서 가장 빠르게 성장하는 동시에 가장 중요한 부

A

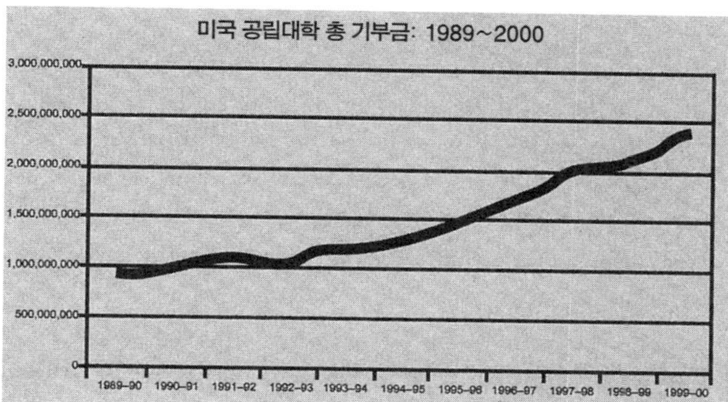

B

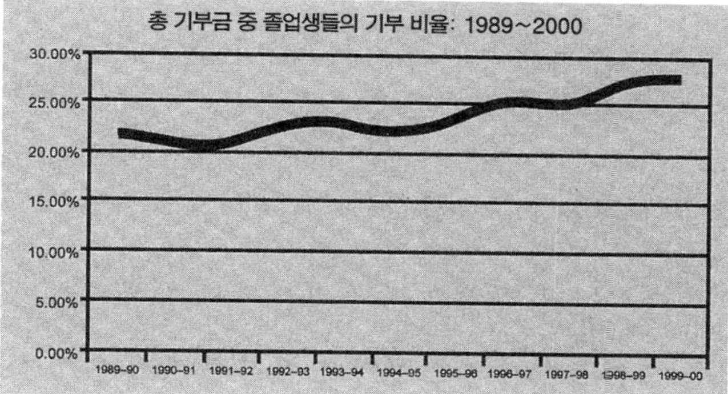

C

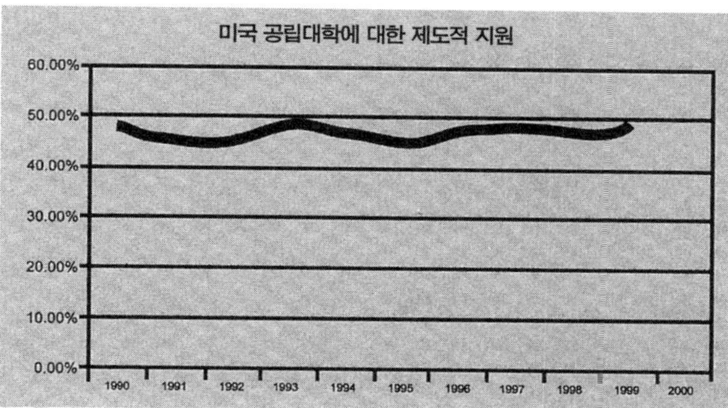

미국 대학들이 돈을 얻는 곳(출처: Marts & Lundy, Inc.)

서 중 하나이다. PR과 펀드레이징 모두에 있어 그것은 브랜드를 외부에 알리고 기부금을 안으로 끌어들이는 교차로 역할을 한다. 이 활동은 점점 더 중요해지고 있다. 왜냐하면 필자의 학교와 같은 대학들은 학생들의 등록금과 연구 기금, 공적 재정 지원, 그리고 사적 기부금 등 기본적으로 이렇게 네 가지의 수입원을 가지고 있기 때문이다. 이 중 가장 중요성이 낮은 것이 등록금이고 가장 명성 있는 것이 외부의 연구 기금이며, 가장 변덕스러운 것이 정부 지원이고, 가장 수익이 높은 것이 개발부를 통해 들어오는 기금이다. 교육업계의 주간 저널지인 《고등교육 연대기The Chronicle of Higher Education》를 한번 훑어보면 얼마나 많은 신문 기사가 이 사업의 흥망성쇠에 할애되어 있는가를 보게 될 것이다.

개발부가 대부분의 대학에서 차지하는 위치를 살펴보면 총장실 바로 옆인 경우가 많다. 그 곳에 얼마나 많은 사람들이 있는지 보라. 이 곳의 우두머리는 대학 부총장이다. 만약 그곳에서 일하는 사람들에게 이 부서의 이름을 대학 브랜딩 부서(Office of University Branding)로 불러야 하지 않겠냐고 말하면 그들은 이것이 무슨 말인지 정확히 알아들을 것이다. 제1군에 속하는 대학의 한 관계자에 따르면 개발부는 사실 LSDM 부서라고 한다. 필자가 LSDM이 무엇의 약자인지 물어보자 그녀는 "로고와 슬로건, 그리고 다이렉트 메일"이라고 대답했다. 또한 그 부서의 사람들에게 이 일을 하기 전에 무슨 일을 했는지 물어보라. 대부분의 사람들은 기업 마케팅이나 금융 관련 출신들이다. 그들에게 보수를 얼마나 받는지 물으면 아마 대답해 주지 않을 것이다. 종종 그들은 학교에서 학생들을 가장 많이 고용해 쓰는 사람들이다. 그들을 고용해서 무엇을 하는가? 저녁 식사 시간에 전화를 한다. 필자가 가장 좋아하는 제품은? 명명 유산(named legacy)

마케팅이다. 예를 들어 일리노이 대학에서는 명예 총장(150만 달러)에서부터 명예 교수(50만 달러), 명예 특별 연구원(25만 달러), 명예 학자(25만 달러), 연구 기금(20만 달러), 명예 강사(10만 달러), 명예 학생(2만 5000달러), 기타 일반 기금(1만 달러)에 이르기까지 다양한 명명 유산들을 운영한다. 모든 학교가 이것을 한다.

또한 개발부와 입학부를 연결하는 숨겨진 파이프라인을 가지고 있는 학교도 많다. 대부분의 대학 행정가들은 그 파이프라인이 땅속 깊이 숨겨져 있기를 바라지만, 가끔씩 그것을 파헤치는 사람들이 있다. 2003년 2월 3일 《월 스트리트 저널》의 대니엘 골든Daniel Golden은 부모가 부자인 학생들에게 우선권을 주는 관행(이들은 개발 입학생develop ment admits이라 불린다)이 소수집단 배려 정책뿐 아니라 대학교가 자랑하는 페어플레이의 이상에 얼마나 중대한 함의를 가지는지에 대해 썼다. 그는 부분적으로 듀크 대학의 사례를 다루었는데, 그 이유는 듀크 대학이 이러한 기부자와 입학자 간의 서로 등 긁어주기식 관계를 효과적으로 활용해 왔기 때문이다. 뭐라고 말해도 좋다. 어쨌든 그것은 듀크 대학의 별로 아이비리그답지 못한 기부금을 증가시키는 데 성공적인 역할을 해 왔다. 지난 6년 간 듀크는 비 동문 학부모들에게서 무제한 기부금을 얻어내는 데 있어 전국 선두를 달려 왔다. 듀크 대학 출신 중 35퍼센트가 모교에 기부하는 반면, 작년 입학생 부모의 52퍼센트가 학비와 기숙사비를 위해 각각 3만 5000달러씩 지불하는 것 외에도 따로 또 대학에 기부금을 냈다. 다른 말로 하자면 이 학교의 개발부서는 졸업생 부서보다 기금을 모으는 데 있어 훨씬 더 훌륭한 성과를 거뒀다는 것이다. 이 과정이 어떻게 일어나는지에 대해 골든은 다음과 같이 설명한다.

듀크의 시스템은 다음과 같이 돌아간다. 대학 이사들과 졸업생, 기부자 등이 제공한 명부와 대학 자체의 네트워크를 통해 개발부서는 이 학교 출신이 아니면서도 부자이거나 권력 있는 부모들을 가진 약 500명의 입학 지원 가능자들의 목록을 뽑아낸다. (주요 졸업생 기부자들의 자녀들도 독자적 과정을 거쳐 이와 비슷한 우선권 혜택이 주어진다.) 개발부는 그들에게 캠퍼스 관광과 함께 입학에 관한 기초 정보를 제공하며 교육시킨다. 가령 빨리 지원할수록 입학 가능성이 높아진다는 사실을 알려 준다. 개발부는 또한 그 명단을 입학부에 넘겨 줘 이들 중 어느 누구라도 지원하는 것을 잊어버렸을 경우 개발부에 통보하게 한다. 그래서 개발부는 그 학생들에게 지원하도록 다시 환기시켜 줄 수 있다.

그러고 나서 개발부는 초기 500명에서 최소한 160명의 최우선 입학지원자들을 가려낸다. 비록 이 이름들이 입학부 컴퓨터에 따로 표시되어 있긴 하지만 입학 담당자들은 일단 그들을 가계 소득에 상관없이 학생의 실력으로 평가한다. 약 30명에서 40명이 합격되고 다른 이들은 잠정적으로 불합격되거나 대기자 명단에 올라간다. 3월 중 어느 날 하루 종일 열리는 미팅 자리에서 〔입학부 책임자와 개발부 책임자〕는 이 나머지 120명의 케이스에 대하여 그 학생들의 학문적 결함에 반하여 그들 가족의 기부금이 얼마나 될지를 비교해 가며 열띤 토론을 벌인다.

TV 프로그램 〈소프라노^{The Sopranos}〉의 3번째 시즌 중 카멜라가 콜럼비아 대학교 학장과 만나 점심 미팅을 하는 장면을 기억하는가? 그녀는 이 미팅이 그녀의 딸 메도우에 관해 이야기하는 자리라고 생각하지만, 학장은 약간의 대학 개발비를 원하는 듯 보인다. 카멜라는 그의 매력적인 재잘거림을 듣다가 5만 달러라는 매직 넘버에 한 방 얻어맞는다. 그녀는 토니에게 찾아가고, 토니는 그녀에게 그들이 아이비리그에 강탈당하고 있다며, 자신은 단지 5000달러만 낼 것이라고 말한다. 일부 다른 문제들도 암시하며 카멜라가 토니에게 뭔가 정말 멋진 일을 할 필요가 있다고 말하자 결국 그는 마지못해 동의한다. 뜯어내기 전문가로서 그는 자신의 상대를 만난 것이다. 결국 학장은 돈을 얻는다. 이 장면이 사람들에게 통하는 이유는 우리 모두가 대학의 사기와 노골적이다시피 한 갈취 행각을 알고 있기 때문이다.

왜 교수진들은 벙어리가 되었는가

어떤 차원에서 보면 대학 생활의 기업화는 쉽게 설명된다. 마리오 사비오^{Mario Savio} 이후 한동안 모든 대학이 비대해져갔다. 그러나 베이비붐 세대가 졸업을 하고, 소수집단 배려 정책이 자리를 다 채우고 나자, 이와 동시에 주정부들이 고등 공공 교육의 지속적인 팽창에 대한 금전적 보상을 다 소진하고, 모든 주택 개발자와 도시 계획자가 고등 교육 기관을 짓는 것이 도시 공간의 의미를 바꿔 놓는다는 사실을 깨닫고 나자, 불가피한 일이 벌어졌다. 대학교가 너무 과도하게 많이 지어진 것이다. 고등교육의 문제는 일단 한번 늘어나면 그것을 줄일 수 없다는 것이다. 불필요하거나 중복된 또는 심지어 무능력한 학과의 폐쇄에 대해 입만 벙긋하는데도 치러야 할 대가가 너무 많다.

　다음의 사례는 중요한 의제를 던진다. 필자가 가르치는 대학에서는 필자가 속해 있는 영문과의 돈 및 시간의 3분의 1을 대학원생들에게 쓴다. 그러나 우리 학교 출신의 영문과 박사들을 위한 대학교수 자리는 어디에도 없다. 현대언어협회^{Modern Language Association}의 직업 목록을 한번 훑어보면 소수집단 배려 정책 비적용 대상에 단지 몇 개의 신입 수준 일자리만이 있는 것을 알 수 있다. 현대언어협회의 자료는 영문과 대학원 과정에 새로 입학한 다섯 명의 학생 중 오직 한 명 정도만이 최종적으로 종신 교수가 될 수 있다는 것을 말해 준다. 어쩌면 그 수치조차 너무 높다. 개방되어 있는 영문과 교직 수는 21세기 초 몇 년 사이에 983개에서 792개로 20퍼센트 감소했고 공급의 적체 현상이 증가함에 따라 앞으로도 계속 감소할 것이 확실시되고 있다. 그리고 그 일자리들 중 오직 절반 가량만이 종신직이다. 그러므로 2000년에서 2001년까지 생산된 977명의 박사들은 정규 종신직을 찾고 있는 모든 비상근 교수(adjunct professor)들은 말할 것도 없고 이전 해에 생산된 수백 명의 구직자들과 경쟁해야만 한다. 그러니 일자리가 아무리 부족할지라도 일류대학의 대학원 과정으로 가라. 브랜드가 있는 학교들로 말이다.

그렇다면 교육 프로그램을 줄이는 것이 어떨까? 사실 우리가 생산하는 제품들을 위한 시장이 개선될 때까지 학교의 문을 닫는 것은 어떨까? 그러나 우리는 메이저 대학으로 보이고 싶다면 더 커져야 한다는 생각에 규모를 더 확장한다. 우리는 무게가 더 많이 나가야 한다고 들어 왔다. 게다가 우리는 그러한 규모를 가지고 싶어 한다. 비록 대학원생들을 이용하여 우리의 가장 중요한 수업(즉 신입생 작문 수업)을 전가시키는 데 우리 교수들이 최선을 다하고 있기는 하지만, 대학원 과정은 여전히 끔찍하게 낭비적이다. 그러나 요점은 다음과 같다. 만약 진실이 밝혀지고 납세자들이 실상을 알게 된다면 대학원에서 일어나는 지금의 이 쓸데없는 팽창이 계속 일어날 수 있을까?

186

왜 규모를 위한 전쟁이 그렇게 중요해졌는가?

어떤 면에서 보면 필자의 학교처럼 바벨의 대량 공급형 쪽에 있는 학교들에게는 선택권이 없다. 마케팅의 관점에서 봤을 때 우리는 대체 가능한 공급자들이 시장에 난립하기 시작할 때 어떤 일이 발생하는지 알고 있다. 생수병을 팔든 구원의 약속을 팔든 그것이 대체 가능성을 얻게 되면 결국 공급자는 스토리텔링을 통해서 차별화할 수밖에 없는 것이다. 그때의 이야기들이 바로 브랜드이다. 그리고 필자의 평생에 걸쳐 봤을 때 교육에서 일어난 가장 파급력이 큰 발전은 고등교육 기관의 치열한 브랜딩 전쟁이었다. 비록 우리가 '지식 산업'이나 '지성의 사업'이라는 이름으로 우리 자신을 부른다 해도 사실상 우리는 이리저리 쇼핑하도록 교육받아 온 소비자들에게 흥미로운 신제품 — 즉 감정적 신임장(emotional credential) — 을 판매하는 소매업에 종사하고 있는 것이다. 지금까지 우리는 이 일을 훌륭하게 해 왔다.

문지기(gatekeeper) 모델은 공급이 모자라던 동안에만 지속되었다. 그러나 이제는 고객 중심으로 바뀌었고, 우리는 수표원(ticket taker)이 되었다. 뉴욕 대학의 한 광고에는 젊은 여성 옆에 큰 제목으로 "나는 내 자신이라는 기업의 사장이다"라는 글귀가 적혀 있다. 한편 이오나 대학^{Iona College}은 "당신 삶의 CEO가 되라!"라는 문구로 이 행렬에 동참한다. 소매업계의 동료들을 모방하며 (당신은 당신이 사는 물건들이다) 고등교육 기관은 "나에게 학위를 받으면 얼마가 뒤따라 올 것이다"라는 약속을 내건다. 고등교육 기관이 학생들에게 진짜 직업교육을 시킨다고 주장하는 사람은 아무도 없다. 사실은 그와 정반대이다. 상위의 대량 공급형 학교에서 배울 수 없는 것이 한 가지 있다

공장으로서의 학교, 제품으로서의 학생, 그리고 짜잔~, CEO로서의 졸업생!

면 그것은 실제적인 직업 교육이다. 반면 커뮤니티 칼리지와 일부 하위 순위에 랭크된 대량 공급형 대학들은 이 교육을 실시하고 있다. 그러므로 규모를 키우는 것은 일종의 보호막일 뿐이다. 사실 은행들에게서 교훈을 얻자면, 이 대학들의 목표는 충분히 덩치를 키워서 아무도 자신을 무시하지 못하게 만드는 것이다.

그러나 일류 대학에서 우리가 구매하게 되는 것은 이와는 꽤 다른 것이다. 우리는 일종의 장소, 말 그대로 하나의 장소를 구매하는 것이고, 그 장소의 가치는 우리 옆자리에 누가 앉아있는지에 의해 결정된다. 학교 측의 말을 빌리자면 우리는 다음 단계, 즉 전문 대학원(professional school)으로 가는 자리의 시간을 사는 것이다. 엘리트 학교는 들어가기 어려운 상태를 유지함으로써 보호된다. 코스트코에 있는 다이아몬드는 티파니에 있는 다이아몬드와 똑같은 다이아몬드이다. 그러나 베이비 블루 박스(baby blue box)는 다르다. 그 안에 들어 있는 돌덩어리는 던져 버릴 수 있어도 그 상자는 버릴 수 없다.

엘리트 공급자들이 판매하는 가장 흥미로운 제품 중 하나는 바로 동료 효과(peer effect)라 불리는 것이다. 여기서 차별화는 커리큘럼이나 물리적 시설, 스포츠 팀, 수업 또는 기타 어떤 전통적 표지들에 의해 만들어지지 않는다. 바벨의 이쪽 측면에서의 순위는 선택성(selectivity)에 근거하여 매겨진다. 바로 이 때문에 《유에스 뉴스 & 월드 리포트》의 대학순위가 그렇게 폭넓은 중요성을 띠게 된 것이다. 좋은 학교들이 이 대학 순위를 혐오한다고 떠드는 소리에 절대 속아서는 안 된다. 그들은 바로 그 순위에 의존한다. 그리고 동료 효과 때문에 최고 대학들은 최대한 엄선된(꼭 재능이 있을 필요는 없다) 입학생들을 확보하기 위해 자신들의 제품을 대폭 할인하거나 심지어는 무상으로 줘 버리기까지 한다. 그들은 베이비 블루 박스인 것이다.

브랜딩 입문: 어떻게 피라미드가 바벨이 되었는가

1960년대 들어 대학 등록생 수가 폭발적으로 증가함에 따라 맨 꼭대기에 돈 많고 입학 조건이 까다로운 학교들이 있고 (아이비리그와 손에 꼽히는 몇몇 다른 대학들) 그 아래로 내려갈수록 공급은 많아지고 엄격성은 떨어지다가 마지막으로 주니어 및 커뮤니티 칼리지 시스템(junior and community college system)에서 끝나는 피라미드 구조가 점점 하나의 바벨(barbell, 역도용으로 사용되는 역기 — 옮긴이), 혹은 옆으로 누운 모래시계가 되었다. 이제는 한쪽에 서로 구별할 수 없는 몇 개의 뛰어난 대학들과 다른 한쪽에 다양한 질을 지닌 수많은 대학들이 모여 있는 구조가 되었다. 가장 흥미로운 브랜딩은 이 중 소수의 집단에서 일어나고 있기 때문에 필자는 일류 대학들이 서로 1위를 차지하기 위해 경쟁하는 것에 초점을 맞추고자 한다. 그러나 이 브랜딩 과정은 대량 공급형 대학들의 경우에도 비록 강도는 덜할지 모르지만 거의 똑같이 적용된다.

가장 우선적으로 지적할 점은 좋은 대학들은 졸업 학위에 별로 관심이 없다는 것이다. 사실 학교가 좋을수록 졸업 학위가 덜 중요해지는 반비례 관계가 성립한다. 학생들의 임무는 학교에 들어가는 것이고 학교의 임무는 학생들을 대학원으로 보내는 것이다. 엘리트 학교의 임무는 그들의 학생이 법학이나 의학, 예술, 경영학 등의 분야에서 심화 학습을 받을 가치가 있음을 보증해 주는 것이다.

일류 대학은 그들의 학생들을 다른 학생들과 분리하기 위해 그들의 학생이 얼마나 특별한지에 대한 이야기를 만들어낸다. 그래서 좋은 대학들은 성적 인플레이션이나 수업의 질, 학생 추천서, 혹은 심지어 커리큘럼과 같은 결정적 이슈들에 대해서 별로 신경 쓰지 않는다. 이 학교들은 기본적으로 다양한 시험들 — LSAT, MEDCAT, 그리고 GRE — 이 그들 대신에 이 역할을 하도록 내버려 둔다. 그리고 눈치 챘을지 모르지만 그들은 학생들이 이 시험들을 어떻게 보는지에 대해 절대 누설하지 않는다. 그들은 이 정보를 가지고 있지만 유출하지 않는다. 그들은 바보가 아니다. 그들은 새롭게 들어오는 소비자들을 위해 학교의 브랜드를 보호해야 하고 바로 이곳이 진정한 경쟁 장소인 것이다.

엘리트 대학들은 바벨의 다른 편에서 두려워하는 대상 — 즉 피닉스 대학교^{University of Phoenix}나 실반 학습 시스템^{Sylvan Learning System}과 같은 과대 선전을 동원하는 인터넷 '사이버' 대학교들 — 에게 위협을 느끼지 않는데, 이 대학들은 전혀 동료 효과를 일으키지 않기 때문이다. 마찬가지로 마이크로 소프트나 모토롤라, 포드 등이 설립한 기업 대학들이나 심지어 영국의 개방대학^{Open University}과 뉴욕의 러닝 아넥스^{Learning Annex}도 이들에게 아무런 위협이 되지 않는다. 이런 산업적 학교들은 아직 자신들의 존재를 충분히 부각시키지 못했다. 그러나 곧 그렇게 될 것이다. 작은 쪽 바벨의 상층부는 또한 '장거리 학습'이나 '드라이브쓰루 학교(drive-through schools)'에게서도 위협을 느끼지 않는데, 엘리트들은 학습 자체에 관심이 있는 것이 아니라 겉으로는 까다로운 선택성을 유지하고 속으로는 더 높은 고등교육 단계로 안전하게 이행하는 것에 더 많은 관심이 있기 때문이다.

영리를 위한 학교

피닉스 대학교는 자신의 서비스(당신이 필요한 것은 인터넷과 이메일 계정만 있으면 된다)뿐 아니라 그 대상 층을 통해 대량 공급형 대학들에게 흥미로운 위협을 가한다. 현재 온라인 대학은 5만 명 이상의 학생들을 가지고 있으며 그 중 많은 이들이 그동안 손대지 않은 시장이었던 직장인들이다. 학생들은 약 7000명의 교수진들에게서 수업을 받는데 그들 대부분은 다른 곳에서 정규직을 가지고 있다. 이곳에 종신교수도 있을까? 그런 건 없다. 피닉스 대학은 교수들이 고등교육에서 맡는 중심적 역할을 빼앗아 그 자리를 학습 계획 컨설턴트들로 채웠다. 미국 대학교수 협회는 이들의 인정을 주저했으나 그것은 유지되기 힘든 입장이다. 어쨌거나 주류 대학들이 학점이 인정되는 온라인 코스를 개설해 놓고 있는 마당에 온라인 대학들이 주류 학위를 제공하지 못할 이유가 어디 있겠는가?

커뮤니티 칼리지나 주립대학들과 비교해 볼 때 가령 피닉스 대학은 좀 비싼 대안이다. 피닉스 대학에서 가장 인기 있는 학위인 MBA는 약 2만 5000달러가 든다. 이는 주립대학의 거의 두 배에 달하는 가격이다. 일부 비평가들은 만약 비용이 좀더 덜 드는 공적 교육기관에 쓰였더라면 소수집단 학생들을 도와주는 데 쓰일 수 있었던 수백만 달러의 정부 학자금 융자를 이 학교가 가져다 쓰고 있다고 주장하기도 한다. 뭐라 하든 상관없다. 피닉스 대학이 일단 계속 기업(going concern), 즉 하나의 브랜드로 인식되기만 한다면 그 대학은 성공할 것이다. 그 학교는 연간 약 70퍼센트씩 성장해 왔고 만약 공식적으로 거래되는 그 학교의 주식 가격이 어떤 지표가 될 수 있다면 매우 밝은 미래를 가지고 있다. 왜 그런가? 이유는 간단하다. 그 학교는 졸업생의 80에서 90퍼센트를 3개월 내에 취직시킨다고 주장하기 때문이다. 이 수치를 당신의 대형 종합대학이나 미래가 불투명한 고학년생들과 비교해보라. 그러면 미래가 보일지도 모를 것이다.

정부가 보증하는 대출금 덕분에 이 '영리를 위한 대학들' 중 하나

피닉스 대학은 수업료를 내는 학생보다 자격 있는 교수진을 확보하는 데 더 어려움을 격고 있다.

가 기존 대학들과 손을 잡고 진짜 차별화를 이뤄냄으로써 자신의 두각을 나타내는 것도 얼마 남지 않았다. 피닉스 대학은 이 지점에서 치열한 경쟁을 치러야 할 것이다. 예를 들어 디즈니는 캘리포니아 예술대학뿐 아니라 발렌시아 커뮤니티 칼리지Valencia Community College와 팀을 이루었고 디트로이트 주의 3대 자동차 회사들도 미시건 대학 시스템과 힘을 합쳐 미시건 자동차 사이버 대학Michigan Virtual Automotive College을 만들었다. 이 두 경우 모두 교수진과 인재들을 학문의 고유한 영역에서 벗어나 사기업의 영역으로 끌어들였다. 이렇게 순수한 기업 대학의 수는 가히 폭발적으로 증가하였는데 15년 전에 약 400개이던 것이 현재는 2000개 이상이 되었다. 아직 이들에 대해 들어보지 못했다면 곧 듣게 될 것이다.

체면 같은 건 던져 버리고 기업들의 세계로 뛰어들고 싶은 유혹은 뿌리치기 어려운 것이다. 어쨌든 기업의 모델을 쓰기로 했다면 이윤을 만들어내야 하지 않겠는가? 컴퓨터 공학과에 '야후!'라는 교수나 마케팅 학과에 'K마트'라는 교수 자리를 만들어냈을 때부터 학교들은 이미 이 일에 발을 담근 것이나 진배없다고 할 수 있다. 가끔씩 어떤 학교는 직접적으로 시장에 뛰어들지 못하고 사기업과 동업 관계를 이루는 경우도 있다. 가령 스탠포드 대학Stanford University은 합성 음악이나 유전공학 기술과 같은 다양한 발명들로부터 수백만 달러의 로열티를 벌어들인다. 그러나 이렇게 함으로써 스탠포드 대학은 자신의 미래를 불투명하게 만들고 있다. 기업과 같은 방식으로 행동하는 것은 종종 기업과 같은 방식으로 사고하는 결과를 초래하는데, 즉 돈을 버는 관점에서 선택을 내리는 것이다. MIT는 교육기술을 개발하는 파트너십의 일부로써 마이크로소프트로부터 2500만 달러를 받는다. 콜롬비아 대학Columbia University은 2001년 상업적 라이센스의 로열티로 1억 2989만 5000달러를 벌어 들였다고 발표했다. 아무도 이러한 교류에 별다른 관심을 기울이지 않았지만, 그것은 무럭무럭 자라고 있다. 왜냐하면 학교들은 그들의 전문 지식을 '시장화'할 수 있음을, 그리고 기업들은 학교를 통해 자신들의 연구와 훈련을 해결할 수 있다는 사실을 깨닫고 있기 때문이다. 1971년부터 1991년까지 하버드 총장을 지낸 데릭 복Derek Bok이 『시장에 간 대학들: 고등교육의 상업화Universities in the Marketplace: The Commerciali-zation of Higher Education』에서

194

밝히고 있듯, 학교들이 운동선수들을 체인점화하면서 배운 것을 대학의 다른 부분들, 특히 의과대학에까지 적용하기 시작한 것은 그의 재임 기간 동안에 일어난 일이었다. 제약회사가 심장병 학과를 지원해 주겠다고 하면 심지어 하버드 대학마저도 거절하기 어려울 것이다. 운동화 회사가 당신의 강의 교재를 출판해 주겠다고 하는데 거절할 사람이 누가 있겠는가?

예일이나 하버드가 마침내 그들의 거리두기 정책을 포기하고 대중들에게 주식을 판매할 것인지는 의심스럽다. 그러나 주립대학의 경우는 다르다. 비엘리트 학교들은 특히 위태로운 상황에 놓여 있는데 왜냐하면 그들이 파는 것은 경험이 아니라 제품이기 때문이다. 이 때문에 그들은 누구에게나 공짜로 열려 있다는 식의 말에 취약하다. 좋은 학교들이 선택성(selectivity)을 판매하는 반면, 나머지 대학들은 누구든 한 웅큼의 돈을 내미는 자들에게 민감할 수밖에 없다. 그러니 대량 공급형 학교인 주립대학들이 무엇을 할 수 있겠는가? 아이러니하게도 그들을 이 곤경에 몰아넣은 바로 그 행동들을 계속해서 반복하는 것 외엔 별로 뾰족한 수가 없다. 즉 계속 덩치를 키우면서 규모의 경제와 위험할지도 모르는 낯선 이들의 관대함으로부터 뭔가를 얻게 되기를 바라는 것이다.

분류화 과정은 어떻게 일어났는가

대학들이 어떻게 고가의 부티크와 대형 백화점으로 나뉘게 되었을까? 작은 덤불숲이던 대학들이 어떻게 산업의 골짜기가 되었을까? 1940년대 후반에 고등교육이 부상하기 시작하면서 대학들은 연구대학에서부터 종합대학, 사립 리버럴 아츠 칼리지(liberal arts college), 커뮤니티 칼리지 등 약 10여 개의 카테고리들로 분류되기 시작했다. 1950년대가 되면 그 유명한 카네기 코퍼레이션^{Carnegie Corporation}이 온갖 형태의 고등교육 기관들을 이름 짓고 분류하려 시도한다. 이러한 분류는 틈새시장 공략이 아니라 학문적 목표에 근거를 둘 예정이었고 카네기는 이러한 분류가 대학에 대한 재정적 지원을 논리적이고 공정하게 분배하도록 하는 데 중요한 역할을 할 것이라고 생각했다. 어떤 대학이 과학 기술의 발전에 헌신하고 있는 한편 어떤 대학이 학부 교육에 관심이 있는 것을 안다면 시간을 줄일 수 있을 것이라 생각한 것이다.

애매모호함을 해결하기 위해 카네기는 분류체계(taxonomy)를 만들어냈다. 그러나 아이러니하게도 그 반대 현상이 일어났다. 카네기는 4가지 종류의 연구 및 박사 학교 유형을 구분해 놓았으나 현재 이들은 2가지로 좁혀졌다. 시작부터 문제가 있었다. 보스턴 대학^{Boston College}과 칼테크^{Caltech}, 그리고 아이다호 대학^{University of Idaho}처럼 전혀 다른 프로그램을 가진 학교들을 한 집단에 묶어 놓는 것은 어처구니없는 일이기도 하지만, 한편 박애주의적 관점에서 보면 이러한 분류 시스템이 얼마나 가치 있는지 알 수 있다. 카네기는 객관적이고 공정하려 했다. 그러나 일단 그 카테고리들을 실천에 옮기기 시작하자 그 회사는 기본적으로 대학들을 호환가능한 공급자들로 만들어 놓았다. 그리고 우리가 큰 대형마트에 있는 비누제품들의 통로에서 알게 되듯이, 이것은 치열한 브랜딩 싸움을 초래한다. 같은 부류에서 낮은 위치에 있는 대학들은 자신들을 차별화하기 위해 다른 이야기들을 만들어내야 한다.

학교들은 좀더 상위집단의 일원으로 간주되기 위해 필요한 바로 그 특징을 확보하기 위해 자원들을 배치했다. 교육자의 관점에서 볼 때 12개의 분야에서 50개의 박사학위를 수여하는 학교와 15개의 분야에서 50개의 학위를 수여하는 학교를 구분하는 것은 별로 중요하지 않다. 그러나 바로 이런 구분이야말로 연구 I대학과 연구 II대학을 분리시켜 주는 것들이다. 카네기가 재단이나 정부 지원금뿐 아니라, 채권등급 평가(bond-rating) 서비스와 같은 문제들에 적용하기 위해 대학들 간의 구분을 만들어내려 한 것이 그와 동시에 그들 간의 차이를 없애는 데 필요한 판형(template)을 만들어내고 있었다는 점은 참 아이러니하지 않은가? 어느 주의 대학교나 서로 비슷해지고 있었다. 필자가 1970년대에 플로리다 대학에 왔을 때 필자는 우리 대학이 해야 할 일이란 단지 미시건 대학의 예산을 구해 와서 그것을 모방하는 것뿐이라는 진지한 대화를 들었던 기억이 난다. 이런 식으로 같은 부류에서 상위 대학을 분리해 놓고 기본적으로 "그들이 하는 대로 우리도 하겠다"라고 말하는 슬립스트림 현상(slipstreaming, 비행기나 고속주행 중 경주 자동차 뒤에 생기는 저압 현상, 후류 현상 — 옮긴이)이 시작되었다.

그리고 마케팅의 관점에서 보면《유에스 뉴스 & 월드 리포트》는 바로 이 분류체계를 훔쳐간 것이다. 분류체계에 들어가기 위해서 대학들은 남들과 구별되는 자신만의 독특한 프로그램과 특이점들을 버려야 했다. 이후 그 잡지는 그렇게 해서 얻어진 유사점들을 그들의 경미한 차이점을 따지는 전제로 만들어 버렸다. 가령 리드 칼리지^{Reed} ^{College}처럼 단순한 카테고리에 맞지 않는 대학은 이 아수라장에서 실종되는 것이다. 열성적인 소비자들은 그 잡지를 구대한 후 당연히 이 조류에 편승했다. 그러므로 어떤 면에서 보면 학교들은 바로 그들이 요구한 대접을 받는 것이라 할 수 있다. 그들이 원했건 원치않았건 간에 그들은 브랜드가 되었다. 필자의 대학처럼 제2군에 속하는 대학들은 정말 이러지도 저러지도 못했다. 우리는 독특한 제품을 제공한다고 주장하면서도 한편으로는 그렇지 않다는 것을 확실히 하기 위해 이리저리 허둥대야 했다. 다른 말로 하면 우리는 기회를 놓치지 않기 위해 우리의 모든 개성들을 해체시켰고 해서는 안될 일을 했다. 즉 우리는 모든 이들과 똑같아진 것이다.

그러는 동안 학교들의 순위를 매기는 더 좋은 시스템들이 나왔지만 그것들은 마케팅에서 '선발 출시의 이점(first to market advantage)'이라 부르는 것을 결여하고 있었다. 예를 들어 스탠포드 의 고등교육 향상을 위한 연방연구센터National Center for Postsecondary Improvement는 다음과 같은 좀더 적절한 분류체계를 고안해냈다.

브랜드 네임 대학(Brand-name campuses): 여기에 속하는 대학들은 입학 조건이 매우 까다로우며 높은 지위를 가진 대학들로서, 자신들이 주장하는 모습이 바로 그 학교의 모습이 되며 영향력 있는 이름을 지녔다는 매력이 있다. 이들은 아이비리그나 학술대회 등에 의해 구분되는 것이 아니라 이야기의 깊이에 의해 구분된다. 버클리나 듀크, 애머스트Amherst, 스탠포드, 하버드, 그리고 심지어 NYU 등이 이 범주에 속한다. 이들은 종교의 종파 — 즉 말하자면 고교회파(high church) — 처럼 행동하는데 단지 신실한 신봉자들뿐 아니라 일반 대중들도 즉시 그들을 알아본다. 그들은 쉽게 눈에 띄고 그 의미가 쉽게 해독되는 사회적 지위를 가지고 있다. 그들은 말 그대로 브랜드 네임들이고, 사람들도 그렇게 알고 있다. 학교의 이름은 '버클리 소재의 캘리포니아 대학University of California' 이 아니라 그냥 '버클리'로 불린다. 채플힐(정식 명칭은 University of North Carolina at Chapel Hill)도 마찬가지이다. UCLA는 두문자어이자 학교 이름이다. 버지니아 주의 UVa나 워싱턴 주의 UW도 마찬가지이다. 미시건 대학 University of Michigan과 일리노이 대학은 그냥 그들의 주명(州名)으로 불린다. 학생들은 처음엔 친구로 불리었다가 이후에는 기증자로 바뀐다. 학교에 대한 충성심은 매우 높다. 학교의 가치는 교내가 아니라 교외를 대상으로 하고 있고, 교육 경험 그 자체가 아니라 그 경험에 대해 다른 사람들이 공유하는 인식에 존재한다. 지원자들의 합격도 중요하지만 불합격이 더 중요한데 왜냐하면 이 학교들의 가치는 그 배타성에 있기 때문이다.

대량 공급형 대학(Mass-provider campuses): 이 집단에는 공장 식으로 수백만 명의 학생들을 입학시키고 학위를 수여하는 수백 개의 대학들이 속해 있다. 제2군에 속하는 주립대학들과 항상 불안에 떠는 사립대학들은 한쪽으로는 커트라인에, 다른 한쪽으로는 학생들의 정원을 채우는데 계속해서 주의를 기울인다. 이 대학들의 이름은 보통 단축되지 않는다. 플로리다가 아니라 플로리다 대학University of Florida인 것이다. 이보다 더한 경우로는 '게인스빌 소재 플로리다 대학University of Florida at Gainesville' 이 있다. 이 대학들은 학점을 팔고 편의를 제공하는 것이 전부이다. 운동선수들은 이들의 브랜드를 차별화하는 몇 안 되는 방법 중 하나이기 때문에 매우 중요하다. 이 학교들에서 미식축구 코치는 총장보다 브랜드에 기여하는 바가 더 많기 때문에 더 많은 돈을 받는다. 공통성(commonality)이 이 학교들의 효율성에 있어 핵심이다. 학생들은 전업학생들이고 입학여부는 고등학교 성적 상위 10퍼센트 이내라든지 하는 식의 주로 수적(numerical) 체계에 의해 결정된다.

편의형 대학(convenience institution): 이 집단에는 공립대학, 비영리 대학, 사립대학들이 모두 혼재해 있다. 이들은 엘리트 학교들이 절대로 언급하지 않는 문제인 졸업 후 취직을 약속으로 내건다. 미용학교나 트럭운전 학교 등이 이 범주의 순수한 형태들이다. 이 범주에서 학생들은 고객들이다. 이것은 간단명료한 사실이다. 여기에서 편의성이란 가격이 싸다는 것을 의미한다. 그러나 아이러니하게도 이 학교들에서는 커리큘럼이 매우 중요하기 때문에 진지하게 받아들여진다. 고용주는 학생들에게 특정 기술을 보유하고 있는지 여부를 물어보지 이름 있는 학교를 다녔는지를 물어보지 않는다.

생존주의적 관점에서 볼 때 고등교육 기관들의 단층선(fault line)은 대량 공급형 대학들의 중간 바로 밑에 놓여 있고 이것이 지금까지 일어난 일들의 많은 부분을 설명해 준다. 무엇이든 하라. 그러나 중간 범주에 너무 깊숙이 들어가지는 마라. 그렇지 않으면 밑으로 떨어질 것이다. 역설적이게도 어떤 때는 모험을 감행하여 편의형 대학들과 경쟁 관계에 놓이기보다는 인문학 대학원과 같은 헛된 노력에 계속 돈을 쏟아 붓는 편이 더 합리적일 때도 있다.

변두리에 있는 대학들은 어떻게 되는가?

낮은 순위에 있는 대량 공급형 대학들은 영원히 마케팅의 변방에서 헤어 나오지 못한다. 진정으로 도전해 볼 기회 자체가 없기 때문이다. 일단 자리를 채워야 한다는 끝없는 압박이 존재한다. 필자가 2001년 여름 이 책을 쓰고 있는 동안에도 약 300개의 대량 공급형 대학들이 그 해 가을 학기에 입학할 학생들을 아직도 찾고 있었다.

이들은 어떤 학교들인가? 전미 대학입학 카운슬링 협회National Association for CollegeAdmission Counseling에 따르면, 이 명단에는 일리노이 주의 유레카 대학Eureka College, 조지아 주립대학Georgia State University, 콜로라도 주립대학Colorado State University, 마케트 대학Marquette University과 같은 대량 공급형 학교들이 포함되어 있다고 한다. 이 학교들은 서로 매우 다른 학교들이지만 모두 같은 문제를 지니고 있다. 즉 베이비붐 세대의 '메아리'가 그들에게는 별로 충분하지 않은 것이다. 이 학교에 입학하겠다고 목매다는 여성이나 소수집단, 혹은 외국인 학생들도 충분치 않다. 이들은 좋은 학교들이지만, 별로 위력적인 브랜드를 가지고 있지 못하다. 그들의 입학 기준을 보면 지원자 10명 중 9명을 합격시킨다는 것을 알 수 있다. 이것은 본질적으로 그들이 경미한 숫자의 학생들만을 배제한다는 것을 의미한다. 이 숫자는 불합격자들 중 일부는 설사 합격된다 하더라도 이들 학교에 다닐 마음이 없다는 사실을 고려하면 더욱 하찮아진다.

혹시 대학 좌석이 심각하게 과잉 공급되고 있다고 생각하지 않는 사람이 있다면 NACAC의 웹사이트www.nacac.com를 확인해 볼 것을 권한다. 고등학교의 대학진학 상담자가 대학에 계속해서 떨어진 고3생이 어느 학교에 지원해야 할지 잘 알고 있는 것에 대해 궁금하게 여긴다면 그 해답은 다음과 같다. 매년 5월 1일이 되면 NACAC의 회원 학교들은 NACAC의 잔여석 조사Space Availability Survey에 보고한다. 이 일자는 중요한 의미를 지니는데, 대학교에서 합격 통지를 받은 학생들은 이날까지 입학여부를 결정해야 하기 때문이다. 5월 1일이 지나면 대학들은 그들의 좌석이 채워졌는지 알 수 있다. 그러면 아직도 공석이 남아 있는 곳에 대한 소식이 NACAC의 버지니아 알렉산드리아 본부로부터 7900개 이상의 고등학교 진학 상담자와 독립적으로 일하는 상담자, 대학 입학처 및 재정 지원 담당자, 등록 관리자, 그리고 학생들과 일하는 다른 단체들에게 전해진다.

당연히 모든 학교들이 이 조사에 응하는 것은 아니다. 일류 대학들이 여기에 협조해야 할 이유가 어디 있겠는가? 그들은 브랜드 덕분에 항상 초과 예약되어 있는 상태이다. 그러나 2002년 설문조사에 응한 338개의 대학들 중(이들은 220개의 사립대학과 118개의 공립대학으로 이루어졌다) 91퍼센트가 신입생 입학 정원이 남아 있다고 답해왔다. 그리고 거의 모든 응답자들이 편입생을 위한 공석이 있다고 대답했다. 재정 지원 공석은 응답 학교의 94퍼센트가 여전히 열려 있다고 대답한 반면 숙박 지원은 88퍼센트가 가능하다고 답해 왔다. 이 학교들의 공통점은 무엇인가? 그들은 비교적 규모가 작고 학생수가 1만 명 이하인 경우가 많다. 그러나 이 점도 특기하도록 하자. 그들은 나쁜 학교가 아니라 단지 스토리를 소유하지 못한 학교들일 뿐이다.

기부금이 별로 없는 소규모 사립대학들은 영원한 불안 상태에 놓여 있다. 그들이 바랄 수 있는 희망이라곤 관대하지만 세상물정에는 어두운 자선가의 죽음이라는 행운뿐이다. 하버드처럼 기부금이 넘쳐나는 학교에 기부하는 것이 어리석은 일이듯이, 소규모 사립학교에 기부하는 것도 똑같이 어리석은 일이다. 그 학교가 윌리엄스^{Williams}-애머스트^{Amherst}-웨슬리언^{Wesleyan}-클레어몬트^{Claremont}-오벌린^{Oberlin} 계열에 속해 있는 브랜드 네임 학교가 아닌 이상에야 말이다. 무명의 작은 학교들은 계속해서 자맥질을 하고 있다. 바로 이 때문에 은행들도 그들을 신용하지 않는다. 그들은 확장하기에는 너무 작기 때문에 채권을 발행할 수 없고 또 그렇기 때문에 확장할 수 없다. 이것이 그들의 딜레마이다.

좋은 주립대학들이 그 주의 거주민들을 붙잡아 두려는 온갖 종류의 주 정부 보조금을 동원하여 그들의 제품을 판매하고 있고, 소수의 부유층 사립대학들은 이것을 기부금으로 해결할 수 있는 반면, 소규모 사립대학들은 이러지도 저러지도 못한다. 그래서 이 학교들은 종종 미혼모를 위한 특별 기숙사나 심지어 탁아시설을 갖춘 편의형 학교로 귀착하곤 한다. 또는 이보다 더 많은 경우 아예 문을 닫는다. 이것은 특히나 끔찍한 방식으로 매우 천천히 이루어진다. 교수 종신직이 해체되는 것은 바로 이곳에서이다. 퇴직을 앞둔 교수진들은 제발 일년만 더 달라고 간절히 애원한다.

적어도 전국 1600개의 사립대학들 중 27곳이 1997년 1월부터 2002년 1월 사이에 문을 닫았다. 이는 이전 5년보다 35퍼센트 증가한 것이다. 이것은 종종 서비스의 질과는 아무런 상관이 없다. 많은 경우 그들은 매우 훌륭히 업무를 수행한다. 문제는 구멍가게 대학이 품질 면에서 월마트식 대학과 경쟁할 수 없다는 것이 아니다. 문제는 이 소규모의 학교들이 심지어 최소비용마저 회수할 수 있는 브랜드 파워가 없다는 것이다. 좋은 학교들은 가격 할인을 '하고 싶어한다'. 그것은 종종 그들을 더욱 유명하게 만들어 준다. 그러나 보잘것없는 학교들은 가격 할인을 '해야만 한다'. 그들이 편의형 학교 범주로 추락하지 않기 위해서는 다른 선택권이 없다.

둘째로 하위권 대량 공급형 학교들이 제공하는 제품은 점점 더 의심스러운 것으로 인식되고 있다. 예전에는 신념이던 것 — 즉 어떤 대학의 학위든 상관없이 경제적 이점을 보장하던 것 — 이 더 이상 그렇지 않게 되었다. 명성 있는 학교에서 받은 학위는 물론 충분히 그럴 만한 가치가 있었다. 그리고 보통 할인되는 가격 덕분에 이 학위를 따는 데에는 아마 거의 비용이 들지 않았을 것이다. 그러나 중간 수준의 대학에서 학비를 전액 다 지불해 가며 학사 학위를 받은 경우에는 그것이 사회에 나와서도 유용하게 쓰일 수 있을지 의심스럽다. 모두가 똑같은 신임장을 갖게 되자, 차별화를 위한 새로운 학위가 필요하게 되었다. 그리하여 MBA처럼 전혀 다른 종류의 학위나, MAT처럼 고급 과정 학위의 급증은 물론이거니와 우등 졸업이나 학과 우등 졸업, 특기 졸업, 연구 우수 졸업 같은 표식들이 폭발적으로 증가하게 되었다.

사정은 이렇다. 즉 인지도가 별로 없는 학교의 졸업증서가 이제 경제적 가치를 잃고 있는 반면, 이름 있는 대학에 들어가려는 입학 경쟁은 더욱 치열해진 것이다. 그리하여 학생 수에 있어 이원적인 분배가 일어난다. 한쪽에는 엘리트 학교가 다른 한쪽에는 편의형 학교가 있고 그 중간 레벨에서는 이름을 알리려는 고투가 벌어진다. 니만 마커스Neiman-Marcus(고급백화점)와 프라이스 클럽Price Club(대형 할인점) 모두 각자의 틈새시장에서 잘 해나갈 것이다. 시어스Sears와 페니Penney는 적자 상태에서 방황할 것이다. 몽고메리 워드Montgomery Ward와 스피겔Spiegel은 파산할 것이다.

바로 이러한 바벨 시장이 단지 소매업계뿐 아니라 (K-마트는 쇠퇴하고 코스트코는 부상한다) 다른 문화 자본의 공급자들도 변화시켜 놓았다. 우리는 이와 같은 수평적 모래시계를 종교에서도 보았다. 그곳에서는 전통적인 종파들이 사그라져 가는 반면(장로교의 쇠퇴), 다른 한쪽에서는 공격적으로 높은 테이크아웃 가치를 공급하는 자들이 번성하고 있다(초대형 교회의 부상). 학교들이 상호 대체 가능한 중간 세계에서 소멸되거나 이보다 더 나쁜 경우 무명의 세계로 추락하지 않으려면 계속해서 자신이 속해 있는 틈새시장의 꼭대기를 향해 가는 것이 유리하다는 사실을 깨닫고 고급 소매점들을 따라감에 따라 강도 높은 혁신과 고객만족에 주의를 기울이는 현상이 일어나고 있다.

엘리트 학교들이 치르는 군비 증강 경쟁

그렇다면 해리 윈스톤Harry Winston이 티파니Tiffany와 경쟁하고, 루이 비통Louis Vuitton이 프라다Prada와 밀고 당기기를 펼치며, 렉서스Lexus가 메르세데스Mercedes와 치고받고 싸우는 상층부의 모습은 어떨까? 즉 고급 브랜드 네임 학교들의 세계는 어떤 모습일까? 한마디로 말해서 잔인하다. 어떤 면에서 보면 이곳은 마케팅적인 면에서 대량 공급형 대학들보다 더 열악하다고 할 수 있다. 항상 풍요롭고 넘쳐나는 듯 보이는 자원들이 실제로는 승자 독식 싸움의 격전장이 된다. 어떤 이는 이를 두고 학문계의 군비 증강 경쟁(arms race)이라 묘사하기도 했다. 사실 이곳을 두 마디로 표현하자면 잔인하고 바보 같다. 그리고 이 현상은 사라지지 않고 있다.

2002년에 일어난 매우 흥미로운 이야기 중 하나는 프린스턴 입학부가 예일의 입학 관련 파일을 해킹한 일이었다. '해킹(hacking)'이란 단어는 사실 잘못된 명칭이다. 프린스턴 입학부 직원이 한 일이라고는 두 학교에 모두 지원했다고 여겨지는 11명의 학생들을 확인한 것뿐이기 때문이다. 그는 예일 대학이 사회보장번호를 사용할 때에는 비밀번호를 요구하지 않을 것이라고 생각했고 그의 생각은 옳았다. 그러나 요점은 그가 해킹을 했다거나 해킹하기 쉬웠다는 것이 아니다. 정말 중요한 점은 고가품 시장의 경쟁은 너무 치열하기 때문에 예일이 무엇을 하고 있는지 힐끗 쳐다보는 것만으로도 프린스턴은 고객 몇 명을 더 붙잡기 위해 충분히 자신이 제공하는 패키지에 더 신경을 쓰게 된다는 점이다.

왜 경쟁이 이렇게 치열해졌을까? 이 고객들이 왜 그렇게 중요해졌을까? 1991년까지 아이비리그와 MIT는 매년 4월마다 컨퍼런스를 열고 한 학교 이상에 합격된 학생들을 위해 어떤 학비 지원 패키지를 제공할 것인지 결정했다. 1991년 법무부가 이 학교들을 독점 금지조항 위반으로 고소하고 난 뒤 이들은 이 관행을 멈추었다. 마치 텔레비전 계약으로 야구팀들이 다 부유해지고 난 후의 메이저 리그 야구계처럼, 엄청난 가격경쟁이 벌어졌다. '한정된 수의 선수들 + 거의 무한한 자금 = 시장 거품'인 것이다.

경이로운 결과는 다음과 같다. 지난 30년 간 특히 최근 들어 가장 입학하기 까다로운 대학들의 등록금은 5배 정도 증가했는데 이는 물가상승률의 거의 두 배에 육박한다. 그러나 이 가격 폭등의 여파를 찾아볼 수 있는 곳은 거의 아무 데도 없다. 분명 돈은 어디론가 흘러가고 있었다. 그것은 기본적으로 소수의 선수들에게 터무니없는 임금을 지불하는 데 사용되고 있었다. 여기서 필자는 교수진들이 아니라 학생들의 이야기를 하고 있는 것이다. 아이비리그 대학에 가 보면 등록금 전액을 내고 다니는 학생들은 소수에 불과하다는 것을 알 수 있다. 누구를 학교에 들어오게 하고 그들이 학교를 다니게 하기 위해 얼마를 지불해야 하느냐를 두고 전쟁이 치러지고 있다.

모두가 알다시피 이러한 인플레이션에는 수많은 다른 이유들도 있다. 브랜드 네임 학교들이 최고 순위를 얻기 위해 경쟁하다 보니 점점 더 좋은 학과를 갖추게 된다. 이에 대해 질문하면 브랜드 네임 학교들은 보통 바우몰의 병리(Baumol's disease)를 언급한다. 바우몰의 병리란 NYU의 윌리엄 바우몰William Baumol이 펼친 주장으로, 교육과 같은 서비스 산업에서 일어나는 생산성 소득은 제조업보다 뒤쳐지는 경향이 있다는 것이다. 천문학과를 《유에스 뉴스 & 월드 리포트》평가 순위에서 몇 단계 뛰어오르게 하려면 도서관 재정 지원 및 인건비, 그리고 심지어 다른 학과에서 추가로 지출되는 엄청난 규모의 보조비용이 뒤따라야 한다.

간단명료한 사실은 아이비리그 대학들에게 등록금이 별로 중요하지 않게 되었다는 사실이다. 성적 인플레이션처럼 이제는 등록금도 통제 영역을 벗어났고 이것에 진심으로 신경 쓰는 사람은 아무도 없다. 다른 고급 제품들과 마찬가지로 여기에서도 베블렌 효과Veblen effect가 지배한다. 좋든 싫든 광고비가 높아질수록 기다리는 사람들의 줄의 길이는 더욱 길어진다. 이런 질문을 해보자. 에비앙 생수를 한 병당 20센트에 팔 수 있는가? 베블렌이 『유한계급론The Theory of the Leisure Class』이라는 책에서 명시했듯이, 이따금씩 호화품의 판매가가 그것의 가치와 정비례 관계를 이루기도 한다. 가치를 동일하게 유지하면서도 가격을 올리면 신기하게도 가치가 따라 올라간다. 이것은 이국적인 것과 사치스러운 것의 특징이다. 브랜드 전문용어에서 시바스리갈 효과Chivas Regal effect라 불리는 이 현상이 고등교육 시장보다 잘 통하는 곳은 없다.

또 다른 멋진 아이러니로 엘리트 학교에서는 소비자가 더 많은 돈을 지불할수록 (혹은 그에게 더 많은 등록금이 청구될수록) 수업은 더 적게 받는다는 것이다. 학위를 얻기 위해 필요한 의무 학점 수는 주립대학보다 스탠포드 대학과 같은 곳에서 더 줄어든다. 일반적인 법칙으로 학교가 좋을수록 일주일은 더 짧다. 많은 훌륭한 학교들에서 금요일 수업은 토요일 (오전) 수업들이 걸었던 길을 걸었다. 이곳에서 주말은 목요일부터 시작한다. 주말이 더 짧아진 것에 대한 이유로 추정되는 것은 예전에는 갔었지만 이제는 더 이상 가지 않는 현장 학습(field trip) 등의 특별 행사가 있다. 그러나 진짜 이유는 상위 대학들이 학비를 줄이거나 수업 요구사항들을 강화한다고 해서 얻는 것이 별로 없기 때문이다. 그들은 자신들의 규칙을 스스로 만들어낸다. 수요는 기본적으로 비탄력적이고 가치는 소비자들을 까다롭게 선발한 후 기본적으로 그들을 매수하여 소비하게 함으로써 얻어진다. 그것이 바로 사치의 나라Land of Deluxe이다. 2000달러에 판매되는 프라다Prada의 바게트 핸드백은 생산하는 데 몇 백 달러, 그리고 마케팅에 몇 백 달러가 들 뿐이고 케이트 스페이드Kate Spade에서 사는 가방보다 더 튼튼하지도 않다. 그러나 그것이 바로 핵심이다.

하버드: 브랜드라는 개집의 일등견

교육업계에 종사하고 있는 누구에게든 가장 과대평가된 브랜드가 무엇인지 물어보면 거의 모두가 '하버드'라고 대답할 것이다. 하버드는 미국에서 가장 소심하고 남들이 하는 것을 가장 많이 모방하는 학교 중 하나이지만, 최고 브랜드로서의 명성을 유지해 올 수 있었다. 마리오 사비오와 표현의 자유에서부터 소수집단 배려정책, 다문화주의, 여성학, 문화 연구에 이르기까지 고등교육에서 일어난 중요한 변화 중 어느 한 가지라도 생각해보라. 그러면 (1) 그 중 단 한 가지도 하버드에서는 일어나지 않았다는 것과 (2) 만약 그것이 대중적 인식의 중심을 차지한다면, 그제서야 하버드는 그것을 갖추기 시작한다는 점을 발견할 수 있을 것이다.

하버드의 총장인 로렌스 서머스Lawrence Summers가 코넬 웨스트Cornel West 교수와 싸우기라도 하면 그것은 전국 뉴스가 된다. 다른 학교들도 아프리칸 아메리칸 연구African-American Studies가 무엇에 대한 것인지, 또 탈관습적인 연구 성과를 지닌 교수들을 어떻게 대우해야 하는지 몰라서 문제를 일으킨 적이 있지만, 오직 하버드에서 일어났을 때에만 이 문제가 저녁 뉴스감이 된다. 하버드의 영문학과가 이스라엘인들을 비방한 시인을 초대하여 몇 안 되는 사람들에게 시 몇 편을 낭송하도록 하면,《뉴요커》지는 이것을 기사화한다. 하버드의 성적 인플레이션 문제는 잘 알려져 있지만, 사실상 그 문제는 고등교육 전반에 만연해 있는 문제다. 하버드 학생이 양육비나 노동 조건을 위해 농성을 벌이면 그것은 전면 기사가 되지만, 똑같은 일이 예일 대학에서 발생하면 그것은 내부 기사가 된다. 만약 하버드의 행정관이 '충분한' 증거가 없는 한 성적 과실행위가 있었다고 추정되는 사건의 공청회를 열지 않겠다고 말하면 그것은 전국 뉴스가 된다. 반면 다른 학교에서 이 일이 일어나면 그것은 오래된 뉴스거리에 불과하다. 하버드 정원에 있는 한 남근 얼음 조각상은 논란거리가 된다. 그러나 다트머스 겨울 축제에서 이것은 따분한 뉴스거리다. 서머스가 2003년 8월 24일《뉴욕타임스 선데이 매거진》의 표지를 장식했던 것은 그가 뭔가 남들과 다른 일을 해서라기보다는 그가 호감형 인물이 아니기 때문이다. 필자의 말뜻을 오해하지 말기 바란다. 필자는 그러한 주제들이 중요하지 않다는 것이 아니라 그것들이 하버드에서 일어날 때에만 정말로 중요해진다는 말이다. 하버드는 미국 교육의 메가폰이다. 캠브리지에 있는 사람들이 소곤거릴 때 다른 이들은 더 잘 들으려고 귀에다 손을 모은다.

하버드는 극점이자 최종 종착지이며, 최고와 명석함의 고향과 동의어로 쓰인다. 하지만 이것은 왜 그럴까? 왜냐하면 하버드에서 나오는 것은 하찮을지 모르지만, 들어가는 것은 엄청나게 많기 때문이다. 즉 최고의 학생들과 가장 많은 돈, 그리고 가장 중요하게는 브랜드에 대한 가장 깊은 신념이 그것이다. 하버드가 가장 들어가기 어려운 학교라는 것은 모두가 아는 사실이다. 불합격률이 거의 90퍼센트나 된다. 그러나 가장 중요한 것은 이 학교가 엄청나게 부유하다는 것이다. 기부금이 거의 200억 달러에 육박한다. 이 숫자를 잊지 말자. 그것이 바로 이 브랜드의 핵심이기 때문이다. 그 기부금은 맥도널드McDonald's의 자산보다 많고, 에콰도르의 GDP나, 5명을 제외한 모든 포브스 선정 400대 갑부들의 총자산, 또는 로마 가톨릭 교회를 제외한 전 세계 모든 비영리단체들의 재산 총액보다 많은 금액이다. 이 학교가 어느 정도나 부유한가 하면, 한 영향력 있는 졸업생 집단이 하버드가 경쟁 입찰 방식만 사용해도 연간 2억 2500만 달러를 절약할 수 있을 것임을 제시하자 이것이 전국 뉴스가 될 정도였다. 마케팅의 관점에서 보면 기부금의 가치는 금전적이라기보다는 심리적이다. 달러 기호 뒤에 그렇게나 많은 0를 갖고 있는 장소가 좋지 않은 곳일 리 없다.

왜 사람들은 별로 얻는 것이 없다는 것을 알면서도 하버드에 돈을 기부하려는 것일까? 이유는 기부금이 브랜드 파워의 핵심이기 때문이다. 그것이 모든 것을 결정한다. 18세기 말 어떤 프랑스 경제학자들은 약 20년마다 모든 학교들이 그들의 돈을 항아리 단지에 도로 집어넣고 처음부터 다시 시작해야 한다고 심각하게 제안하기도 했다. 100년마다 한 번씩 이렇게 한다면 고등교육 기관들에 활력소가 될 것이다. 이것이 환영할 만한 이유는 단지 부자 학교가 더욱 부자가 되고 있기 때문만이 아니라, 그들이 교육에 악영향을 미치기 때문이다. 제2군에 속하는 다른 학교들에게 빈털터리가 될 때까지 돈을 쓰도록 강요하는 것은 일류 대학들의 거대한 기부금 때문이다. 아이러니하게도 하버드에 낸 기부금은 마케팅의 의미에서 보자면 고등교육 기관의 안녕에 일반적으로 이로움보다는 해로움을 준다.

그러나 그 기부금은 분명 하버드라는 브랜드를 유지시켜 준다. 세계적인 브랜드 전문기업 인터브랜드Interbrand 사가 세계에서 가장 강력한 브랜드들을 모아 놓은 자리에 학교로서는 유일하게 하버드가 코카콜라나 코닥, 켈로그 등의 이름과 함께 나란히 순위에 올랐다. 『브랜드 국제 리뷰Brands: An International Review』라는 책에서 이 회사는 하버드가 세계 시장으로 이동했을 때 갖는 브랜드의 깊이에 대해 다음과 같이 말한다.

> 하버드의 브랜드 라이센스 프로그램은 특히 흥미롭다. 이 대학이 자신의 브랜드 사용허가를 내주는 품목들은 스포츠웨어(보호용 머리 덮개는 제외함)와 스카프, 책상 장식품, 시계, 보석류, 학용품 등이다. 반면 그들이 브랜드 사용허가를 금지하는 품목들로는 재떨이와 술잔, 라이터, 무기류 일체, 식품 및 음료 등이 있다.

다른 어떤 학교에서도 이러한 구분을 할 수 없는 이유는 그만한 브랜드 파워가 없기 때문이다. 인터브랜드 사는 하버드의 동료들을 찾는 작업을 하면서 그 학교를 인상적인 위치에 넣는다. 즉 하버드는 여가 및 문화의 세계로 분류된다. 그러나 그 브랜드는 또한 샤넬Chanel과 롤렉스Rolex, 루이 비통Louis Vuitton, 롤스로이스Rolls-Royce, 그리고 리츠 호텔Ritz Hotel과 함께 럭셔리 항목에도 속해 있다.

하버드란 브랜드는 왜 그렇게 강력한가?

2001년 여름, 필자는 이 브랜드가 왜 그렇게 강력해졌는가를 알아내기 위해 캠브리지를 찾았다. 한편에서 보면 그 대답은 간단하다. 하버드는 마케팅업계에서 소위 '선발기업의 이점' 이라 일컫는 것을 가지고 있다. 하버드는 1636년에 건립되었는데 이는 2위를 차지한 윌

		LEISURE & CULTURAL						
BRAND	LEADERSHIP	STABILITY	MARKET	INTERNATIONALITY	TREND	SUPPORT	PROTECTION	TOTAL
BARBIE	○	○	□	□	□	□	●	□
BERLITZ		○	□	○	□		●	○
CLUB MED	○	□	□	□	□	○	●	□
FINANCIAL TIMES	○	●	□		□	□	●	○
FISHER-PRICE	□	○	□	□	□	□	●	□
HARVARD		●	●	□	□	○	●	○
HILTON		○	□	●	□	○	□	○
HOLIDAY INN	○	□	□	●	□	○	●	□
LEGO	□	□	□	●	□	●	●	□
MATCHBOX	○	□	□	□	□	○	●	□
MONOPOLY	○	□	○	○	○		△	○
PLAYBOY	○	○	□	□	○		●	○
READER'S DIGEST	□	●	□	●	□		●	□
SCRABBLE	○	○	○	○	□		□	○
STEINWAY	□	●	□	○	○		●	○
TRIVIAL PURSUIT	○	○	□		○	○	●	○
VOGUE	○	□	□	○	□	○	●	□
WALT DISNEY★	□	●	□	●	●	□	●	□

KEY ★★ Top Ten brand ★ Top Fifty brand ● exceptionally strong □ very strong ○ strong △ problem a

인터브랜드 그룹에 따르면 하버드는 세계 제1의 여가 및 문화 브랜드 중 하나이다.

리엄 앤드 메리 대학College of William and Mary보다 훨씬 이전일 뿐 아니라 예일을 비롯한 다른 모든 아이비리그 대학들에 비해 50년 이상 앞서는 것이기도 하다. 그러나 하버드가 미국 교육의 대표 브랜드가 된 진짜 이유는 그것이 단 한순간도 자신이 하버드라는 사실을 모두에게 말하고 다니는 것을 멈추기 않았기 때문이다. 그 학교는 자신의 이야기를 어떻게 할 것인가뿐만 아니라 어떻게 다른 이들이 자신의 영역을 침범해 오지 못하도록 막을 것인가에 대해 엄청난 신경을 써 왔다. 그 학교는 또한 언제 입을 다물고 다른 이들에게 말할 기회를 내줘야 하는지에 대해서도 잘 알고 있다.

필자는 하버드가 자신에 대해 하는 말을 관장하는 변호사들 중 한 명인 사라 월드Sara Wald를 찾아갔다. 그녀는 색상과 배지, 모토 등 말

212

그대로 학교의 마크도 책임지고 있었다. 하버드에서는 일반적인 일이지만, 그녀의 칭호는 변호사가 아니라 하버드 대학의 총장과 임직원을 위한 부교무처장Assistant Provost for the President and Fellows of Harvard College이다. 하버드라는 이름이나 선홍색이라는 색상 또는 베리타스Veritas 배지를 허락 없이 사용하려는 사람은 월드 씨를 만나 잠깐 해결할 일이 있을 것이다.

하나의 기업으로서 하버드는 하버드 워드마크(wordmark)의 모든 가능한 사용을 통제한다. 학교 밖에서 하버드는 모든 경우의 사용에 관해 저작권을 행사한다. 더욱 중요하게는 학교 내에서의 모든 언급도 다 통제한다는 사실이다. 그러므로 만약 한 하버드 대학교수가 작은 잡지를 발행하려 하거나, 누군가 뉴스기사를 쓰거나 회의를 여는 데 있어 하버드의 색상이나 문장(紋章), 이니셜 혹은 이름을 환기하려 하는 사람이 있다면 다시 생각해봐야 할 것이다. 이곳은 오직 하나의 목소리만 말을 할 수 있다. 그리고 그 목소리는 아버지 하버드Father Harvard의 목소리이다. 다른 어떤 학교도 자신의 브랜드를 그렇게 단일하고 한 점 애매모호함 없이 만들기 위해 노력을 기울였던 곳은 없다.

일례로 월드 씨가 필자에게 들려준 이야기에 따르면, 제인 폰다Jane Fonda가 그 당시 저명한 사범대학 교수였던 캐롤 길리건Carol Gilligan의 (이따금씩 의문시 되기도 하는) 시각을 기리는 젠더 교육 센터Gender and Education Center를 설립하려는 목적으로 1250만 달러를 기부하려 한 적이 있는데, 그녀는 이 센터의 이름에 '하버드'라는 말이 반드시 들어갈 것을 고집했다고 한다. 하버드는 이에 저항했지만 마침내 수락하였다. 제인 폰다는 "하버드가 움직이면 모두가 주목한다"는 적절한 말을 남겼다. 그러나 이 말의 진정한 의미는 하버드를 움직일 수 있는 사람이라면 그 사람이야말로 정말 대단한 사람이라는 것이다. 그러므로 학교가 일을 질질 끈다며 후에 제인 폰다가 기부금의 절반을 회수했을 때에도 그녀는 이미 투자 성과를 거둬들였다고 할 수 있다. 하버드 측에서는 하버드 식대로 '연구 센터에 관한 새로운 규정' 때문에 돈을 반환한다고 말했다. 아마 그 학교도 자신의 브랜드 가치를 저하시키는 행위에 너무 태만했다는 사실을 깨달았을 것이다.

낫하버드닷컴^{notharvard.com}이라는 한 웹사이트가 온라인에서 수업 필기 노트를 판매하려 하자, 하버드 대학은 소송을 걸었다. 낫하버드(notharvard)라는 단어의 사용이 자신의 브랜드에 '회복할 수 없는 피해'를 끼치고 있다는 것이었다. 학교 측은 법정에서 그 웹사이트로 인해 귀중한 하버드 마크의 품격이 손상되고 더럽혀졌다고 주장했고 판사도 이에 동의했다. HMO(Health Maintenance Organization, 미국의 민간 의료보험기관)가 자신을 감히 Harvard Pilgrim Health Care라고 부르는 만용을 저지르려 하자 학교 측 변호사들은 이러한 일이 벌어지지 않도록 하기 위해 조치를 취했다. 로웰 근처의 한 맥주회사가 하버드라는 이름의 맥주를 만들었지만 오래가지는 못했다. 한국의 한 학교가 Harvard English Academy라는 이름을 사용하려 했을 때 그리고 일본의 한 학교가 Harvard Cram School이라는 이름을 사용하려 했을 때, 그들은 당연히 좌절되었다. 하버드 기업은 심지어 의과 대학과 법학 대학의 커리큘럼은 물론 대학원 프로그램까지 상표등록을 해서 학생들이 필기한 수업 내용마저 절대 상업적 목적으로 출판되지 못하도록 한다. 소문에 의하면 많은 이들이 교무처장 사무실에 전화해 앨런 더쇼비츠^{Alan Dershowitz}가 수많은 텔레비전 토크쇼에 나와 자신을 소개할 때마다 이 학교와의 연관성을 들먹이지 않게 해달라고 요구했다고 하지만, 그는 그렇게 멍청하지 않다.

학교들은 어떻게 그리고 왜 홍보를 하는가

하버드는 예외일 수도 있지만, 정말로 좋은 학교들은 기본적으로 이류 대학들만큼이나 서로 호환이 가능하다. 모든 일류대학들은 기본적으로 똑같은 교수진과 똑같은 학생 편의시설, 그리고 똑같은 도서관 책들과 똑같이 놀라운 체육시설, 그리고 똑같이 세심하게 다듬어진 잔디밭과 기숙사 방에 똑같이 깔린 DSL(인터넷 광통신망) 등을 가지고 있다. 물론 그들의 지리적 위치는 다르다. 학교의 미션이나 경영진, 이념, 규모, 커리큘럼, 교회와의 제휴 관계, 기타 등등에서도 약간씩 차이가 날 수 있다. 그러나 큰 줄기에서 보면 그들은 상호 대체 가능한 공급자들이다. 그들은 욕망이 아니라 하더라도 필요에 의한 브랜드들이다. 가장 들어가기 어려운 학교들의 웹사이트를 보면, 어디든 상관없이 거의 똑같은 이미지들과 미션, 그리고 교회와의 제휴 관계 등이 나와 있다. 물론 우리학교 도서관을 이용하면 구텐베르크 성서를 발견할 수 있다거나, 나비 박물관 밑에 입자 가속기가 묻혀 있다는 등 그 집단만이 아는 비의적인 사실들을 끼어 넣으려하는 것도 사실이다. 그러나 크게 봤을 때 그것들은 세이프웨이^{Safeway}(미국, 캐나다, 유럽, 호주에 걸친 슈퍼마켓 체인 — 옮긴이)에 있는 비누 제품 코너와 꽤 비슷하다.

엘리트 학교들의 구별불가능성(indistinguishability)을 정말로 확인하고 싶다면 내셔널 메리트 장학생(National Merit Scholar)을 찾아서 이른 봄 그 학생에게 쓰나미처럼 밀려드는 우편물들의 세례를 모니터해 보라. 대부분의 엘리트 학교들은 고등학교의 진학 상담자는 물론 다양한 집단 — 떠오르는 고2생과 고3생, 다양한 수상경력자, 성적 우수자 — 들을 대상으로 10개나 되는 우편물들을 보낸다. 이 '입학 마케팅' 서류들의 소용돌이 중 가장 새로운 장르로 학교 안내서보다는 크고 카탈로그보다는 작은 소위 안내책자(viewbook)라는 것이 있다. 안내책자는 브랜드를 설정해 주고 있으므로 — 혹은 적어도 그렇다고 주장하므로 — 들여다볼 필요가 있다.

어떤 차원에서 보면 안내책자는 이제 대부분의 학교들이 매년 10만 달러 이상의 비용(하나당 2~10달러나 한다!)을 들여 만들어내는 번지르르한 선전물에 불과하다. 웹사이트에서와 마찬가지로 안내책자에 실린 거의 모든 '장면(view)'은 다양한 배경을 두고 되풀이되는 웃는 얼굴들, 열성적인 공부벌레들로 가득 찬 강의실, 파란 가을 하늘을 배경으로 끊임없이 떨어지는 낙엽들, 그리고 라크로스, 스쿼시, 럭비의 풍요로운 사진들(이 스포츠들은 축구, 농구, 야구 등이 대량 공급형 대학들의 브랜드를 특징짓는다는 것을 아는 사람들에게 특별한 친밀감과 차별성을 의미한다), 그리고 가장 중요하게는 당신과 똑같은 관심사를 가진 학생들의 자발적인 모음이다.

대학 마케팅의 상위 단계에서는 아무도 모험을 감행하지 않는다. 이 사치스러운 공급자들은 마치 구치[Gucci], 펜디[Fendi], 프라다[Prada]와 같다. 그들은 모두 똑같이 엄청난 파워를 지닌 지갑과 스카프, 열쇠고리를 가지고 있다. 그러나 조금만 아래로 내려가도 모험을 감행하는 학교들을 볼 수 있다. 필자가 본 모든 웹사이트와 안내책자들 중에서 그래도 과감한 모습을 보여주는 곳은 단지 USC, 리드 칼리지[Reed College], 호바트 앤드 윌리엄 스미스 대학[Hobart and William Smith College], 하비 머드 대학[Harvey Mudd College], MIT에 불과했다. 그들은 삭스 핍스 애비뉴[Saks Fifth Avenue](명품 매장)와 월마트 사이에 끼인 타깃[Target]과 같다. 종종 이 학교들이 과감해지는 이유는 그들 나름의 고유한 문제가 있기 때문이다. 아이러니하게도 그들은 남들과의 차별성을 줄이기 위

216

UNIVERSITY OF SPOILED CHILDREN?

A favorite stunt of rival football fans from UCLA, Stanford and Cal is to wave their car keys and credit cards in cadence to the Trojan Marching Band as it plays "Tribute to Troy," a march our opponents love to hate. This amusing ritual is meant to symbolize their contention that USC is the "University of Spoiled Children."

If you have heard the myth promoted by students at other colleges that USC's student body is rich and spoiled, consider this:

- USC has one of the world's largest financial aid budgets; over 60 percent of our students receive assistance.

- The average family income of students at California's flagship public universities is higher than the average family income of USC students (source: California Student Aid Commission).

- Over 60 percent of USC students volunteer in community service programs in neighborhoods around campus and throughout L.A. On the other hand:

- The student-to-faculty ratio is 14-to-1;

- The average class size is 26;

- Full-time faculty teach the vast majority of our courses;

- Students can get all the classes they need in order to graduate in four years;

- USC grads get jobs, attend the best graduate and professional schools in the country (including our own) and are supported by the Trojan Family, a network of nearly a quarter million alumni.

So, maybe we do spoil our students—and we intend to keep it that way.

USC

안내책자는 스테레오타입에 도전할 뿐 아니라 이용하기도 한다. USC와 호바트 앤드 윌리엄 스미스 대학교는 단점을 장점으로 바꾼다.

해 안내책자를 사용한다. 다음 그림에서 진지해지려고 노력하는 파티스쿨인 USC와 외딴 장소이긴 하지만 좋은 학교인 호바트 앤드 윌리엄 스미스 대학Hobart and William Smith College을 보라. 두 학교는 안내책자를 사용해 자신의 브랜드 스토리를 다시 세우려 한다.

브랜딩 관점에서 봤을 때 안내책자는 또 다른 흥미로운 점을 제공하는데, 여기에서 우리는 주장의 반복이 차별성 없는 생산자들의 일관된 특징임을 보게 된다. 광고 전문용어에서 그것은 고유 판매 제안 또는 USP이라 불린다. 그러나 한 학교가 히트를 치기 시작하면, 다른 학교들도 재빨리 따라한다. 사라 로렌스 대학Sarah Lawrence College에서 미국학American Studies을 가르치는 니콜라우스 밀스Nicolaus Mills 교수는 안내책자가 막 표준화되기 시작하던 10년 전에 다음과 같은 사실을 발견했다. 각 학교들은 다양성에 대한 동일한 주장을 모두 똑같이 번지르르한 사진들로 증명하고 있었다.

이렇게 이상화된 사진이 1990년에 의미하는 바는 1980년대 대학들의 암호명이었던 다양성에서 시작한다. "다양성은 하버드/래드클리프 대학 생활의 큰 특징입니다." 하버드 대학교 등록증명서의 첫 문장은 이렇게 선언한다. "다양성은 우리 대학 생활의 실질적인 핵심입니다." 미시건 대학의 게시판도 이렇게 공표한다. "다양성은 리버럴 아츠(liberal arts)의 전통에 깊이 뿌리박혀 있으며 우리의 교육 철학의 핵심입니다." 코네티컷 대학도 한마디한다. "듀크의 5800명의 학생들은 정말로 다양한 지역들에서 왔습니다." 듀크 대학의 게시판도 선언한다. "스탠포드는 인종적 그리고 경제적으로 다양한 수업을 소중히 여깁니다." 스탠포드 대학교 게시판도 한마디 거든다. 브라운 대학도 이렇게 말한다. "우리 학

교의 학부 생활이 어떤지 물어보면 — 특히 신입생에게 브라운 대
학에 대한 가장 강한 첫인상이 무엇인지 물어보면 — 학생들은 한
결같이 다양한 학생 구성이라는 이야기를 공통적으로 꺼냅니다.”

이렇게 일시적 유행이나 패션과 학교를 연계하는 것은 직업상의
위험을 초래할 수도 있다. 비누를 파는 그들의 동료들처럼, 대학교의
브랜드 매니저들은 종종 그들의 업무에 대해 일종의 부주의함을 보
여주는데 이것은 뜻하지 않게 많은 것을 시사하기도 한다. 우리는 그
들이 마치 라이트 맥주라도 판매하는 것처럼 행동하는 것을 볼 수 있
다. 다만 그들은 “맛이 좋습니다(Tastes great)” 대신에 “배가 덜 부릅
니다(Less filling)”라고 주장한다.

잘못된 인상을 주든 그렇지 않든 간에 최근 번지르르한 대학 신입
생 카탈로그들은 베네통Benetton의 대형 광고판을 닮은 듯한 상투적인
그림들로 가득 차 있다. 문제는 베네통도 발견했듯이, 정치적으로 올
바른 관심사는 천성적으로 불안정하다는 것이다. 브랜드가 역효과를
일으키는 것에서 그것을 알 수 있다. 위스콘신 대학University of Wisconsin
은 자신의 안내책자 표지에 실린 미식축구 경기 그림에서 모두 백인
으로만 이루어진 관중들 사이에 흑인 졸업생 한 명의 얼굴을 일부러
삽입했다는 사실을 시인했다. 아이다호 대학University of Idaho에서는 한
그래픽 디자이너가 대학 웹사이트에 올라온 두 명의 학생사진을 흑
인과 아시아 학생의 머리로 바꿔 놓았다고 한다. 그리고 앨라배마의
오번 대학Auburn University에서는 안내책자 사진에 캠퍼스에서 볼 수 있
는 것보다 더 많은 수의 흑인 학생들을 의도적으로 포함시키는 대학
의 관행을 두고 윤리적인 문제가 제기되었다. 대체 가능한 제품의 생
산자들에게 전형적으로 나타나듯이 이 대학들은 대열에서 떨어져 나

오는 것이 아니라 그 속에 포함되려고 애쓰고 있다. 이런 종류의 마케팅에서 고등교육 기관들은 〈몬티 파이톤의 브라이언의 일생Monty Python's Life of Brian〉에 나오는 군중과 같다. 브라이언 역을 맡은 그래엄 채프먼Graham Chapman은 자신을 메시아로 오해하는 신봉자 무리들에게 이렇게 호통 친다. "날 따라오지 마라! 어느 누구도 따라가지 마라! 스스로 생각하라! 너희들은 모두 독립된 개개인들이다." 그러자 군중들은 다음의 완벽한 제창으로 화답한다. "그렇습니다, 주인님. 우리들은 모두 독립된 개개인들입니다. 우리들은 모두 독립된 개개인들입니다. 우리들은 모두 독립된 개개인들입니다."

학교가 정말로 절박한 상태라면 언제든지 사기업이 가끔씩 사용하는 방법 — 즉 힘으로 밀어붙이는 것 — 을 시도해 볼 수 있다. 그것은 보통 역효과를 일으킨다. 학교가 불안해 하고 있다는 것이 드러나기 때문이다. 문제는 이따금씩 나오는 다양한 여름학교 광고를 제외하고는 보통 엘리트 학교들이 광고하는 모습을 보기가 어렵기 때문에, 만약 광고하는 모습을 보면 우리는 학교가 고객을 절실히 원하고 있고 혹시나 걸려들지도 모르는 기부자들을 낚기 위해 열심히 노력하고 있음을 시인하는 것이라 여긴다는 것이다. 대부분의 광고 예산은 내셔널 메리트 장학생들을 학교에 다니도록 매수하는 데 쓰이는 것이 더 현명할 것이다. 《뉴욕타임스》와 《월스트리트 저널》에 실린 다음의 광고들을 보라.

《유에스 뉴스 & 월드 리포트》의 고등교육 기관 정복기

이러한 상호 대체 가능한 공급자들의 과잉이 고등교육 브랜드에 관한 넌센스 중 가장 스펙터클한 광경 하나를 감상할 수 있는 배경을

노련한 마케팅인가 아니면 돈 낭비인가?

제공한다. 바로 《유에스 뉴스 & 월드 리포트》가 매년 발행하는 '미국 최고의 대학America' s Best Colleges' 발행물이 그것이다. 일단 그 내용은 잠시 접어두자. 이 잡지가 보여주는 것은 잡지 자신이 (시사 잡지라는) 상호 대체 가능한 시장에 몸담고 있다면, 그리고 (《타임》과 《뉴스위크》에 이어) 등외의 위치를 차지하고 있다면 틈새시장을 찾아내서 그것을 공략하는 것이 낫다는 것이다. 《머니Money》 지가 너무나 판이

한 10개 도시를 신기하게도 '가장 살기 좋은 곳'으로 선정하고《피플
People》지가 매년 달라지는 '가장 아름다운 50인'을 찾아내는 것처럼
《유에스 뉴스 & 월드 리포트》도 대학들의 순위를 매긴다. 대부분의
오락 산업들이 그렇듯이 잡지도 대중들을 모아 광고주에게 판매하는
일에 종사한다. 잡지의 내용은 수단일 뿐 목적이 아니다. 여기서는
고등교육 기관이 그들의 내용이다. 그리고 그 대중들은 지적이고 돈
많으며 열성적이고 지난해의 발표내용에 안주하지 않는다.

1983년 발행된 이후로 이 발행물은 매년 화제를 불러일으킬 뿐 아
니라 부동산 개발업자이자 출판업자인 모티머 B. 주커만Mortimer B.
Zuckerman에게 수많은 돈을 벌어다 준다. 그는 이 발행물의 단독 소유
주이다. 학교의 순위를 매기는 일은《유에스 뉴스》가 하는 일 중에서
수익을 내는 몇 안 되는 일 중 하나이다. 그래서《유에스 뉴스》는 한
해 동안 단행본 외에 2개의 주요 버전, 즉 대학 발행물과 교육 발행
물, 그리고 그 외 여러 개의 특별 발행물들을 내놓는다. 그리고 이것
은 왜 이 두 발행물이 평소의 발행물들보다 거의 2배나 되는 판매부
수를 올리는지의 이유이기도 하다.

대학 발행물은 공생적 브랜드의 한 예이다. 즉 그것은 자신의 생존
을 다른 브랜드들의 동질성(uniformity)에 의존한다. 교육 발행물은
빨판상어 브랜드이다. 이 잡지가 동일한 공식을 다른 대체 가능한 서
비스 공급자들의 세계에도 적용했다는 것은 전혀 놀라운 일이 아니
다. '최고의 대학원Best Graduate Schools', '최고 가치Best Values' (이 훌륭한
학교들에서 가장 훌륭한 가격으로 자신이 투자한 돈을 최대한 활용하
는 방법), '미국 최고의 병원America's Best Hospitals', '최고의 대학 스포
츠 프로그램Best College Sports Programs', 그리고 한때는 수지가 맞았던 '최
고의 뮤추얼 펀드Best Mutual Funds' 등이 그들이다. 이 항목들을 한번 훑

어보기만 해도 상호 대체 가능한 상품들과 브랜드 차별화 시장 사이에 긴밀한 관계가 있음을 알 수 있다.

고등교육 기관의 브랜딩을 좀더 복잡하게 만드는 것은 그것이 너무나 합리적으로 보인다는 사실이다. 필자가 언급했듯이, 만약 소비자들이 진정으로 합리적이라면, 그들은 자신이 원하는 제품을 정한 후 도서관으로 가서 《소비자 보고서》를 구한 다음, 가장 높은 순위에 오른 제품을 살 것이다. 이런 식으로 하면 사람들은 식료품점에 가서 단지 몇 개의 브랜드 치약과 몇 개의 브랜드 샴푸, 그리고 몇 개의 브랜드 애견사료만을 살펴보면 된다. 물론 실제로 이렇게 하는 사람은 아무도 없다. 그러나 고등교육의 경우 사람들은 바로 이렇게 행동한다. 우리는 특정 잡지를 읽는다. 그것에 범접할 상대는 없다. 그리고 이로 인해 상위 대학들은 놀라운 안정성을 보여준다. 우리들은 몇몇 대학들의 순위가 약간씩 바뀌는 것을 보고 싶어 할지언정 그것이 완전히 뒤바뀌는 것은 원치 않는다.

아무 도서관이나 반즈 앤 노블Barnes & Noble 서점에 가보면 거의 동일한 조사들이 넘쳐나는 것을 볼 수 있다. 이 조사들은 모두 그 순위를 모방한다는 점에서 동일하다. 유일하게 다른 점은 그들이 독자적인 관점, 즉 USP를 제공한다고 주장한다는 것이다. 다음은 제2의 《유에스 뉴스》지가 되기를 원하는 후보자들이다.

《프린스턴 리뷰: 미국 최고의 300개 대학Princeton Review: The 300 Best American Colleges》

《피스크 대학 가이드The Fiske Guide to Colleges》

《피터슨 4년제 대학 가이드Peterson's Guide to Four-Year Colleges》

《대학 핸드북(미국 대학 위원회)The College Handbook (The College Board)》

《배론의 대학 프로파일Barron's Profiles of Colleges》

《아이비리그를 넘어Looking Beyond the Ivy League》

《배론의 최고의 대학 교육 선택Barron's Best Buys in College Education》

《대학진학, 어떻게 할 것인가(캐플란/뉴스위크)How to Get into College (Kaplan/Newsweek)》

《피터슨의 경쟁력 있는 대학Peterson's Competitive Colleges》

《최고의 고등교육 선택(타임스 북스)The Best Buys in Higher Education (Times Books)》

《당신을 위한 최고의 대학 및 입학 비결(타임 및 프린스턴 리뷰)The Best College for You and How to Get In (Time and the Princeton Review)》

《미국의 대학교(ACE) American Universities and Colleges (ACE)》

《머니 매거진의 대학교 이슈Money Magazine's College Issue》

《대학교 선택(소웰)Choosing a College(Sowell)》

《대학 비교 가이드The College Comparison Guide》

《내셔널 리뷰 대학 가이드The National Review College Guide》

《러브조이의 대학 가이드 Lovejoy's College Guide》

《인사이더의 대학 가이드(예일 데일리 뉴스)Insider's Guide to Colleges (Yale Daily News)》

《올바른 대학(아르코)The Right College (Arco)》

《남들과 다른 대학 가이드Making a Difference College Guide》

《GIS 4년제 대학 가이드The GIS Guide to Four-Year Colleges》

《리사 번바흐의 신개정판 대학 가이드Lisa Birnbach's New and Improved College Book》

《미국 대학 비교 가이드(카스 및 번바움)Comparative Guide to American Colleges (Cass and Birnbaum)》

그리고 이것은《파이낸셜타임스》나《포브스》,《비즈니스 위크》등에서 매기는 경영대학 순위뿐 아니라《키플링의 퍼스널 파이넌스Kipling's Personal Finance》에서 내놓는 특별 랭킹 가이드들을 무시한 것이다. 심지어 보통 이런 소동에 끼어들지 않는《애틀랜틱The Atlantic》마저도 이 순위 매기기 사업에 뛰어들었다. 이렇게 비슷비슷한 가이드들의 성행은 다음의 3가지를 말해준다.

첫째 특정 부류 내 구성원들의 차이는 별로 크지 않다는 것과 둘째, 고객들이 매우 열성적이라는 것, 셋째《유에스 뉴스》가 대학교 브랜딩에 있어 지배적인 브랜드가 되었다는 것이다. 하버드처럼《유에스 뉴스》는 최초로 그 영역에 도달했다. (선발기업의 이점을 떠올려라.) 그리고 하버드처럼《유에스 뉴스》는 경쟁 상대들을 미묘하게 부추김으로써 자신의 브랜드를 보호한다. 결국 다른 이들이 될 수 있는 최고의 상태는 하버드나《유에스 뉴스》에 못 미칠 운명인 것이다.

필자는《유에스 뉴스 & 월드 리포트》의 발행물을 혐오하지 않는 대학 행정가를 만나본 적이 없다. 펜실베이니아 대학University of Pennsylvania의 예술과학대 학장인 리처드 비만Richard Beeman이《뉴욕타임스》의 독자투고란 페이지에 쓴 다음의 글을 읽어보라. 이러한 태도는 좋은 순위를 얻는 학교들의 공통적인 반응이다.

미국 학부과정에 대한《유에스 뉴스 & 월드 리포트》의 연간 평가 순위가 이번 주에 나왔을 때, 나는 우리 대학이 전국 대학 항목에서 10위권 내의 순위를 유지하는 것을 보고 안도의 한숨을 내쉬었다. 그러나 연간 평가 순위 자체의 등장에 대해서는 전혀 기쁘게 생각하지 않는다. 왜냐하면 수많은 대학 행정가들처럼 나는 이 랭킹 개념 자체가 잘못된 것일 뿐 아니라 장래의 대학생들과 학부모들에게 해로운 영향을 끼칠 수 있다고 생각하기 때문이다.

설사 방법이 완벽하다 하더라도, 서로 매우 다른 학교 문화와 프로그램 우선순위를 가지고 있는 대학들이 비교될 수 있고 거기에서 나온 순위가 학생들에게 유용할 것이라고 생각하는 것 자체는 매우 문제가 있다. 그러나 이보다 더욱 문제가 되는 것은 이 순위들이 현재 입학생들과 학부모들 사이에 너무나 만연해 있는 소비주의를 더 심화시키고 있는 것이다. 그것은 '최고 10위 대학' 중 한 곳에 입학하는 것(과 등록금을 내는 것)이 왠지 '최고 10위 교육'을 보장한다는 태도를 부추긴다.

순위 매기기는 대학 교육을 받는 데 드는 노력의 양을 과소평가할 뿐 아니라, 그 과정에서 대학의 명성이 차지하는 중요성을 과대평가한다. 이런 식으로 그들은 교육 사업 자체에 상당한 해로움을 끼친다.

이 학장이 말하지 않는 것은, 어떤 면에서 보면 《유에스 뉴스》가 메우고 있는 구멍을 만든 책임이 그에게도 있을지 모른다는 사실이다. 랭킹 출간물이 존재하는 이유는 바로 각 부류 내에 뚜렷한 내적 차이점들이 없기 때문이다. 대학들은 이 차이점들을 없애기 위해 노력해 왔다. '서로 매우 다른 학교문화와 프로그램 우선순위'는 이러한 남다름이 순위에 악영향을 미치지 않기 위해 최소한으로 제한된다. 그는 또한 아이비리그에서 영원한 부진아로 남아 있던 그의 학교가 가장 적극적으로 학생의 조기 결정(Early Decision) 제도를 활용함으로써 등록률을 높일 수 있었다는 점을 지적하지 않고 있다.

엘리트 학교의 입장에서 조기 결정 제도는 최고의 마케팅 경지를 뜻한다. 조기 결정 제도란 고3생이 자신을 받아들이는 학교에 다니기로 약속하면 학교는 입학 결정 여부를 4월이 아니라 12월에 미리 앞당겨 발표함으로써 상냥하게 화답하는 것이다. 이것은 학생에게 멋진 제도처럼 보인다. 그렇지 않은가? 이제 학생은 더 이상 다른 학교에 지원하느라 난리를 치지 않아도 된다. 불합격도 없다. 학생은 이제 두 다리 쭉 펴고 잘 수 있다. 그리고 그것은 학부모도 마찬가지이다. 하지만 이것은 학교에게 훨씬 더 잘된 일이다. 편히 쉴 수 있는 것은 바로 학교이다. 가을 말까지 그들은 정원의 3분의 1을 의욕적이고(이것은 학비 전액을 지불한다는 뜻이다) 훌륭한 학생들로 채울 수 있게 된다. 그들의 등록률은 급상승한다. 왜냐하면 그들은 거의 100퍼센트에 가까운 승낙을 받아낼 것이기 때문이다. 이 아이들이 학교에 다니기로 약속했다는 것을 잊지 말자. 약속을 지키지 않으면 그들은 추방된다. 혹은 학교에서는 그렇게 주장한다. 물론 이런 종류의 허튼 속임수에 관여되어 있는 아이들은 바로 어차피 일류 대학을 갈 중산층 출신의 성적 우수생들이다. 사실 이것은 전체 지원 학생 중 졸업생 학부모의 자녀들이 불균형적 비율을 차지한다는 점에서 새로운 형태의 유산 합격(legacy acceptance)이라 할 수 있다.

비록 일부 아이비리그 대학들은 조기 결정 제도를 비난하지만, 펜실베이니아 대학은 현재 그것의 가장 열렬한 옹호자이다. 만약 대학 행정가들이 정말로 이 대학 랭킹 제도를 없애고 싶어 한다면, 이를 위해서 그들이 해야 할 일이라고는 단지 진짜 차이점을 만들어냄으로써 공통의 무리에서 자신을 분리하기만 하면 된다. 혹은 이보다 훨씬 더 쉬운 방법으로 아예 처음부터 데이터 제출을 거부하면 된다. 그러나 온순한 양들처럼 학교들은 참을성 있게 줄을 서고 부드럽게 손을 본 숫자들을 제공하며 《유에스 뉴스》가 그들의 털을 깎고 낙인을 찍어줄 때까지 기다린다. 그러고 나서 그들은 투덜댄다. "아, 우리가 얼마나 이 랭킹들을 혐오하는가!" 그들은 부류에서 최고를 차지하기 위해 격렬하게 다투면서도 이렇게 한탄한다.

그 뉴스 잡지의 대학 순위 출간물이 브랜드 네임 대학과 대량 공급형 대학들 간의 차이를 부각시키는 것은 의심할 여지가 없다. 그러나 그것은 단지 그러한 차이가 실제로 존재하기 때문일 뿐이다. 바벨의 이미지를 기억하는가. 그러나 그 가이드는 두 집단 내부의 차이에 대해서는 거의 조명하지 않는다. 한편 학교들 사이에 차이가 있다는 환영은 단지 학생들의 대학 지원에만 영향을 미치는 것이 아니라 기부자들의 기부금은 물론 심지어 등외들에게 더 중요하게는 채권 발행(bond issue)에 대한 신용등급에도 영향을 미친다. 만약 순위가 고정된 채로 불변한다면 이 프레임워크는 진짜 영향력을 가지게 될지도 모른다. 일부 좋은 학교들은 이 과정에서 패배할 것이다. 그러나 끊임없이 변동하는 순위 덕분에 이것은 사실 제로 섬 게임이 된다. 몇 년마다 화제의 학교는 다시 잠잠해지고 잠잠했던 학교는 다시 뜨게 된다. 그러나 바벨의 이쪽 면에 있던 학교가 저쪽 카테고리로 급속히 이동하는 경우는 혹시 있다하더라도 매우 드물게 일어난다. 상위 20개 대학들은 수십 년 동안 조금도 바뀌지 않았다.

아이러니하게도 (아무도 진짜로 신경 쓰지 않는) 순위 평가 기준이 많은 것을 알려 준다. 《유에스 뉴스》는 SAT 점수와 기부금, 학교 규모 및 성장률, 입학생들의 성취도, 보유 학생 수, 졸업률, 교수진들의 임금, 학교에 고용된 박사급 인재들의 수 등을 본다. 그 잡지는 또한 4200명의 대학 총장과 학장, 입학처장들이 동료 학교들에 대해 매기는 순위도 포함시킨다. (그리고 이를 25퍼센트라는 경이로운 수치로 부풀린다.) 오 제발! 그 의견들이 편견에 찬 사리심으로 더럽혀지지 않았다고 생각하는 사람도 있을까? 그 의견들을 신뢰할 사람이 과연 어디 있겠는가? 《뉴스위크》지는 심지어 대학 행정가들 사이에서 이 중대한 판정에 영향을 미치기 위한 엄청난 양의 우편물이 돌고 있다고 말한다. 스위트 브라이어 대학Sweet Briar College의 총장인 엘리자베스 멀렌필드Elisabeth Muhlenfield는 호바트 앤 윌리엄 스미스 대학Hobart and William Smith Colleges에게서 특별 강좌 프로그램을 알리는 서신을 받았다고 했고, 미들버리 대학Middlebury College은 요구하지도 않은 캠퍼스 사진첩을 보내는 소동을 벌였다.

《유에스 뉴스》의 기준은 또한 졸업생들의 기부 비율을 포함시키고 있다. 그래서 당신은 저녁시간에 모교의 학생들에게서 많이 기부하지 않아도 되니까 조금이라도 무엇이든지 기부만 하라고 부탁하는 전화를 받는 것이다. 이것은 《유에스 뉴스》가 기부금의 액수는 문제 삼지 않기 때문이다. 기부하는 사람들의 비율만이 중요하다. 기부가 소비자들의 만족을 뜻한다고 여겨진다. 하지만 그것이 교육적인 만족을 뜻하는가, 아니면 억지로 졸라서 얻어낸 만족을 뜻하는가? 대부분의 대형 캠퍼스에서 가장 학생들을 많이 고용하는 곳이 어디인지 아는가? 바로 개발부서의 전화부이다. 이곳에서 아이들은 당신이 받는 그러한 전화를 걸고 있다.

비록 고등교육 기관들이 브랜드 가치를 구축하기 위해 사용하는 다양한 방법들 — 가령 다른 곳에 갈 확률이 높은 훌륭한 학생들을 탈락시킴으로써 등록률을 조작하고, 조기 입학이나 조기 결정을 사용함으로써 선택되었다는 환상을 증가시키며, 마치 졸업률이 중요하기라도 하다는 듯이 졸업률을 예측하는 '부가가치'라는 카테고리를 만들어내는 등 — 에 대해 소비자들이 이제 적어도 어렴풋하게나마 알게 되었지만, 이따금씩 《유에스 뉴스》는 오즈 마법사의 커튼 뒤에서 어떤 일이 벌어지고 있는지 보여주는 정말 어처구니없는 실수를 범하곤 한다. 대학들이 서로 뒤범벅이 되도록 하기 위한 이유들 때문에 (그리하여 소비자들이 이전 해의 순위에 안주하지 않도록 하기 위해) 《유에스 뉴스》지는 학생 1인당 지출이라 불리는 카테고리를 중시하기로 결정했다. 이 기준은 각 대학의 학생들이 사용하는 장비를 지원하는 데 얼마의 돈이 쓰였는지를 다룬다. 그렇다면 이 기준이 도입된 1997년에는 어떤 일이 벌어졌을까? 칼테크Caltech가 1위를 차지하였다. 그렇다면 2위는? MIT이다. 왜 그런가? 이유는 간단하다. 이 학교들의 값비싼 첨단 기술 장비들이 심지어 예일이나 하버드까지 능가할 수 있도록 유리하게 작용하였기 때문이다. 예일과 하버드는 공학부의 규모가 작다. 칼테크는 실험실 장비로 학생 1인당 7만 4000달러를 썼다. 반면 예일은 4만 5000달러를 썼다. 두말할 나위 없이 이듬해에 그 기준은 재조정되었고 강철 같은 학교들은 자신에게 맞는 위치를 다시 차지할 수 있게 되었다.

유대인 문제

잡지를 탓하는 것이 신나는 일이긴 하지만, 가끔씩은 학교들도 이상한 짓을 한다. 때때로 브랜드가 되려는 열풍은 의도치 않은 신기한 결과를 낳기도 한다. 한 가지 예를 들어보자. 그로턴Groton 사립명문 고등학교에 들어가는 것이 하버드에 들어가는 것을 뜻했던 예전의 획일적인 세계에서는 높은 성적을 거두는 학생들 중 유대인과 같은 특정 집단들은 등록이 제한되었다. 그러나 SAT 점수와 근면한 성취가 지배하는 현대 세계에서는 오히려 유대인을 원한다. 사실 집단으로서의 그들은 대학의 순위를 높여 준다. 그래서 전체 인구 중 약 2퍼센트만이 유대인이지만 그들은 아이비리그 학생들 중 22퍼센트 이상을 차지한다.

이러한 초교파적인 시대정신에 따라, 몇 년 전부터《유에스 뉴스》는 대학 내의 종교적 다양성에 관해 보도하기 시작했다. 그들은 미국 대학 위원회에 자문을 구했는데, 대학 위원회는 SAT 자료 상자에서 데이터를 꺼내 왔다. 그들이 발견한 것은 무엇이었을까? 다름 아닌 유대인들이 엘리트 학교에 많다는 사실이었다. 유대인을 보유하고 있는 것이 이제는 하나의 브랜드 필수사항으로 여겨짐에 따라 밴더빌트 대학Vanderbilt University과 같은 학교들은 유대인 학생수를 늘이려고 허둥대야 했다.《월스트리트 저널》은 전면 기사에서 밴더빌트 대학의 이 기묘한 문제와 그보다 더 기묘한 해결 방법에 대해 다루었다. 한때는 남부 유대인들에게 인기 있는 대학이었던 이 학교는 1970년대만 하더라도 유대인 학생 등록률이 8퍼센트이던 것이 이제는 3퍼센트로 떨어지는 것을 목격해야 했다. 그것은 전국 상위 25개 대학에서 유대인 등록률이 두 번째로 낮은 수치였다. 예수회 계열의 노틀댐 대학University of Notre Dame만이 이보다 낮은 유대인 비율을 가지고 있었다.

그러나 여기서 중요한 사실은 밴더빌트 대학이 자신의 두 핵심 라이벌인 애틀랜타의 에모리 대학Emory University과 세인트루이스의 워싱턴 대학Washington University보다 뒤쳐져 있다는 것이었다. 부분적으로 이것은 SAT 평균 점수가 더 낮다는 데서 비롯된다. 밴더빌트 대학은 2001년 리스트에서 21위에 올랐는데 이는 에모리 대학보다 3위 정도, 워싱턴 대학보다 7위 정도 뒤처진 순위였다. 한편 적어도 워싱턴 대학 학생의 35퍼센트가, 그리고 에모리 대학 학생의 약 30퍼센트가 유대인이다. 그렇다면 방법은 무엇인가? 바로 유대인을 테네시 내쉬빌(밴더빌트 대학이 있는 곳 — 옮긴이)로 영입해오는 것이다.

지역적 특성 때문에 밴더빌트 대학교의 신입생 중 약 4분의 1이 자신을 기독교인으로 인식하였다. 이는 엘리트 사립대학교의 평균보다 2배 정도 많다. 더 많은 유대인을 유치하려는 욕망이 초교파적인 정신에서 비롯된 것이라면 이러한 정신도 한 가지 이유일 수 있다. 그러나 사실은 그러지 않다. "그렇다. 우리는 유대인 학생들을 목표로 삼고 있다." 고든 지Gordon Gee 총장은 유대인들의 대학조직인 힐렐Hillel의 지역 지부에게 이렇게 말했다. "그것은 전혀 잘못된 일이 아니다. 그것은 소수집단 배려정책이 아니라 스마트한 사고이다." 밴더빌트 대학(과 엄청나게 인상된 임금)을 위해 2000년 브라운 대학 총장직을 그만둔 고든 지 총장은 유대인을 대상으로 한 틈새 시장 공략은 밴더빌트 대학을 아이비리그 대학의 지위로 올리기 위한 그의 '엘리트 전략' 중 일부라고 말한다. "유대인 학생들은 그들의 문화와 능력, 그리고 활발한 성격을 통해 대학의 지적인 삶을 훨씬 더 살기 좋은 공간으로 만든다." 이것은 《저널Journal》지에서 그가 한 말이다.

만약 학교들이 진정으로 자신들의 제품을 차별화하는 데 충분한 시간과 에너지를 쏟는다면, 평가자나 평가 대상자의 술수가 아무리 이상하고 기묘하든지 간에 이러한 허튼 수작은 일어나지 않을 것이다. 리처드 비만Richard Beeman도 이렇게 되길 간절히 바란다고 주장한다. 밴더빌트 대학은 남들과의 차이를 없애려 하는 특이한 대학이지만 이것은 오직 자신의 순위를 높이기 위해서일 뿐이다. 아이러니하게도 우리가 살펴보았듯이 공급자가 그들과 그들의 서비스를 호환 가능한 것으로 만들 때에는 정확히 이런 종류의 날조와 허구화 과정이 일어난다. 마치 '음매' 하고 울면서 밭을 가는 황소들처럼 고등교육 기관들은 참을성 있게 줄 서서 자신들의 연간 수치를 제출하고 주는대로 받아먹으며, 교활한 뉴스잡지가 자신의 옆구리에 '프리미엄

등급'이나 '치마살 양지용(flank steak)', 또는 '햄버거용 고기'라는
표시를 찍어 주기만을 기다린다. 어떤 면에서 그들은 그들이 받아야
할 대우를 받는다고 할 수 있다.

학교가 공개하지 않는 연구

《유에스 뉴스》 대학순위 출간물의 부책임 편집자인 앨빈 사노프[Alvin
Sanoff]와 인터뷰하던 도중 갑자기 그는 대학들이 얼마나 쉽게 순위 기
관들의 문을 닫게 할 수 있는지를 설명하기 시작했다. 학교들은 자
체적으로 실시하는 고객 조사를 통해서 자신들이 어떻게 해나가고
있는지 잘 알고 있다. 수많은 대학 행정가들과 이야기를 나눈 후 필
자는 이러한 정보가 더 이상 비밀은 아니지만 그것을 유포하는 것은
어느 누구도 원치 않는다는 사실을 발견했다. 대학 순위 발행물이
나올 때마다 대학 행정부들이 얼마나 울부짖는지 기억하는가? 그들
은 자신의 상대자가 여기저기 돌아다니면서 순위를 끌어올리려고
노력하는 꼴을 보게 되면 울부짖는다. 수년 간 퓨 재단[Pew Foundation]은
학생참여전국조사[National Survey of Student Engagement](NSSE, '네시')를 지원
해 오고 있다. 이것은 졸업생의 관점에서 교육 경험의 '테이크아웃
가치'에 관한 자료들을 만들어낸다.

　고등교육 기관의 브랜딩에 관해 몇 안되는 솔직한 평가 중 하나로
서, 전 메인 대학교 총장인 로버트 우드버리[Robert L. Woodbury]는 현재의
순위 체계의 문제점을 설명한다. 그는 《유에스 뉴스 & 월드 리포트》
에서 1위를 차지하면서 대학의 정직성을 잃는 법'이라는 참으로 신
선한 글에서 너무나 명백해 보이는 다음과 같은 점들을 지적한다.

《소비자 보고서》는 자동차들을 서로 비교하고 이들의 순위를 매기기 위해 자동차의 성능이나 안전성, 신뢰성, 가치 등과 같은 항목을 기준으로 평가한다. 그 잡지는 자동차의 '산출량(output)', 즉 그 자동차가 해내고 있는 것을 측정하려고 한다. 반면《유에스 뉴스》지는 학생들이 등록한 이후 그들을 위해 대학이 실제로 무엇을 해주었는가를 평가하기보다는 대부분 '투입량(input)', 즉 지출 규모나 수업규모, 학생들의 입학시험 성적이나 교수진들의 학위를 본다. 만약《소비자 보고서》가《유에스 뉴스》와 같은 방식을 사용한다면, 그것은 자동차를 만드는 데 사용된 강철 및 플라스틱의 양, 경쟁관계에 있는 자동차 딜러들의 의견, 고객의 운전 기술, 매니저와 영업사원들 중 MBA 소지자의 비율, 그리고 자동차의 가격에 따라 자동차의 순위를 매길 것이다(높을수록 더 좋은 자동차가 된다).

대학 행정가들은 모두 '입학할 때'의 데이터보다 '졸업할 때'의 데이터가 훨씬 낫다는 데 의견을 같이한다. 그러나 이 정보는 학교들이 가지고 있는 것이다! 잡지는 할 수만 있다면 그 자료를 사용할 것이다. 사노프와 같은 이들이 그 데이터를 요청했을 때 그것을 얻을 수 없었던 이유는 무엇일까? 연구 대상 학교들 — 그들 중 약 617개의 대학과 대부분의 최상위 대학들 — 은 많은 경우 이 정보가 공개되는 것을 허락지 않는다. 이것은 왜 그런가? 그들은 그러한 학생 정보가 기밀 정보이기 때문에 공개할 수 없다고 말한다.

이것은 말도 안 된다! 학생들은 그 정보들이 공개된다 해도 눈 하나 꿈쩍하지 않을 것이다. 사실 그들은 그 정보가 공개되길 원할 것이다. 그들은 자신들의 대학 진학을 계획하는 데 있어 그러한 정보들을 사용할 수 있었을 것이다. 분명 엘리트 대학들이 이 정보를 공개하지 않는 이유는 그것이 상위 20개 대학들의 순위에 심대한 영향을 미칠 것이기 때문이다. 훌륭한 학생일수록 평가는 더 매서운 법이다. 필자가 똑같은 수업을 일반 대학생들과 우수 학생들에게 가르쳐보면 한결같이 우수 학생들의 불만이 더 많았다. 그들은 스스로에 대해서뿐 아니라 필자에 대해서 더 높은 기준을 가지고 있었던 것이다. 그리고 기왕 말이 나왔으니 하는 말이지만, 왜 졸업생들의 LSAT, GMAT, GRE, MCAT와 같은 시험 성적들을 공개하는 학교들은 없을까? 이런 수치들이 SAT 점수보다 더 많은 것을 드러내주지 않을까?

좋은 학교들이 파는 것은 되팔기이다

바벨에서 엘리트 쪽에 있는 학교들이 생산해내야 하는 것은 그들이 모을 수 있는 가장 훌륭하고 뛰어날 뿐 아니라 그들과 바벨의 반대편에 위치한 학교들 사이에 메울 수 없는 질적인 간극을 보여줄 수 있는 입학생들의 집단이다. 그들에게는 이 입학생 집단이 매우 절실한데, 이것이 바로 그들이 다음 단계의 소비자들에게 파는 것이기 때문이다. 그리고 그들에게 재정적 안전을 제공하는 것은 바로 이 연금이다. 다른 말로 하자면 고등교육 시장을 다른 산업들과 다른 고유한 것으로 만들어 주는 것은 그것의 소비자 가치가 거의 전적으로 누가 그 제품을 소비하는가에 달려 있다는 것이다. 입학의 시점에서 목표는 돈이 아니다. (그러나 그렇게 될 것이다.) 목표는 누가 들어오는지 알리는 것이다. 그것이 바로 제품이다. 경제 과목에서는 이것을 '동료 효과(peer effect)'라고 부른다. 당신 옆에 누가 앉는가가 가치를 만들어낸다. 어떤 의미에서 볼 때 이것은 광고에서 '유명인 효과

(celebrity value)'라 부르는 것의 연장일 뿐이다.

마케팅 관점에서 그것은 다음과 같이 진행된다. 재능 있는 학생들의 수는 제한되어 있기 때문에 최고의 학교들은 일단 지배적인 브랜드 위치를 차지해야 한다. 이것은 고등교육의 경제학에 관한 윌리엄스 프로젝트^{Williams Project}의 공동책임자인 고든 윈스턴^{Gordon Winston} 교수가 '군비 증강 경쟁'이라 부르는 상태를 초래한다. 이 전쟁은 매년 자신의 학교가 우위를 차지하도록 하기 위해 치러진다. 윈스턴 교수는 다음과 같이 설명한다.

등록의 문턱을 넘어서면 학교 간의 경쟁은 학생들의 질에 대한 경쟁이 된다. 입학조건이 까다로운 학교들 사이에서는 무능한 지원자들이 중요한 관심거리인데, 그들은 학교가 입학의 선택권을 갖게 함으로써 학생들의 질을 높여주기 때문이다. 사실상으로도 그 학교들은 학생들의 질에 관해 선택적이 되기 위해서 입학을 제한하고 있다.

대학들이 학생들의 질 — 즉 자신들의 교육을 누구에게 판매할 것인가 — 에 신경을 쓰는 이유는 '고객 투입 기술(customer-input technology)'이라는 기술 때문인데, 그것에 의해 고등교육이 생산된다. 대학 제품을 구매하는 학생들은 동료 효과라는 형태로 대학의 생산 활동에 있어 매우 중요한 투입요소가 되어 준다. 학생이 받는 교육은 그 학생과 함께 교육을 받는 다른 학생들의 질이 높을수록 더 좋아질 것이다. (이것은 마치 당신이 구매한 토러스^{Taurus} 자동차가 그 자동차 딜러로부터 차를 사는 다른 사람들이 더 괜찮은 사람일수록 더 좋은 승차감과 연비, 성능을 가질 것이라는 점과 같다. 그들이 만약 그랑 프리 운전자들이라면 당신의 토러스는 메르세데스가 될 것이다.) 이것은 우리가 널리 알고 있는 생산 과정은 아니지만 대학교를 운영하는 사람들(과 그 대학들을 선택하는 사람들)에게는 어느 정도 오랫동안 알려져 왔던 생산 과정이다.

그러므로 어떤 대학이든지 더 나은 질의 학생들에게 팔릴 수 있다면 그 학교가 생산해내는 교육의 질은 향상될 것이다.

대학의 가치가 학교의 내재적 특성들보다는 누가 사느냐에 더 달려 있다 보니 좋은 학교는 고객들의 필요가 아니라 그들의 실력을 착취함으로써 이득을 얻는다. 그런데 주요 수입원이 등록금이 아니라면 이 치열한 학생 유치 비용을 어떻게 감당할 것인가? 4년제 사립대학은 학부생의 4분의 3이 어떤 종류든지 학비지원을 받고 있다. 사실 가계 소득이 10만 달러 이하인 모든 피부양학생(dependent student, 어리고 미혼인 학부생을 일컫는 전문 용어)의 44퍼센트가 학비 지원을 받는다. 등록금에서 보는 손해를 엘리트 학교들은 다른 곳에서 회수한다. 윈스턴 교수의 경우를 예로 들어보자. 평균적인 대학의 경우 학생 1인당 들어가는 비용이 약 1만 1000달러이고 등록금으로 거둬들이는 비용이 단지 3500달러인 반면 슈퍼 브랜드인 윌리엄스 대학Williams College은 약 8만 달러를 쓰고 총 2만 2000달러를 거둬들인다. 이것은 왜 그럴까? 왜냐하면 윌리엄스 대학은 자신의 브랜드 가치를 유지하고 독점 판매권(franchise)을 보호하기 위해 등록금을 대폭 할인하고 그 차액을 미래의 기부금과 증여, 심지어 어떤 경우에는 정부의 보조금으로 충당할 수 있다고 생각하기 때문이다. 지출비용의 상세내역은 다음과 같다.

항목	학생 1인당 비용
자본 비용	$20,000
교수진 급여 및 부가급여	14,300
재정적 지원	8,100
기숙사비	5,900
도서관 및 기술	5,300
건물 및 운동장	4,900
행정	4,000
운동선수	2,400
기타(연구, 졸업생관리, 의료서비스 등)	15,100
총	**$80,000**

윈스턴 교수는 다음과 같은 시사적인 말을 남긴다. "대학은 마치 자동차 딜러이면서 동시에 교회처럼 행동하는 회사와 같다. 자신의 제품을 팔기는 하지만 생산비용에도 못 미치는 자선 가격으로 판다." 그러나 학교의 순위가 높아질수록 점점 더 흥미로운 상황이 벌어진다. 이론적으로 볼 때, 제대로 된 학생 집단을 얻을 수만 있다면 엘리트 학교는 제품을 무상으로라도 제공하는 것이 가장 이익이다. 즉 최고의 학생들을 얻기 위해서 학교 등록금을 받지 않는 것이다. 그러나 이러한 접근에 위험이 없는 것은 아니다. 이러한 사실을 윌리엄스 대학교는 2003년 무디스 인베스터스 서비스Moody's Investors Service의 평가에서 자신의 순위가 내려가는 것에서 발견했다. 윌리엄스 대학교는 뛰어난 신입생들을 끌어들이기 위한 목적도 한 원인이 되어 자신의 부채를 두 배 이상 늘린 적이 있다.

거의 같은 대열에 속해 있으면서 큰 포부와 든든한 재정을 가진 제

2군의 대학들은 윌리엄스 대학의 모델을 그들의 학부 과정에 적용한다. 그들의 단기 결과는 다양하다. 1990년대 동안 점점 팽창하던 기부금의 노련한 수혜자이던 라이스 대학Rice University과 에모리 대학Emory University은 그들의 입학 조건을 높이는 대가로 거의 0에 가까운 등록금을 청구하게 되었다. 1980년대 초 샌안토니오의 트리니티 대학Trinity University은 모든 내셔널 메리트 장학생들에게 무료 등록금을 제공함으로써 자신의 위치를 확보하려고 애썼다. 입학생의 평균 SAT 점수가 1400점에 달하고 544명 정원에 5000명 이상이 지원하는 윌리엄스 대학은 3만 1520달러에 모든 등록금과 기숙사비를 동결하겠다고 약속했다. 그러나 누가 상관하는가? 그 수치는 학문적 수치에 불과하다. 중요한 것은 그들이 학비 지원 패키지의 상한을 정할 것인가이다. 물론 그들은 절대로 그렇게 하지 않을 것이다. 애프터 마켓(aftermarket)에 걸린 몫이 너무 크기 때문이다.

충분한 시간과 호기심을 가진 사람이라면 이러한 군비증강 경쟁에 대해 많은 것을 드러내 주는 데이터를 대학 웹사이트들을 돌아다니면서 찾아볼 수 있을 것이다. 학교에서는 종종 학비 지원을 받는 학생들의 비율을 보고한다. 문제는 그 수치가 대출금과 장학금, 혹은 정부의 돈(이는 학비 할인율을 계산하는 데 고려되지 않는다)과 대학의 돈을 구별하지 않는 것이다. 그러나 이들 중 많은 사이트들이 또한 학교가 제공하는 장학금의 규모와 개수, 그리고 자격 요건 ― 성적 평점, 성취도, 그리고 요구되는 전공 등 ― 을 표기해 놓고 있다. 이들을 조사해 보는 것도 흥미로울 것이다. 그들은 상위권에 있는 학생들에게 자신들과 협상해 달라고 거의 애원하다시피 한다. 정말 좋은 점수를 가진 학생들이라면 대학이 학생에게 가지는 가치보다 학생이 대학에게 가지는 가치가 더욱 커진다.

가끔씩 어떤 사이트는 대학이 현재 직면하고 있는 압력을 그대로 보여주기도 한다. 드파우 대학Depauw University의 웹사이트에 가서 SAT나 ACT 점수와 성적 평점(GPA) 그리고 학교 등수를 입력하면 컴퓨터 프로그램이 즉시 학교에서 제공할 수 있는 '장학금'의 종류를 알려 줄 것이다. 예를 들어 SAT 점수가 1020점이고 GPA가 3.25이면 최고 3000달러까지 할인받을 수 있다. 한편 SAT가 1200점이고 GPA가 3.75이면 장학금은 1만 달러까지 올라간다. 이처럼 학생이 대학교에 찾아가는 것이 아니라 학교가 학생에게 찾아간다.

그리고 이따금씩 학교들끼리 서로 좋은 셸프 스페이스(shelf space, 진열공간)을 차지하기 위해 싸우는 모습에서 브랜드 간의 알력 다툼을 발견할 수도 있다. 가령 맨해튼을 보라. 그곳에서 컬럼비아 대학Columbia University과 NYU는 코카콜라와 펩시, 혹은 맥도널드와 버거킹이 벌이는 사투와 비슷한 고전적인 브랜딩 전투를 벌이고 있다. 이들의 경제학과는 각각 30만 달러짜리 교수들을 ICBM(대륙간 탄도 미사일)처럼 사재기하며 마치 냉전주의자들처럼 행동하고 있다. 브랜드 전쟁이 둘 사이의 전쟁으로 치닫게 되면 ─ 그리고 이것은 브랜드 전쟁에서 거의 불가피하게 발생하는 일이다 ─ 등외자들은 조심하지 않으면 마을에서 쫓겨날 수도 있다. RC 콜라나 버거 셰프Burger Chef의 경우를 생각해보라.

2003년 《뉴욕타임스 매거진》에 종종 글을 기고하는 마크 리바인Mark Levine은 NYU의 지도자인 존 섹스톤John Sexton에 관해 글을 썼다. 존 섹스톤은 이 대학의 새로운 총장이자 자칭 '신화제조자'였다. 리바인은 섹스톤에게 그가 벌이는 사업이 단지 "또 하나의 정교한 마케팅 전략이자, 인재와 돈을 놓고 경쟁 관계에 있는 다른 부유한 대학들에 대해 자신을 좀더 세련된 대안으로 포지셔닝함으로써 NYU를 판매하는 방법"으로 생각해도 되는지 물어보았다고 했다. 섹스톤은 "바로 그렇다!"고 외치며 다음과 같이 말했다.

> 브랜딩은 우리가 우리 자신에 대해 늘어놓는 이야기의 또 다른 이름일 뿐이라고 생각한다. 그리고 나는 우리의 이야기가 말해지기를 원한다. 그렇다. 신화(mythology)나 상술(salesmanship), 브랜딩은 모두 같은 것이다. 브랜딩이란 말에는 뭔가 경멸적인 의미도 있지만 뭔가 숭고한 의미도 있다. NYU에는 신화가 없었다. 우리는 우리가 누구인지, 우리가 여기에 왜 있는지 알 방도가 없었다. 대학 총장의 가장 위대한 힘은 커뮤니티의 호메로스(Homer, 고대 그리스의 서사시인, 『일리아드』 및 『오디세이』의 작가라고 추정됨 — 옮긴이)가 되는 것이다.

가엾은 뉴욕시립대^{CUNY}에게 동정을! 좀더 노련한 브랜드 동료들과 다시 경쟁을 벌이려는 절실한 시도에서, 그 학교는 입학생들의 수준을 끌어올리기 위해 많은 돈을 들여가며 새로운 장학생 프로그램을 시작해야만 했다. 수업료 면제와 노트북 한 대, 학생용 계좌에 7500달러, 극장 및 박물관 이용권, 특별 세미나, 그리고 개별 학문 상담까지. 2002년 5개 뉴욕시립대학의 235개 좌석을 두고 2500명 이상의 학생들이 지원했다. 뉴욕시립대가 받아들인 743명의 학생들은 SAT 평균점수가 1325점이었고, 이는 보통의 입학생들보다 135점 정도 높은 수치였다. 장학 프로그램은 공적 자금으로 운영되는 이 학교에게 연간 약 120만 달러를 더 쓰게 했다. NYU와 컬럼비아 대학이 같은 동네에 머물면서 그들의 식량(lunch) — 즉 뉴욕시립대가 그 방탕한 입학 정책으로 이미 탕진해버리지 않고 남은 식량 — 을 천천히 그러나 체계적으로 먹어치우지 않았다면 이것은 절대 일어나지 않았을 것이다.

기본적으로 뉴욕시립대는 한때 '허드슨 강가의 하버드'에서 편의형 대학으로 전락하지 않으려면 다른 대안이 없었다. 학교의 경솔한 개방입학 프로그램은 커리큘럼과 교수진은 말할 것도 없고 입학 점수와 평판을 망가뜨려 놓았다. 뉴욕시립대가 해야 했던 전부는 브랜드가 연기처럼 사라진 다른 학교들을 살펴보는 일이었다. 다음은 거의 동일한 시장에 속해 있는 가엾은 아델피 대학^{Adelphi University}이 자신을 포지셔닝하려고 하는 방법이다.

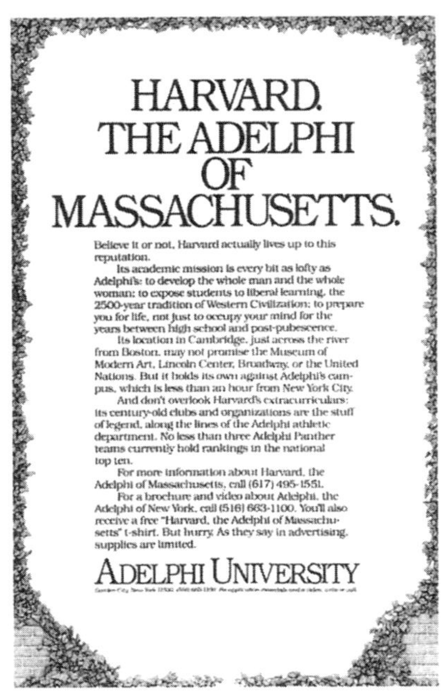

아델피 대학은 바보 같은 게임을 벌이고 있고 지금 그 결과가 나타나고 있다.

마치 강대국(megastate)들이 자기 방어라는 이름으로 더욱더 많은 무기를 쌓아 두는 것처럼, 강력한 브랜드를 가진 학교들은 '능력에 근거한 지원(merit-based aid)'과 '특별 우대 정책(preferential packages)'을 무기로 자기 방어전을 치러낸다. 고등교육 기관들이 30년 전 그렇게 자랑스럽게 내놓은 '필요에 근거한 지원(need-based aid)'은 어디로 갔는가? 그것은 완전히 잊혀져버렸다. 성적이 우수한 학생들이 대부분 같은 인구집단에서 나오고 있고, 그들 중 대부분이 부모의 영향을 강하게 받으며, 학교가 요구하는 같은 종류의 재능(운동이나 음악, 또는 조직 등)을 가지고 있기 때문에, 정말로 불리한 학생들을 돕겠다는 재정적 지원의 어렴풋한 비전은 단지 비전으로 끝날 뿐이다. 루미나 재단Lumina Foundation에서 나온 '등록금 할인의 의도치 않은 결과들Unintended Consequences of Tuition Discounting'이라는 보고서에는 다음 같은 우려할 만한 통계자료가 나온다. 2001년 4년제 사립대학의 평균 등록금 할인율은 38.2퍼센트였고, 거의 학생 10명 중 8명이 혜택을 받았다. 1995년 가을부터 미국 교육부에서 발행한 자료를 연구한 결과 학교 장학금의 평균 금액은 4년제 공립대학과 사립대학 모두에서 저소득층보다는 고소득층 학생들에게 훨씬 더 빠른 비율로 증가하고 있었다. 다른 말로 하면 점점 더 장학금이 필요보다는 능력(merit) 쪽으로 이동하고 있는 것이다.

아이비리그에서는 약 10퍼센트의 학생들만이 연방 정부의 주요 장학 프로그램 중 하나인 펠 장학금Pell Grant을 받는다. 그러나 전국 평균 정도의 수입을 가진 가족 출신의 학생들 대부분, 즉 전체 가구의 절반 정도가 펠 장학금을 받을 수 있는 자격이 있다. 경제적 그리고 인종적 다양성은 대학 사설란과 안내책자의 거창한 광고에 관계없이 대부분 눈속임에 불과하다. 순위에 의해 지배되는 시스템에서 진짜 다양성은 저주와 같다.

　사립대학들이 학생들의 재정 지원에 쓰는 돈의 3분의 1 이상이 필요가 아니라 능력에 의해 선별된 학생들에게 돌아간다. '모든 대학에게 자치권을(every school for itself)'이라는 신드롬은 일종의 특이한 결과를 가져왔다. 카네기 멜론 대학Carnegie Mellon University이나 로체스터 대학University of Rochester과 같은 특정 대학들은 경쟁자가 제공하는 것이라면 무엇이든지 체계적으로 인상함으로써 상대적 지위를 확보·해왔고, 그리고 그들은 이러한 행동을 멈추지 않을 것이다. 순위에서 미끄러지지 않으려면 그들은 그렇게 하지 않을 수 없다. '재정 지원(financial aid)'이라는 용어는 이제 학부모가 말다툼으로 얻어낼 수 있는 최선의 협상 가격을 뜻하게 되었다. 이것의 결과는 학비를 감당할 수 있는 노련하고 훌륭한 학생들이 할인된 가격으로 학교에 다닌다는 것이다.

　우연하게도 대학원은 그러한 자유 시장 아래 놓여 있지 않다. 그래서 특별한 종류의 낭비가 일어난다. 최고의 학교들이 터무니없는 것처럼 보이는 비용을 치르고 브랜드 인지도를 산다. 그들은 더 우수한 제품을 생산한다고 볼 수 있다. 하지만 그 제품을 위한 시장이 존재하지 않는다면? 전형적인 예를 하나 들자면 예일 대학의 영문학과는 자신의 모든 대학원생들에게 무임승차를 제공한다. 사실 최고 중의 최고의 학과를 만들기 위해 학생들에게 생활비 보조용의 장학금까지 지불한다. 그러나 이것은 무엇 때문인가? 다른 대학원 학과들을 예일 출신의 박사들로 채우기 위해서는 아닐 것이다. 왜냐하면 영문과 박사들을 위한 일자리는 모자라기 때문이다. 그러므로 예일 대학원이 최선을 다해 최고의 학과를 만들려는 이유는 학교 자신이 보호받아야 할 브랜드이기 때문이다. 그렇다면 이것이 제2군에 속하는 학

244

교들에게는 어떤 영향을 미치는가? 플로리다 대학University of Florida 영문학과에 있는 모든 대학원생들은 — 모두가! — 현재 세금으로 학비를 지불하고 있다. 그들 한 명 한 명이 모두 등록금을 지원받는 조교직이나 연구직에 있다. 우리는 그들이 등록금을 지불할 수 있는지 여부조차 물어보지 않는다. 심지어 그러한 학과를 묘사하는 약간의 학자풍의 용어도 있다. '전액지원(fully funded)' 이 그것이다.

남세자들은 기본적으로 우리가 생산하는 제품의 불가피한 장래 실업에 대해 비용을 부담하도록 요구받고 있다. 이것은 학교를 상위 100위 권에 유지하려는 명목으로 이루어진다. 그리고 듀이의 십진분류법 도서관학Dewey decimal library science의 일부 형식처럼 일부 학문 분야가 전적으로 불필요해지는 것도 시간문제다. 하지만 일류 대학들은 오로지 그들의 순위를 유지하기 위한 방편으로 강사들을 계속 양성해낼 것이다. "무엇에서 1위인가?"라는 질문은 편리하게 잊어버리며 그들은 "우리는 1위다!"라고 외친다. 그리고 더 안타까운 것은 이류 대학들이 이 조류에 어쩔 수 없이 끌려갈 것이라는 점이다. 그들은 아무 생각 없이 "우리는 75위다!"라고 외친다.

브랜드화된 교육을 받을만한 가치가 있는가?
그렇기도 하고 아니기도 하다

우리는 공급자의 측면에서 바라본 위험과 수익을 알고 있다. 그렇다면 소비자 측면에서 바라본 위험과 수익은 어떤가? 투자할 만한 가치가 있는가? 대학 입학은 연간 5억 달러 규모의 산업으로서 잡지의 평가 순위, 대학 입학 준비 과정, 그리고 수많은 가이드북을 갖추고 있다. 학부모들은 그들의 자녀를 대학으로 보내는 데 몇 천 달러는 아주 쉽게 쓸 수 있다. 손익분기점을 따지면 다음과 같다. 만약 일류 대학 중 어느 한 곳에 들어갈 자리가 있다면 아마 그만한 금전적 희생을 할 만한 가치가 있을 것이다.

《포춘Fortune》지에 실린 한 기사 중 아주 적절한 제목을 가진 '하버드는 갈 만한 가치가 있는가?Is Harvard Worth It?' 라는 기사에서 결론을 내리듯이 만약 당신이 명문대에 합격했고, 학교가 일부라도 비용을 지불하고 있다면 — 그리고 아마도 그럴 것이다 — 당신은 최고를 향해서 가야 한다. 브랜드 인지도에 근거한 학생들의 자기 선택은 학교 경험을 더욱 풍요롭고 보람되게 만들 것이다. 여분의 수익력(earning power)은 잊어버려라. 그런 것은 그곳에 없을지도 모른다. 게다가 엘리트 학교에 다니는 것은 부모들을 더욱 행복하게 하고 그들의 사회적 지위를 높여 준다. 결국 학교 경험의 많은 부분이 학부모들을 위한 것이다. 그러나 일반 상품(generic)을 사기로 했다면 잠을 설치지는 마라. 프린스턴 대학의 경제학 교수 알랜 크루거Alan B. Krueger와 멜론 재단의 연구원 스테이시 데일Stacey B. Dale이 발견한 바와 같이, 중간 범위에서의 특정한 선택은 예상 가능한 차이를 만들어내지 않는다. 다른 말로 하자면, 학생을 엘리트 학교로 들어가게 하는 자질들이 특정 학교의 선택보다도 성공에 대해 더 많은 것을 알려 준다. 아이러니한 것은 당신을 탈락시킨 일류 대학이 지금 당신이 다니고 있는 학교보다 당신의 미래 성공 가능성에 대해 더 잘 예상하고 있다는 것이다.

고등교육 시장의 브랜드 수수께끼는 왜 일류 대학들이 시장에서 논리적으로 예상되는 일, 즉 수익을 최대화할 때까지 입학정원을 늘리지 않는지를 설명해준다. 아이러니하게도 정원을 늘리는 것은 치명적일 수 있는데, 그들이 판매하는 것은 바로 배타성(exclusi-vity)이

246

기 때문이다. 일류대학들의 브랜드 가치 중 일부는 항상 자리가 부족하다는 데 있다. 럭셔리 가게들은 그들이 항상 특정 품목들이 부족할 필요가 있다는 것을 알고 있다. 사실 그들은 종종 재고가 다 떨어진 척한다. 이와 마찬가지로 학생들을 불합격시키는 것은 일류대학들이 판매하는 것의 일부를 이룬다. 그러나 주립대학의 경우는 사정이 다르다. 그들이 재고를 늘리는 것은 바로 2군 대학이 대량생산의 경제성을 다 누리면서도 최대한 좋은 학생들을 많이 얻기 위해 취하는 방법이다. 월마트의 선반에는 비어 있는 공간을 거의 볼 수 없는 것과 마찬가지이다.

한편 버클리^{Berkeley}나 UVa, UCLA, 콜로라도^{Colorado}, UNC, 미시건^{Michigan}과 같은 '국립 아이비' 학교들은 엄청난 압력에 시달린다. 주립대학인 그곳에서는 "나도 납세자다. 나도 들어갈 권리가 있다"는 주장이 가장 크게 울려 퍼지기 때문이다. 그러나 조심해야 한다. 간신히 엘리트 바벨 쪽에 속해 있는 이 주립대학들이 시장의 요구에 주의를 기울이고 논리적인 행동, 즉 확장을 감행한다면 이에 대한 대가를 치러야 할지도 모르기 때문이다. SUNY(뉴욕주립대)나 위스콘신 주립대학, 심지어 캘리포니아 주립대학에 이르기까지 이들 학교들이 좋은 시스템을 가져다가 어떻게 가치를 훼손시키면서 곤경에 처하게 되었는지를 보라. 상업적 브랜딩의 경우처럼, 어떤 때는 이야기가 다 떨어질 때까지, 아니 이보다 더 나쁜 경우 관객이 다 떨어져나갈 때까지 브랜드를 계속 확장시키기보다는 아예 새 브랜드를 만드는 것이 더 합리적일 때도 있다.

엘리트 학교들의 이러한 브랜드 민감성(brand sensitivity)이 나머지 대학들에게 의미하는 바는 무엇일까? 학교가 기업의 마케팅 모델을 따라가는 것은 얼마나 위험할까? 고등교육은 정말 괜찮은 거래이거

나 아니면 바가지 둘 중 하나이다. 가령 아이비리그 대학들은 제대로
된 입학생들을 얻기 위해서라면 (그리고 브랜드 가치를 만들어내기 위해
서라면) 2만 달러 이상을 내는 학생은 단 몇 명만 있어도 된다. 앞에
서 살펴보았듯이 등록금은 잊어버려도 된다. 명망 있는 대학들은 다
른 돈줄이 있다. 2주마다 하버드가 벌어들이는 기부금은 모든 학부
생들의 등록금을 충족시킬 정도이다. 그러나 바벨의 다른 쪽에서는
어떤 일이 일어나고 있을까? 대량 공급형 대학들도 브랜드 가치를
유지하기 위해 그들의 액면가를 대폭 할인해야 한다. 이것이 뜻하는
바는 상층부에서의 경쟁이 기본적으로 모든 곳에서의 비용을 상승시
키고 있다는 것이다. 그러나 오직 특정 대학들만이 경쟁에 필요한 자
금력을 가지고 있다.

아래로 내려갈수록 상황은 더욱 악화된다. 대학의 순위를 향상시
키는 것은 더 나은 학생을 끌어올 뿐 아니라 외부의 기부를 활성화시
키고 새 프로젝트의 재정을 마련한다. 그것은 임금을 인상시키고 더
나은 학생을 얻을 수 있는 기부금을 증가시키며 또다시 더 나은 순위
를 얻게 한다. 이처럼 중요한 더 나은 대학 순위를 얻는 데 필요한 학
생들을 확보하기 위해서는 제2군에 속하는 학교들은 영원히 학생을
일시적 소비자(transient consumer)로 대해야 한다. 그래서 좋은 학교
들, 정말로 좋은 학교들은 자주 거론되는 그들의 고상한 임무와는 전
혀 상관없는 시설들을 완비한다. 심지어 업계에서는 이 물건들을 일
컫는 용어까지 있다. 그들은 이것을 '경쟁적 편의시설(competitive
amenities)'이라 부른다. 학생들이 거의 사용하지 않는 올림픽 수준
의 체육관과 대부분 텅 비어 있는 브로드웨이 스타일의 극장, 퍼스널
트레이너, 영화관이 있는 화려한 학생회관, 그리고 대부분의 경우 사
람들보다는 잔디로 덮여있는 끝없이 펼쳐진 운동장 등이 여기에 속

248

한다. 아이비리그 학교들 중 하나를 선택해 둘러보면서 그 시설뿐 아니라 그것들이 얼마나 사용되고 있는지도 한번 관찰해보라.

이러한 마케팅 광기는 이제 바벨의 다른 편에서도 일어나고 있다. 대량 공급형 대학들도 이 대세에 가담한 것이다. 휴스턴 대학교University of Houston는 5층짜리 클라이밍 월(climing wall, 암벽 등반 연습용 벽 — 옮긴이)을 갖춘 5300만 달러의 건강관리 센터를 가지고 있고 워싱턴 주립대학Washington State University은 서부해안에서 가장 큰 자쿠지(Jacuzzi, 거품 목욕탕 — 옮긴이)를 가지고 있으며, 오하이오 주립대학Ohio State University은 베팅 케이지(batting cage, 이동식 백네트 — 옮긴이)와 로프 코스(rope courses), 그리고 이제는 필수품이 되어버린 클라이밍 월을 갖춘 1억 4000만 달러의 복합건물을 짓고 있고, 서던 미시시피 대학Southern Mississippi University은 모든 시설을 갖춘 워터 파크를 계획하고 있다. 무디스Moody's에 따르면 이 학교들은 교육과는 전혀 상관없는 공사를 위해 수십억 달러의 채권들을 발행하고 있다고 한다. 그러나 이 모든 것은 차이를 만들어내는 일, 즉 브랜딩이다.

신입생 모집 방법의 일부가 될 수 있는 곳이라면 어디서든 경품도 푸짐하게 쏟아진다. 그래서 듀크 대학Duke University은 무료 휴대폰을 나누어주고, 미들베리 대학Middlebury University은 벤&제리 아이스크림 무료 쿠폰을 제공하며, 에모리 대학Emory University은 신입생들을 애틀랜타 브레이브즈Atlanta Braves의 야구 경기에 데려가고, 노스웨스턴 대학Northwestern University은 기숙사에 케이블 영화 채널을 갖추고 있다. 음식 서비스가 개선되었음은 두말할 나위가 없다. 더 이상 정체를 알 수 없는 이상한 고기 반찬은 나오지 않는다. 《월스트리트 저널》은 심지어 자신의 '주말 저널Weekend Journal' 섹션을 최고의 카페테리아를 엄선하는 파이 베타 카페테리아Phi Beta Cafeteria에 할애하며 고등교육 기관들의 식도락을 소개하였다. 승자는 예일 대학의 버클리 칼리지 다이닝 홀Berkeley College Dining Hall이 차지했다. 미래의 음식은 무엇일까? 유명한 스타 요리사 앨리스 워터스Alice Waters가 선보이는 유기농 농산물로 만든 '지속 가능한 식품sustainable-foods' 메뉴가 아닐까? 분명 벌써부터 이런 종류의 음식에 대해 관심을 갖는 열여덟 살짜리 학생은 SAT의 내막을 폭로하는 진지한 학생과 다르지 않다. 이러한 편의시설은 또한《유에스 뉴스》가 전면에 부각시키는 매우 성가신 통계인 상급 과정의 편입률을 줄이는 데 도움이 된다.

경쟁적인 편의시설의 상승 현상은 엘리트 학교 바로 옆에 학교를 위치시키려 하는 경우 특히 더 민감해진다. 그래서 NYU는 리포지셔닝 전략의 일부로 학부생들의 기숙사(앗, 실수! 기숙사는 이제 레지던스 스위트나 리빙 혹은 러닝 센터로 불린다)에 엄청난 금액을 쓰고 있다. 보스턴 대학Boston University도 마찬가지이다.《프린스턴 리뷰Princeton Review》는 이 호화로운 구경거리를 새로운 제목 아래 조명한다. '궁전과 같은 기숙사'가 그것이다. 이 별 4개짜리 기숙사들은 중앙 냉난방 시스템과 무선 인터넷, 학생 두 명당 하나씩 할당되는 개인 욕실, 그리고 멋진 전망 등을 갖추고 있다. 그러나 어떤 면에서 보자면 이 알파벳 학교—NYU, BU—들은 각각 컬럼비아 대학교와 하버드 대학교의 존재를 의식하고 있는 것이다.

교육학적 관점에서 볼 때 상위권 대학들을 중간 대학들로부터 분리시키는 것이 더 나은 수업과 연구라고 생각하는 것은 기분 좋은 일이다. 그러나 현실을 직시하자. 대부분의 연구나 종신 재직권을 얻어내는 실적들은 정말 하찮은 나부랭이들이다. 모든 것의 90퍼센트는 쓰레기라는 스터전Sturgeon의 법칙은 그 어느 경우보다 학문적 출판의 경우에 가장 잘 들어맞는다. 게다가 아이러니하게도 호화로운 학교

250

에서 발견되는 굵직굵직한 이름들, 소위 간판급 교수라는 사람들은 학부생 수업에 얼씬도 하지 않는 경우가 많다. 그들이 남들보다 앞설 수 있었던 데에는 이유가 있다. 그들은 학부생을 가르치는 데 시간을 낭비하지 않았다. 그들은 단지 경쟁적 편의시설의 연장이며 일종의 유명인(celebrity endorser)일 뿐이다.

아이러니하게도 고등교육 기관에서 최고 교수들의 목표는 가능한 적게 가르치는 것이다. 아카데미 먹이사슬에서는 위로 올라가면 갈수록 가르칠 수 있는 시간이 더 많아지지만 그에 대한 보상은 더 적어진다. 물론 안내책자에서는 유명 교수가 열심히 공부하는 학생에게 애정 어린 손길을 건네는 장면이 나온다. 어쩌다가 유명 교수가 황송하게도 대학생들을 가르치게 된다면 그것은 보통 조교들이 모든 잡무들을 대행하고 성적 채점까지 하는 대형 수업의 경우일 것이다. 예전 식의 수업은 이제 고등교육에서 가장 하찮은 일이 되었고 바로 이 때문에 많은 수업들이 시간 강사에게로 떠넘겨지고 있다. 이제는 왜 많은 우수 학교들이 학생참여전국조사^{Nessie} 점수를 공개하려 하지 않는지 알 수 있을 것이다. 수업은 학교 브랜드에 아무런 보탬이 되지 않는다. 훌륭한 학교 수업으로 유명한 학교의 이름을 하나라도 댈 수 있는가? 사실 엘리트 학교에서 종신 재직권의 탈락 여부를 가장 잘 예측할 수 있게 해 주는 것 중 하나가 최고 강사로 선정되는 것이다. 이것은 왜 그런가? 왜냐하면 학생들에게 너무 많은 시간을 쏟느라 연구에는 별로 시간을 쓰지 못하기 때문이다. 다시 한번 하버드는 이 분야의 선두주자로 유명하다.

"만약 물리적 시설과 편의시설을 절반으로 삭감하더라도 우리가 여전히 동일한 교육을 제공할 수 있을까?" 윌리엄스 대학의 윈스톤^{Winston} 교수는 묻는다. 그는 이에 대한 답이 "그렇다"는 것을 알고 있다. 그러나 고등교육 기관을 움직이는 마케팅 시스템을 이해한다면 왜 이런 일이 일어나지 않는지 알 수 있을 것이다. 또한 최근 대학에서 일어나고 있는 다음의 변화들에 대해서도 이해할 수 있을 것이다. (1) 충분히 예상 가능하면서도 통제할 수 없다고 여겨지는 성적 인플레이션의 난무와 이와 함께 일어나는 기만적인 수업평가. (2) 생각해낼 수 있는 고등교육 기관의 거의 모든 요소를 한결같이 아웃소싱하는 것. (3) 대학캠퍼스가 점점 상업화됨에 따라 아카데미 공간을 매각하는 것. 가령 조지아 테크 대학^{Georgia Tech}은 자신의 대운동장 바닥에 맥도널드의 금색 아치형을 새겨 넣었고, 컬럼비아 대학^{Columbia University}은 인터넷으로 장거리 학습을 제공하는 한 영리 기업에게 자신의 이름을 빌려주었으며, 캘리포니아 대학^{University of California}은 신약을 연구하고 그 연구결과를 가장 먼저 보여주는 대가로 한 제약회사로부터 연구비를 지원받았고 교수진들은 '비어하우저^{Weyerhaeuser} 산림학 교수'와 같은 직함을 얻었다. (4) 전국적으로 공통된 커리큘럼의 실종. (5) 하층부에서의 좋은 학교들의 붕괴. 그리고 물론 (6) 학교에 들어가는 데 있어서뿐 아니라 연구 과정을 선택하는 데 있어 쇼핑이 브랜드 교육에 미치는 영향. (조기 입학이나 등록금 협상 등) 대학이 점점 하향 평준화하는 것처럼 보이는 것은 사실 치열한 브랜딩 경쟁의 당연한 결과이다.

좋은 학교가 가장 신경 쓰지 않는 것이 바로 수업이다

브랜딩 관점에서 볼 때 강의실 안에서 일어나는 일은 중요한 것이 아니다. 이 문장은 말 그대로를 의미한다. 예전의 소크라테스적인 이상으로서 강의실의 이미지, 즉 (윌리엄스 대학의 차기 총장인) 마크 홉킨스Mark Hopkins가 통나무 한편에 서 있고 그 반대편에 학생이 서 있는 모습은 이제 더 이상 환기조차 되지 않는 개념이다. 고등교육 기관은 제재소와 더욱 더 비슷하다. 몇 년 전 하버드는 '학습 컴퓨팅 그룹 Instructional Computing Group' 이라는 이름의 작은 부서를 개설하였는데, 이 부서는 몇 명의 사람들을 고용해 한 학기당 30개 정도의 강의를 녹화하는 곳이다. 원래의 취지는 피치 못할 사정으로 수업을 늦친 학생들을 위해 개설되었지만 이 부서는 곧 수업에 출석하지 않는 핑계가 되었다. 등록생이라면 누구나 웹에서 수업을 들으면서 지루한 부분은 빨리 돌리거나 아예 시청하지 않을 수 있었다. 그리고 성적 인플레이션으로 인해 학점이 아무런 차이를 만들어내지 못한다는 사실에서 위안을 찾을 수 있었다. 이것은 일년에 3만 7000달러로 알려진 금액을 내고 기숙사 방에서 받는 '장거리 교육'과 같다. 이어 대해 교수들은 불평하지 않았다. 그들의 관점에서 볼 때 이것은 괜찮은 생각이었다. 다음 학기에는 그냥 테이프를 틀자.

엘리트 학교들은 더 이상 학위 수여 사업에 종사하지 않는다. 그것은 편의형 대학들이 맡고 있다. 그들은 또한 더 이상 문화적 소양의 배양에 종사하지도 않는다. 그것은 매스미디어의 영역이다. 고등교육은 후원을 받는 연구나 에듀테인먼트 사업을 한다. 대학교가 제공하는 것은 단지 우리가 쇼핑하고 소비하는 또 하나의 물건이자 서로 주고받는 이야깃거리일 뿐이다. 학위를 얻는데 드는 비용이 얼마나 되고, 그런 학위가 얼마나 가치가 있으며 학점 1시간이 얼마나 하는지를 두고 학생들이 마치 TV와 영화 중 어느 것을 선택할지 결정하는 것처럼 이야기하는 것을 우리는 심심치 않게 듣는다. 그리고 학교 자신들도 새로운 연구 기금이나 개발 기금을 구하려 할 때 대부분 이런 식으로 이야기한다.

많은 대학교들이 심지어 '둘러보며 쇼핑하는' 기간을 두고 있는데 이 기간 동안 학생들은 가능한 많은 수업을 들으며 자신에게 맞는 수업을 찾을 수 있다. 거의 채널 서핑처럼 말이다. 그런 다음 수강신청 변경기간을 거친 후 학생들의 시간표가 확정된다. 그러나 걱정하지 않아도 된다. 대부분의 학교에서는 특히 원하는 만큼 성적이 안 나올 경우 특별한 고충 없이 과목을 수강취소할 수 있다. 수강취소에서 잃는 것은 무엇일까? 단지 당신의 돈 몇 푼일 뿐이다. 그러나 우리가 살펴보았듯이 일류 대학에서는 심지어 그것조차 진짜 당신의 돈이 아니다.

이렇게 우리는 점심을 먹거나 쇼핑을 하거나 교회에 다니는 것처럼 학교에 다닌다. 이것은 상위 학교를 다니는 대부분의 학생들에게 있어 대학을 다니는 진짜 목적이 이 학교에 들어가서 계속 공부한 후 전문 대학원으로 들어가는 것이기 때문이다. 아무도 대학교 1학년에서 4학년까지 무엇을 가르치는지에 대해 신경 쓰지 않는다. 특히 교수와 학생들은 더욱 그러하다. 오늘날 어떤 대학에서나 애용되는 말 중 하나가 보통 어깨를 움츠리는 동작과 함께 행해지는 "아무렴 어때"라는 말인 것은 전혀 우연이 아니다. 일정 부분 이러한 발언은 단지 보는 관점뿐 아니라 연구 분야에서 평등을 가르치는 교육의 결과이다. 나는 여기서 평가를 내리려는 것이 아니다. 이 아무려면 어때 하는 태도는 엄격함으로부터의 해방의 결과일 수도 있고 그와 마찬가지로 과잉자극이나 그냥 단지 너그러움의 결과일 수도 있기 때문이다. 내가 이것을 지적하는 이유는 단지 그것이 소비를 통한 학습 패턴에 어울리는 반응이기 때문이다.

이 태연자약함을 이해하는 것은 왜 학생과 교수 어느 누구도 커리큘럼에 대해 별로 신경 쓰지 않는지를 설명해 준다. 외부 세계에서

볼 때 이러한 냉정함은 혼동을 불러일으키는 것일 수도 있겠으나 학
계 내부자들에게는 전혀 그렇지 않다. 학계에 몸담고 있지 않은 친구
들에게 그들의 자녀들이 듣는 수업들 간에 아무런 일관성이 없다는
불만을 필자는 얼마나 많이 들어왔던가? 비슷비슷한 수준의 대학들
몇 군데에서 미국문학 수업을 듣는 2학년 학생들을 대상으로 설문조
사를 할 경우 그들 중 어느 누구도 같은 과목을 듣지 않는 결과가 나
오는 것도 전적으로 가능한 이야기이다. 사실 같은 작가의 글을 읽는
경우조차 없을 수 있다.

　1950년대의 개론 과목들은 단지 학교 내에서 뿐 아니라 학교 밖에
서도 서로 동일한 교재를 사용하고 있었다. 가령 신입생 영어과목인
'작문 입문(Introduction to Writing)'의 경우 전국을 통틀어 약 5~6개
정도의 동일한 교과서를 사용했다. 그러나 이제는 그렇지 않다. 이제
작문 수업은 춘추전국시대를 방불케 한다. 이것은 상위 레벨 수업들
도 마찬가지이다. 아주 초보적인 작문 수업이던 영어 개론 과목을 오
늘날 우리 학과에서는 다음과 같은 주제들로 채운다. 결혼과 사업,
베스트셀러, 카니발, 컴퓨터게임, 패션, 호러 영화, TV 만화 〈심슨^{The}
^{Simpsons}〉, 동성애혐오증, 거주 형태, 랩뮤직, 일일 연속극, 엘비스 프
레슬리, 스포츠, 테마파크, 에이즈, 연극 등에 대한 태도나 이러저러
한 집단의 주변화(marginalization)라는 언제나 인기 있는 토픽 등이
그것이다. 과목 이름이 심지어 '영연방 캐리비언 문학에서의 탈식민
주의 연구^{Postcolonial Studies in British Commonwealth Literature of the Caribbean}'와 같
은 경우에도 진짜 주제는 정치학일 경우가 많다. 그리고 '젠더 이론'
과 같은 이름의 과목을 듣게 되더라도 십중팔구 진짜 주제는 동성애
나 동성애혐오증 또는 억압 연구(oppression studies)에 관한 것이다.

　지루하게 다른 교과명을 나열하기 보다는 소비자 만족이 고등교육

기관의 마케팅의 중심을 차지하게 됨에 따라 선택 과목이 핵심 커리큘럼이 되었다는 사실 한 가지만 지적하도록 하겠다. 이러한 현상은 그것이 어느 정도 합리성을 가지는 엘리트 학교에서뿐 아니라 바벨 전체를 통틀어 진행되고 있다. 예를 들어 셰익스피어의 경우를 살펴보자. 애머스트Amherst나 미시건 대학University of Michigan과 같은 곳에서 그의 작품은 이제 더 이상 필수과목이 아니다. 전국동문회포럼National Alumni Forum(NAF)이 브랜드 네임 학교들의 커리큘럼을 조사한 결과에 따르면 이 학교들 중 3분의 2 이상의 영문과 학생들이 셰익스피어의 작품을 전혀 읽지 않고도 졸업할 수 있다고 한다.『셰익스피어 파일: 영문과 전공생들이 정말로 공부하는 것The Shakespeare File: What English Majors Are Really Studying』에서 NAF는 각 명문 대학마다 졸업 자격으로 무엇을 요구하는지 정리해 놓고 있다. 이 중 단지 몇 개의 대학만이 과거의 표준적인 공통 지식을 요구하고 있었다. 예전의 올즈모빌Oldsmobile 광고를 약간 수정해서 말하자면 '이것은 아버지를 대상으로 한 교육이 아닌' 것이다. 그리고 예전 교수진 세대들이 은퇴함에 따라 이 현상은 더욱 기정사실화될 것이다. 이 과정은 이제 30년째 진행 중이고 그 결과 오늘날 플로리다 대학의 영문과 학생들은 1960년 이전 시대의 문학에 대해 한 과목도 듣지 않고서 졸업할 수 있게 되었다. 사실 문학 과목을 전혀 듣지 않아도 졸업할 수 있다! 그리고 이 것은 우리 학교만의 경우가 아니다.

학부 과정 커리큘럼에 앞으로 어떤 과목들이 들어올 것인지 알고 싶다면 현재 대학원 일람표에 무엇이 올라와 있는지 살펴보라. 다시 한번 우리 학교의 경우를 예로 들어보면, 우리 학교는 전형적인 중간 위치의 대량 공급형 대학이다. 필자는 60명의 교수진과 200명의 대학원생을 보유한 천만 달러 가치의 학과에 재직 중이다. 플로리다 대학은 다음 세대 강사들로 학계의 상층부를 채우지는 않을 것이다. 우리 모두 이 사실을 알고 있다. 사실 우리는 대학원생 중 일년에 극히 일부만을 진짜 종신 강사직이라 부르는 것에 배치하고 있다. 대학원생들이 여기 있는 이유는 우리가 이 대학을 연구 Ⅰ 기관(Research Ⅰ institution)으로 간주되도록 만들어야 하기 때문이다. 그래서 지불 능력이나 앞으로의 고용 계획에 상관없이 그들의 등록금 전액을 지불하는 대가로 우리는 그들을 자발적 노예 상태로 고용한다. 그들은 학사 과정 수업의 상당부분을 가르친다. 특히 가르치기 힘들고 시간이 많이 드는 작문 수업을 많이 맡는다. 사실 60명의 정직원 교수들 중 대부분이 초급 수준의 작문 수업에서 손을 떼고 대학원생들에게 더 집중하려 하고 있다. 우리는 심지어 대학원 과정에 있는 대부분의 학생들이 과정을 끝마치지조차 못할 것이라는 것도 알고 있다. 그래서 우리는 윙크하면서 "다 그런 거야"라고 말한다. 대부분은 여기서 소위 말하자면 취업준비 상태 혹은 실업상태에 놓여 있다. 그들에 대한 우리의 진심은 다음을 보면 알 수 있다. 석사 1학년생은 1년에 3과목을 가르치면서 아무런 부가 급여 없이 연봉 약 1만 2000달러만을 받는다. 이제는 왜 전국에 있는 모든 조교들이 노조를 결성하려 투쟁하는지 알 수 있을 것이다. 그들은 자신들이 견습생이 아니라는 것을 알고 있다. 그러나 일자리가 없다. 그들은 노새일 뿐이다.

신입생들에게 작문을 가르치는 동안 그들은 대학원에서 무엇을 공부할까? 다음은 지난 몇 년 간 공식적으로 올라온 교과목 설명으로서 원문 그대로 인용해 온 것들이다. 여기에 포함되지 않은 다른 과목들을 비롯하여 과목 소개 전문은 영문학과 웹사이트에 올라와 있다. 다시 한번 말하지만 우리 학과는 대량 공급형 대학에 속한 영문학과이다. 표준 과목들과 함께 우리는 다음의 과목들을 가르친다.

ENG 6075 퀴어 이론과 문화 정치학: 본 과목은 퀴어 이론의 주요 관심사와 방법론, 그리고 텍스트들에 대한 대학원 수준의 입문을 제공한다. 학기 초반부에는 이 분야를 확립한 텍스트들을 토론할 것이다. 학기 후반부에는 퀴어 이론의 접근법들을(글쓰기나 영화, 또는 다른 형태의 예술 생산은 물론 공동체 조직화나 액티비즘, 그리고 제도 설립을 포함해) 특정한 문화적 참여의 현장들과 관련해 위치시키고, 퀴어 이론의 문화적 함의와 퀴어적 문화 작품들의 이론적 통찰력 모두를 밝혀볼 것이다.

ENG 6075 이론: 이슈: 유령론Hauntologies (유령성Spectrality, 물질성Materiality, 재현Representation). 유령의 이름으로 우리는 무엇을 말할 수 있는가? 유령은 어떤 발언들을 승인해 줄 수 있는가? 우리는 '물질 없는 물질성'을 사고할 수 있는가? 그리고 유령의 흔적이 재현이라는 행위에 어떤 물질적 효과(정치적이든 역사적이든)를 가져올 수 있는가?

LIT 6855 디즈니와 그것의 불만들: 본 세미나는 디즈니 — 그 인물과 기업, 그리고 세계적 현상에 주목할 것이다. 그리고 그것의 불만들로서 많은 지식인들에게 있어 미국의 문화 제국주의와 연결되어 보수적이고 가부장적이며 이성애 중심적인 이데올로기와 거의 동의어가 된 디즈니의 면면을 살펴볼 것이다.

LIT 6358 여성주의적 사고의 흐름: 목표 — 미국 지적 전통의 기록에서 아프리카계 미국인 여성들이 차지하는 불분명한 위치는 혹자에게 '흑인 여성주의 지식인'이라는 표현이 모순어법이라고 여기게 하는 결과를 가져왔다. 본 세미나는 흑인 여성들의 지적 전통에 주목하고 지적 사고를 규정하는 기존의 경계에 도전함으로써 이러한 가정에 의문을 제기하고자 한다.

ENG 6075 문화 지리학 입문: 공간과 공간성의 이론화 — 본 과목에서는 문학과 문화 연구 영역에서 논쟁의 핵심적 위치를 차지하게 된 복합적인 개념 영역인 공간과 공간성에 대해 살펴보고자 한다.

ENG 6137 영화 이론 입문: 역사와 이종성(Heterolog) — 본 세미나는 현재의 영화 및 비디오 이론에서 후기 구조주의와 젠더 이론, 탈식민주의에서부터 히스토리오그래피(historiography)와 이종성 이론에 이르기까지 기초적인 이슈들을 살펴본다. 본 수업의 목적 중 하나는 영화 비평과 이론에 관한 대학원 수준의 다양한 접근법들을 소개하는 것이며, 따라서 개념적이고 논리적인 능력이 생산적이고 리비도적인 경제와 교차하는 기입 양식으로서의 영화를 다루게 될 것이다.

LIT 6934 미국 문화 연구: 성(性)과 시민권 — 본 과목은 미국의 정치적 상상력의 핵심 개념들을 성과 섹슈얼리티, 그리고 특히 성적 일탈에 주의를 기울이는 관점에서 재고하고자 한다. 페미니즘과 퀴어 이론에서의 통찰력들을 통해 본 수업은 '사생활'이나 '공적 영역', '시민', '자유', '권리', '선택', '민주주의', '정치학', '사유재산', 그리고 '합의'와 같은 핵심 용어들을 정교하게 발전시키고 그들이 성과 사회 모두를 구조화하는 데 있어 맡는 역할을 재고해 보고자 한다.

ENG 6077 실용주의와 수행성 이론: 본 과목에서는 의미 생산과 주체 형성, 그리고 정치적 대리인을 설명하는 데 있어 특히 화행이론과의 관계에 주목하여 실용주의 및 수행성 이론의 교차점들을 살펴볼 것이다.

LIT 6856 탈식민주의 이론: 본 과목은 막대한 영향력을 발휘하고 있는 분야인 탈식민주의 연구에 대한 입문 과정이다. 본 수업에서는 탈식민주의 이론이 페미니즘과 히스토리오그래피, 문화학과 민족지학 등 다양한 연구 영역과 어떻게 교차하고 영향을 주었는지를 연구할 것이다. 이와 동시에 탈식민성을 역사화하는 것의 중요성도 강조할 것이다.

ENG 6077 홀로그래피적인 특이성: 낭만주의, 만화, 영화 그리고 수학적 기수(記數)법 — '텍스트적 변환(textual transformation)'은 그래픽 기호에 의해 내포되고 추론되는 작업이지만 적어도 한 가지 중요한 의미에서 보자면 이 수업에서 고려되는 텍스트들에서는 순수한 그 자체로서의 내러티브적 변환이라는 것은 없다.

ENG 6076 이론가: 들뢰즈 — "그 기간 동안 나를 사로잡은 것은 철학의 역사를 일종의 항문성교, 또는 이와 똑같은 것에 해당하는 무염시태(성모 마리아의 원죄 없는 잉태설 — 옮긴이)로 사고하는 것이었다. 나는 어떤 작가를 그의 뒤에서 다가가서는 실제로 그의 아이이지만 그럼에도 불구하고 괴물스러운 아이를 내어주는 내 모습을 상상했다." — 질 들뢰즈. 들뢰즈의 이 진술은 비록 상이한 번역들이 존재하지만 자주 인용되는 문구이다. 이것은 한정된 진술로서 들뢰즈가 한번도 버린 적 없는 소위 철학적 기간에 한정되어 있다.

이 과목들은 꽤 무모한 것들이고 30년 전 대학원 커리큘럼과 전혀 다르다. 이 수업을 듣는 현재의 대학원생들은 아주 운이 좋을 경우에만 하층부의 일자리라도 구할 수 있다는 사실을 상기하자. 그들은 아이비리그는 물론 심지어 대량 공급형 대학들에서도 가르치지 못할 것이다. 또한 이 대학원생들이 저학년의 작문 및 문학 개설 강의들을 가르친다는 사실도 기억하자. 이것이 대학원 과정의 일부라는 것을 감안하면 왜 '호머 심슨과 데리다'가 금강석화와 같은 스피드로 교과과정에 들어가게 되었는지 쉽게 알 수 있다. 그러나 아무도 불평 한마디 하는 사람이 없다. 왜냐하면 우리 모두 수업이 중요하지 않다는 한 가지 사실만은 잘 알고 있기 때문이다. 고등교육 기관에서 강의실은 마케팅의 막다른 골목과 같다. 그리하여 수많은 영문학과들이 자칭 철학 혹은 정치학과가 되어 버렸다. 작문과 고전문학 독해 수업은 사라져 버렸다.

이러한 점과 함께, 가끔씩 한바탕 격렬한 회오리가 일어나곤 한다. 다음은 버클리 대학의 영문학과 필수 과목 중 하나인 신입생 선택과목의 설명이다.

> English R1A: 팔레스타인 저항 운동의 정치학과 시학(4학점) — 1948년 이후 현재에 이르기까지 이스라엘에 의한 팔레스타인 무력 점령은 체계적으로 수백만 명의 팔레스타인 사람들을 내쫓고 죽이고 불구로 만들어왔다. 그러나 잔인한 점령의 현실에서도 팔레스타인인들은 그들 자신의 문화와 저항의 시를 생산해 왔다. 본 수업은 인티파다 Intifada에 대한 이해를 돕기 위해 그들의 저항의 역사와 팔레스타인인들이 말하는 그들의 역사를 살펴보도록 하겠다. 본 수업은 팔레스타인인들이 자기 결정권을 위해 싸울 권리를 그 출발점으로 삼을 것이다. 보수적인 사상을 가진 이들은 다른 수업을 들을 것을 권한다.

여기서 매혹적인 것은 수업 자체가 아니다. 이미 살펴보았듯이 이 것은 표준적인 과목일 뿐이다. 그 수업은 플로리다 대학에서도 제공될 수 있었다. 주목할 만한 것은 항상 분노에 찬 보수주의자이자《새로운 기준The New Criterion》의 편집자인 로저 킴볼Roger Kimball이 그 학교에 거센 항의를 퍼붓자 그 당시 총장이던 로버트 버달Robert M. Berdahl이 이에 응수한 점이다.《월스트리트 저널》에 보내는 편지에서 버달 총장은 그 수업을 클라우드 레인즈Claude Raines가 카사블랑카에 대해 가지는 생각처럼 쇼킹한 것으로, 단지 쇼킹한 것으로만 생각했다. 버달은 마리오 사비오의 정신을 따라 대학이 진정으로 표현의 자유를 보호하는 데 신경 쓰고 있으며, 이 과목의 문제점은 그것을 가르치는 대학원생이 반대의견을 억압한다는 데에 있음을 명확히 했다. 그는 다음과 같은 말로 자신의 입장을 끝마친다.

> 대학교는 논쟁적인 자료를 제공하는 것을 피해서는 안 된다. 이와 동시에 우리의 강의실도 반드시 주입식 교육으로부터 자유로워져야 한다. 주입은 교육이 아니다. 강의실은 열린 환경이 지배하는 공간이어야 하고 학생들이 자유롭게 자신의 의견을 표현할 수 있는 곳이어야 한다.

버달 총장은 이 과목이 영문과 신입생 과목으로서 적절한지에 대해서는 재고하지 않는다. 오직 대학의 학생 정책만을 고려할 뿐이다. 이 수업의 문제점은 단지 그것이 '보수적인 사상을 가진 학생'들에게 수업을 듣지 못하도록 제한했다는 것뿐이다.

분명 비학문계는 순간적으로 경악했을 것이다. 이곳이 문답식 시험을 봐야 하는 곳인가 아니면 문장 쓰는 법을 가르쳐야 하는 곳인가? 그러나 교실을 평준화하거나 정치화하는 외침들은 요점을 놓치는 것이다. 아무도 무엇을 가르치는지에 신경 쓰지 않는다. 왜냐하면 그것은 우리의 주요 업무가 아니기 때문이다. 우리는 허쉬E. D. Hirsch가 문화적 소양이라고 부르는 것을 전수하거나, 마크 트웨인Mark Twain이 말한 올바른 말과 거의 올바른 말 사이의 차이를 가르치는 일에 종사하지 않는다. 우리는 전체적인 환경을 만들어내고, 경험을 제공하며, 소비자를 만족시키는 일에 종사하고 있다. 그리고 강의실도 이것을 반영한다. 우리의 진짜 사업은 강의실이 아니라 캠퍼스의 다른 곳에서 이루어지고 있다.

누가 가르치든 상관하는 사람이 있는가?

아무도 대학에서 가르치는 내용에 신경 쓰지 않는 것이 명백한 것처럼 누가 가르치는지 신경 쓰는 사람도 있을까? 당연히 아니다. 그리고 왜 그런지는 쉽게 알 수 있다. 바벨의 양쪽 모두에서 최고의 대학들이 생산해내는 것은 무엇보다도 신입생들의 우수성과 이보다 정도는 덜하지만 과학 분야에서 기업과의 제휴가 만들어내는 브랜드 스토리이기 때문에, 이 외의 다른 것은 모두 아웃소싱될 수 있다. 그리고 실제로도 그러하다. 나이키가 먼 나라에 생산 공장을 두고 본사에서는 브랜드 이야기를 제조해내는 것처럼, 현대 대학들도 제조업은 옆으로 치워 두고 정말 중요한 곳, 가령 개발부나 운동 경기장, 연구 분야, 그리고 대중들의 인식 등에서 브랜드 가치를 생산하는 일에 몰두한다.

그리고 산업계의 동료들과 마찬가지로 대학 서비스의 민영화나 하청화(subcontracting)가 곳곳에서 일어나고 있다. 그러한 곳으로 너무나 명백하지만 아무도 지적하지 않는 것으로 다음과 같은 것들이 있다. 건강관리, 서점, 재정관리, 보안 시스템, 이벤트 관리, 캠퍼스 미화작업, 동창생 관리, 그리고 가장 이윤이 많이 남는 것으로 기금 모금 등이 그것이다. 또 대부분의 대학에서 식당은 독립적으로 운영되고 있고 콜라를 판매하는 권리는 코카콜라나 펩시 등에 매각되었으며 인쇄 업무는 아웃소싱을 주고 있고 학생들의 주거도 점점 캠퍼스에 건물을 짓고 공간을 임대해주는 회사들에 의해 장악되고 있다. (이것은 로코 파렌티스loco parentis 책임을 해결할 수 있는 멋진 방법이다.) 이 서비스들을 외부에 넘겨 줌으로써 대학은 규모의 경제를 이룰 수 있을 뿐 아니라 나쁜 평판이나 법적 행동들로부터 스스로를 보호할 수 있었다.

심지어 '전국 고등교육 민영화 연구 센터National Center for the Study of Privatization in Higher Education'라는 단체도 있는데, 이곳에서는 최소한 100여 개의 서비스 유형들을 제공하는 약 2000여 개의 회사정보를 대학교들에게 알려준다. 이것의 다음 단계는 아마 대부분의 학교들이 굳게 지켜 온 비학문적 서비스인 입학 업무를 아웃소싱하는 것이다. 다양한 대학 행정직의 목록을 살펴보면 입학부는 항상 불안한 상태에 휩싸여 있는 것을 알 수 있다. 왜 그런지 궁금한 사람은 그곳에서 직접 일한 사람의 다음과 같은 발언을 고려해 보기만 하면 된다. 듀크 대학교 입학부에서 일하는 레이첼 투어Rachel Toor는 그녀의 신선한 저서 『입학 기밀정보: 엘리트 대학 선정 절차에 관한 내부자 이야기 Admissions Confidential: An Insider's Account of the Elite College Selection Process』에서 다음과 같이 적고 있다. "나는 전국을 돌며 학생들과 그들의 학부모들에게 우리 학교에 지원할 것을 강력하게 부추겼다. 나는 듀크 대학교가 학문적으로 얼마나 훌륭한 학교이고 그 학생들이 앞으로 얼마나 많은 사회적 즐거움을 누리게 될 것인지 말해준다. 그리고 4월이 되면 우리는 그들의 대부분을 불합격시킨다." 그녀의 업무는 구매자들의 열광을 만들어내는 것이다.

이와 같은 현상이 자크 스타인버그Jacques Steinberg의 『게이트키퍼: 내부에서 본 일류대학 입학 절차The Gatekeepers: Inside the Admissions Process at a Premier College』에서도 보고되는데, 스타인버그는 회사의 수입을 부풀리기 위해 장부를 요리해대는 회사 중역들과 마찬가지로 입학부 직원들은 대학 평가 기관들에게 강한 인상을 주기 위해 그와 똑같은 일을 한다며 이들 간의 유비관계를 상정한다. 웨슬리안 대학Wesleyan University의 경우를 연구한 결과 그는 약간의 숫자 조작으로 '일류 대학'이 최고 순위 대학으로 급부상할 수 있다고 결론 내린다. 불합격률이 높다는 것은 밖에 서 있는 줄이 긴 레스토랑과 같다. 결국 내적인 차이가 별로 없다면 이보다 더 나은 가치 생산방법이 또 있을까? 그러므로 어떤 면에서 보면 좋은 학교들이 파는 것 중의 일부는 조장된 열광과 강도 높은 극성이라 할 수 있다. 그리고 이것은 모두 학생들에게 자신의 학교를 몹시 안내해 주고 싶어 하는 친절한 사람들에 의해 생성된다.

보통 등외 학교들 중에는 입학 업무를 아웃소싱하는 곳이 몇 군데 있다. 빠르게 성장하는 이 분야는 '등록 관리'라는 이름으로 불리는데, 이 회사들은 시장 조사에서부터 홍보자료 메일링, 그리고 신입생들을 찾는 일까지 도맡아 한다. 예를 들어 대글리 어소시에이츠D. H. Dagley Associates는 약 40여 개 학교의 신입생 모집과 입학 업무를 관리한다. 한편 일류 대학들은 아무도 섣불리 그들의 브랜드를 외부인에게 맡기는 위험한 짓은 하려들지 않을 것이다. 설사 그 학교들 대부분의 안내책자와 웹사이트가 외부 민간 기업들에 의해 만들어진다

할지라도 말이다.

경영적 관점에서 봤을 때 이러한 아웃소싱의 대부분은 합리적이다. 카네기 고등교육 위원회Carnegie Commission on Higher Education는 고등교육 기관을 표준화하려는 욕망에서 심지어 학교들에게 주변적인 활동들을 정리하고 '핵심 역량' 에 집중할 것을 장려하기까지 했다. 시에서 쓰레기 수거 업무를 쓰레기 처리 전문기업에 아웃소싱하지 못할 이유가 어디 있는가? 그리고 대학이 음식 서비스를 매리어트 호텔Marriott Hotel에 아웃소싱하지 못할 이유는 또 어디 있는가? 또는 서점 업무를 반즈 & 노블에 주는 것은 어떤가? 그리고 엔터테인먼트 기능도 아웃소싱할 수 있다. 심지어 운동부 기능까지 아웃소싱하는 것은 어떨까?

이런! 이쯤 되면 상황이 좀 복잡해진다. 하지만 이 일들은 벌써 일어나고 있다. 필자의 학교만 해도 다른 대규모 주립대학들과 마찬가지로, 운동부를 완전히 독립시켜 '스포츠 문제' 를 해결하였다. 항간에 떠도는 말처럼 우리는 오직 전화선만으로 연결되어 있다고 할 수 있다. 운동부는 자체적인 자율성을 갖고 있고 교무처장이 아니라 총장에게, 아니 실제로는 총장이 아니라 대학 이사들에게, 아니 이사들이 아니라 돈 많은 십일조 팬들에게 직접 보고한다. 미식축구 프로그램은 기본적으로 자체의 커리큘럼과 선생 및 수업들을 보유한다. 운동선수들이 그들의 특별 기숙사 밖으로 나와 일반 대학에서 수업을 들어야 할 경우에는 지도사 중 한 명이 동정심 많은 교수와 야생동물 관련 수업, 혹은 인문학 전공생을 위한 수학이나 음악 감상 랩, 레크리에이션학 등과 같은 수업을 신중하게 선택해 그들의 스케줄을 조정한다. 지질학 입문이나 시인들을 위한 물리학과 같은 수업들이었던 것이 이제는 상업 레크리에이션이나 기업 커뮤니케이션, 성인 휘트니스, 주거 자산 관리 등으로 선택 과목이 바뀌었다.

스포츠 팀은 절대 하찮은 존재가 아니다. 그들은 대량 공급형 대학 브랜드의 핵심에 놓여있기 때문이다. 스포츠 경제학자인 앤드류 짐 발리스트Andrew Zimbalist의 말을 사용하자면 이 '보수를 받지 않는 무급 프로선수' 들은 항상 신중한 학업 및 사회적 관리를 필요로 한다. 가령 필자의 학교의 경우, 운동부는 많은 운동선수들을 '학습장애(learning-disabled)' 라는 범주 안에 교묘하게 몰아넣을 수 있었다. 일반 학생의 경우 4만 6055명 중 295명, 약 0.6퍼센트가 이 범주에 속한다. 그러나 운동선수의 경우 460명 중 70명, 즉 15퍼센트가 이 범주에 속한다. 여기에 속하면 어떤 점들이 이로운가? 학습장애에 속하게 되면 그 학생은 노트 필기자가 주어지고 읽기 자료를 오디오테이프로 녹음할 수 있으며 시험을 볼 때 추가의 시간이 주어지고 선생님의 파워포인트 자료를 미리 전달받게 된다. 운동부는 그러한 학업 관리에 약 193만 달러를 쓰는데, 이는 한 선수당 약 4200달러가 들어가는 셈이다. 파이팅 게이터스Fighting Gators는 티켓 판매와 TV 수익, 그리고 다양한 부대 수입으로 약 3400만 달러를 벌어들이고 있고 브랜드 인지도 면에서도 수억 달러의 가치를 추가로 만들어내고 있다. 그러므로 학교 입장에서 이것은 괜찮은 거래이다. 그러나 대부분의 운동선수들의 입장에서 보면 이것은 별로 흡족하지 않을 수도 있다. 졸업하지 못하는 경우가 많기 때문이다.

이보다 훨씬 더 흥미로운 아웃소싱은 운동부가 아니라 사람들이 가장 예상치 못했지만 브랜딩 관점에서 봤을 때 가장 합리적인 곳, 즉 강의실을 둘러싸고 이루어진다. 현대 대학교의 핵심은 강의실 '안' 에서 얘기되는 이야기, 즉 교육이 아니라, 강의실에 '대해서' 얘기되는 이야기, 즉 마케팅이라는 것을 다시 한번 상기해 보자. 플로리다 대학의 전 총장이자 현재 메사추세츠 대학University of Massachusetts 총장으로 있는 존 롬바르디John Lombardi와 인터뷰를 했을 때 그는 정말 솔직한 모습을 보여주었다. 플로리다에 있을 때 그는 '롬바르디 대학 수행 평가 프로그램Lombardi Program on Measuring University Performance'을 설립 하고서 매년 각 연구 대학을 9개의 기준 — 가령 연방정부에서 받은 연구 지원금 규모, 입학생들의 SAT 점수, 기부금 총액, 그리고 박사 학위 취득자의 수 등 — 에 따라 순위를 매기는 〈미국 최고의 연구대 학들The Top American Research Universities〉이라는 보고서를 발행하였다. 그 래서 필자는 그에게 플로리다 대학의 브랜드 가치는 어디서 만들어 지는지 물어보았다. 큰 규모의 연구 기금에서 나오는가? 아니면 중 요한 학위에서 만들어지는가? 아니다. 그는 반대의견을 제시했다. "브랜드 가치를 만들어내는 것은 플로리다 대학의 의학센터와 파이 팅 게이터스 미식축구팀, 그리고 학교에 관한 생각이다." "학교에 관 한 '생각'이라니 무슨 말인가?" "그렇다. 학교의 이야기, 즉 학교가 자신에 대해 만들어내는 이야기가 최고의 질을 가진 입학생들을 만 들어낸다." 필자는 물었다. "브랜드를 말하는 것인가?" 그는 그렇다 고 대답했다. 현대 대학 총장의 업무는 브랜드를 관리하는 것이라고 그는 말했다. "그리고 훌륭하게 이야기를 해내면 이전에 수여했던 모 든 학위들의 질도 소급해서 향상된다. 그리고 이것은 또한 종종 졸업 생들뿐 아니라 졸업생이길 바라는 사람들에게 기부금을 증가시키는 방법이기도 하다."

그러므로 비용과 스토리텔링의 관점에서 볼 때 브랜드에 보탬이 되지 않는 부분들을 정리하는 것은 사업상 매우 합리적인 결정이다. 학습 영역에서 연구는 브랜드에 도움이 되는 반면 수업은 그렇지 않 다. 가지치기의 위험은 업계에서 학교의 간판 프로그램이라고 알려진 것들만 남게 될지도 모른다는 것이다. 이 프로그램들은 다른 학과들의 돈을 고갈시켜 버린다. 결과는 '평범한 건물들로 둘러싸인 몇몇 탁월한 첨탑들'이다. 롬바르디의 말대로 정말 형편없는 프로그램들은 학교에 해를 끼칠 수도 있다. 그러나 평범한 수업에 대해서 아는 사람은 아무도 없다. 정말로 형편없는 수업을 가르치는 학교를 지목해낼 수 있는가? 사실상 대부분의 학교들은 꽤 잘 가르친다. 그럴 수밖에 없다. 수업을 가르치는 교수들은 좋은 수업을 만들 시간이 충분하기 때문이다. 평균적으로 중간 수준의 학교에서 교수들은 한 학기에 2개의 수업, 즉 일주일에 6시간 정도 가르친다. 게다가 대학교의 수업 경험이 얼마나 나쁜들, 고등학교의 수업만 하겠는가?

롬바르디는 필자에게 학과에 대해서는 잊어버리라고 말했다. "브랜드를 만들고 싶다면 우등생 프로그램처럼 특이한 커리큘럼에 집중하라." 플로리다 대학에서 그는 바로 이 일을 했다. 롬바르디는 '플로리다 대학 우등생 프로그램University of Florida Honors Program'을 크게 확장시켰다. 이 프로그램은 더 작은 규모의 수업들과 정면에 커다란 아치형 간판이 달린 독자적 주택 건물, 특별 자문, 그리고 가장 중요하게는 준문학사 우등학위Associate of Arts Degree with Honors를 제공한다. 그것은 대학 내의 또 다른 학교로서 기본적으로 우리 학교의 브랜드 이야기가 약속하는 내용을 실천하는 학교이다. 즉 이 학교에서는 성취와 학습에 전념하는 것이다. 학생들은 이곳에 들어가기 위해 앞을 다투어 경쟁한다. 이는 교수들도 마찬가지이다.

시간 강사

수없이 이루어지는 수업들을 가장 값싼 공급자에게 아웃소싱하는 것은 합리적인 결정이다. 그리고 고등교육 기관들은 실제로 그렇게 해왔다. 파트타임으로 일하는 교수진과 종신 재직권 없이 풀타임으로 일하는 교수진의 수는 지난 20년 동안 극적으로 증가했다. 미 교육부의 미국 교육 위원회American Council on Education가 내놓은 보고서 〈신규 교수진: 특징, 공헌 그리고 보상The New Professorate: Characteristics, Contributions, and Compensation〉에 따르면 파트타임 교수의 숫자가 1981년에서 1999년까지 79퍼센트 증가하여 총 100만 명의 교수들 중 40만 명 이상이 이들로 채워졌다고 한다. 가장 큰 성장은 1987년과 1993년 사이에 일어났는데 이 기간동안 채용된 12만 명의 신규 교수진 중 82퍼센트가 파트타임이었다. 한편 1981년에서 1986년까지는 9만 명의 신규 교수진 중 30퍼센트 미만이 파트타임이었다. 비상근 교수(adjunct faculty)는 고등교육 기관 양쪽 바벨 모두에 만연해 있다.

우리가 이 이름뿐인 교수들을 어떻게 대우하는지 살펴보는 것은 브랜딩 과정에 대해 많은 것을 시사한다. 우리는 이들에게 주어진 단기성(ephemerality)의 정도를 설명하는 어휘들을 가지고 있다. 잠깐만 소개하자면, '매년 갱신 가능'이란 말은 그 뒤에 어떤 말이 뒤따라와도 그가 언제든지 처분될 수 있다는 것을 뜻한다. 한편 '집시 학자(gypsy scholar)'라는 말은 시간 강사직을 따라 이리저리 여행하다 보니 이제는 '매년 갱신 가능'이라는 말이 진짜로 무엇을 의미하는지 알게 된 박사를 말한다. '독립 학자(independent scholar)'라는 말도 있는데 이는 다른 생계 수단을 가진 강사를 완곡하게 에둘러 부르는 표현이다. 그리고 여기에 뭔가 왠지 신빙성을 주는 것으로 심지어 '전국 독립학자 연합National Coalition of Independent Scholars'이라는 단체도 있다. 만약 '보조(adjunct)'란 형용사를 보게 된다면 항상 마음의 준비를 하는 것이 좋을 것이다. 왜냐하면 그것은 가령 '보조 교수

(adjunct professor)'에서처럼 그것이 수식하는 모든 것을 압도하기 때문이다. 보조 교수의 진정한 속뜻은 어떠한 혜택이나 안전보장도 없다는 것이다. 또한 'Senior Associate in...'이나 'Master Lecturer in...'에서처럼 'in'이라는 조그만 전치사도 조심해야 한다. 왜냐하면 그것은 갱신 불가능한 지위를 뜻하기 때문이다. 한편 제2군에 속한 학교에서 종신 재직이란 말은 결정적인 형용사이다. 그것은 그 직업이 영원하다는 것을 뜻한다. 그러나 명문 대학에서 그 단어는 보조와 동일한 의미를 갖는다. 아는 사람 중에 아이비리그 학교에서 부교수로 재직하는 사람이 있다면, 한 가지 확실한 것은 그가 그 학교에 오래 근무하지는 않을 것이라는 것이다. 아마 8년 정도 일하다 그만둘 것이다. 엘리트 학교들은 항상 최고의 사람을 채용하려 한다. 그래야 유명인 효과(celebrity value)를 보장받을 수 있기 때문이다. 그들이 내부인사를 미는 경우는 거의 없다. 그리고 시간강사나 전임강사, 또는 방문 조교수와 같은 용어를 보게 된다면 굳이 가방을 푸는 수고 따윈 하지 않는 것이 좋을 것이다.

　시간 강사는 고등교육 기관의 너무나 큰 일부가 되었다. 심지어 이 업계 사람들이 항상 휴대하고 다니는 《고등교육 연대기》에 그들만의 칼럼까지 생겼다. '시간 강사란'에서는 다음과 같은 토픽들을 다룬다. "시간 강사 구직 시장의 높은 경쟁적 성격을 고려할 때 시간 강사들이 어떻게 다른 시간 강사들과 연대의식을 구축할 수 있을 것인가?", "실제로 조직의 일원이 아니면서 어떻게 조직의 일원이 될 수 있을까?", "달걀은 여러 바구니에 나눠 담아야 한다"(이 글에서는 시간 강사들이 어느 한 기관에 너무 의존하지 않도록 가능한 한 많은 기관에 채용되어야 한다는 조언을 한다), "시간은 돈이다"(이 글에서 시간 강사들이 시간 관리 기술을 습득함으로써 시간당 버는 수입을 높일 수 있다고 말한다.), "프로페셔널 하지 않은 환경에서 프로페셔널이 되는 방법"(시간 강사들이 좋은 보수를 받거나 프로로 대접받지 않는다 하더라도 어떻게 전문성을 유지해야 하는가), 그리고 "사무실 없는 근무 시간"(그들을 고용한 학교에서 사무실을 제공하지 않는 경우가 많음에도 불구하고 시간 강사들이 학생들에 대한 의무를 어떻게 다할 것인가에 대한 제언들) 등이 있다. 이와 같은 이야기를 더 찾아보고 싶다면 온라인에 있는 '일터: 학문 노동 저널Workplace: A Journal for Academic Labor'(www.workplace =gsc.com)을 한번 둘러보라. 또는 검색 엔진에 '시간 강사직(adjunct teaching)'을 입력하고 무엇이 올라오는지 보라.

이 언어들이 보여주는 것은 브랜드의 명예를 더럽히지 않기 위해 동원된 기업의 기만적인 언어와 속임수의 심대함이다. 특히 인문학 분야 교수 시스템은 자격을 갖춘 선생님들이 너무나 과잉되었기 때문에 정말 바보 경영인이 아니고서야 가장 적은 임금을 지불할 수 있는 시간 강사란 풍요로운 농작물을 재배하지 않을 리 없을 것이다. 한 가지 기억해야 할 점은 이러한 사태가 초래된 것은 우리가 제2군의 대학들로 하여금 계속해서 시장에 새로운 박사들을 쏟아내도록 장려했기 때문이라는 것이다. 캘리포니아 주립대학 시스템California State University System의 전 총장인 배리 뮤니츠Barry Munitz는 자신의 모든 수업 중 절반 이상이 '비정규직(disposable workers)'에 의해 가르쳐진다고 추정한다. 마리오 사비오 이래로 캘리포니아 대학 시스템은 이뿐만 아니라 다른 분야에서도 전국에 있는 나머지 대학들에게 하나의 귀감이 되어왔다. 1990년대 동안 캘리포니아 지역의 모든 교수 채용 중 절반 이상이 안전선의 희망이 없는 사람들로 채워졌다. 브랜딩의 관점에서 봤을 때 이는 합리적인 결정이다.

수업 평가와 성적 인플레이션

강의실 내에서 어떤 일이 벌어지는지 혹은 누가 수업을 가르치는지에 사람들이 별로 관심이 없다는 사실을 깨닫고 나면 아무도 그것이 어떻게 이루어지는지에 진정으로 신경 쓰는 사람이 없다는 사실도 무리 없이 이끌어낼 수 있을 것이다. 그리고 이것은 수업 평가의 역설에서 발견할 수 있다. 커리큘럼의 일관성이 사라지고 교수진이 점점 시간강사들로 채워짐에 따라 학생들의 수업 평가 '도구'는 중요한 마케팅 속임수가 되었다. 이 도구는 수업을 향상시키는 방법으로서 중요한 것이 아니라 학교가 진정으로 교육에 신경을 쓰고 있다는 것을 나타내주는 표시로서 중요하다. 이것은 마치 자동차에 기름을 넣거나 세차하고 있는 동안 자동차 판매원이 끊임없이 손님에게 괜찮은지 물어보는 것과 비슷한 방식으로, 대학도 손님에게 끊임없이 반응을 조르는 것과 같다.

이따금씩 플랫 어스 소사이어티의 회원들처럼, 성적이 체계적으로 상승하지 않았으며 만약 상승되었다 하더라도 그것은 학생들의 질이 좋아져서 그런 것이라고 주장하는 이들이 있다. 현장어 있는 우리들은 실상을 알고 있다. 중요한 것은 성적 인플레이션이 일어났는지 여부가 아니라 그것이 어떻게 일어났고 특히 왜 중단될 수 없는가이다. 카네기 코퍼레이션Carnegie Corporation이 후원하고 미국 예술과학 아카데미American Academy of Arts & Sciences가 내놓은 최근의 보고서에서 헨리 로소프스키Henry Rosovsky와 매튜 하틀리Matthew Hartley는 1960년대 초부터 성적 평점(GPA)이 계속해서 증가해 온 반면 그에 상응하는 학생들의 성취업적은 별반 증가하지 않았다고 말한다. 그리고 이것이 전국적인 현상이기도 하지만, 전 하버드 학장인 로소프스키와 펜실베이니아 대학에서 가르치는 하틀리는 이 현상이 아이비리그에서 "특히 더 두드러진다"고 말한다.

이것이 사실이 아니라면 1960년대에 하버드가 파이베타카파 클럽(대학 우등생들의 사교모임)에 입회하도록 초청한 우수 학생들을 '주니어 8(대학 3학년생 8명)'과 '시니어 16(대학 4학년생 16명)'으로 부르던 것이 오늘날에는 '주니어 24'와 '시니어 48'이 된 것을 어떻게 설명하겠는가? 1960년대의 펜실베이니아 대학은 매년 자신의 파이베타카파 클럽에 적합한 4학년생들을 40명씩 선발했던 반면, 2001년에는 그 명단에 450명의 학생들이 올라갔다. 이는 졸업반의 3분의 1에 달하는 수치이다. '우등 졸업(graduation with honors)'이란 용어는 이제 아이비리그의 평균 성적이 B^+ 또는 A^-가 됨에 따라 우스갯소리가 되어 버렸다.

하버드와 같은 일류 대학에서는 인문학 및 과학 분야의 모든 성적 중 절반 정도가 A^-이거나 그 이상이다. 2001년 하버드 졸업생 중 90퍼센트가 우등으로 졸업하였다. 2005년 졸업생부터 하버드는 각 우등 카테고리에 퍼센트 제한을 둠으로써 인플레이션을 통제하고 있다. 하버드의 전형적인 복잡함을 보여주는 그 새로운 정책은 최우등 졸업 학위가 모두 합쳐 전체 졸업생의 20퍼센트까지 수여될 수 있도록 하는 반면 각 학문 영역에서 2단계 및 3단계 우등 졸업 학위는 모두 합쳐 전체 졸업생의 50퍼센트까지로 제한할 것을 규정하고 있다. 한번 계산해보라. 브라운 대학과 같은 일부 대학들은 심지어 이력서가 오직 잘된 업적만을 기록해야 한다고 말하며 점수가 낮은 성적을 성적 증명서에서 제외하기까지 한다. 브라운 대학의 쉐일라 블룸스타인Sheila Blumstein 학장은 "이력서를 제출할 때 당신은 지원서를 냈다가 떨어진 직장도 모두 적어서 내는가?"라고 묻는다. 그녀는 이렇게

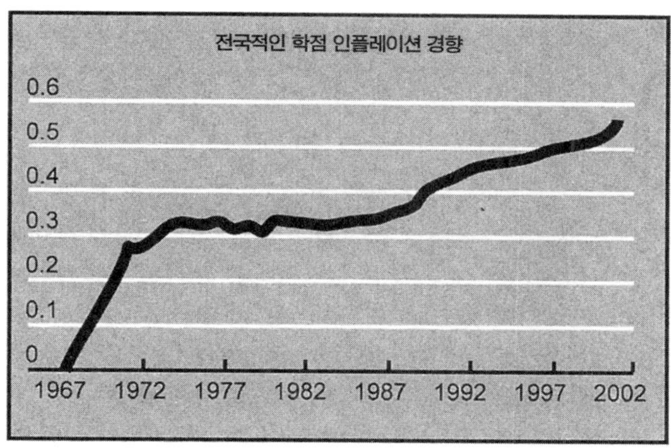

점점 위로 치솟는 학점: 1967년과 대비한 29개 대학들의 평균 GPA 합성 함수
(출처: www.gradeinflation.com)

말한다. "브라운 대학의 성적표는 학생의 학문적 성취의 기록이다."

플로리다 대학과 같은 대량 공급형 대학들에서는 약간 다른 접근 방식을 취한다. 우등생 학교Honors College에서 가르치는 교수들에게 학장은 매 학기마다 다음과 같은 공손한 공문을 보낸다.

우수 학생들이 우등생 프로그램에 참여하게 됨에 따라 그들의 장학금에 문제가 생기길 원치 않는다는 사실을 잘 이해하고 계시리라 믿습니다. 그러므로 우수 학생들은 똑같은 내용을 다루는 보통의 (비우수) 학생들과 똑같은 기준으로 평가되어야 할 것입니다. 이것은 우수 학생들이 더 관대하게 평가되어야 한다는 뜻이 아닙니다. 그러나 이와 마찬가지로 더 엄격하게 평가되어서도 안 될 것입니다. 참고로 우수반은 등급 곡선(grading curve)을 사용하지 않는다는 점을 참조하시기 바랍니다.

말은 복잡할지 모르지만 메시지는 분명하다. 아이비리그가 나머지 대학들과 맺는 관계를 우등생 프로그램은 그 대학의 나머지 학생들과 맺고 있다. 이 학생들은 그 프로그램을 듣는 다른 학생들과 비교하여 성적이 매겨지는 것이 아니라 그 수업을 들을 뻔한 모든 다른 학생들과 비교하여 성적이 매겨진다. 아무튼 우등생 대학교에 있는 학생들은 더 많은 관심과 주의를 받는 소규모 수업을 듣는다고 해서 불이익을 받아서는 안 되는 것이다. 그들에게 보장된 최소한의 학점은 A이다. 바로 이것이 학생들이 그토록 이곳에 들어가고 싶어 하는 이유 중 하나이다.

이것은 브랜딩과 어떤 관계를 맺고 있는가? 성적 인플레이션은 학교들이 행복한 소비자라는 개념에 바치는 헌사이다. 일반적인 경제적 인플레이션의 경우에는 시장이 최고치를 기록함에 따라 보통 이에 반발하는 디플레이션이 일어난다. 통계학자들은 이것을 '평균으로의 회귀(regression to the mean)' 라고 부른다. 그러나 학교의 경우에는 그렇지 않다. 성적 인플레이션은 거품이 아니라 톱니바퀴이다. 지금은 잠복기 상태라 할 수 있는데 왜냐하면 더 이상 올라가거나 돌아갈 곳이 없기 때문이다. 당시 듀크 대학에서 통계학 연구원으로 일하던 발렌 존슨^{Valen Johnson}이 보고서에서 예상한 바에 따르면, 만약 성적이 계속 이 추세대로 간다면, 2010년이 되면 듀크 대학은 전체 학생 중 3퍼센트를 제외한 모든 학생들에게 A를 줄 것이라고 한다. 우리는 '모든 아이들이 평균 이상' 인 나라로 건너온 것이다.

하버드가 어떻게 고등교육 분야에서 최강의 브랜드를 양성하고 보호하는지 조사하기 위해 필자가 하버드 대학에 머물고 있을 때 헨리 로소프스키 학장과 점심식사를 한 적이 있다. 이제는 은퇴한 그 학장은 자상한 경제학 전공자로서 우리는 교수 클럽에서 식사를 했다. 그는 상업 브랜딩에 관심을 가진 자가 하버드를 호화품의 선두주자로 생각한다는 것을 흥미롭게 여기는 듯했으나 그도 그것이 어느 정도 일리가 있다는 것을 쓸쓸하게 인정했다. 그러나 성적 인플레이션이 몹시 우려된다고 말하면서도 그는 그러한 팽창 현상을 유지하는 데 있어 하버드가 차지하는 역할에 대해서는 인정하지 않는 듯했다. 이 것이 하버드에게 있어 처치 곤란한 문제라는 것과 심지어 하버드의 총장 로렌스 서머스Lawrence Summers조차 이것을 통제할 수 없다는 것을 나머지 사람들이 모두 알고 있다는 사실은 별로 중요한 것이 못 된 다. 중요한 것은 그것이 하버드에서 일어나는 것이기 때문에 브랜드 가치를 갖게 된다는 것이다. 또 한번 하버드는 자신이 발명하지 않은 것 덕분에 유명해졌다.

성적 인플레이션은 중단될 수 없다. 몇 해 전 필자는 필자 학과의 평균 성적이 B⁺라는 내용의 메모를 받았다. 필자의 동료 중 많은 이 들이 거의 모든 학생에게 A를 주고 있다는 뜻이다. 젊은 교수들은 '젠틀맨의 C'는 고사하고 C라는 것을 절대 몰랐다. 조지 W. 부시는 예일 대학을 젠틀맨의 C 평점으로 졸업하였다. 그의 젊은 비판가들 은 이것이 그가 똑똑하지 않다는 증거라고 말하지만 실제로 그것은 단지 성적 인플레이션이 얼마나 깊숙이 침투해 있는지에 대한 증거 일 뿐이다. 부시가 만일 오늘날 예일 대학에 다닌다면 거의 모든 다 른 학생들과 마찬가지로 B⁺ 학생이 되었을 것이다. 이런 종류의 성적 평가가 훌륭한 학생들에게 공평하지 않다고 필자가 동료들에게 말하 면 동료들은 오늘날의 대학원들은 필자의 C가 다른 선생님들의 B⁺와 똑같다는 사실을 모른다고 대답한다. 그리고 이것은 맞는 말이다.

그러나 이 무분별한 성적 인플레이션의 진짜 이유는 소비주의의 성장 및 브랜딩 효과와 관계가 있다. 상위권의 대학 교육이 서로 호환 가능한 이상, 어느 누가 엄격한 성적 평가란 이야기로 낙인찍히는 위험을 감수하려 들겠는가? 학생들이 기분 나빠하는 것은 소비자 만족의 표시가 아니고, 교수들은 이것이 수업 평가에 반영될까봐 두려워 한다. 정확히 그러한 센세이션을 일으키는 것에 자부심을 갖고, 학문에 진지한 자세를 취한다는 생각에 흡족해 하는 학생들을 소비자로 둔 시카고 대학University of Chicago을 제외하고는 아무도 C가 평균이 되는 것을 허락하지 않으려 한다. 오직 시카고 대학에서만 학생들은 그들이 1600대의 SAT 점수를 받고 들어왔으면서도 어떻게 지금은 대학교 수업에서 C를 받는 학생이 되었는지에 대해 자랑스럽게 이야기한다. 시카고 대학은 이러한 지적 풍토를 소유하고 있는 것이다. 몇 년 전 그 대학은 자신의 안내책자의 제목을 '정신적 삶The Life of the Mind' 이라고 지었다. 대학 시장의 다른 어떤 대학도 감히 이런 일을 감행하지 못할 것이다. 그리고 이제는 시카고 대학조차 생각을 고쳐먹고 있다. 그 대학은 점점 입학생들의 수준이 낮아지자, 학교 순위를 높이기 위한 일을 하면서 오히려 아이러니하게도 순위가 낮아지는 현상을 두려워하고 있다.

인플레이션의 해결책은 불가능한 만큼이나 명백하다

최고의 입학생들을 위한 경쟁이 계속 치열한 상태를 유지하고 입학할 때만 학생들을 평가하는 관행이 계속되는 한, 어떤 학교도 성적을 재조정하여 또다시 C가 평균학점이 되도록 하지는 않을 것이다. 아이러니하게도 성적 인플레이션은 훌륭한 학생들에게 심각한 장애가 되고, 그들의 대학원 진학을 교수들이 불평하는 바로 그 사항들, 즉 표준화된 시험과 과장된 추천서에 더욱 의존하도록 만든다. 그것은 또한 과학 분야처럼 부풀리기를 잘못해 온 학과들에게 피해를 준다. 학생들에게 사회학부터 식물학(botany)에 이르는 과목들 중에서 한 과목을 선택해 이수하도록 한다면 대부분의 학생들은 눈앞에 있는 A를 선택하지 저 멀리 있는 C를 선택하지는 않을 것이다.

만약 교수들이 부작위(act of omission)에 의해 학계의 브랜딩에 공모한다면, 행정부는 작위에 의해 이 범죄에 가담한다. 성적 인플레이션을 막는 데에는 다음의 조처면 충분하다. 즉 학장이 모든 학과장들에게 자신의 학생들을 크게 오판하고 있는 교수들의 명단을 원한다고 말하기만 하면 되는 것이다. 학장에게 교수진들의 성적 분포도를 공개하도록 하라. 그러면 25명으로 이루어진 수업에서 현재 모두에게 A를 주던 교수들은 곧 이를 멈추고 다음을 생각하게 될 것이다. "성적 분포 곡선은 존재하지 않고 수업을 듣는 모든 학생들이 똑같이 훌륭하다는 것이 말이 되는가?"

그러나 학장이 그렇게 하겠다는 소식은 어디에서도 들려오지 않고 앞으로도 들려오지 않을 것이다. 학장은 경영계의 그의 동료들과 마찬가지로 생산성에 의해 보상받는다. 대학 이사회와 입법부, 총장 그리고 교무처장들은 펀딩이 학생들의 이수 학점에 근거한다는 것을 알고 있다. 이 이수 학점을 편리하게 늘였다 줄였다 함으로써 학교는 소득과 시장 점유율을 증가시킨다. 《유에스 뉴스》는 심지어 이 효율성을 '부가가치'라는 항목 아래 보상하기도 한다. 이 마케팅 모델의 문제점은 이것을 아무데나 적용할 수 없다는 것이다. 그러나 그것은 가능한 곳이면 어디든지 적용되고 있다. 편리함은 일종의 부가가치이다. 그리고 성적 인플레이션은 무엇보다도 그 편리함이 최우선이다. 그것은 관련된 모든 이의 삶을 더 편리하게 만든다. 즉 최고의 학생들을 제외한 모든 이의 삶을 말이다.

브랜딩은 고등교육 기관을 어디로 이끌 것인가?
플로리다 대학의 사례

고등교육 기관의 상업화는 많은 환영할 만한 결과를 가져 왔다. 더 넓어진 접근과 수많은 차별 관행의 폐지, 많은 연구 분야의 확장과 정교화 그리고 현실을 직시하자, 고객관계에 대한 치열하면서도 종종 신선한 고민 등이 그것이다. 필자의 학과가 특정 수업의 규모를 19명 이하로 제한하라는 지시를 받은 것은 의심할 여지없이 《유에스 뉴스》가 애호하는 마법의 학생 수인 20명 이하의 수업 수를 학교가 늘리려 하기 때문이다. 그러나 우리의 최종 사용자를 학생에서 전업 학생으로, 의뢰인으로 그 다음엔 고객으로 여기게 된 변화는 양자 모두에게 특정한 희생을 초래하지 않은 것은 아니었다.

다시 한번 전형적인 대량 공급형 학교인 플로리다 대학의 경우를 살펴보자. 한편에서 보면 플로리다 주는 일류 교육 시스템을 갖출 자원이나 의지, 혹은 진정한 사회적 필요가 존재하지 않는다. 은퇴하러 이곳에 찾아오는 사람들로 이루어진 주에서 누가 교육에 신경 쓰겠는가? 대부분의 플로리다인들은 그들이 벌써 삶의 의무를 다했다고 생각한다. 그러나 다른 한편에서 보면 플로리다는 가장 크고 부유한 주에 속한 곳으로서 적어도 뭔가 남들에게 내세울 만한 것을 가지고 있어야 한다.

그래서 우리는 순위 경쟁에 필요한 학생들을 얻기 위해 기본적으로 우리의 제품을 무상으로 제공하고 있다. 우리에게는 달리 선택권이 없다. 우리가 이렇게 하지 않으면 다른 지역에서 우리의 최고 학생들을 데려갈 것이다. 그래서 우리는 '갑'의 돈을 대기 위해 '을'의 돈을 턴다. 그 과정은 다음과 같다. 플로리다 주에는 주로 복권기금에 의해 운영되는 '브라이트 퓨처Bright Future' 라는 프로그램이 있다. 5년의 역사 동안 그 프로그램은 대부분 백인 중산계급의 학생들을 지원해 왔다. 수혜자들의 연간 가계 수입은 3만 달러에서 7만 달러사이이고 30퍼센트 정도는 7만 달러 이상을 번다. 고등학교 졸업생 중 백인이 차지하는 비율이 60퍼센트인 반면 브라이트 퓨처 수혜자의 77퍼센트가 백인이다. 입학생의 95퍼센트가 등록금의 대부분 혹은 전액을 이 프로그램의 지원을 받은 상태에서 입학한다. 이 장학금을 받기 위해 고등학교 졸업반 학생이 해야 할 일이라곤 내신 평균 B 이상, 그리고 SAT 누적 점수로 970점 이상을 받으면 된다. (이 점수는 플로리다 주의 평균 및 전국 평균보다 훨씬 낮은 점수이다.) 그러면 주 정부는 학생에게 등록금의 75퍼센트를 지불할 것이다. 내신 성적이 3.5이고 SAT 점수가 1270점인 학생은 무료로 대학을 다닐 수 있다. 주 정부가 전체 등록금은 물론 책 구매비로 600달러씩 지불하기까지 한다. 충분히 다른 곳으로 갈 수도 있는 이 학생들 덕분에 우리 학교는《유에스 뉴스》대학순위에서 중간보다 약간 높은 위치에 머무를 수 있다.

그러므로 어떤 면에서 보면 대량 공급형 대학들도 할인 정책을 편다는 점에서 엘리트 학교와 똑같이 행동한다고 말할 수 있다. 차이점은 엘리트 학교들은 그렇게 할 여유가 있는 반면 우리는 그렇게 할 여유가 없다는 것이다. 아이비리그의 돈은 기부금에서 나오고 학교가 명성을 유지하는 한 회수 가능성이 있다. 반면 주립대학교들의 돈은 종종 복권기금에서 나오고 주 정부가 이 세금의 지출을 계속해서 묵인하는 한 회수 가능성이 있다. 복권기금이 없는 주들은 다른 방법으로 경쟁을 펼칠 수밖에 없다. 이를 위해 종종 미시건과 네바다 주처럼 담배회사로부터 얻어낸 합의금을 사용하거나 미시시피와 미주

리 주처럼 주 정부의 다른 수입원을 사용하곤 한다. 오하이오의 마이애미 대학^{Miami University}은 모든 학생들에게 같은 등록금을 부과하면서도 오하이오 출신 학생들에게는 주 정부에서 학생 1인당 제공하는 보조금과 동일하거나 이를 초과하는 금액의 특별 장학금을 수여하는 기획안을 내놓았다가 철회하였다. 그 계획이 너무 복잡했기 때문이다. 미국에 있는 절반 이상의 주가 브라이트 퓨처와 같은 단순한 계획으로 통합되었는데 기본적으로 이 계획들은 중산층을 위한 지원제도이다.

이 학생들 중 대부분이 어차피 대학에 갈 것임은 모두가 인정하는 사실이다. 그러나 그들이 주립대학으로 진학할까? 아무도 이에 대한 답을 찾고 싶어 하지 않는다. 플로리다와 인접한 주들에서도 브라이트 퓨처처럼 비교적 부유한 학생들에게 혜택이 돌아가는 프로그램들을 가지고 있다. 그러므로 어떤 면에서 우리는 이 질문의 답을 알 길이 없다. 가령 조지아 주는 HOPE^{Help Outstanding Pupils Educationally}라는 프로그램(뛰어난 학생들을 위한 교육 지원 프로그램)이 있는데, 조지아 주립대학에 다니는 지역 출신 학생들에게 경쟁 혜택을 주고 있다. 플로리다 서쪽에 있는 앨라배마 주도 그런 프로그램을 고려하고 있다. 물론 그것은 어떤 학교도 순간적 이점 외에는 아무것도 얻는 것이 없고 모든 학교들이 부유한 학생들에게 불공평한 혜택을 제공하는 일종의 낭비이다. 엘리트 학교들 사이에서 일어나던 군비증강 경쟁이 이제는 대량 공급형 학교들 사이에서도 벌어지고 있는 것이다.

'두뇌 유출(brain drain)'이 불러일으키는 두려움은 강력하다. 플로리다 대학과 그 자매학교인 플로리다 주립대학 모두에게 편의형 대학의 범주로 떨어질지도 모른다는 두려움은 대단하다. 그리하여 이제 우리는 우리 자신이 만들어낸 파벌의 소용돌이 안에 빠져 있다.

그러는 동안 필요에 근거한 지원 정책은 휘청거리고 있다. 복권 기금을 사용하겠다는 발상 자체가 재정적으로 어려운 사람들에게 돈을 풀자는 취지였는데도 말이다. 우리는 모두 이 문제에 대한 해결방안을 알고 있다. 그것은 능력을 보상하면서도 가정 수입을 고려에 넣는 슬라이딩 스케일(sliding scale)이다. 그러나 이것이 실현될 것인지는 의심스럽다. 주(州) 정치가는 브라이트 퓨처 프로그램을 재정립할 필요를 제시하는 반면, 이미 돈을 받고 있는 학생들은 자신들이 열심히 노력한 이유로 차별받고 있다고 아우성을 친다. 이 학생들 모두가 투표권을 행사하는 가족의 자녀들이라는 점을 기억하자.

우리는 치열한 브랜딩이라는 이름으로 이상한 짓을 하기도 한다.

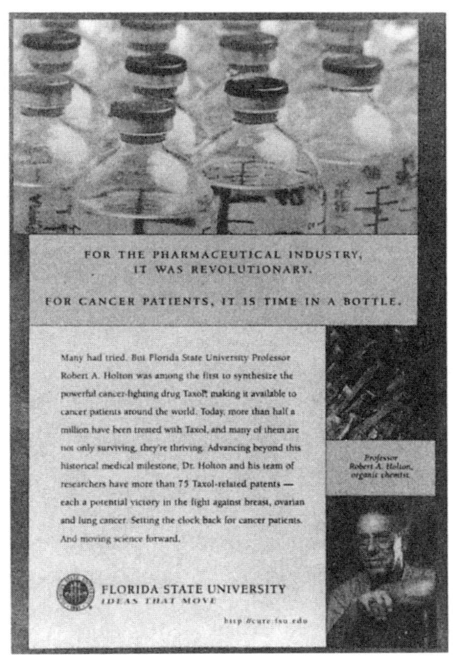

플로리다 주립대학은 학생들이 아니라 불확실한 명성을 위해 《월스트리트 저널》에 광고를 게재한다.

플로리다 주립대학은 심지어 공격적인 홍보 캠페인을 시작하기까지 했다. 자신에 대한 이야기로 도배한 번지르르한 잡지를 다양한 지역 출판물에 첨부하는 것이다. 또한 《월스트리트 저널》에 교수진과 그들의 성과물을 나타내는 광고 캠페인을 싣기도 했다. 그러한 선전물에 왜 백만 달러에 가까운 돈을 쓰는지 물어보자. 플로리다 주립대학의 행정가들은 솔직하게 대답했다. 즉 학교의 순위를 높이기 위해 뭔가 해야 한다는 생각이 들기 때문이었다. 그들은《월스트리트 저널》의 독자층 자녀들을 신입생으로 얻게 될 것이라고 생각할까? 아니다. 그들이 얻게 되는 것은 플로리다 주 내에서 그들이 주를 넘어서는 존재감을 가진다는 환상이다. 그리고 이것은 아마 《유에스 뉴스》를 위해 동료 학교들의 순위를 매기는 4200명의 행정가들의 의견에도 영향을 끼칠 것이다.

새로운 대학 기업

그렇지 않아도 유망한 장래를 가진 학생들에게 혜택을 주는 브라이트 퓨처와 같은 프로그램이나, 월스트리트에 자신을 드러낼 필요가 전혀 없는 학교들이 벌이는 번지르르한 광고들은 어떤 객관적인 기준에서 평가하더라도 어리석은 일처럼 보일 수 있다. 그러나 이와 똑같은 일이 당신의 지역에서도 일어나고 있을 것이다. 현실을 직시하자. 마리오 사비오는 옳았다. 현대 대학은 무엇보다도 브랜드 제품을 판매하는 일종의 회사인 것이다. 캘리포니아 버클리 대학의 골드만 행정 대학 교수이자 『셰익스피어, 아인슈타인 그리고 최종순익: 고등교육의 마케팅Shakespeare, Einstein, and the Bottom Line: The Marketing of Higher Education』의 저자인 데이비드 커프David Kirp는 다음과 같이 말했다.

사람들이 졸고 있는 동안 미국 대학들은 부지런히 자신을 재창조
(reinvent)하고 있었다. 30년이 채 안 되는 기간에 그동안 친숙했
던 학문적 윤리 — 거칠게 말해서 대학의 핵심 임무는 지식의 발
전과 전달이라는 내용의 윤리 — 는 시장의 적시생산(just-in-
time)과 즉각적인 만족이라는 가치들에 의해 대부분 추방되었다.
'돈의 시대'는 고등교육의 영토를 새롭게 바꾸어 놓았다. 학자들
의 공동체를 유지하고 당대의 관습적 지혜에 자유롭고 비판적으
로 개입하는 '언덕 위의 지적 도시'를 짓겠다는 어떠한 사명감도
이제는 은퇴한 대학 총장들의 장밋빛 회상 말고는 사라져 버렸다.
'사상의 시장(Marketplace of ideas)'이라는 고색창연한 외침은
경영 전문가들에게서 빌려온 수려한 어휘가 고등교육 '산업'을
지배하게 됨에 따라 이중적 의미로 변해 갔다. 대학 이사와 행정
가, 교수진, 학생, 기업, 정부 등 고등교육에 관여하는 모든 이들
이 이 수십 억 달러 사업의 '이해관계자'가 된 것이다.

몇몇 대학 총장들은 이러한 사정을 알고 있고 또 기꺼이 공식적으
로 인정하기도 한다. 사라 로렌스 대학^{Sarah Lawrence College}의 미셸 톨레
라 마이어스^{Michele Tolela Myers} 총장은 《뉴욕타임스》의 독자투고란에
'학생은 투입물이 아니다^{A Student Is Not an Input}'라는 제목으로 다음과
같은 글을 실었다.

요즘 열리는 고등교육 지도자들의 모임에 가보면, 브랜드 가치나
시장, 이미지, 그리고 가격 전략 등에 대해 많은 말이 오가는 것을
볼 수 있다. 새로운 고등교육의 공용어에서 학생들은 처음에는
'대학 제품의 소비자'로 불리다가 그 다음에는 '투여물 — 대학이

판매하는 것의 일부'로 불린다. 대학계가 왜 이런 종류의 대화에 사로잡히게 되었는지는 쉽게 알 수 있다. 우리가 기업의 언어를 차용하는 것은 우리가 기업처럼 운영되어야 하기 때문이다.

고등교육은 점점 비싸지는 동시에 점점 필수적인 것이 되어가고 있다. 좀더 효율적으로 우리의 자산을 운영하고 최대한 활용하는 방법을 모색하는 동안 우리는 아웃소싱과 영리사업, 지적재산권의 구매와 판매에 대해 배우기 시작한다. 그리고 대중들도 잘 알고 있듯이, 대학들은 이제 다른 대학들과 의식적으로 그리고 의도적으로 경쟁을 벌이고 있다. 우리는 새 언어를 사용해 말하자면 '재능 있는 학생들을 놓고 입찰경쟁을 벌이는데', 이는 학생이란 집단의 '스타 가치'가 대학 이름의 '브랜드 가치', 즉 대학의 명성과 순위, 선호도, 그리고 궁극적으로는 부와 고객들에게 더 많은 '비용 대비 가치(value per dollar)'를 제공하는 능력 등에 영향을 미친다는 사실을 알고 있기 때문이다.

우리 대학 종사자들이 경영계의 언어를 유창하게 구사하게 될수록 우리는 교육에 대해 상업적 관점에서 사고하는 것에 점점 익숙해진다. 우리는 더 이상 공공 지식인(public intellectual)이 아니라 사업가로서 이야기한다. 그리고 우리는 교육을 공공선이 아니라 하나의 소비재로 만드는 이러한 심려할 만한 경향에 맞서 싸우기보다는 오히려 그것을 장려한다. 우리가 이런 식으로 생각하게 된다면 우리가 내리는 결정들은 적어도 부분적으로는 소비자들의 취향에 의해 주도될 것이다. 학생들이 원하는 것만 가르치지 않으면 업계에서 도태될 것이라는 생각에 우리는 준비가 되어 있는가?

그리고 바나드 대학Barnard College의 주디스 샤피로Judith Shapiro 총장은
상업화가 심지어 학부모들의 역할에까지 미친 영향에 대해 다음과
같이 얘기한다.

> 관대함과 아량이 깃든 자신감으로 대부분의 학부모들은 그들의
> 자식이 스스로 자라도록 내버려둔다. 그들은 대학의 목적이 젊은
> 이들의 재능과 지적 능력을 발전시키고 그들이 스스로 자립하고
> 어른이 되기 위해 중요한 단계를 밟아나가도록 전문성과 목적성
> 을 가지고 도와주는 데 있음을 알고 있다. 그러나 이러한 진실은
> 종종 대학이 자동차나 별장처럼 돈으로 구매하는 또 하나의 상품
> 에 불과하다는 관념에 의해 내팽개쳐지곤 한다. 이 불행한 시각은
> 일부 학부모들에게 잘못된 인식을 심어주기도 한다. 자식을 내버
> 려두지 못하는 무능력과 소비자라는 지위에 대한 그들의 의식은
> 일부 학부모들에게 자녀의 대학 생활의 모든 면 — 입학 준비과정
> 부터 전공 선택에 이르기까지 — 을 관리하고 싶도록 만든다. 예
> 외적인 경우이기는 하지만 이러한 학부모들은 점점 교수진과 학
> 장들, 그리고 총장들에게 일상이 되어가고 있다.

그러나 이들 중 어느 누구도 인정하려 들지 않는 것이 있는데 그것
은 막스 베버적 의미에서 대학계의 직업화(professionalization)라는
것을 교수진과 행정가 모두가 단지 허용하기만 한 것이 아니라 종종
기쁜 마음으로 그것에 기꺼이 동참했다는 사실이다. 우리는 장인들
의 길드에서 백화점으로, 문지기에서 수표원으로, 책의 페이지를 넘
기는 것에서 동영상을 클릭하는 시대로 넘어갔다. 그 결과가 모두 나
쁘기만 한 것은 아니다. 그러나 우리가 시장에 통제권을 양도한 것에

대해 우리는 이것이 외부에서 우리에게 강압적으로 행해진 것이라고 불평하기란 어렵다. 어떤 용어로 부르든지 간에 이러한 상품화나 매각, 상업화와 기업화는 에디슨 스쿨^{Edison Schools}이나 학교 선택, 심지어 채널 원^{Channel One}과 같은 프로그램의 중심에 있다. 그렇다. 이것은 교육과 마케팅이 수단이 아니라 목적이 될 때 일어나는 일이다. 그러나 이것은 또한 서로 호환 가능한 제품들을 만들어내면서 상위 100위권 대학들을 상위 20위권 대학에 맞추려할 때에 발생하는 일이기도 하다. 단지 '일류 대학으로 인식되어야 한다는 이유만으로' 학교 순위를 높이기 위해 행동하는 것은, 바로 지금 일어나고 있는 종류의 브랜딩 전쟁을 자청하는 것이다. 아이러니한 것은 순위를 높이기 위해 모금 캠페인을 벌이는 학교에 (가령 리치몬드 대학^{University of Richmond}이 최근 '일류 대학 이니셔티브^{Top-Tier Initiative}' 캠페인을 벌였던 것처럼) 돈을 더 많이 내면 낼수록 상황은 더 악화된다는 것이다.

본 책의 마지막 장에서 살펴보겠지만, 고등교육 기관의 미래는 소비재 마케팅이나 심지어 생활공간의 브랜딩과 같은 영역으로 자신을 더 깊숙히 진출시킴으로써 자신의 브랜드 자산을 계속해서 착취하는 것이다. 대학들이 졸업생 명부를 카드 회사에 팔아넘기거나 건물의 네이밍 권리를 판매하는 것뿐 아니라, 캠퍼스 자체를 확장하여 은퇴 커뮤니티나 심지어 묘지 등을 캠퍼스 내에 포함시키는 것에서 수입원을 창출하려는 것은 그냥 일어나는 일이 아니다. 고등교육 기관의 참여자들은 소비자들이 그들을 어떻게 취급하는지에 대해 불평하기 전에 사비오가 수년 전에 한 말을 되새겨보는 것이 좋을 것이다. 사비오는 대학이 외부 세력이 아니라 내부 세력에 의해 산업화되어 가고 있다고 말했다. 부모를 살해하고 나서 이제 자신은 고아니까 자비로운 선처를 구한다는 자식처럼, 대학들은 상업적 수입원을 통해 비

대해진 다음 이제 와서 이것이 시장이 그들에게 가한 일이라고 불평한다. 이러한 희생자적 주장은 현대 고등교육 주식회사 브랜드의 핵심적인 부분을 이루고 있다. 이 다음에 듣게 되는 말은 "제발 도와 달라. 우리는 당신의 지원이 절실히 필요하다"이다.

4장

박물관 세계 | 예술을 브랜딩하는 예술

구겐하임은 브랜드인가? 그렇다.

_ 토마스 크렌스Thomas Krens, 솔로몬 R. 구겐하임 재단 디렉터

나는 브랜딩이란 단어를 매우 조심스럽게 사용한다.

꼭 필요한 경우가 아니면 그 단어를 쓰지 않는다.

민영 부문에서는 그 말을 사용하는 것이 매우 적절한 일이지만,

비영리 세계에서는 문제가 될 수 있다.

_ 맥스웰 앤더슨Maxwell L. Anderson, 뉴욕 휘트니 미술관 前 디렉터

왜 대부분의 박물관 디렉터들이 숨죽여 걸을 만큼 비영리 세계에서는 브랜딩이 논쟁적인 걸까? 답은 매우 간단해 보인다. 한마디로, 이곳에서의 스토리 ─ 즉 비영리 기관의 브랜드 ─ 는 그들이 영리를 추구하지 않는다는 것이기 때문이다. 시장은 얼마나 천박한가! 역사적으로 근대적인 스타일의 마케팅을 발전시켜 온 교회에서는 브랜딩이란 단어가 언급되면 곤혹스러워 한다. 고등교육 기관들에서도 적어도 공식적으로는 펄쩍 뛴다. 박물관 ─ 대부분의 박물관 ─ 도 자신이 시장 점유율을 위해 경쟁하는 것보다는 좀더 높은 소임을 가지고 있다고 주장한다. 그들은 세속에 때 묻지 않았다. 그들은 제품을 팔지 않는다. 그들은 회사가 아니다. 그들은 입장객 수에 관심을 두지 않는다. 이 신전에 상인이란 없다. 이곳에는 단지 ─ 쉬, 모두 조용해라, 만지면 안 된다 ─ 깊은 진실의 수호자만이 있을 뿐이다.

그러나 아이러니하게도 대부분의 박물관이 브랜딩에 열성인 모습은 오랫동안 진행되어 왔다. 즉 박물관이 거액의 기부금 위에 앉아있거나 록앤롤 기념전처럼 대중적인 주제에 헌신하지 않는 한 말이다. 그럴 때만이 기업형 모델이 적절하지 않다고 말할 수 있다. 전시회의 하향 평준화나 공간 임대를 못마땅해 하는 박물관 큐레이터들은 거의 대부분 안전하게 확보된 돈더미 위에서 걸작품들로 가득 찬 저장실을 지키고 있는 사람들인 경우가 많다. 그들에게 박물관은 세속의 성당이고 예술은 성체와 같다. 그들은 일부 일류 대학이 현재 그러하듯이 혹은 감독교회가 예전에 그러했듯이 박물관 브랜드로부터 이윤을 만들어낼 수 있는 행운의 소수이다. 그러나 이 업계의 나머지 사람들은 어떠한가?

그들보다 사정이 좀더 열악한 형제들은 이 문제에 대해 별로 확신을 갖지 않는다. 사실상 대부분의 박물관 디렉터들은 오늘날 예전 종파에 속하는 주교나 소규모 대학장과 놀라울 정도로 비슷하다. 그들의 눈과 입 주위에는 공황(panic)의 흔적이 묻어난다. 박물관 건설이 폭발적으로 증가하였고, 그에 따라 그 공간을 예술품이 아니라 소비자로 채워야 할 필요성이 생겼기 때문이다. 미국 박물관의 4퍼센트는 1900년 이전에 설립된 반면 75퍼센트는 1950년 이후에 설립되었고 40퍼센트는 1970년 이후에 설립되었다. 박물관 증가에 관한 그래프를 그린다면 슬로우 모션으로 펼쳐지는 ʃ와 비슷한 모습을 볼 수 있는데, 그 중 급격한 상승 부분이 우리 시대에 일어나고 있다. 이 건물들은 전국 도처에서 싹을 틔우고 있다. 그리고 많은 지방 교회나 사립대학처럼 그들의 많은 수가 현재 문을 닫고 있다.

박물관은 미국인들이 방문하는 문화 기관 가운데 가장 인기가 높은 곳이다. 박물관 방문자 수는 스포츠 경기를 관람하는 수보다 높다. 2000년도에만 10억 이상의 사람들이 적어도 한 곳 이상의 박물관을 방문하였다. 문제는 초대형 교회나 주립대학과 마찬가지로, 부익부빈익빈 현상이 발생한다는 것이다. 미국의 슈퍼스타 브랜드 네임 박물관들 — 가령 메트로폴리탄 미술관Metropolitan Museum of Art, 뉴욕 현대미술관MoMA, 미국국립예술관National Gallery of Art, 시카고 예술원Art Institute of Chicago, 구겐하임 미술관Guggenheim Museum, 게티 박물관Getty Museum 등 — 은 점점 아이비리그 대학들과 비슷해지고 있다. 그들은 서로에게뿐 아니라 2류 그룹에게도 강한 압박을 행사한다. 그들은 심지어 게티 미술 교육 센터Getty Center for Education in the Arts의 후원으로 열한 개의 중요 박물관들로 구성된 컨소시엄을 통해 포커스 그룹과 전시 후 설문조사를 갖춘 시장 조사를 끝마치기도 하였다. 유서 깊은 메트로폴리탄 박물관은 1971년부터 자신의 전시회에 대한 추적 연구를 해오고 있는데, 박물관 측에 따르면 이는 시 의회에 그들이 특별 세제 조치를 받아야 함을 설득시키기 위한 것이라고 하지만 그 연구는 또한 무엇을 전시해야 하는지를 결정하는 데 도움을 주기도 한다. 시장조사라는 낙타의 코는 이미 박물관의 천막 안에 깊숙이 들어와 있는 것이다. 그리고 그래서는 안 되는 이유도 없지 않은가?

구겐하임의 경우를 통해 살펴보겠지만, 간판급 박물관들은 이 부류의 하위층 경쟁자들에게 특별한 압력을 가한다. 그러나 브랜드 경쟁은 도처에 만연하고 있다. 『박물관 공식 사전The Official Museum Directory』에는 8300개 이상의 박물관들이 수록되어 있지만, 실제로는 아마 1만 1000개도 넘는다. 그 8000개 이상의 박물관들은 단지 공인된 박물관만을 포함하는 것으로서 공식적으로 교육적 사명을 선언하고, 한 명 이상의 정규직원을 두고 있으며 기꺼이 회비를 납부할 의지가 있고 '이벤트 프로그램'이라 불릴 만한 것을 가지고 있는 것들이다. 그러나 전국을 그냥 돌아다녀보기만 해도 1만 1000개라는 수치도 놀라울 정도로 낮은 수치라는 것을 발견할 수 있다. 만약 수없이 생기는 명예의 전당들(가령 내셔널카우걸 명예의 전당National Cowgirl Hall of Fame이나 컨트리 뮤직 명예의 전당the Country Music Hall of Fame, 프리소프트웨어 명예의 전당Free Software Hall of Fame, 시(詩) 명예의 전당Poetry Hall of Fame, 로드킬 명예의 전당Roadkill Hall of Fame들처럼)까지 고려한다면 이 숫자는 가히 폭발적이다. 무언가를 기념하는 곳은 도처에 널려 있다. 생각해보라. 우리 주변에는 박물관이 어디에나 있다. 내가 살고 있는 노던 버몬트 주만 해도, 반경 20마일의 구역 내에 다섯 개의 성실한 박물관들이 있다. 숫자 면에서 보면 현재 박물관은 대학보다 많고 교회보다 약간 적은 편이다.

그리고 그들은 교회 및 대학교와 거의 동일한 장소에서 똑같은 문제에 봉착해 있다. 왜냐하면 어떤 문화 기관이든 세 개 이상이 모이면 자신이 제공하는 것에 대해 스토리를 만들어내기 때문이다. 당신의 경쟁력을 증가시키고 당신의 문턱과 모금액을 높이고 싶다면, 자신을 남들과 분리하고 자신만의 스토리와 브랜드를 만들어야 한다. 그렇지 않으면 당신의 이웃 비영리 단체들이 당신을 시장에서 쫓아내려 압박해 올 것이다. 아이러니하게도 당신이 생존하려면 잠시 동안만일지라도 자신을 또 하나의 오락산업으로 생각해야 할 것이다. 성공하기 위해서 당신은 자신을 단지 뭔가 볼 거리를 걸어놓고 그 옆에 약간의 설명을 써 놓는 것이 아니라 감정을 전달하는 곳으로 생각해야 한다.

이런 식으로 사고하는 것은 엄청난 경악을 불러일으킨다. 박물관은 오락산업도 아니고, 레인포리스트 카페^{Rainforest Cafe}나 소니 원더 테크놀로지 랩^{Sony Wonder Technology Lab}, 또는 나이키타운^{Niketown}과 같은 몰입형 가상환경(immersion environment)은 절대로 아니라는 것이다. 이 말이 믿기지 않는가? 그렇다면 그냥 아무 박물관 디렉터에게나 가서 물어보라. 그러면 다음과 같은 말을 귀가 따갑도록 들을 것이다. "우리는 문화를 고양시키는 우리 본연의 모습이나 사명을 절대로 타협하지 않을 것이다. 우리는 공공복리 향상을 위해 일한다." 그러고 나서 그들은 당신의 이름이 기부자들의 목록에 개인(individual)으로 등록되길 원하는지 아니면 친구(friend)나 원조자(supporter), 기여자(contributor), 지지자(sustainer), 파트너(partner), 후원자(patron), 기부자(benefactor), 펠로우(fellow), 또는 메디치(de' Medici)로 등록되길 원하는지 물을 것이다. 고등교육 기관이나 초대형 교회와는 대조적으로 박물관 세계는 중역이나 적어도 이사가 되는 길을 돈으로 살 수 있는, 몇 안 되는 곳 중 하나이다. 아이러니하게도 계몽이나 구원이 아니라 예술을 소유한 이 세계는 현재 귀를 멀게 하는 사이렌 소리에 가장 빠져들기 쉽다. 이 문화 세계에서는 오직 고질적인 재정난에 허덕이는 교향곡 오케스트라와 발레 단체만이 좀더 주의 깊게 들을 뿐이다.

많은 박물관들이 현재 파산 위기에 처해 있다. 그들은 조지 버나드 쇼George Bernard Shaw가 저녁 식사를 함께 한 여인과 나눈 유명한 대화를 이해한다. "백만 파운드면 나랑 같이 자겠소?"라는 그의 물음에 그녀는 "예, 그럴게요"라고 대답했다. 그런 후 쇼가 "1파운드면 어떻소?"라고 묻자 그녀는 "제가 창녀인줄 아세요?"라고 대답했다. 그러자 그는 이렇게 되받아쳤다. "그 사실은 이미 확인했소. 우리는 단지 가격을 흥정하고 있을 뿐이요." 박물관 엘리트의 경우 역시 가격 흥정의 문제로 귀결된다. 실질적인 질문은 어떤 마케팅 기술은 허용되는 반면 어떤 마케팅 기술은 도를 넘어서는가이다. 결국 앞으로는 두 가지 종류의 박물관들만 남게 될 것이다. 즉 개인적 후원이나 기업과의 제휴를 통해 학술적 활동에만 헌신하는 고급문화의 신전들과, 대중의 입맛에 부응하고 입장객 수로부터 재정을 마련하는 엔터테인먼트 센터로 말이다. 점점 그러한 징조가 보이고 있다.

뭐라고? 공적 지원이 없다고?

전 세계에서 미국 박물관들이 가지는 독특한 점은 그들이 시장에 거의 전적으로 의존한다는 점이다. 유럽인과 아시아인들은 여전히 누리고 있는 반면 미국인들은 거의 갖고 있지 못하거나 심지어 앞으로 더 감소할 것이라 기대되는 재정 지원 종류는 국가 지원금이다. 설상가상으로 박물관 수는 증가하는 반면 대안적 공적 자금의 출처는 눈에 띄게 줄어들었다. 박물관은 더 이상 자신이 특이하지 않다는 사실을 직시해야 한다. 모든 도시에서 박물관을 도시 고급화(gentrified downtown)를 추진하기 위한 앵커 스토어(anchor store)로 사용하기 시작하면서, 박물관은 단지 또 하나의 시어스Sears나 제이씨 페니J. C. Penney가 되고 있다. 만약 시청에서 박물관에 대한 지원을 줄이기라도 한다면 (재정 상황이 악화되면 분명 이런 조처를 취할 텐데) 도심 박물관은 충분히 붕괴하고도 남는다. 미국 박물관 협회American Association of Museums에 따르면 현재 2000개가 넘는 미국 예술 박물관 중 약 60퍼센트만이 자신의 운영비를 충당할 수 있을 만큼의 충분한 기부금을 받고 있다고 한다. 따라서 치열한 브랜딩이 불가피하다. 그러나 이와 마찬가지로 불가피한 것은 브랜딩을 브랜딩이라 부르지 않을 것이라는 점이다.

유럽인들도 똑같은 딜레마에 직면해 있다. 하지만 차이가 존재한다. 그들은 최후의 보루로서 오랜 정부 보조의 역사를 가지고 있다. 한때 90퍼센트에 달했던 영국 박물관에 대한 지원을 과감히 삭감시킨 대처리즘이 유럽 대륙에도 확산되기 시작했다. 1993년까지 루브르 박물관은 전적으로 국가 지원에 의해 운영되었다. 이제 그 국립 박물관은 자신의 연간 운영비 중 30퍼센트를 스스로 마련하지 않으면 안 된다. 루브르 박물관은 여전히 펀드레이징 담당 직원을 4명밖에 두고 있지 않은데 반해 런던의 다양한 테이트 박물관들은 15명을, 뉴욕의 메트로폴리탄 박물관은 40명을 두고 있다.

대부분의 유럽 박물관에 대한 정부 보조금이 예전보다 덜 관대해지긴 했지만, 정부 보조금은 여전히 이 박물관들에게 제1의 자금 출처이다. 마케팅 관점에서 볼 때 이것은 합리적인 일이다. 어쨌든 대부분의 위대한 유럽 박물관들은 '관광 목적지(destination spots)'이자 형식화된 관광 코스에서 반드시 들러야 할 장소이기 때문이다. 그러므로 그들 대부분은 낮은 입장료만을 징수하거나 아예 무료인데, 이는 박물관 내 매장에서 판매되는 물건에 대한 매출세(sales tax)로 보상을 받는다. 유럽의 박물관들은 또한 그들이 시민에게 소속되어 있다는 오랜 전통을 가지고 있다. 대부분의 유럽 박물관에서는 기부자의 이름을 기념하는 흔한 명판 하나 볼 수 없다. 관대한 기부자의 이름을 따라 건물의 한 윙(wing)이나 방의 이름을 짓거나 심지어 후원자의 이름을 증여품에 첨부하는 것은 여전히 프랑스인들의 본능에 거슬리는 일이다. 그러나 아이 엠 페이I.M. Pei가 디자인한 루브르 박물관의 입구를 자세히 살펴보면 그 입구의 가장 중요한 역할 중 하나는 방문객들을 상업적 쇼핑센터를 따라 움직이게 하는 것임을 알 수 있다. 이제 그 가게들은 박물관 입구를 철통같이 비호하고 있다.

영국인들은 공간을 상업화하는 것에 덜 예민하다. 예를 들어 국립미술관National Gallery에는 세인즈버리관Sainsbury Wing이, 로열아카데미Royal Academy of Arts에는 새클러관Sackler Wing이 있는데 이들은 각각 소매업체와 제약회사의 이름을 따라 지은 것이다. 대처가 집권한 이후에도, 영국의 박물관 디렉터들은 미국의 동료들에 비해 훨씬 상업화의 압력을 덜 받고 있다. 그러나 궁극적으로 국고에 의존하긴 하지만 이들도 점점 시장에 대응해야 할 필요가 생기고 있다. 박물관에 대한 보조금이 실질적으로 추락했기 때문이다. 정부는 이제 영국박물관British Museum에게 70퍼센트의 자금만을 지원하는데 이는 1993년의 80퍼센트에서 하락한 것이다. 2002년의 보조금은 터무니없는 금액인 5000만 달러에 불과하다. 유서 깊은 영국박물관은 그러한 간극을 점점 상업적 활동이나 스폰서 유치, 기부금 등의 수입을 증가시켜 채워야 한다. 이것이 바로 그 박물관이 자신의 도서들을 새로 건립된 영국국립도서관으로 옮긴 이유 중 하나이다. 그들은 쇼핑점 및 레스토랑으로 이루어진 자신의 2층짜리 복합관을 새로 짓기 위한 공간이 필요했던 것이다.

예술의 범람이 문제다

그런데 오늘날과 같은 호들갑이 박물관 세계를 휩쓸게 된 이유는 무엇일까? 왜 박물관들은 당신의 우편함을 홍보물로 채우는 것일까? 왜 그들은 자신들의 전시 공간을 자동차 및 영화 포스터로 채울까? 단지 돈 때문일까? 아니다. 공급에 문제가 있기 때문이다. 엄청나게 많은 장소에서 엄청나게 많은 예술 잡동사니들이 넘쳐나고 있다. 예술은 이제 흔해졌다. 너무 흔해졌다. 박물관이 공장으로까지 확대되는 것을 보면 (그것이 바로 지금의 유행이다. 가령 매사추세츠 노스 아담스의 한 낡은 전자 공장에 위치한 매사추세츠 현대미술박물관Mass MoCA이나, 뉴욕 퀸스의 한 스태플러 스윙라인 공장을 전환하여 만든 뉴욕현대미술관 퀸즈MoMA QNS, 런던의 전력발전소를 개조한 테이트 모던 갤러리Tate Modern Gallery, 뉴욕 비콘의 오랜 인쇄창고를 개조한 디아예술재단Dia Art Foundation 등을 생각해보라) 뭔가 내부적인 폭발이 일어났다는 것을 알게 된다. 그리고 그것이 무엇인지는 간단하다. 물건이 너무 많다는 것이다.

서구 전역에서 우리는 열성적으로 예술 작품을 만들어 왔다. 그것은 마치 르네상스 시절처럼 커다란 사업이 되었다. 그러므로 재정적 압박이 커질수록 점점 더 많은 물건들이 단지 공간을 채우기 위해서가 아니라 치열한 브랜드 경쟁을 위해 지속적으로 분위기를 쇄신하고 새로운 의미를 만들어내는 방편으로 박물관으로 빨려 들어오는 것은 불가피한 일이다. 결국 예술은 어떤 의미에서 보면 우리가 어떤 대상에 대해 만들어내는 이야기일 뿐이고 박물관은 이 이야기들의 보관소이기 때문이다. 우리는 새로움이 주는 충격에 중독되어 있다. 이제 우리가 있어야 할 안전한 곳은 무언가 최첨단적인 장소이다. 맨해튼의 주요 박물관들은 항상 아마 이전까지 박물관에서 선보인 적이 없는 무언가를 보여주고 있는 중일 것이다.

이러한 현상은 뉴욕시에서 가장 잘 볼 수 있지만, 사실 도처에 만연해 있다. 필자가 이 책을 쓰는 2003년 현재에도 20개가 넘는 미국 예술 박물관들이 새로운 건물을 짓거나 전시 공간을 확장하고 그들의 체인점을 확산하고 있다. 마치 중세 교회가 탁발 교단(mendicant order)을 확장하기 위해 유골(relic)을 사용한 것처럼, 현대 박물관들은 예술품을 사용하고 있다. 더 많이 가질수록 더 큰 규모로 성장할 수 있다. 당연히 전시의 범위도 열렬한 소비자들로 이루어진 시장에 공급하기 위해 확대되고 있다. 우리가 오락이라고 여기던 것이 사실은 예술이었음을 아는 것은 얼마나 멋진 일인가. 1997년, 〈스타워즈: 신화의 마법Star Wars: The Magic of Myth〉이 스미스소니언 국립 항공우주 박물관Smithsonian National Air and Space Museum으로 거의 백만 명의 유료 관객을 끌어들였을 때, 우리는 이 전시회가 곧 우리와 가까운 박물관에도 찾아올 뿐 아니라 그 다음 순서는 해리 포터와 반지의 제왕이 될 것이라는 사실을 알게 되었다. 보스턴의 순수미술박물관The Museum of Fine Arts은 2005년에 〈스피드, 스타일, 그리고 미: 랄프 로렌의 자동차 컬렉션Speed, Style and Beauty: Cars from the Ralph Lauren Collection〉을 전시하기 위해 자신의 공간을 양도할 예정이다. 애틀랜타에서 코카콜라월드World of Coca-Cola 전시관은 계속해서 고급예술박물관High Museum of Art의 방문객 수를 앞지르고 있다.

쉽게 예상해 볼 수 있듯이, 진짜 공급과잉은 모던 및 포스트 모던 예술품에서 일어나고 있다. 사실상 포스트모던은 일종의 혼성어

(portmanteau term)로서 예술의 범위를 이전의 전통으로부터 자유롭게 해준다. 공급 과잉은 정당한 현상이다. "나/그/그녀는 예술가다"라는 문구가 얼마나 자주 우리의 대화에서 아무런 충격도 일으키지 않은 채 발언되는지에 관심을 기울이기만 해도 알 수 있다. 물론 우리는 예술가이다. 거의 모든 이들이 그렇다. 그렇지 않든 사람도 있는가? 상가에서 예술품이 얼마나 많이 판매되고 있는지 보라. 미국의 거의 모든 마을이 아트 페스티발을 가지고 있다. 내가 사는 작은 대학마을은 그런 것이 두 개나 있다. 그리고 놀랍도록 훌륭하다.

정부가 자신의 작품을 박물관에 기증하는 예술가들에게 공정시장가치세의 공제를 허용하자는 박물관 디렉터들의 계획안에 굴복하기라도 한다면 이러한 공급 과잉은 더욱 악화될 뿐이다. 현행법은 자신의 작품을 박물관에 기부하는 예술가들에게 단지 원재료에 대한 비용만을 공제하도록 하고 있다. 오늘날 거대한 화물창고의 모습을 닮아 있는 박물관들은 앞으로 벼룩시장이 될 것이다. 그리고 누가 공정가치를 결정하는가? 전문가적 평가는 여러분들의 짐작대로 박물관에서 나올 것이다.

예술을 삐딱한 시선으로 바라본 『속물근성: 미국적 버전Snobbery: The American Version』의 저자 조세프 엡스타인Joseph Epstein은 《뉴욕타임스》의 독자투고란에 실린 약간 조롱조의 글에서 무모하게도 예술성이 모든 학생들에게 존재한다는 신화가 수많은 허접 쓰레기들을 초래했다는 주장을 펼친다. 그는 다음과 같이 설명한다.

거의 모든 사람들이 자신도 책 한 권을 쓸 수 있다고 여기는 데에
는 뭔가 매우 미국적인 것이 있다. (미시건의 한 작은 출판사의
후원으로 1006명의 미국인들을 대상으로 실시된 설문조사에 따

르면 거의 같은 수의 사람들이 소설이나 논픽션, 자기계발서, 또는 요리책을 쓰고 싶다고 말했다.) 물론 그것은 민주적인 관념으로서, 모든 이가 다른 이들과 똑같이 재능이 있고 더 나아가 어떤 이의 이야기나 지혜도 다른 이들만큼이나 흥미로울 수 있다고 제시한다. 이와 함께 학생들에게 너무나 오랫동안 주입되어 온 똑같이 잘못된 관념으로 '창조성(creativity)'이 있다. 폴 발레리는 '창조성'이라는 단어가 너무나 과도하게 사용되는 바람에 신(神)조차도 그 단어가 자신에게 붙여지는 것에 수치심을 느낄 것이 틀림없다고 말한 바 있다. 자신의 능력을 오판하여 책 집필에 뛰어드는 일은 시간만 낭비하는 심각한 실책이 될 것이다. 당신의 허영을 위해 타이핑하는 시간과 종이가 낭비되는 것을 막자. 책을 쓰지 마라. 나는 아예 꿈조차 꾸지 말라고 충고하고 싶다. 그냥 당신의 생각을 마땅히 있어야 할 당신의 내부에 담아 두어라.

이후에 일어난 일은 박물관 세계의 향후 안녕에 시사하는 바가 크다. 이러한 무모함 덕분에 엡스타인은 이 신문의 편집자에게 보내는 격렬한 항의 편지 세례를 받아야 했다. 다음은 그들의 편지 일부를 발췌한 것이다.

조세프 엡스타인이 우리 아홉 살짜리 딸아이의 선생님이 아닌 것이 얼마나 감사한지 모른다. 그랬다면 우리 딸의 창조성은 좌절될 것이고 우리 딸도 남들이 읽고 싶어 할 만한 이야기를 쓸 수 있다는 희망을 버려야 했을 것이다. 아마 엡스타인 당신이야말로 남을 낙담시키는 당신의 의견을 '마땅히 있어야 할 당신의 내부에 담아두어야' 했었다. 나는 계속해서 글을 쓸 것이고 심지어 내 책의 출판도 시도할 것이다. 이 편지부터 시작해서 말이다.

그리고,

작가 지망생에 대한 조세프 엡스타인의 탄원에 한마디 덧붙이고 싶다. 자신이 그림을 그리거나 조각을 하거나, 노래를 부르거나 작곡하거나, 시를 쓰거나, 영화나 연극을 연출할 수 있다고 한번이라도 생각해본 사람이라면 누구든지 그들에게 나는 이렇게 말하고자 한다. 집어치워라. 당신은 재능이 없다. 그리고 누구든지 훈련을 통해 마라톤이나 철인 3종 경기를 완주할 수 있다고 생각해본 사람들에게도 그만두라고, 당신은 이기지 못할 것이라고 말해주고 싶다. 모두 집에서 소파에 앉아 엡스타인의 필독서인 15권의 저서나 다 통독하는 것이 가장 최선의 길이다.

그리고,

조세프 엡스타인은 이렇게 쓰고 있다. "최근의 설문조사에 따르면, 미국인의 81퍼센트가 자신도 책 한 권을 쓸 수 있다고 여기고 있으며 그것을 써야 한다고 생각한다고 한다. 14권의 저자로서 그리고 내년 봄에 15번째 책을 출간하는 사람으로서 나는 이 공간을 빌어 그들을 낙담시키기 위해 내가 할 수 있는 것을 하고자 한다." 나는 내 열여섯 살짜리 딸아이가 엡스타인을 절대 선생님으로 두지 않으리라는 것이 너무 다행스럽다. 이 단락을 읽었을 때 그녀는 이렇게 말했다. "자신이 책 한 권을 쓸 수 없다고 생각하는 사람이 있다니 너무 안됐어요."

엡스타인은 분명 예민한 곳을 건드렸다. 그리고 그 예민한 곳은 미국의 자아존중(self-esteem) 교육과 구원에 바탕을 둔 종교적 핵심에 매우 가까이 있다. 한편 이것은 엡스타인의 말을 빌리자면 싸구려(schlock) 더미들이 높아지는 원인이 되었다. 만일 모두가 예술가이고 예술이 어디에나 있다면 그것은 하찮은 것이 된다. 수많은 박물관들이 이러한 물건들로 가득 차 있다는 것은 놀라운 일이 아니다. 경쟁적인 브랜딩이 폭발적으로 증가하는 것도 놀라운 일이 아니다. (예술에 반대하는 미국인들과는 반대로) 예술에 열광하는 미국인들을 위한 이 광고위원회Ad Council의 캠페인을 보라.

우리는 예술에 대해 매우 많이 알고 있다. 우리는 아마 이전의 어떤 세대보다도 고급문화의 모습에 대해 더 많이 알고 있을 것이다. 물론 우리는 이 이미지들을 학교에서 배우지 않았다. 그곳에서 진정한 예술에 대한 평가는 내 아이가 예술가라는 것을 확인하려는 목적 이 외에는 대부분 무시된다. 이상하게도 우리가 박물관에서 예술을 공부하는 데 들이는 시간은 별로 많지 않다. 박물관은 체크리스트와 함께 돌아다니는 관광지이거나 (이는 많은 박물관들이 제공하는 꼭 보아야 할 작품으로 이루어진 작은 지도에 의해 편리해졌다) 혹은 단지 다른 이를 만나거나 돌아다니며 쇼핑하는 우아한 장소가 되어 버렸다. 그곳은 칵테일과 결혼식 또는 자신에 대한 긍정적인 자긍심을 얻기 위해 가는 장소가 되었다. 한 익살꾼의 주장대로, 교회와 박물관의 차이점은 교회에서는 빵과 와인을 먹는 반면, 박물관에서는 빵과 와인 그리고 치즈를 먹는다는 것이다. 우리가 예술에 대해 많이 알게 된 것은 우리가 광고를 많이 보기 때문이다. 평균적인 미국 도시거주민들은 하루에 약 3000개의 광고를 본다고 추정된다. 나는 이 중의 약 10퍼센트가 고급예술의 이미지를 담고 있다고 장담한다.

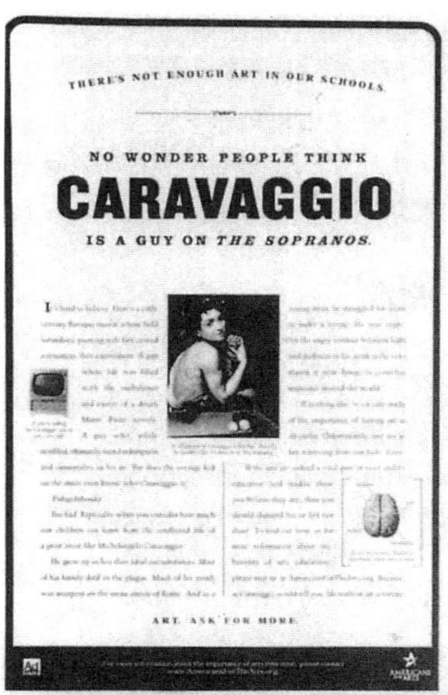

모두가 예술가인 시대에 어떻게 "학교에서 예술이 넘쳐나지 않을 수" 있겠는가? 한편 광고 위원회의 다음과 같은 질문도 이보다 더 흥미로운 것은 아니다. "학교에 광고가 너무 많다고 할 수 있는가?"

진짜 현대 박물관은 잡지이다

어떤 잡지든지 펼쳐 보라. 광고에 사용되는 고급예술의 레퍼토리는 아마도 우리 모두가 알아보는 몇 백 개의 작품들에 한정되어 있을 것이다. 그러나 우리는 그것들을 반복해서 본다. 관객층이 중산층일수록 브랜드의 가치 창출을 위한 고급문화의 환기는 더 흔해진다. 상류층이 그 예술품들을 소유하고 있고 하류층이 그것에 전혀 신경을 쓰지 않는다고 한다면 중산층은 그것에 가치를 불어넣는다. 예술은 이제 이동속도가 빠른 소비재(Fast Moving Consumer Goods)에 붙는 이야기의 핵심어이자 경쟁력 있는 편의시설이며 디자인의 한 측면이 되었다. 그리고 광고는 다른 어떤 것보다도 이러한 관광 목적물에 가치를 불어넣고 있고 슈퍼스타 박물관의 블록버스터 전시회는 이 작품들로 가득 채워져 있다.

대중 시장을 겨냥한 잡지들은 단지 예술 작품들을 암시할 뿐 아니라 그 작품들로 가득 차 있다. 사실 잡지는 우리 대부분이 가장 처음 접하는 박물관이다. 1954년 영&루비캠^{Young & Rubicam}이라는 광고 회사의 한 카피라이터는 어떤 일이 벌어지고 있는지에 대해 맥루한^{McLuhan}적인 어투로 다음과 같이 말했다. "《라이프^{Life}》지에서 미로^{Miro}와 몬드리안^{Mondrian}, 그리고 바우하우스^{Bauhaus}의 영향을 받은 광고들을 모두 없앤다면, 그 잡지는 자신을 이루는 혈통에서 상당 부분을 잃어버리게 될 것이다." 그는 그 이미지들을 알아보는 것과 실생활에서 그 이미지들을 보는 것이 문화 자본을 창출하는 핵심 요소가 되었다는 것을 간과하였다.

설사 《라이프》지가 이제 쇠퇴 과정에 있다 할지라도 위의 주장은 그 어느 때보다 오늘날 더욱 사실이다. 미국문화에서 가장 중산층적

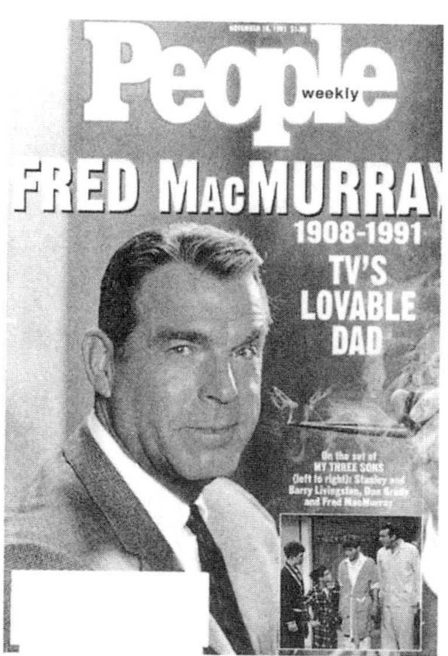

1991년 11월 18일에 발행된 《피플》 지는 광고 속의
진정한 예술 박물관이다.

이 광고들을 이해하기 위해서는 먼저 리히텐슈타인과 게인즈버러의 가치를 인식하고 있어야 한다.

인 간행물인 《피플People》 지의 광고 전시관을 살짝 살펴보자. 설명을 위해 필자는 1991년 11월 18일 발행본을 선택했는데, 이 발행본이 나왔던 1990년대는 예술 시장이 폭발적으로 팽창하던 시기이기 때문이다. 박물관, 갤러리, 그리고 경매장들에는 과잉 공급된 제품들로 넘쳐났다. 이로부터 지난 십 년 동안 브랜딩 전쟁이 뒤따랐다.

우리가 정전(正典, canon)에 속하는 예술 작품들을 알아보는 것은 우리가 예술 문화에 대해 진정으로 알기 때문이 아니라 상업적 브랜딩에 둘러싸여 있기 때문이다. 게인즈버러Gainsborough의 〈블루 보이The Blue Boy〉는 광고계에서는 18세기 초상화에 내재된 가치들을 함축하는 스톡 이미지이다. 우리는 이 초상화의 주인공인 조나단 버톨Jonathan Buttall의 팬시 드레스가 그 당시에는 시대에 뒤떨어진 반다이크Van Dyck의 스타일을 의미한다는 것과 그 그림의 푸르스름함 자체가 게인즈버러의 라이벌인 조슈아 레이놀즈 경Sir Joshua Reynolds을 앞서려는 시도에서 나왔을 것이라는 것을 알지 않아도 된다. 우리가 알아야 할 것은 그 그림이 너무나 고급스러워 보여서 무엇이든 그 주변에 배치되면 가치가 높아진다는 것뿐이다.

그러나 스코스비Scoresby 스카치 광고는 밀튼 캐니프Milton Caniff의 만화에서부터 로이 리히텐슈타인Roy Lichtenstein의 벤데이 도트 아트(benday dot art)를 거쳐 다시 대중문화의 세계로 이어지는 좀더 우회적인 길을 택한다. 만약 현대 문화의 혼합적 성격을 보여주는 적절한 예가 있다면 바로 이것이다. 이미지들이 미학(Aesthetica)과 저속(Vulgaria)의 경계를 너무나 급속하게 종횡무진하기 때문에 이 광고에서 단어를 모두 제거한다면 광고인지 알아보기 힘들어질 것이다. 다시 말하자면 브랜드 이미지는 제품과 독립하여 존재하는 것이다. 말하기 부끄럽지만 그것은 예술이다.

걸작들을 환기시킴으로써 그 가치를 차용하려는 시도에서 약간 더 벗어난 이미지로는 같은《피플》지에 실린 돌Dole과 뷰익의 광고가 있다. 돌의 광고는 〈세속적 기쁨의 정원Garden of Earthly Delights〉 위에 시각적으로 배치되어 있다. 이 이미지는 자세히 독해해 볼 만하다. 어떤 예술 엠블렘도 젖과 꿀이 흐르는 약속의 땅인 아르카디아Arcadia(고대 그리스 펠로폰네소스 반도의 이상향)만큼이나 호소력 있는 것은 없을 것이다. 이 광고에서 아르카디아는 브랜드 유토피아(Brandopia)로 대치되었을 뿐이다. 우리는 필스버리 도보이Pillsbury Doughboy나 맥도널드의 로널드Ronald McDonald, 그리고 코카콜라의 북극곰이 길을 따라 내려올 것만 같은 기대를 하기도 한다. 이 광고는 또한 증세 회화에 많은 것을 빚지고 있는데, 풍요의 이미지는 내세의 약속을 보여주기 위해 의도적으로 그리고 기꺼이 왜곡되어 있다. 이곳은 정말로 태양의 입맞춤을 받은 세계이자 ('Dole'의 'O'에서 불타오르는 태양을 보라) 모든 선택이 가능하며 (헤드라인은 우리에게 '무엇이든지 하세요, 하지 말아야 할 것은 없습니다'라고 말하고 있다) 평생 우리에게 건강을 가져다 줄 인류 타락 전의 순수함의 세계이다.

그러나 뷰익 광고는 예술에 대한 환기를 훨씬 더 분명하게 한다. 마치 자신의 작품이 그리고 더 나아가 모든 예술이 그 자동차 자체를 추천한다는 듯이 예술가 자신이 광고 전면에 부각되어 있다. 사실 텍스트를 읽어보면 심지어 (뚜껑이 개방된 페인트 통 근처에 있는) 헤드 카피에서 그 예술가의 이름을 발견할 수 있다. 캘리포니아의 에드 리스터Ed Lister를 들어본 적이 없는가? 없다면, 당신만 그런 것은 아니다. 데이터베이스 뉴스 서비스인 렉시스넥시스LexisNexis도 그 이름을 들어본 적이 없기는 마찬가지이다. 그러나 무슨 상관인가? 그는 예술가인 것이다. 그는 여느 중요한 예술가들처럼 페인트 붓을 들고 얼

돌(Dole)이 바라본 아르카디아 모습

뷰익(Buick)의 인상주의 작품

룩진 바지를 입고 있다. 그는 심지어 창작 지원금을 받았을지도 모른다. 에드의 작품은 박물관에 전시될 것이다. 언젠가 그리고 어디에선가 말이다. 에드의 그림이 단연 추상화적인 반면 광고의 헤드라인은 인상주의라는 예술사의 한 시기에 관해 말장난을 하고 있다고 해서 무슨 상관인가? 그 텍스트는 우리에게 그 그림이 뷰익 스카이라크 Skylark의 정수를 '포착' 하는지 결정하도록 요구하는데 (심지어 셜리 Shelley조차도 이것을 힘겨워했다) 이것은 멋진 포스트모더니즘적 기법이다.

고급문화의 특성에 관한 환기에서 좀더 벗어나면서도 여전히 예술과 브랜드 가치의 상관관계를 상정하는 것으로, 우리는 같은 《피플》지에 실린 소니sony 광고를 볼 수 있다. 예술가의 스튜디오 또는 갤러리는 특히 당신이 무슨 일을 하고 있는지 잘 모를 때에 당신의 제품을 배치해 놓을 수 있는 흔한 장소이다. 그래서 세피아 색감과 끝이 너덜너덜해진 예술 사진으로 이루어진 소니 광고에서 우리는 현대 미술 갤러리에 있다는 것을 알려 주는 목재 바닥과 액자에 걸린 작품들을 보게 된다. 왼편 중간에 구겨진 옷을 입은 한 남자는 마치 시대에 뒤처진 기술의 희생자인 양 구식 전화기의 전화선에 묶여 있다. 그는 일종의 새로운 스타일의 퍼포먼스 예술 이미지로 전시되어 있다. 만약 남여 간의 역할이 바뀌었다면 일대 소동이 일어났을지도 모르지만 광고의 전면에는 당시에는 혁신적이었던 무선전화기를 든 멋진 신세대 여성이 서 있는데 그녀는 더 이상 제약을 받지 않아도 되어 기뻐하고 있다. "관습에 묶이지 마세요." 우리는 예술사의 완벽한 현대적인 몰이해에서 나온 말을 듣는다. 그러나 우리는 또 무선전화기 왼편에 있는 광고 카피에서 이 대량 생산된 전화기가 '당신의 개성을 표현하는 디자인' 을 가졌다는 말도 듣게 된다.

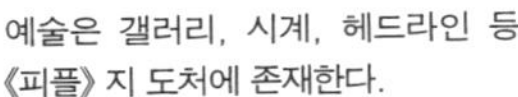

예술은 갤러리, 시계, 헤드라인 등
《피플》지 도처에 존재한다.

이와 마찬가지로 비역사적이지만 예술에 대한 철저히 현대적인 접근으로 앤 클라인Anne Klein의 시계가 있다. 그것이 중요한 이유는 아름답거나 잘 만든 물건이어서가 아니라 시계 화면 전면과 중앙부에 예술가의 서명이 새겨져 있기 때문이다. 결국 브랜드의 시간에서는 특정한 그림이 아니라 바로 피카소를 사는 것이고, 청바지가 아니라 캘빈 클라인을 사는 것이지 않은가. 그러니 환유적으로 앤 클라인을 살 수 있는데 왜 굳이 여느 시계를 사겠는가? '예술과 레저'가 '서로 좋은 사이를 이루고 있는' 노블리아^{Noblia} 캠페인도 또 하나의 상투적 전략이다. 이상에서 살펴보았듯이 단순히 예술을 언급하는 것만으로도 종종 가치를 끌어내는 데 충분하다.

고급 예술이 광고에서 넘쳐나는 것은 제품을 공인된 가치를 지닌 작품 옆에 배치함으로써 그 가치가 제품으로 스며들게 할 수 있기 때문이다. 연좌제(guilt by association)가 아니라 연가제(連價制, value by association)인 것이다. 근접성(proximity)은 제휴 관계를 낳는다. 박물관을 흔들림 없는 가치의 초석과 무의식적으로 연결시키는 것을 모든 판촉문화에서 살펴볼 수 있다. 가령 단순히 제품에 액자를 씌우기만 해도 그 가치가 달라진다. 이보다 더 좋은 방법은 그 제품을 박물관 안에 들여놓는 것이다. 그러면 즉시 고급문화의 가치를 빼앗아 당신의 일회용 제품에 봉사하도록 만들 수 있다.

예술사(藝術史)와 브랜딩

이러한 가치의 상호침투는 단지 제휴 관계에 있는 제품이 아직 비공식적이고 애매모호한 가치를 지녔을 때에만 작용한다. 주지하다시피 브랜딩의 제1법칙은 그것이 무엇이든지 간에 — 가령 비행기표이든, 병에 담긴 물이든, 컴퓨터 칩이든, 교회 공간이든, 밀가루이든, 강의실 의자이든, 회화 이미지이든, 썰어놓은 빵이든, 학사 학위이든, 구원이든 무엇이든지 간에 — 무언가 잉여가 발생했을 때 자신을 차별화하려면 스토리를 만들어 내야 한다는 것이다. 이동 고리는 단순하다. 풍족(plenitude) ⇒ 소비주의(consumerism) ⇒ 브랜딩(branding)이 그것이다. 당신은 이 스토리를 수많은 방식으로 말할 수 있다. 가령 당신의 제품이 소비자를 더욱 섹시하거나 젊게, 혹은 더 건강하거나 예민하며 사려 깊게 만들 것이라 주장할 수 있다. 하지만 반드시 스토리를 이야기해야 한다. 그러지 않으면 당신은 상호 대체 가능한 다른 제품들의 스토리들에 압도당하고 말 것이다. 이런 맥락에서 예술은 단지 또 하나의 스토리일 뿐이다.

현대 브랜딩은 너무나 집요하고 장황해서 특정 예술 작품들의 가치를 고갈시켜 버렸다. 과도한 사용으로 인해 한때는 놀라운 작품들이던 〈라 조콘다La Gioconda〉('모나리자'로 널리 알려져 있다), 〈아메리칸 고딕American Gothic〉, 〈델라웨어 강을 건너는 워싱턴Washington Crossing the Delaware〉, 〈다비드David〉, 〈휘슬러의 어머니Whistler's Mother〉, 그리고 〈절규The Scream〉 등은 포커를 치는 개들이나 벨벳 위에서 뛰노는 말들의 망각 세계로 추방되어 버렸다. 또 모네, 피카소, 드가, 세잔, 고갱, 그리고 반 고흐는 클리쉐(cliche)가 되어 버릴 위기에 처해 있다. 로시

어떻게 연상 작용을 통해 가치를 만들어 낼 것인가? 상품을 기둥 위나 이젤, 액자 혹은 벽면에 전시하거나 그냥 이미 공인된 걸작을 모방함으로써 박물관 세계의 인벤토리를 환기시켜라.

니Rossini의 〈윌리엄텔〉 서곡이 일종의 소음이 된 것처럼 곧 비발디의 〈사계〉 중 '여름' 섹션이나 베토벤의 9번 교향곡 중 4악장, 쇼스타코비치Shostakovich의 〈등에The Gadfly〉, 스트라우스Strauss의 〈아름답고 푸른 도나우 강Blue Danube〉, 구노Gounod의 〈마리오네트의 장송곡Funeral March of a Marionette〉, 스메타나Smetana의 〈코미디언의 춤Dance of the Comedians〉 등도 틀에 박힌 작품들이 될 것이다. 그들은 말 그대로 스테레오타입이 되어 있을 것이다. 그들에게는 너무 많은 도장이 찍힐 것이고 상품과의 연상 작용으로 키치(kitsch)로 전락할 것이다.

아이러니하게도 이 상업적 클리쉐(cliché)들을 박물관 컬렉션에 가지고 있는 것은 전시품을 전환하는 데 방해가 된다. 방문객들은 이들을 수건, 마우스 패드, 서진(paperweight, 책장이나 종이가 바람에 날리지 않도록 누르는 물건), 쇼핑 백, 열쇠고리 등의 형태로 소비하는 데 익숙해져 있다. 그리고 예술 작품의 의미를 바꿔 놓는 것은 광고만이

아니다. 모든 종류의 상업문화가 너무도 집요하다. 음악으로 다시 비유를 해 보자면, 거대한 발이 하늘에서 내려와서 〈몬티 파이톤의 플라잉 서커스Monty Python's Flying Circus〉의 만화 캐릭터들을 뭉개는 장면을 상상하지 않고서 수자Sousa의 〈자유의 종 행진곡Liberty Bell March〉을 듣거나, 위대한 피아노의 거장 벅스 버니가 태연자약하게 피아노를 연주하는 장면을 떠올리지 않고서 리스트Liszt의 형가리 광시곡 2번을 들을 수 있는 사람이 어디 있겠는가? 여기에는 의도하지 않은 승인(haphazard approbation)의 위험이 있다. 때로는 접착성(stickiness)이 통제되기 어려운 경우도 있다. 만약 인간적 환멸을 경험을 하고 싶다면, 루브르 박물관의 모나리자 앞에 가서 버스를 통째로 빌려서 온 예술 순례자들의 웅성거림을 들어보라. "어머나, 이렇게 작을 수가, 정말 칙칙하네요, 실망스러워라."

슈퍼스타 박물관들은 미학과 저속 사이의 이러한 상호 교류(cross pollination)의 역설에 대처해야만 한다. '관광목적품(destination pieces)'들은 많은 방문객을 만들어내지만 갤러리 공간을 고정적으로 점유하기도 한다. 소매업계의 동료들처럼 박물관의 큐레이터들은 인벤토리를 주기적으로 순환시킬 필요가 있다. 하지만 엘리트 박물관들은 대중들이 좋아하는 특정 작품들 — 가령 모네의 수련이나 건초더미 — 을 창고 안에 집어넣을 수 없는데, 너무나 많은 방문객들이 그것들을 보러 오기 때문이다. 박물관의 정전(canon)이 되는 것은 브랜드 스토리가 또 하나의 판에 박힌 후렴구가 됨으로써 오히려 그 가치를 떨어뜨리는 것일 수 있다. 사람들을 질리게 만드는 것이다.

어떤 의미에서 볼 때, 감식안(connoisseurship)이 환기시키는 것은 그러한 시각적 예술의 브랜드 의미이다. 그리고 상업적 연상의 가치를 만들어내는 것은 바로 거만함이다. 이런 의미에서 발터 벤야민

Walter Benjamin은 옳았다고 할 수 있다. '기계적 복제 시대의 예술 작품 The Work of Art in the Age of Mechanical Reproduction'에서 그는 진품(authentic)을 경험하려는 우리의 욕망이 대량 생산의 엔진에 의해 방해받고 있다는 유명한 주장을 펼친다. 우리는 더 이상 쌍둥이 중 어느 쪽이 진짜인지, 무엇이 진짜이고 무엇이 모방품인지 알지 못한다. 물건 자체가 바뀐 것이 아니라 우리의 기대가 바뀐 것이다. 우리가 진품을 높이 평가하는 것은 우리가 그것을 결여하고 있기 때문이 아니다. 설사 우리가 진품을 가지고 있더라도 우리는 그것을 알아보지 조차 못할 것이다. 우리가 특정 오리지널, 또는 브랜드를 소중히 여기는 것은 그것이 우리를 특별하게 느끼도록 해주기 때문이고 바로 그 경험이 박물관 세계의 핵심에 놓여 있다.

다른 말로 하자면, 예술은 우리가 어떤 사물에 대해 만들어 내는 스토리이고 그 사물을 박물관 속으로 들어가게 하는 것은 그 스토리의 중요한 일부분이다. 아마도 그래서 박물관과 기계는 동시에 발전하는 것이다. 그들은 서로에게 의존한다. 기계 쪽이 똑같은 물건을 계속해서 만들어 내자고 주장하는 반면 박물관은 그렇게 하지 말자고 주장한다.

현대적 성골함으로서 박물관

박물관 경험은 그것이 모방하는 종교적 경험과 마찬가지로 고유성을 내포하는 아우라 속에서 진행된다. 이곳에서 모조품이란 없다. 그것이 박물관의 브랜드 스토리이다. 이런 의미에서 최초의 박물관은 교회에서 성체(聖體)의 일부를 장식함에 담아둔 성골함(reliquary)이라는 이름의 금고들이라 할 수 있다. 유골이 가치를 얻게 된 과정은 이후 박물관이 겪게 될 과정을 예고하는 만큼 시사하는 바가 크다. 유골은 보통 성인의 잔해나 옷 조각으로서 원고나 그림과는 달리 그 자체로는 가치가 없다. 어쨌든 그것은 하나의 조각일 뿐이기 때문이다. 그것의 가치는 전적으로 이야기에서 나온다.

모든 개별 교회들은 각각 특정한 사물 위에 지어질 필요가 있었으므로 (그렇지 않으면 자신의 브랜드를 어떻게 차별화하겠는가?) 교회의 탁발 교단은 종종 이미 신성화된 유골의 일부를 쪼개고 마치 그것이 도둑맞은 것처럼 행세하곤 했다. 너무나 당연하게도 유골이 거래되는 공개시장은 없었다. 그것은 사거나 파는 것은 신성모독 행위로서 금지되었다. 그러나 일단 훔치고 나면 그 교단은 기본적으로 그 브랜드의 체인점이라 할 수 있는 것을 지을 수 있었다. 이 과정은 '유골 도난(furta sacra 또는 relic theft)'이라 불렸고, 여기에 동반된 이야기는 트란슬라티오(translatio, 이전, 移轉)라 불렸다. 유골 이전은 말 그대로 브랜드 확장의 첫 번째 사례이다.

14세기에 초서^{Chaucer}의 『캔터버리 이야기^{Canterbury Tales}』가 등장할 쯤 되면, 이 사기행각은 산업적 성격을 띠게 된다. 그 면죄부 판매인(The Pardoner)은 돼지 도가니를 판매하는 시장을 형성했다. 그는 분명 경멸할 만한 인물이었다. 그러나 초서가 그러했듯이 그는 자신이 파는 것이 무엇인지 정확히 알고 있었다. 그는 이야기를 담고 있는 정체가 불분명한 뼈를 팔고 있었는데 그것은 용서와 구원이라는 감정을 전달하였다. 이 사기꾼들에 대한 초서의 풍자적인 접근은 문학 비평에서 종종 언급되어 왔는데, 이는 초서도 그와 똑같은 일을 하고 있었기 때문이다. 유골은 초서 자신이 늘어놓는 이야기처럼 어떤 정서 혹은 감정을 전달한다. 그러한 감정들이 바로 장르(genre)의 기초이자 내러티브(narrative)의 기초, 캔터베리 이야기들의 핵심 토대가 된다. 웃고 싶은가? 그렇다면 코미디를 들어라. 울고 싶은가? 그렇다면 감상적인 드라마를 보라. 벌벌 떨고 싶은가? 그렇다면 호러 이야기가 있다. 경외감을 느끼고 싶은가? 그렇다면 유골을 손에 쥐어라. 오늘날에는 박물관에 갈 수도 있다. 가서 구원의 느낌을 받고 와라.

마치 면죄부 판매인의 현대적 버전처럼 박물관들은 특정 사물들에 대한 이야기를 전함으로써 기본적으로 세속적인 현현(epiphany)의 감정을 판매한다. 박물관이 마케팅 기관으로서 매우 흥미로운 연구 대상이 되는 이유는 그것의 진행 과정을 관찰할 수 있기 때문이다. 교회와 반대로 박물관은 현대의 산물이기 때문에 우리는 박물관이 진화하는 모습을 볼 수 있다. 16세기에 헨리 8세가 수도원들을 해체함에 따라 한때는 신성했던 일련의 물건들이 시장으로 유입되기 시작했다. 이전에는 일부러 꾸며 낸 도난 시장을 통해 이동되던 유골들에 대해 이제 마침내 진짜 물물 교환 시장(barter market)이 발전한 것이다. 이 물건들은 사거나 판매될 수 있었다. 17세기 말이 되면 부유한—그리고 종종 괴짜인—사람들이 보통 버려진 교회 기념물 조각들을 수집하기 시작했다. (우리는 그것을 이제 예술이라 부른다.) 그런 수집품들은 종종 별다른 사용 목적이 없는 방을 뜻하는 프랑스 단어인 '캬비네^{cabinet}'라 불리는 저장실에 안치되었고 그곳에서 종종 몇 세대에 걸쳐 보관되었다.

교회의 기념물들과 함께 또 하나의 수집품으로 유화(oil painting)가 있었다. 유골처럼 유화는 도처에 널려 있었다. 그들은 수만 개에 달하였다. 사실 유화는 브랜딩이라는 마법의 세계에 등장한 최초의 물건 중 하나이다. 우리는 종종 낭만주의의 발흥 이전에 그려진 유화들의 대부분이 그림을 그릴 장소와 방법, 그리고 특히 무엇을 그릴지에 대해 지시를 받는 기능공(journeyman)들에 의해 그려졌다는 사실을 잊곤 한다. 이렇게 그려진 그들의 작품은 많은 경우 그냥 폐기되거나 그 위에 다시 새로 그림을 그렸는데, 그림 이미지보다 캔버스가 더 값어치가 나가는 경우가 많았기 때문이다. 이것이 프레스코가 그렇게 유행하게 된 이유 중 하나이다. 그것들은 저렴했고 다시 사용하기에 수월했다. 영국의 비평가이자 소설가인 존 버거John Berger가 자신의 BBC 텔레비전 쇼와 저서인 『본다는 것의 의미Ways of Seeing』에서 처음 주장했듯이 유화는 바로 자신에 대해 이야기할 수 있는(즉 셀프 브랜딩할 수 있는) 몇 안 되는 방법 중 하나였기 때문에 큰 인기를 얻게 되었고 이후 흥미가 없어지거나 그 사람이 죽으면 그 그림은 기본적으로 가치를 잃었다. 물론 이와 정반대의 경우도 사실이다. 그림의 나이는 종종 사람들이 지각하는 그 그림의 가치의 일부를 만들어 낸다. 사실 녹청(綠青) 자체가 오래된 세월의 증거가 됨에 따라 가치를 증폭시키는 역할을 한다.

유화에 바탕을 둔 시각적 스토리의 주요 소비자는 로마 교회였지만 그 매체가 큰 인기를 끌게 되면서 개인들도 시장에 나가 화가를 고용하여 자신이나 가족, 또는 그들의 길드를 브랜드화했다. 그래서 대부분의 전근대적 미술들에 나타난 내러티브는 기독교 신화이거나 개인의 자기과시, 둘 중 하나가 된 것이다. 홀바인의 〈대사들The French Ambassadors〉과 같은 그림들을 생각해 보라. 이 그림의 명백한 의도는 전면에 배치된 인물들이 얼마나 성공한 사람들인지 세상에 알리려는 것이다.

어원에 대한 지식은 그 과정이 얼마나 상업적이었는지 보여 준다. '오브제 다르objet d'art (예술품)'란 문구는 원래 그릴 만한 가치가 있는 사물 모두를 지칭하는 말이었다. 즉 내러티브의 가치, 브랜드 가치가 있는 사물 말이다. 예술품이란 화가에게 그림 홍보물을 그리게 할 때 그림 속에 함께 포함시키라고 말한 무엇이든지 될 수 있었다. 이후 예술품은 수집가가 자신의 캬비네(cabinet)에 넣기를 원하는 것이 되었다. 물론 오늘날 그것은 박물관에 들어갈 만한 가치가 있는 모든 사물을 뜻한다. 가치의 결정은 예술 후원자(patron)에서부터 감식가(connoisseur)를 거쳐 박물관 큐레이터에게로 이동했다.

그렇게 그려진 회화 이미지들은 수도원에서 가져온 포획물과 함께 이제 막 태어나기 시작한 수집가들의 캬비네로 들어갔다. 이 캬비네 속에는 종종 자연 세계에 대한 흥미로부터 나온 온갖 종류의 물건들도 있었다. 석화목(petrified wood) 한 토막이 15세기 아기 천사 그림 옆에 놓여 있었고 그 옆에는 개의 박제가 놓여 있었다. 이 모든 사물을 일컫는 일반적인 용어는 '진귀품(curiosities)'이었는데 이는 원래

1533년 한스 홀바인의 프랑스 대사들은 우리의 물건들을 모두 좀 봐 달라고 말한다. (장 드 댕뜨빌과 조르쥬 드 셀브 〈대사들〉, 한스 홀바인, 런던 국립 박물관)

희귀하거나 찾기 어려운 — 그렇다고 꼭 가치 있는 것은 아닌 — 것을 뜻했다. 'curiosities'는 'curios'로 축약되었다. 근대에 들어와서야 '희귀품(rarity)'이라는 용어가 사용되었는데 이는 우리 주위의 모든 것이 거의 기계로 만들어진 데서 온 찬사였다. 어떤 의미에서 보면 기계는 기계가 만들지 못하는 것, 즉 예술을 위한 시장을 가능케 했다고 할 수 있다.

이렇게 고급 예술의 두 가지 원류를 밝혀 보면 다음과 같다. (1) 첫 번째는 유럽에서의 종교개혁과 영국에서의 수도원 약탈로서 이들은 둘 다 유화를 비롯하여 기타 신성한 물건들의 활발한 공급을 원활히 해주었다. (2) 두 번째는 세속적인 유화로서, 이는 자기 과시와 가족 기념을 위한 방법이 되었지만 당사자가 그것을 과시하고 싶어 할 때까지만 가치가 있었다. 유럽 전역에 진귀품 가게들이 등장하였다. 독일에서는 'wunderkammern', 이탈리아에서는 'gabinetti', 영국에서는 'cabinets of curiosities'가 그것들이다.

캬비네는 '귀중품을 담는 작은 컨테이너'이기도 했기 때문에 이 저장소를 지칭하기 위한 더 나은 단어가 필요했다. 당연히 캬비네는 소중한 물건들을 보관하는 다른 장소인 교회의 성골함을 흉내 내기 시작했다. 그리고 학문이 교회에서 대학으로 이동함에 따라 캬비네/성골함도 똑같이 이동하였다. 소중한 물건과 고급문화의 스토리텔링의 결합으로부터 오늘날 대학과 대학이 수집하는 소중한 물건들의 저장소인 도서관의 연계가 출현하였다. 현대의 박물관도 이 교류로부터 나왔다. 책을 포함하여 뮤즈의 신들에게 바쳐진 이 물건들의 저장소가 바로 박물관이다.

322

미국의 공헌: 필^{Peale}과 바넘^{Barnum}

세속적 성골함 안에 무엇이 들어가야 할지에 대해 혼란스러워 한 것
은 우리가 처음이 아니다. 구겐하임 미술관에서 오토바이를 보거나
스미스소니언 박물관에서 〈스타워즈〉전을 보고 충격을 받은 것도 우
리가 처음은 아니다. 1822년 찰스 윌슨 필^{Charles Willson Peale}의 캬비네
에서 그런 혼동에 대한 미국의 사례를 볼 수 있다. 필은 자신의 컬렉
션이 전 세계를 대표한다고 생각했고 처음에는 자신의 캬비네를 지
붕 기둥까지 온갖 분리되지 않은 물건들로 가득 채웠었다. 필은 벼룩

큐레이터가 등장하기 전 초기
박물관의 모습, 찰스 윌슨 필,
〈The Artist in His
Museum〉, 1822. (출처:
필라델피아 펜실베이니아 미
술 아카데미. 사라 해리슨
Sarah Harrison의 기증품)

시장의 수호신이었다. 그는 마침내 십만 개 이상의 물건들과 동물 및 식물, 그리고 광물들을 소유했는데 이들은 모두 하나로 뒤범벅되어 있었다. 그의 물건들은 말 그대로 문밖으로 넘쳐나고 있었다. 그들을 보관하기 위한 장소도 물론 필요했지만 그가 정말로 필요했던 것은 공간의 경계를 명확히 하는 사람, 즉 문지기나 큐레이터였다.

그림에서 살짝 엿보고 있는 찰스 윌슨 필을 자세히 살펴보라. 그의 오른편으로는 박제된 새들의 진열상자들이 펼쳐져 있고 각각의 새들은 개조된 서식지 안에 놓여 있지만 그의 왼편으로는 예술 도구인 붓과 팔레트가 있다. 이 모든 것을 분리시키는 것은 필이 마치 우리에게 안으로 들어오라고 손짓하는 듯 들고 서 있는 커튼이다. 이 커튼은 자연과학으로부터 그림의 세계를 분리시키려는 것이 아니다. 새 상자들 위로 미국 혁명기 영웅들의 초상화들이 있다는 것을 주목하라. 그리고 전경에 있는 여러 개의 마스토돈(코끼리와 비슷한 고대 생물 — 옮긴이) 뼈와 해골, 그리고 박제된 칠면조도 주목하라. 후경에 있는 방문객들은 그림 전시관이자 자연사 박물관에 와 있는 것이다. "당신의 박물관은 약간의 '처분(deaccession)'이 절실히 필요하다, 결정을 내려라" 현대의 박물관 큐레이터들은 분명 필에게 이렇게 말했을 것이다. 문학이 장르를 필요로 하고 오케스트라나 연기 회사가 레퍼토리를 필요로 하듯이 박물관 세계는 카테고리들을 필요로 한다. 전문화하고 배제하라.

필은 자신의 진귀한 수집품을 보러 온 사람들에게 입장료를 받았다. 그는 희귀한 것에 대한 인간의 호기심을 이용하여 돈을 벌 수 있다는 사실을 최초로 깨달은 사람 중 하나이다. 그러나 이 유명한 그림에서 볼 수 있듯이 그는 자신의 수집품에 대해 이야기를 만들어 내지는 않았다. 이들에게는 라벨이 없었다. 그러나 그가 자신의 잡동사니로부터 돈을 벌 수 있었다는 사실 자체가 중요한 것으로 판명되었다. 만약 그가 라벨을 달고 자신의 물건들에 대해 이야기를 만들어 낼 수 있었다면 어떻게 되었을까? 다른 말로 하자면 만약 그가 그것들에 대해 브랜드를 만들기 시작했다면, 그가 자신의 유골들에게 트란슬라티오를 적용할 수 있었다면 어떻게 되었을까?

우리는 그 대답을 알기 위해 오래 기다릴 필요가 없었다. 수집가들이 다락방에 물건을 모으고 있는 동안 이와 동시에 다른 수집가들은 사람들이 그들이 수집한 것을 보기 위해 돈을 지불할 것이라는 사실을 깨닫고 있었다. 특히 그것들이 내러티브와 함께 등장한다면 말이다. 이 새 이야기들은 머릿속에서 만들어 낸 이야기들이었고 소설의 부흥과 동시에 일어났다. 그것들은 새로운 종류의 에듀테인먼트, 즉 교육적 목적을 위한 픽션들이었다. 비판가들에게 그것들은 단지 거짓말일 뿐이었다. 그러나 옹호자들에게 그것들은 브랜드가 되었다.

이러한 종류의 이야기가 있는 사물들을 다룬 위대한 사업가로 초서의 면죄부 판매인의 화신이라 할 수 있는 피니어스 테일러 바넘 Phineas Taylor Barnum이 있다. 기묘하게도 바넘은 복권 판매를 통해 면죄부 장사를 배우게 된다. 당시에는 개인적으로 운영되던 복권들이 흔히 있었는데 이들은 부패하고 전적으로 다윈Darwin적이었다. 복권 장사를 하면서 바넘은 자신이 파는 것이 복권이 아니라 가능성, 즉 스토리라는 것을 배우게 된다. 가장 강력한 스토리가 이기게 되어 있었다. 그리고 미래를 약속하는 동시에 바로 이곳이 그리고 바로 지금이 복권을 살 때라고 주장하였다. 이것은 말 하나하나가 면죄부의 과장된 상술과 똑같았다. 바넘의 복권 사무실은 곧 뉴잉글랜드에서 가장 큰 복권 판매소 중 하나가 되었다. 바넘은 자신의 베스트셀러 자서전인 『투쟁과 승리, 바넘의 40년 인생을 돌아보며Struggles and Triumphs or, Forty Years' Recollections of P. T. Barnum』에서 겸손하게 이렇게 밝혔다. "내 이윤은 막대했다."

그가 자신의 새 사업에 이와 똑같은 판매 기술을 적용하기까지는 그리 오래 걸리지 않았다. 그는 호기심 많은 방문객들에게 별난 물건들을 판매하였는데, 처음에는 사기품을 팔기 시작하다가 이후에는 기묘하고 의심스런 것들 전체를 자신의 박학함에 자긍심을 느끼던 새로운 식자층에게 판매하였다. 그 관객들은 아마도 신세계의 세련된 도시인들이자 뉴요커들이었을 것이고 그의 가게는 기이한 것들의 슈퍼마켓, 즉 상업적 박물관이었다.

1841년에 바넘은 배터리가의 바로 북쪽 브로드웨이에 위치한 존 스쿠더John Scudder의 5층짜리 화재용 비상탈출구도 없는 미국 박물관American Museum 건물과 그 내용물들을 사들였다. 바넘이 스쿠더의 수집품들에 손을 대기 시작하자 그 건물 안에 있던 모든 것이 이전과 달라졌다. 모든 것에는 스토리가 첨부되었다. 그것은 거짓말의 신전이었다. 같은 해에 그는 필Peale의 유화 및 박제 동물 컬렉션을 먹어 치웠고 그것을 샴쌍둥이, 톰 덤Tom Thumb, 그리고 다양한 '인어'들과 혼합했다. 이 잡동사니들을 하나로 결합시켜 주었던 것은 스토리, 내러티브, 브랜드, 그리고 그 브랜드를 믿는 것이 설사 잠시 동안 속임을 당한다는 것을 의미할지라도 그것을 믿고자 하는 그의 고객들의 열렬하고 변치 않는 흥미였다. 사람들의 호기심은 고양이를 죽였을지는 모르지만 바넘을 정말 부자로 만들어 주었다.

관객들의 동조를 절대 과소평가하지 마라. 바넘이 알고 있었듯이 그들은 절대 수동적이지 않다. 바넘이 자신의 박물관에 '거꾸로 된 말'을 전시했을 때 불만을 토로했던 사람은 아무도 없었다. 이 '자연

바넘의 미국 박물관 석판화, 약 1850년. 위에서부터 4층은 모두 기형물과 진귀품들을 한데 모아놓은 공간으로서 각각에는 내러티브 설명이 달려 있었다. 실로 이 건물은 바넘의 말대로 '위대한 그림 잡지'였다.

산 돌연변이'는 머리와 꼬리의 위치가 뒤바뀌었다고 알려졌다. 호기심 많은 관객들은 돈을 지불하고 들어와서는 꼬리가 말뚝에 매여 있는 정상적인 말을 발견하였다. 그의 무소는 유니콘이라고 홍보되었다. 미국에서 선보인 최초의 하마는 '성서의 괴물(the Behemoth of the Scripture)'이라 불렸다. 악어는 성경에 나오는 거대한 바다짐승이었다. 사실 대중들은 이것을 사랑하였다. 만원사례를 이룬 전시장에서 사람들을 밖으로 끌어내고 싶을 때 바넘은 'Egress로 나가는 곳(This way to the Egress)'이라는 간판을 출구에 달아놓곤 했다. 뭔가 이국적인 물새를 보게 될 것이라 기대한 고객들은 전시회장 바깥에 나와 있는 자신들을 발견하게 되었고 다시 들어가려면 돈을 지불해야 했다. 그러나 대부분의 사람들은 화를 내기 보다는 흥미로워했다.

  오늘날의 박물관 디렉터들은 인정하기 싫어하겠지만, 블록버스터 전시회는 바넘으로부터 직접 유래되었다고 할 수 있다. 무엇을 팔든 또는 언제 팔든지 간에 바넘은 첫 번째 법칙이 관중을 끌어 모으는 것임을 알고 있었다. 사람들이 붐비도록 만들어라. 피지에서 온 아름다운 인어를 보고 싶은가? 꿈에 그리던 '벌거벗은 가슴에 물고기 꼬리가 달린 매혹녀' 말이다. 1840년대의 수천 명의 사람들은 그러길 원했다. 그들은 바넘의 미국 박물관American Museum 밖에서 몇 시간을 줄을 서서 기다렸다. (바넘은 참혹한 화재가 난 후 그 백화점을 이렇게 개명하였다.) 그들은 물고기의 몸에 원숭이의 머리가 조잡하게 바느질 된 것을 보았다. 그것은 신성을 모독하는 일일지도 모르지만, 박물관 디렉터들도 앞을 다투어 보고 싶어 했을 것이다. 심지어 토머스 호빙Thomas Hoving에서부터 토머스 크렌스Thomas Krens에 이르는 위대한 디렉터들도 (어쩌면 배고픈 디렉터들일지도 모른다) 이 전통을 인정했다. 종종 흔쾌히 말이다.

  바넘은 브랜딩의 달인이었다. 그는 피지의 인어에 대해서뿐 아니라 (조지 워싱턴의 유모라던) 조이스 히스Joice Heath나 찰스 스트래턴Charles Stratton(제너럴 톰 덤General Tom Thumb이 된 난쟁이), 엥Eng과 창Chang(삼쌍둥이인 이들은 약 22명의 아이들의 아버지가 되었다), 이상 소두(小頭)의 흑인 난쟁이(그는 처음에 '이게 뭐지?' — 인간과 원숭이 사이의 실종된 연결고리로 홍보되다가 이후에 'Zip'으로 바뀌었다), 보르네오의 야만인the Wild Men of Borneo, 그리고 개의 얼굴을 한 소년 조조Jo-Jo the Dog-Faced Boy에 대해 가짜 이야기를 지어냈다. 바넘은 사건의 맥락이나 틀, 스토리가 없으면 그것을 이해하는 것은 말할 것도 없고 기대감도 생길 수 없다는 것을 잘 알고 있었다. 사물 자체는 잊어버려라. 중요

328

한 것은 스토리를 파는 것이다.

바넘은 달인의 손에서는 브랜드가 상품을 둘러싸고 임시방편으로 급조해 낸 상술 이상이 된다는 것도 알고 있었다. 이것이 제대로 먹혔을 때 판매된 것은 제품과 허풍, 스테이크와 지글거리는 소리 둘 다였다. 상업적 박물관이 큰 인기를 얻게 되자 바넘은 박물관 사업을 분리하여 서커스에 추가시킬 수 있었다. 이렇게 하여 오늘날 박물관의 주종목이 된 특별 전시회의 전신인 사이드 쇼(sideshow)가 탄생하게 되었다. 오늘 보지 않으면 내일은 사라질 것이다. 약간의 돈만 더 지불하라. 뉴욕 현대미술관^{MoMA}과 특별 전시회 앞에서 참을성 있게 줄을 서서 기다리는 사람들은 바넘의 박물관 앞에서 참을성 있게 줄을 서서 기다리던 그들의 조상들을 매우 닮았다. 그러나 최고 중의 최고인 것은 박물관에 들어서고 나서도 그 정말로 특별한 전시회를 보기 위해 또다시 돈을 지불해야 하는 경우가 많다는 것이다. 그러고 난 후 우리들은 기프트 숍에서 또 기념품을 산다.

바넘은 광고에 쓰이는 돈과 매출 증가 사이에 존재하는 기이한 비례 관계를 최초로 이해한 홍행주였다. 그는 스토리를 이야기하고 판매하는 기회를 만들어 내는 것의 중요성을 이해하였다. 『투쟁과 승리』에서 바넘은 겸손하게 자신의 기여를 인정하였다. "나는 광고의 기술을 완벽하게 이해하였다. 그것은 내가 항상 자유롭게 이용해 왔고 성공의 많은 부분을 의존해 온 인쇄업자의 잉크에 의해서가 아니라 모든 상황을 내게 유리하게 전환함으로써 이루어졌다." 왜 박물관들이 안 그래도 부족해 보이는 재정의 너무나 많은 부분을 "다시는 보지 못할 것입니다" 식의 전시회 광고에 쓰는지 궁금해한 적이 있는가?《뉴욕타임스》의 목요일과 금요일 발행본을 확인해보면 바넘에게 찬사를 바치는 광고 페이지들을 발견할 수 있을 것이다.

현대의 박물관

19세기 말, 정부가 지원하는 공식 교육의 필요성 덕분에 문화는 고급
문화와 저급문화, 좋은 문화와 나쁜 문화, 예술과 오락(entertain-
ment)으로 분리되었다. 바넘은 외면당했고, 필은 새로운 모습으로
다시 정비되었다. 상황은 진지해졌다. 박물관에서 재미의 요소는 사
라졌다. 저 높은 미학 세계의 어르신들은 저속한 세계의 야만인들을
쫓아냈다. 쉿, 이곳은 도서관이고 이것은 예술이다.

현대의 공식적이고 자기의식적인 박물관들은 종종 강박적이지만
흥겨운 무분별한 수집품들로부터 발전하였다. 현대의 수집품은 종종
산업가들에 의해 처음 소집되었는데 그는 새로운 종류의 중재자, 즉
확실한 인정을 받은 감식가를 고용하여 불순물을 제거하도록 했다.
그리고 나서 그것은 분류되고 액자에 걸리며 받침대에 받쳐지고 늠
름하게 조명되었다. 19세기가 되면 카달로그 레조네(catalogue
raisonné, 책 그림의 해제가 붙은 분류 목록)가 작품 평가 및 과시의 표
준이 된다. 혈연과 유산, 즉 소유의 기원(provenance)이 전경에 배치
되었다. 모방은 초기 현대 미술의 중요한 부분이었음에도 불구하고
혐오되었다. 진품성이 지배적 가치가 되었다. 미술사의 어휘 목록에
들어간 위조(forgery)는 더 이상 대장간(forge)에서 만들어진 물건이
아니라 위조품을 뜻하게 되었다. 이렇게 방부 처리된 수집품들은 대
저택에 보관되었는데 이러한 저택은 수많은 방들이 연결된 구조인
경우가 많았다.

여기에서 바로 표준적 박물관의 따분한 판형(template)이 생겨났
다. 갤러리 공간은 가짜 문틀로 연결된 독자적 방들로 이루어지게 되
었다. 박물관 세계에서 당신은 이 방에서 저 방으로 안내되는 손님과

같다. 마치 로버트 브라우닝^{Robert Browning}의 시 '내 전처^{My Last Duchess}'
에 나오는 끔찍한 공작과 함께 있는 것처럼 말이다. 평행을 이루는
갤러리들과 방문객을 특정한 여정으로 안내하는 서로 연결된 방들의
격자형 구조는 이 가옥에서 유래한 흔적이다. 조그마한 명찰이 도처
에서 소유자의 기원을 증언하고 있었다. 이 산업가들 중 한 명의 맨
해튼 저택에 있는 작은 박물관인 프릭 컬렉션^{Frick Collection}에 가면, 정
말 위협적인 친밀성을 경험해 볼 수 있을 것이다. 이곳은 모든 구석
구석이 서구에서 가장 위대한 고전양식으로 이루어진 박물관이다.
베블렌^{Veblen}은 옳았다. 이 산업가적 오지만디아스 왕^{Ozymandias}에게 예
술은 오락거리도 장식도 아니었다. 그것은 무기였다. '내 작품들을
우러러 보라. 그리고 절망하여라."

　보통 보자르^{Beaux Arts} 스타일로 지어진 대저택은 이후 다른 부호들
이 기부한 보물들로 가득 찬 '별관(wing)'들을 키우기 시작한다. 점
점 여성들도 참여하게 되는데 처음에는 이 물건들의 상속자로서 그
다음엔 수집가로서 참여한다. 그러나 이후의 중요한 다음 단계에 도
달하기 위해서는 박물관을 산업화하는 데 있어 매우 중대한 사건이
일어나야만 했다. 즉 연방정부가 뛰어든 것이다. 박물관 세계의 문화
가 생성되는 데 있어 세금의 중요성을 절대 과소평가해서는 안 된다.
일단 첫 번째로 1909년 페인 올드리치 관세법^{Payne-Aldrich Tariff Act}은 20
년 이상 된 예술 작품을 면세 수입품 목록에 추가시켰고 두 번째로
1930년대에 새로 제정된 세법은 그러한 작품들이 개인의 사유지에
서 자선 기관으로 면세로 이전될 수 있도록 허락하였다. 그 진귀품들
의 캬비네는 곧 거대한 선박 상자에 담겨 대양을 건너기 시작했다.
이들은 모두 미국 납세자들의 원조를 간접적으로 받았으며 종종 거
대하고 위협적인 다운타운 마우솔레움들에 안착되는 경우가 많았다.

고급과 저급을 나눔으로써 지속적으로 가치를 높여 왔던 고등교육 기관의 경우와 마찬가지로, 연방정부 및 주정부의 세금에서 자선 공제(charitable deduction)는 소위 고급문화라는 것을 원조함으로써 박물관 세계를 가능케 하였다. 끝없는 변호사들의 궤변 덕분에 곧 이 기관들에게 예술 작품을 '임대'해 준 후 멋지게 상승된 가치와 함께 되돌려 받는 것이 가능하게 되었다. 이것은 오늘날에도 계속되고 있다. 1973년 메트로폴리탄 미술관은 몰래카메라로 유명한 앨런 펀트 Allen Funt가 소유하고 있는 빅토리아 시대의 화가 로렌스 알마타데마 Lawrence Alma-Tadema의 그림들을 전시하였다. 펀트는 카메라만 잘 다루는 것이 아니었다. 전시회가 끝난 지 8개월 후 그는 자신의 컬렉션 모두를 매각하였다. 전시회 덕분에 시가는 하늘로 치솟아 있었다. 예술가가 자신의 작품을 부각시켜 주는 박물관에 작품을 기증하는 것은 흔한 (그러나 공공연히 거론되지는 않는) 일이다. 주는 것이 있으면 받는 것도 있다. 이 둘의 관계는 누이 좋고 매부 좋은 관계이다.

메트로폴리탄과 같은 박물관의 지하창고를 한번 거닐어 보라. 그 많은 그림 작품들이 마치 고기 덩어리마냥 이쪽저쪽에 걸려 있는 것이 보이는가? 슈퍼스타급 박물관들은 그들이 가지고 있는 소장품의 10퍼센트만 전시할 수 있어도 운이 좋은 경우에 속한다. 메트로폴리탄 미술관과 같은 곳에 그림을 임대해 주는 것은 마치 하버드 대학에 돈을 기부하는 것과 같다. 두 곳 모두 당신의 부조금을 실제로 사용하지 못한다. 그러나 적어도 박물관은 당신의 다른 소장품의 가치를 상승시켜 줄 수는 있다. 아무도 정확한 수치는 모르지만 영국 경제 잡지인 《이코노미스트》에 따르면 중간 수준의 박물관들조차도 기껏

해야 자신들의 전체 소장품 중 약 절반만 전시한다고 한다.

상속세(estate tax) 철회를 둘러싸고 벌어지는 현재의 소란은 전혀 놀라운 것이 아니다. 이미 재고 과잉 상태인 박물관들은 그들이 새로운 이미지들의 공급으로부터 단절될 것이라고 항의한다. 그러나 기부자들은 그들의 물건 가치가 하락할 것이라고 항의한다. 유산 및 증여세(gift tax)의 철폐는 박물관이라는 흡혈귀에게는 은색 십자가와 같다. 박물관 디렉터들은 만약 '증여세'가 더 이상 납세자들에 의해 지불되지 않는다면 자선 기부가 말라 버릴 것이라고 확신한다. 그러나 그들이 걱정하는 것은 또한 희귀성에 대한 인식이 거짓으로 폭로될 것이라는 것이다.

박물관이 예술 작품을 매각한다는 말을 마지막으로 들어본 것이 언제인가? 그런 일이 어쩌다가 드물게 벌어지는 경우일지라도 보통 "우리는 여분의 작품을 팔아 그 공백을 메울 어떠어떠한 작품을 살 것입니다. (그리고 아마도 초과금의 일부를 운영비에 보탤 수 있을 것입니다)"라는 정교한 설명이 붙는다. '처분(deaccession)'이라는 속이 뻔히 들여다보이는 단어도 있다. 이 단어는 1970년대에 박물관 세계의 전문용어로 편입된다. 이 단어가 흥미로운 것은 그것이 속임수를 만들어 낸다는 점이다. 보통 그 단어의 뜻은 수집품을 파는 것이다. 그러나 어떤 박물관이 비용을 충당하거나 기금을 늘이기 위해 작품을 처분한다면 다른 박물관 디렉터들의 원성과 항의가 빗발칠 것이다. 많은 경우 그러한 판매는 합리적인 결정이다. 그러나 그러면 예술가, 기부자, 갤러리, 수집가 등으로 이루어진 예술업계가 큰 타격을 입기 때문에 예술박물관 디렉터 협회Association of Art Museum Directors는 매우 극단적인 경우를 제외하고는 모든 경우에 있어 이 행위를 금지한다.

정부의 역할은 상속세에서 멈추지 않는다. 박물관 세계의 흥미로

운 면 중 하나는 과세정책이나 국립예술기금National Endowment for the Arts
의 재원을 줄이는 형태를 통해 직접적인 지원을 점점 철회하는 듯 보
이는 정부가 한편으로는 분명 영리적 목적으로 운영되는 박물관 매
장, 박물관 식당, 박물관 웹 사이트에 일종의 세금 안개지대(haze)를
허용하고 있다는 점이다. 박물관 세계와는 무관한 사업 소득세의 적
용은 박물관의 기업화 과정에 있어 흥미롭고 간과되어 왔던 면이다.
박물관에 몸담고 있는 누구에게든지 붙잡고 물어보면 그는 박물관이
이 안개지대 속에서 수많은 사업을 벌이고 있다고 말해 줄 것이다.
심지어 백화점조차 박물관을 가지고 있는지 여부가 자질구레한 장신
구 사업의 대차 대조표에 분명한 영향을 미침에 따라 사업 소득세를
가지고 소란을 일으키는 짓 따위는 하지 않는다. 결국 많은 백화점들
이 (가령 블루밍데일Bloomingdale' s 백화점처럼) (메트로폴리탄 미술관과 같
은) 박물관들과 상업적 교차마케팅 관계를 맺고 있다.

정부 보조금 중 그 효과가 매우 멀리까지 미치고 있다는 점에서 꼭
짚고 넘어갈 필요가 있는 것으로 이동전시회(traveling exhibits)의 보
험비용에 대한 지원이 있다. 일류 대학들과 마찬가지로 예술의 가치
는 선택성(selectivity)에 대한 사람들의 인식에 있다. 어떻게 하면 이
수준에 오를 수 있는가? 블록버스터형 전시회에 함께 포함되어 이동
하면 된다. 이때 드는 운송비는 그 보험료에 비하면 미미하다. 누가
이 막대한 재보험 비용을 감당하는가? 바로 정부다. 엄청나게 광고
를 해대는 대형전시가 어떻게 우리 시대의 사회적 현상이 되었는지
궁금해해 본 적이 있는가? 얼마나 갑작스럽게 우리는 투탄카멘 왕묘
와 같은 보물들이나 피카소, 모네, 마티스, 고갱, 그리고 반 고흐의
끝없어 보이는 그림들의 세례를 받게 되었던가?

박물관들에게는 크리스마스 대목이라고 할 수 있는 블록버스터 이

동 전시회는 1950년대에 시작된 국립예술기금의 '예술 손해보상 프로그램Arts Indemnity Program'의 직접적인 결과이다. 이 냉전 시대의 프로그램은 어쩌다 서구에서 탄생된 명작들에 대해 더 넓은 접근을 제공한다는 명목으로 서구 유럽의 영향력을 팽창시키려는 맹목적 애국주의의 한 방법이었다. 2001년 9·11 테러가 일어난 후 예술 손해보상 프로그램은 보험금을 50억 달러에서 80억 달러로 올렸고 개별 작품에 대한 부담도 5억 달러에서 6억 달러로 인상하면서 기본적으로 블록버스터형 전시회가 계속될 것임을 보장하였다. 그러나 엘리트 박물관들은 엄청난 규모의 작품들을 전시 한번 못해 보고 보관하고 있으면서도 그들의 평범한 소장품들을 소규모 박물관들에 보내는 일은 별로 하지 않았다. 이것은 왜 그런가? 그것이 귀찮을 뿐 아니라 박물관의 브랜드 파워를 증가시키지도 않기 때문이다. 나이트 재단Knight Foundation과 같은 민영 재단에서 소규모 전시 공간에 이 작품들을 공유하도록 지원하는 경우는 매우 흔하다. 반면, 슈퍼스타급 박물관들은 주로 그들 내에서만 협력함으로써 그들이 소유한 작품들의 가치를 증가시킨다. (그리고 그렇게 함으로써 세금공제용 기부금을 장려한다.)

박물관 기업

최근까지 박물관 세계의 상황을 정리하면 이렇다. 클리블랜드, 디트로이트, 시카고와 같은 거대 산업도시들은 맨해튼, 필라델피아, 보스턴의 위대한 박물관들에 필적할 컬렉션을 가지고 있었다. 어떤 면에서 보면 고등교육 기관에서도 그들을 모방했다고 할 수 있다. 예일, 하버드, 시카고, 그리고 프린스턴 박물관들 말이다. 그리고 이 문화자본의 공급자들 사이에는 편안한 관계가 형성되어 있었다. 특히 폴 삭스Paul Sachs가 지휘하던 하버드 대학을 비롯한 예술 학과들은 예술의 신화적인 완화력(palliative power)에 전적으로 헌신하는 신중한 사람들로 큐레이터 진열을 채우고 있었다. 박물관은 이 훈련받은 엘리트들이 관리하고 있었다. 그들은 전설적인 과정을 수학하였고 ('15세기 미술: 박물관 작업과 박물관 문제'는 줄여서 '박물관 코스'가 되었다.) 정전(正典)들을 감시했으며, 중간 이름이 두 개나 되었고 나비넥타이를 맸으며 뿔테 안경을 썼고 세인트 그로틀섹스St. Grottlesex 학교에 다녔으며 트롤로프Trollope 소설에 나오는 성직자들처럼 번득였고 전적으로 성실하였다. 마치 (그들이 다녔던) 감독 교회처럼 예술에 대한 감상과 소유는 사회적 계급을 나타내는 표지였다.

그러나 고등교육 기관이 폭발적으로 팽창하고 모든 이들이 대학을 가야하던 것과 거의 같은 시기에 모든 도시에서도 무지몽매한 서민을 위해서가 아니라면 아이들을 위해서라도 일류 박물관이 있어야 한다는 결정이 내려졌다. 20세기 중반 들어 고급 예술 박물관은 도처에 생겨나기 시작했다. 박물관 문화의 산업화가 도래한 것이다. 버크셔즈에 있는 조그마한 리버럴 아츠 대학인 윌리엄스 대학Williams College을 비롯하여 아이비리그와 엘리트 학교들은 이력서에 MBA와 심지어 Ph. D를 단 졸업생들을 대량으로 배출하기 시작했다. 로스앤젤레스, 샌프란시스코, 미니애폴리스, 리치몬드, 캔자스시티는 물론 텍사스 전역에서 예술 컬렉션은 마치 쇼핑몰에 있는 앵커 스토어(anchor store)처럼 그 시의 자랑이 되었고 도심을 계몽하는 동시에 고급화시키는 방법이 되었다.

특히 윌리엄스 마피아들은 직접적인 행동을 취하기 시작했고, 토머스 크렌스Thomas Krens와 같은 사람들은 최신 현대 박물관의 정의를 새롭게 내리고 있었다. 모두가 알다시피 크렌스는 이 신세대 중 가장 대범한 사람이었고, 그의 구겐하임 미술관 경영 방식은 많은 이들의 눈살을 찌푸리게 했다. 이 새로운 세대의 구성원은 그들이 서로와 경쟁하는 것이 아니라 모든 다른 엔터테인먼트 산업(entertainment venue)과 경쟁한다는 것을 깨달았으며 이에 과감히 도전하고자 했다. 현대 도시 박물관에 대한 그의 견해를 메트로폴리탄 미술관 디렉터인 필립 드 몬테벨로^{Philippe de Montebello}와 비교해 보면 달라진 점이 무엇인지 알 수 있을 것이다. 다음은 몬테벨로가《뉴욕타임스》의 주디스 도브르진스키^{Judith Dobrzynski}의 질문에 대해 그가 생각하는 박물관의 요소를 중요한 순서대로 나열한 것이다.

- 훌륭한 예술 작품
- 좋은 조명과 라벨링을 통한 지적이면서도 매혹적인 프리젠테이션
- 경력이 화려하며 공공심이 강한 큐레이터
- 튼튼한 재정 마련
- 시장 중심적인 결정으로부터 박물관 본연의 모습과 독립성을 보장할 수 있도록 충분한 규모의 지원금 마련
- 매우 열성적인 이사들
- 예술을 판단하고 제시하는 데 있어 권위와 차이의 존재를 믿는 직원들
- 편의 시설과 예술의 이해 및 경험을 심화시키는 프로그램을 통해 물리 및 지적 접근의 용이성 증진
- 서비스 공간 밖에서의 접근의 용이성과 최신 기술을 통한 정보
- 예술 경험이 '광장으로서의 박물관' 경험에 대해 갖는 우월함에 대한 흔들리지 않는 신념. 셰익스피어의 『트로일러스와 크

레시다Troilus and Cressida』에 나오는 헥터Hector의 훈계를 상기하라. "신보다 예배를 더 위대하게 만드는 것은 미친 우상 숭배이다."

이것은 몬테벨로가 폴 삭스에게서 전수받은 하버드식 '15세기 미술'과 거의 같다. 다음에는 1999년 강의에서 토머스 크렌스가 '위대한 21세기 박물관의 구성요소'로 지적했던 것들이다. (중요한 순서대로 나열되어 있다.)

- 시내와 쉽게 교류할 수 있는 좋은 위치
- 훌륭한 소장품
- 훌륭한 건축구조
- 훌륭한 특별 전시회
- 훌륭한 제2의 특별 전시회
- 두 번의 쇼핑 기회
- 두 번의 식사 기회
- 인터넷을 통한 첨단 인터페이스
- 국제 네트워크를 통한 규모의 경제

대형 교회와 고등교육 기관에서 벌어지는 일이 이정표가 될 수 있다면, 박물관과 백화점을 합병하는 크렌스 씨의 박물관 버전이 궁극적으로 승리할 것이다. 경험에 대한 존중이 사물에 대한 존중을 대체할 것이다. 그 이유는 다음과 같다.

쇼핑의 박물관화와 박물관의 쇼핑화

1960년대 동안 우리의 문화가 문지기(gatekeeper)의 문화에서 수표원(ticket taker)의 문화로, 보호 관리의 문화에서 엔터테인먼트의 문화로 이동함에 따라 박물관은 현대의 예술 후원가가 된 쇼핑 관광객을 사로잡기 위해 경쟁해야만 했다. 이와 동시에 고급 소매 시장도 박물관 쪽을 향해 이동하기 시작했는데, 그와 함께 관광 쇼핑객이라는 보완적인 형태를 만들어냈다. 이 새로운 박물관 방문객들은 단순히 예술 경험의 소비자가 아니라 사물 그 자체에 대한 고객이었다. 박물관의 복도는 곧 호화 매장과 우아한 레스토랑, 온갖 종류의 스펙터클, 심지어 예술이라 불리는 물건들을 판매하는 중류문화 백화점에 이르기까지 다양한 상점들을 포함하기 시작하였다.

현대 백화점과 예술 박물관은 오늘날 매우 친밀한 관계에 있다. 그들은 19세기 말 런던과 파리에서 그들이 거의 동시에 나타나기 시작했을 때부터 항상 가까운 사이였다. 그들의 핵심은 사물을 추켜세우고 브랜드로 만들어 주는 것이었다. 그들은 둘 다 시대와 단지 보조를 맞출 뿐 아니라 조금 더 앞서 나가려 했다. 구조상 그들은 꿈의 궁전이자 매혹의 땅(Lands of Enchantment)이었다. 박물관을 지배하는 원칙은 고유성(singularity)이라는 개념인 반면 백화점을 지배하는 원칙은 풍요로움(abundance)이었다. 박물관은 "만지지 마시오, 가질 수 없습니다"라고 말하는 반면 백화점은 "마음껏 만져보십시오. 소유할 수도 있습니다"라고 말한다. 박물관이 고유한 것이라고 말할 때 백화점은 전체의 일부라고 말한다. 그러나 그들은 모두 소비와 관련되어 있다.

박물관과 백화점 둘 모두에서 발견되는 초기의 인간 행동은 절시

증(scoptophilia, 혹은 관음증)이다. 우리는 유리 너머로 액자에 담기고 강한 조명을 받는 예술 작품을 응시한다. 우리는 또한 백화점 쇼윈도우에 있는 우아하게 장식된 마네킹을 넋을 잃고 바라본다. 우리는 상품의 라벨을 검사하듯이 그림 밑에 있는 라벨을 흘끔 쳐다본다. 우리는 물건을 소비하기 전에 그 출처와 브랜드를 알아야 하는 것이다.

모더니즘의 우울한 카산드라(그리스 신화에 나오는 여자 예언자 — 옮긴이)인 발터 벤야민Walter Benjamin은 선견지명이 있었다. 그가 여러 에세이에서 언급하였듯이 산보자(flaeur)란 윈도우 쇼핑과 갤러리 유람을 동시에 하는 사람이다. 그의 눈(eye)은 새로운 물건을 보면 빛이 나지만 그의 '자아(I)'는 가치를 알아보기 위해 이야기를 필요로 한다. 그는 스토리 사냥꾼으로서 말하자면 최초의 현대적인 쿨 헌터

백화점 매장은 갤러리 공간을 모방하기 시작했다. 오리건 포틀랜드 Meir & Frank Store에 있는 한 모자 매장에서 1930년대 일어난 박물관화 이전 모습과 이후 모습

(cool hunter)였다. 그는 소매업과 저장소, 백화점과 박물관, 광고와 교육이라는 새로운 산업들의 중심에서 이야기를 찾아낸다. 그 내러티브들은 서로 한데 엉킨다. 앤디 워홀^{Andy Warhol}은 이 임박한 혼합 현상에 대해 "모든 백화점은 박물관이 될 것이고 모든 박물관은 백화점이 될 것이다"라고 말했다. 사실 팝아트는 그것을 축하하기 위해 열린 파티였다.

인벤토리를 만드는 방법

우리는 물건들이 어떻게 백화점에 들어가는지 안다. 전문적인 바이어가 미래의 취향을 예견하는 것이다. 그러나 박물관에는 어떻게 들

어가는 것일까? 그것들을 벽 위에, 유리 뒤에, 불빛 아래 놓이게 하는 것은 무엇일까? 무엇을 살지 결정하는 사람은 누구인가? 무엇을 전시할지 결정하는 사람은 누구인가? 예술가들 사이에서는 이 과정을 절대 마케팅이라 부르지 않는다. 대신 '박물관화(museumifica-tion)'라고 부른다. 무엇이 안으로 들어올지는 박물관 업계에서 뜨거운 이슈가 되었다. 누가 이것을 책임지는가? 수표원인가 아니면 문지기인가? 누가 문화 자본의 조폐국(造幣局)을 운영할 것인가? 한편에서 보면 박물관이라는 공간은 말 그대로 사물에 가치를 덧붙이는 장소이다. 어떤 작품은 단지 그 성전의 벽면이나 바닥에 걸릴 수 있다는 이유만으로 '특권화(privileged)' 된다. 가치가 부가된 것이다. 그리하여 문화 전쟁에서 치러지는 격렬한 전투 중 하나는 무엇을 안으로 들여놓고 특히 무엇을 밖으로 배제할 것인가였다.

건물 밖에 서 있는 관객들의 줄은 얼마나 중요한가? 난해하고 인기 없는 것들을 예술로 여긴다면 이 줄은 짧아질 것이다. 모두에게 알려진 물건을 예술에 포함시킨다면 이 줄은 길어질 것이다. 종신 재직권을 가진 대학교수들은 어려운 예술에 집중할 수 있지만 정기적으로 해고를 당하는 박물관 디렉터들은 좀더 신중할 필요가 있다. 그들에게 약간의 스캔들은 좋은 마케팅이 되지만 이야기가 복잡해지면 일을 망치게 된다. 이 섬세한 이야기의 수준을 만들어 내는 것이 박물관 브랜딩의 핵심이다.

무엇이 전시장에 걸릴 것인지 결정하는 임무는 큐레이터(curator)에게 주어진다. 큐레이터라는 단어는 부적당한데 왜냐하면 이들의 임무는 사물 자체를 돌보기보다는 어떤 사물이 돌볼 가치가 있는지를 선택하는 것이기 때문이다. 이 중재자들은 자신들이 전시회를 기획한다고 생각하길 좋아하겠지만 사실 그들은 교재나 명작집

(anthology)의 편집자와 더 비슷하다. 그들은 혼자 일하지 않는다. 그들은 보통 남들보다 뒤늦게 알 뿐이다. 입장객 수가 중요한 현대 세계에서는 무엇이 시야에 노출되고 무엇이 시야에서 사라질지를 결정하는 것은 많은 부분 관객들이다. 박물관의 벽면과 이상한 유비관계를 가지고 있는 학교의 강의실을 한 번 살펴보자. 여성들에게도 수업을 받게 하면 얼마 안 가 명작집들은 여성작가들을 내세우기 시작할 것이다. 아프리카계 미국인들을 학교에 다니게 하면 노예 이야기가 문학으로서 다뤄지기 시작한다. 그렇다면 히스패닉계를 학교에 들어가게 하면 어떻게 되겠는가? 직업을 지키고자 하는 큐레이터는 항상 자신의 눈을 텐트의 안보다는 텐트 앞에 서 있는 사람들의 줄에 고정시키려 한다.

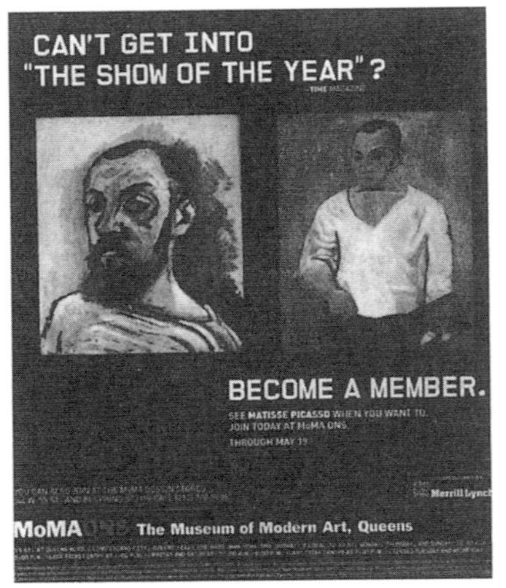

2003년 봄, 맨해튼의 박물관 세계는 입장객을 붙잡기 위해 치열한 생존 싸움을 벌인다.

2003년 3월 중순, 《뉴욕타임스》의 기자 제시 맥킨리Jesse McKinley는 맨해튼의 박물관들을 둘러본다. '예술이 오래가는가? 줄도 길기는 마찬가지이다Art Is Long? So Are the Lines' 라는 기사에서 그는 어떤 전형적인 일련의 현대 전시회들에 참석한다. 그 전시회들은 마치 상업 텔레비전 방송의 대응 편성(counter programming)과 비슷하게 펼쳐졌다. 일단 메트로폴리탄 미술관에서는 두 개의 블록버스터형 전시회가 열렸다. 오래된 거장들을 다루는 〈레오나르도 다 빈치, 거장의 소묘가들Leonardo da Vinci, Master Draftsman〉과 〈마네/벨라스케스: 스페인 회화에 대한 프랑스적 취향Manet/Velazquez: The French Taste for Spanish Painting〉이 그들이다. 뉴욕 현대미술관 퀸즈MoMA QNS(맨해튼에서 새 건물을 준비하는 동안 뉴욕 현대미술관은 퀸즈로 이사하였다)에서는 〈마티스 피카소〉전이 열렸는데 하루에 약 5000명의 방문객을 동원한 전형적인 블록버스터형 전시회였다. 휘트니 미술관은 이 틈에서 실로 경쟁이 안 되었고 그래서 이들이 내건 것은 건축가 부부의 회고전인 〈스캐닝: 딜러와 스코피디오의 이색적인 건축 작업Scanning: The Aberrant Architecture of Diller + Scofidio〉과 꽤나 할 일 없고 바보 같은 조각가의 꽤나 할 일 없고 바보 같은 전시회인 〈엘리 나델만: 현대 생활 조각가Elie Nadelman: Sculptor of Modern Life〉였다.

휘트니 미술관에서 열린 이 전시회들은 아무도 메트로폴리탄이나 뉴욕 현대미술관과 대적할 수 없다는 것을 인정하는 것이기도 했다. 특히 구겐하임이 〈매튜 바니: 크리매스터 사이클Matthew Barney: The Cremaster Cycle〉전에서 제이 크루J. Crew 모델로 활동하기도 했던 이 예술가의 영화와 조각, 사진들을 보여주면서 최신 유행을 달릴 때에는 더욱 그렇다. 이 전시회는 거의 30만 명의 방문객을 끌어 모았다. 휘트니 미술관의 디렉터인 맥스웰 앤더슨Maxwell Anderson이 이 전체적인 재편 과정에서 은퇴한 것은 우연한 일만은 아니었다. 비록 인정하기 싫겠지만 미술 박물관들은 텔레비전 채널과 똑같이 행동하고 있고 박물관 디렉터들은 방송 프로그래머들과 점점 똑같이 취급받고 있다.

혼합형 전시회(combination show)의 숫자에도 주목하라. 박물관 세계의 어느 누구도 인정하려 하지 않겠지만, 두 명의 예술가들을 함께 보여 주는 것은 좋은 흥행 수입이 된다. "미켈란젤로 대 라파엘! 지금 바로 보십시오" 공식적으로 언급되지 않더라도 항상 경쟁이 내포되어 있다. "마티스 대 피카소" 또는 "마네 대 벨라스케스"보다 더 강력한 것이 어디 있겠는가? 이 이벤트들은 모두 저렴한 전시회도 아니었다. 부수적으로 발생하는 비용과 기념품 비용을 포함하지 않은 기본 비용이 1인당 15달러나 되었다.

그러나 맥킨리의 다음과 같은 말은 핵심을 정확히 파악하고 있다.

"박물관 경험은 단지 대체재들을 민감하게 의식하면서 서로 경쟁을
펼칠 뿐 아니라 현대인의 의식에 깊이 파고들고 있다. 이 장소들은
음성 안내기(Acoustiguides)와 수많은 종이 지침서와 함께 대중들의
취향에 부응하고 있다. 각각의 박물관들은 모두 개성 있고 차별적이
며 자신의 경쟁자 앞에 늘어선 사람들의 줄의 길이가 얼마나 되는지
정확히 알고 있다."

다른 박물관뿐 아니라 감정을 제공하는 다른 산업과의 격렬한 경
쟁을 고려해 볼 때 박물관들이 극단의 수단을 강구하는 것은 불가피
한 일이다. 그래서 다 빈치의 르네상스나 인상주의, 모더니즘, 그리
고 포스트모더니즘 예술가들에 대한 프로그램이 각각의 슈퍼스타 박
물관들에서 맹렬한 싸움을 벌이는 것은 당연한 일이다. 고급 소매점
도 이와 똑같은 방식으로 움직인다. 아르마니Armani, 구치Gucci, 루이
비통Louis Vuitton, 베르사체Versace, 또는 맨해튼 5번가나 메디슨가 위쪽
(혹은 프랑스 파리의 포부르 생 토노레 거리Rue du Faubourg St.-Honore나 로마
의 콘도티 거리Via Condotti, 또는 런던의 본드 거리Bond Street 등)에 있는 다
른 고급 매장에 가면 우리는 박물관과 거의 똑같은 일이 일어나고 있
는 것을 볼 수 있다. 그들은 모두 같은 물건들을 팔기 때문에 디자이
너 패션을 서로 대응 편성한다. 고급 매장과 박물관의 사이가 좋은
것은 우연이 아니다. 마찬가지로 디자이너의 이름이 예술가와 똑같
은 기능을 하는 것도 우연이 아니다. 이들은 말 그대로 브랜드인 것
이다.

자세히 살펴보자. 박물관과 고급 소매업의 경우 사물들은 모두 경
건하게 위에서 내려오는 조명을 받고 정교한 케이스나 액자에 담겨
있다. 마치 같은 계급의 다른 멤버들에게 오염될 수 없다는 듯이 스
카프나 포켓북과 같은 세속적인 사물들조차 띄엄띄엄 놓여 있거나

어떤 경우에는 잔인할 정도로 고립되어 있는 이들의 배치는 박물관에서는 일상적으로 일어나는 일이다. 그들이 모방하는 예술 작품처럼 쇼윈도우의 처리는 종종 최첨단 방식이고 심지어 스캔들을 일으키기까지 한다.

구치나 루이 비통 심지어 프라다의 경우를 떠올려 보라. '무조건 높고 깊게 쌓자' 식의 K 마트 방식은 이 호화매장들에서는 반대가 된다. 물건은 하나씩 따로 배치하고 흰 조명을 가득 퍼부어라. 그리고 그 밑에는 라벨을 놓아두라. 가격표는 숨겨두되 필요하면 볼 수는 있게 하라. 데이비드 브룩스David Brooks가 『천국에 간 보보스: 새로운 상류층, 그들은 어떻게 그곳에 갔는가Bobos in Paradise: The New Upper Class and How They Got There』에서 주장했듯이, 예술과 패션에 대한 취향은 신종 소비 공동체의 근간을 이룬다. 보보스(부르주아 보헤미안bourgrois bohemians)는 소비가 자기 창조의 예술이자 현대 사람들이 공유하는 가장 높은 형태의 창조성임을 알고 있다. 어떤 면에서 보면 그것은 사람들이 느끼는 필요성의 상품화라는 점에서 종교와 똑같다.

고급 매장의 쇼윈도우는 이제 박물관의 벽면과 함께 열렬한 응시의 대상으로서 교회의 프레스코와 성골의 자리를 대체하고 있다. 쇼윈도우 앞에서 발걸음을 멈춰서고 윈도우 쇼핑을 하는 사람들은 박물관의 관객들과 기묘하게 닮아있다. 이들은 우상 숭배를 고백하는 현대적 버전의 참회자이자 오늘날의 신자와 절대의 관계를 말해준다. 우리가 가슴이 뛰는 것에 머리를 숙이는 것은 전혀 놀라운 일이 아니다. 그것은 경외감의 상업화이자 현현의 브랜드화이다.

프라다 프라도

뉴욕의 소호 거리를 거닐다 보면 프라다^{Prada}의 3000만 달러짜리 '에피센터(epicenter) 매장'을 볼 수 있다. 일단 그 건물은 말 그대로 노출증에 있어 자신의 사촌인 다운타운 구겐하임 미술관이 있던 장소에 들어서 있다. 둘째로 그 가게는 심지어 구겐하임의 라스베이거스 지점을 설계한 건축가이자 초호화 쇼핑광인 렘 쿨하스^{Rem Koolhaas}의 작품이다. 셋째로 그 건물은 현관에 간판이나 로고 혹은 라벨이 전혀 없는 듯하다. 마치 프릭 컬렉션^{Frick Collection}처럼 말이다. '이 공간은 배타적 공간입니다. 감식가만 입장하십시오.' 그리고 넷째로 이 매장은 개점하면서 박물관의 카탈로그 레조네와 똑같아 보이는 카탈로그를 발행했다.

이것은 바로 이 건물이 소매업 매장이 아니라 박물관이기 때문이다! 또는 적어도 아트 갤러리는 된다. 이곳이 속하지 않는 유일한 한 가지는 바로 자기 자신이다. 돈은 여기서 문제가 되지 않는다. 보도에서 보면 2만 3000평방피트에 달하는 이 공간은 마치 거대한 산업 건물처럼 보인다. 그러나 안에 들어가 보면 전혀 그렇지 않다는 것을 알게 된다. 그곳은 퍼포먼스의 장소이다. 그리고 우리 자신이 바로 퍼포머가 된다. 당신이 들어선 바닥이, 그 이국적인 얼룩무늬의 넓은 나무 바닥이 갑자기 아카풀코^{Acapulco} 절벽처럼 뚝 떨어진다. 그 가장자리에 서면, 마치 키츠^{Keats}의 '말없이 다리엔의 한 봉우리에 서 있는 용감한 코르테스^{stout Cortez... silent upon a peak in Darien}' 처럼 느껴진다. 낭만주의 시인과 화가들이 깨달았듯이, 절벽은 경외감(awe)을 불러일으킨다. 십여 개나 되는 하강 계단으로 몇 켤레의 신발들이 여기저기 흩어져 있지만 그것들이 의미하려는 바는 무엇일까? 아마도 이곳이 아방가르드 신발가게라는 점일 것이다. 그런 다음 바닥은 지하에서 몇 야드 가량 편평하게 펼쳐지다가 보도 높이까지 다시 커브를 그리며 올라간다. 이곳이 바로 그 유명한 '파도Wave'란 곳이다. 그곳은 정말 굉장하고 약간 위험하다. 미학적 순간의 쇼핑객들은 마치 100년 전 예술 후원가들이 앨버트 비어슈타트Albert Bierstadt, 토머스 콜Thomas Cole, 프레드릭 처치Frederick Church 등이 그린 미국 루미니즘(American Luminism)의 그림들을 보고 그랬던 것처럼 숨이 딱 멎은 채 난간을 붙잡는다.

소매업 전문용어로 이런 장소에 가는 것을 몰입 경험(immer-sion experience)이라고 부르는데, 이는 가령 주말에 한 무리의 할리데이비슨 소유자들과 오토바이를 타거나 레인포리스트 카페Rainforest Cafe에서 식사를 한다거나 또는 나이키타운Niketown에서 쇼핑을 하는 것이다. 이곳에서 인벤토리는 잊어버려라. 그래봤자 신발이나 포켓북이나 스카프일 뿐이다. 중요한 건 숨이 멎는 경험이다. 그게 바로 브랜드 경험이다. 고객이 그 감각적 경험을 절대 잊지 못하도록 하기 위해 프라다 직물로 된 거대하고 부드러운 구름 조형물이 거대한 어부의 그물처럼 머리 위로 걸려 있다. '파도'는 잡아 펴서 무대로 만들 수 있다. 상품들과 신발 계단을 치우면 이 소형 원형극장은 200명이 앉을 수 있는 좌석이 된다. 이것은 마치 고등학교 체육실이 카페테리아와 극장 기능을 동시에 하는 것과 같다. 마치 쇼핑이 드라마인 것처럼 판매의 활동 무대는 극장이기도 하다. 사실이 그렇지 않은가.

그런데 프라다의 옷들은 어디 있는가? 가게는 마치 그런 것 따위는 잊어버리라고 말하는 듯 하다. 물건 자체보다 더 중요한 게 있어. 바로 예술 그 자체야. 길거리 높이에서는 인벤토리가 천장에 설치된 새장처럼 생긴 움직이는 진열 선반 위에 놓여 있다. 그 아래층에서는 대부분의 의복이 비좁게 마련해 놓은 움직이는 벽 공간 속에 진열되어 있다. 드레싱 룸에서 편안하게 있기란 정말 불가능하다. 필자가 그곳에 들어갔을 때마다 그곳에 있던 사람들은 대부분 어떤 옷도 감히 입어 볼 생각을 하지 못한 채 그냥 멍청하게 얼쩡거리고 있었다. 어떻게 감히 입어 볼 수 있겠는가? 그곳의 물건들은 건드리는 것조차 너무 위험하고 낯설어 보인다.

최첨단 슬라이딩 도어(sliding door)는 일련의 발판들에 의해 조정되는데 어떤 발판을 누르면 투명한 유리가 즉시 불투명으로 바뀐다. 프라이버시를 보장하려 한 듯한 이것은 오히려 누군가 발판을 눌러 반대의 상태로 만들지도 모른다는 기묘한 불안감을 준다. 부스에 들어간 후에는 거울에 비친 자신의 모습을 볼 수 있고 라이브 비디오 피드백을 통해 엉덩이를 확인할 수 있다. 하지만 혹시 다른 사람이 보고 있진 않을까? 알 수 없다. 이곳에서 옷을 입어보는 것은 이상야릇한 경험이 된다. 드레싱 룸에 있는 비디오카메라와 터치스크린 모니터는 당신이 프레임의 대상이자 진열품이 된 것 같은 인상을 준다. 당신이 바로 예술이 된 것이다. 그에 맞게 행동하라!

모든 박물관/매장 전시에는 카탈로그가 있어야 한다

이 사치품과 예술 작품의 혼합이 정녕 무엇을 의미하는가에 대해 알고 싶다면 쿨하스의 『하버드 디자인 스쿨의 쇼핑 가이드The Harvard Design School Guide to Shopping』를 참조할 것을 권한다. 이 책의 출판은 마치 그것이 또 하나의 카달로그 레조네이자 이번에는 확실히 앙갚음을 하려는 것처럼 프라다 매장의 개점과 동시에 이루어졌다. 그 묵직한 책은 제목에서 암시하듯이 하버드라는 브랜드를 환기시키는 것에서부터 시작하여 책표지에 에칭(etching)으로 새겨져 있는 일러스트 레이션에 이르기까지 모든 면에서 홍미롭다. 겉표지에 얕은 돋을새 김으로 에칭되어 있는 것은 달러 기호로 온통 둘러싸인 에스컬레이 터의 모습이다. 마치 사물은 겉보기와 다르다고 말하려는 것처럼 실제 제목은 겉표지 뒷면에 가서야 나타난다. 그러나 안을 들여다보면 책은 그리 놀라울 것 없는 사실을 평가하고 인정하는데 그치는데, 그 사실이란 즉 감각(sensation)의 브랜드를 소비하는 것이 가장 중요하다는 것이다. 그것이 바로 우리의 모던 아트, 혹은 포스트 모던 아트 인 것이다.

쿨하스는 전에도 이 지점에 도달한 적이 있다. 뉴욕 현대미술관 Museum of Modern Art이 증축하면서 열린 1997년 공모전에서 그는 'MoMA Inc.'를 자신의 디자인 제목으로 내놓은 것으로 유명하다. 비록 선정되진 못했지만, 그는 자신의 뜻을 확실히 드러냈다. 쇼핑은 이제 '대중의 공적 삶(public life)을 규정하는 활동'이 되었다. 우리는 공항에서, 교회에서, 학교에서 쇼핑을 한다. 그것이 뭐 어떤가? 그것에 대해 뭔가 평가하고 싶은가? 그리하여 기차역은 오늘날 쇼핑몰이 되었고 맥도널드도 장난감 가게가 되었다. 대학교에서도 '스피리트웨어(spiritwear)'를 판매한다. 자유란 이제 쇼핑할 수 있는 여가시간을 뜻할 뿐이다. 도시화는 상업화이다. 박물관도 회사라는 점에 익숙해져라. 브랜드란 바로 우리들이고 예술이란 단지 매우 비싼 물건일 뿐이다.

그리고 쿨하스는 좋은 지적을 해 주었다. 쇼핑 경험이 박물관 여행과 교류하지 말아야 할 이유가 어디 있는가? 쇼핑은 벌써 교회로의 여행을 시작했다. 쇼핑은 현대판 순례 여행이다. 판매는 십자군이고 멋진 포켓북은 성배라 할 수 있다. 호화로운 본사 매장들이 중상주의적 기독교 문화의 위대한 교회들과 나란히 서있는 미드타운 맨해튼의 기묘한 변화는 현재 일어나고 있는 새로운 식민화를 보여준다. 성 패트릭 성당에서부터 성 토머스 성당과 5번가의 장로교회, 그리고 그리스도 교회를 지나 쭉 올라가서 메디슨가와 71번가의 교차지점에 있는 성 제임스 교회에 이르기까지, 이 거대한 가게들은 예전의 주요 예배 공간을 먹어 치우고 있다. 디자이너 매장들은 복음의 말씀이 흘러나오는 새로운 설교단이 되고 있는가? 쿨하스는 물론 그렇다고 생각한다.

그리고 이 대형 가게들을 살펴보면 그들이 모두 자기 의식적으로 박물관의 건축구조를 모방하고 자신을 박물관과 같은 매장으로 재정립하려 했음을 알 수 있다. 이 현상은 도시 전역에서 일어나고 있다. 트라이베카의 이세이 미야케Issey Miyake 뉴욕 본점은 구겐하임 빌바오(스페인)를 지은 프랭크 게리Frank Gehry에 의해 디자인되었다. 메디슨가에 위치한 어퍼 이스트 사이드Upper East Side 디자이너 거리에서는 미니멀리스트인 필립 스탁Philippe Starck이 디자인한 장 뽈 고띠에Jean Paul Gaultier 부띠끄가 있다. 헤르메스Hermes, 조르지오 아르마니Giorgio Armani, 콤 데 갸송Comme des Garcon은 각각 자신들의 새 가게 및 진열실, 본부 건물의 디자인을 위해 안도 다다오Tadao Ando, 렌조 피아노Renzo Piano, 그리고 스위스 듀오인 에르조Herzog와 드 므롱de Meuron 등의 현대 건축가들을 끌어들였는데 이는 단지 그들의 디자인뿐 아니라 디자이너의 페르소나까지도 선보이려는 것이었다.

새로 건축된 헤르메스 노스 아메리칸Hermes North American 본점을 보라. 그것은 필립스 그룹Phillips Group에 의해 디자인되었다. 헤르메스는 자신의 건물이 주요 경쟁사인 모엣 헤네시 루이 뷔통Moet Hennessy Louis Vuitton(LVMH)의 맨해튼 본점과 비교될 것임을 정확히 알고 있었다.

LVMH 타워는 여느 박물관만큼이나 우아한 건물로서 잘 다듬어진 세련미의 정수를 보여준다. 밤에 그 건물 옆을 지나다보면 그 건물의 각도와 천천히 이동하는 빛의 기둥 및 기묘한 느낌을 주는 그림자들에 깜짝 놀랄 것이다. 그것은 마치 마법처럼 빛이 나고 종이접기를 펼쳐 놓는 것과 같다. 건물의 내부를 거닐면 아마도 소규모의 성당이나 미니 박물관에 있다는 생각이 들 것이다. 헤르메스는 이것이 스카프나 포켓북에 관한 일이 아니라는 것을 알고 있다. LVMH와 마찬가지로 호화품의 핵심은 흥분을 유발시키는 것이다.

이 건물이 분명히 드러내는 것은 혹시라도 고급과 저급, 예술과 상업의 구분이 있었다면 이제 더 이상 그런 것은 존재하지 않는다는 점이다. 사실상 그러한 구분은 박물관 자신에 의해 멋지게 폐기되었다. 1990~1991년에 열린 뉴욕 현대미술관 전시회는 〈고급과 저급: 현대예술과 대중문화High & Low: Modern Art and Popular Culture〉라는 조심스런 이름이 붙여졌는데 윌리엄스 마피아의 일원인 커크 바네도Kirk Varnedoe 큐레이터와 《뉴요커》에서 글을 쓰는 아담 고프닉Adam Gopnik에 의해 마련되었다. 이 전시회에 대해 아카데믹한 비평가들은 혹평을 퍼부었을지 모르지만 다른 모든 사람들은 환영을 표시했다. 그것은 진실을 말했다. 중심이란 더 이상 존재하지 않았다. 고급과 저급의 구분은 의미가 없어졌다. 이제 진짜 핵심은 기업 후원에 있었고 그 전시회 자체가 현대의 메디치가라 할 수 있는 AT&T를 위해 청중들을 모으는 것이었다. 최근에 분사한 AT&T는 자신의 새로운 브랜드의 확장으로서 전시회를 공격적으로 프로모션했다. 뉴욕 현대 미술관은 자신이 뭔가 대단한 기로에 서 있음을 알고 있었다. 왜냐하면 올바른 선택이란 이제 고급문화와 저급문화 사이에 있는 것이 아니라 MCI나 스프린트, AT&T 중에서 누굴 고를 것인가에 달려 있기 때문이다.

강경론자들에게는 이것에서 비롯되는 문화적 혼합 현상은 기존의 영역을 완화시킴으로써 초래된 결과이다. 그러나 건물 밖에 있는 대중들은 전혀 상관하지 않는다. 문화적 수프(soup) 현상은 바로 서로 호환 가능한 경험들이 뒤섞일 때 일어나는 것이다. 에듀테인먼트 스튜(stew)는 매장과 박물관 모두에게 왠지 더 맛이 있다. 양자를 어떻게 계속 분리시킬 것인가? 그리고 누가 그러기를 원하는가? 제공하는 경험들이 비슷해지면 스토리텔링은 더욱 강렬해지고 사람들의 주목을 받는 것이 중요해지며 이야기의 코스는 서로 중복된다. 문화적 관점에서 볼 때 그들은 교차 브랜드가 되었다.

문화 유한 회사: AT&T가 '예술과 함께 한' 50년을 기념하고 있다.

예술 세계가 팝이 되었을 때

시장과 박물관 사이에 일어난 교류의 순간을 찾고자 한다면 우리는 예술가들에게 의지할 수밖에 없다. 어쨌든 예술사가나 학생들, 혹은 건축가나 매장 소유주, 그리고 갤러리 주인과 수집가들에 앞서 예술가 개개인들은 시대의 변화에 가장 민감할 수밖에 없던 사람들이기 때문이다. 그것은 그들의 생계였다. 낭만주의 이래로 그들은 아방가르드가 되었다. 마케팅 전문용어에서 그들은 이 말을 차지하게 되었다. 1960년대 팝아트(Pop Art)의 부상은 환전상(moneychanger)들의 신전 입성이라기보다는 예술가들의 자각을 뜻한다. 그들은 만약 자신들이 새로운 이야기를 하려 한다면 실제로 행동이 벌어지는 곳, 즉 쇼핑 장소로 가야 한다는 것을 깨달았다. 그리고 프라다, 구치, 헤르메스가 등장하기 이전 시대에 그 행동이란 적절한 이름이라 할 수 있는 슈퍼(super)마켓의 선반 위에서 꽤 분명하게 일어나고 있었다.

팝아트의 천재성은 물론 그것이 절대 다른 것인 척하지 않았다는 것이다. 팝아트는 상업 브랜드를 사랑했다. 프란츠 클라인^{Franz Kline}, 바네트 뉴먼^{Barnett Newman}, 클리포드 스틸^{Clyffod Still}과 같은 추상 표현주의(Abstract Expressionism)의 우울한 당나귀들이 로스코 채플^{Rothko's} ^{chapel}에서 한참 동안 심사숙고하도록 놔두라. 1960년대의 팝아티스트들은 A&P(미국의 슈퍼마켓 체인)를 향해 길을 떠났다. 그리고 나서는 은행으로 향했다. 그들에게 가련한 생활고는 온데간데없고 작품의 의미에 대한 고통스러운 강연도 없으며 주변성(marginality)에 대한 형이상학도 찾아볼 수 없게 되었다. "그냥 우리를 포장 꾸러미에 데려다 주기만 하면 푸는 것은 우리가 알아서 하겠다." 팝아트는 이렇게 말했다.

그러나 우리가 브랜드가 달린 포장 꾸러미에 대한 팝아트의 사랑을 말하고 나면 더 이상 남는 것은 무엇인가? 별로 없다. 팝은 막다른 골목과 같았다. 역시 (내용보다는 그것을 담는) 컨테이너(container)를 예찬했던 다다이즘처럼 (만 레이Man Ray의 〈Pechage〉나 뒤샹Duchamp의 〈여행 가방 상자Boite en Valise〉를 상기해 보라), 그것은 둔해빠진 예술이었다. 애초부터 그럴 수밖에 없었다. 팝은 처음 기획되던 때부터 복잡한 야망 같은 건 없었다. 그것은 항상 거울이었지 절대 램프 역할은 하지 않았다. 1960년대 말이 되면 팝아트는 사실상 운을 다하고 만다. 이동속도가 빠른 소비재와 통조림 음식, 화장품, 플라스틱, 현란함, 과대 포장, 엠블렘, 시청각적 보조 장치, 깜빡이는 조명 등은 예술가의 스튜디오를 떠나 매장으로 돌아왔다. 그리고 이동속도가 느린 호화품들이 그들을 대체해 갔다.

기업이 어떻게 자신의 브랜드를 위해 예술을 브랜드화했는가

비록 학계와 박물관 복합체에서 예술가의 혜안에 대해 많은 말들이 오갔지만 (가령 퍼시 비쉬 셸리Percy Bysshe Shelley의 유명한 경구로 표현하자면 "[시인들은] 이해 불가능한 영감들을 해석해 주는 신성한 사제들이고, 이 세계의 아직 인정받지 못한 입법자들이다"라는 말처럼) 팝 아티스트들은 예술 세계의 진정한 우두머리가 박물관의 큐레이터나 무슨 예술사학과의 교수들이 아니라 필립 모리스Philip Morris 건물 25층에 자리 잡은 기업 마케터들이라는 것을 잘 아는 듯했다. 20세기 후반의 새로운 메디치 기업에게 예술 작품이란 르네상스 시기에도 그러하였듯이 임대할 수 있는 어떤 이야기를 뜻했다. 로렌조 데 메디치Lorenzo de’ Medici가 자신을 다양한 예술 작품으로 그리도록 하는데 돈을 지불했던 것과 마찬가지로, 그리고 프란체스코회Franciscan 및 도미니크회Dominican와 같은 다양한 탁발 수도회들이 그들의 성인을 그림으로 그리기 위해 돈을 지불했듯이, 기업들은 현명한 후원과 끊임없는 홍보로 그들도 예술세계에 들어갈 수 있다는 것을 깨달았다. 기업의 브랜드 네임을 예술가의 브랜드 네임과 연관시킴으로써 기업은 이들의 가치가 자신에게로 흘러들어 오게 할 수 있었다. 영원한 의미 생산의 기계인 예술과 지극히 행복한 관계가 맺어졌다. 예술은 기업을 브랜드로 만들어 주었고 기업은 브랜드화된 예술을 후원함으로써 그 호의에 보답했다. 기업의 후원을 받은 박물관이 다시 자신의 기업 후원자를 후원하고 있는 것이다.

이러한 융합(convergence)은 단지 표면에서만 일어나는 것이 아니었다. 상인이 예술 후원가가 되고 박물관 자신이 이에 필요한 중개자가 됨에 따라 고급문화와 저급문화가 분리되던 바로 그 핵심에서 상업주의가 폭발적으로 번성하였다. 광고 문화의 물건들이 예술 문화의 소재가 되었을 뿐 아니라, 상업화 과정 그 자체가 전시의 메커니즘이 되고 있었다. 단지 "자, 이것을 그리도록 하게"가 아니라 "자, 다음을 (우리의 로고와 함께) 보여드리겠습니다"가 되었다. 이 시장의 양편 모두, 즉 후원자와 제작자를 움직이는 것이 박물관의 임무가 되었다. 박물관은 후원자와 제작자를 하나로 연결하는 기어 장치가 되었다. 대중음악의 경우와 마찬가지로, 매진(selling out)은 비난의 대상에서 격찬의 대상으로 바뀌었다.

1980년대가 되면 브롱스 예술박물관Bronx Museum of the Arts은 심지어 젊은 예술가들을 대상으로 예술 세계를 움직이는 진짜 원리와 그것을 통달하는 방법을 알려 주는 프로그램을 실시하기까지 한다. 해마다 40명에 가까운 신진 예술가들이 12주의 경력 관리 교육과정을 위

필립 모리스 – 앗 실수! 알트리아(Altria-)는 예술 후원을 통해 '불우한 이웃들' 을 도와준다.

해 선발된다. 예술가에게 있어 경력 관리란 무엇인가? 여기에는 미술관에게 자신을 선보이는 법, 예술 비평가의 역할, 셀프 마케팅, 지원금 신청, 박물관 활동에 대한 통찰력, 자신의 제품 홍보, 어떤 외모를 할 것인가, 어떤 옷을 입을 것인가, 그리고 인터뷰에서는 어떻게 대응할 것인가 등이 속한다. 한마디로 예술가로서의 경력을 꾸려나갈 있도록 도와주는 것이다. 이 프로그램의 참여자들은 진지한 예술 가들이다. 그들의 3분의 2는 석사 학위를 지니고 있다. 박물관은 이 들에게 마치 예술 석사 학위(MFA)를 좀 줄이고 경영학 석사 학위 (MBA)를 좀더 늘일 필요가 있다고 조언하는 듯하다. 팝 아티스트들 은 옳았다. 취향도 판매될 수 있다. 예술은 브랜딩을 뜻하는 또 하나 의 말일 뿐이다.

이렇게 박물관 세계는 단지 또 하나의 에듀테인먼트(edutainment), 즉 관심을 얻기 위해 열심히 경쟁하는 엔터테인먼트 기업이 되었다. 박물관은 공식적으로는 경멸을 표하던 곳에서 그것의 상업적 사촌과 한데 어우러졌다. 박물관은 말 그대로 상업적 기업의 공간 속으로 이 동하였고 (휘트니 미술관은 심지어 필립 모리스 건물 내에 지점을 두기도 했다) 기업은 자신의 문화 자본을 마케팅하기 위한 방편으로 박물관 의 개념을 이용하였다. (필립 모리스가 휘트니 미술관에서 〈미국의 거장 들American Masters〉전을 제공합니다.) 게다가 (미국의 용기 제조 회사인) 아 메리칸 컨테이너Container Corporation of America 사는 1950년대에 시작된 자 신의 '위대한 생각Great Ideas' 캠페인을 위해 많은 예술 작품들을 위탁 했고 체이스 맨해튼 뱅크Chase Manhattan Bank는 문화에 대한 자신의 헌 신을 보여주기 위한 방편으로 1980년대까지 예술 작품들을 수집했 다. 현대의 기업은 종종 예술의 주장을 들먹인다. 수년간 앱솔루트 갤러리Absolut Gallery를 후원했던 캐릴론 임포터Carillon Importer 사는 다음 과 같은 모토를 내걸었다. "결국 마케팅이란 자기 자신만의 예술이 다." 그리고 필립 모리스는 입에 침 한번 안 바르고 이렇게 주장했다. "훌륭한 회사가 되는 데에는 예술이 필요하다." 한편 앤디 워홀의 다 음과 같은 간결한 농담들은 예술이 의미하게 된 바에 대한 정확한 묘 사가 되었다. "예술? 난 그런 놈은 본 적이 없는 것 같다"나 "돈을 버는 것은 가장 높은 형태의 예술이다." 박물관은 단지 예술을 보여 주는 곳이 아니라 그것을 만들어 내는 장소였다.

박물관이 브랜드 제조 공장이 되어감에 따라 신종 돌연변이인 기업형 박물관(corporate museum)이 진화해 갔다. 그것은 비난받기는 커녕 재차 방문되었다. 1980년대에는 여러 기업들이 자금을 댄 클리블랜드의 로큰롤 명예의 전당 박물관Rock and Roll Hall of Fame and Museum과 같은 산업전문형(industry-specific) 박물관들이 들어섰다. 맨해튼의 텔레비전 & 라디오 박물관Museum of Television & Radio은 방송사들의 후원을 받았고 워싱턴 D.C.의 뉴스박물관Newseum은 개닛Gannett이라는 거대 신문 및 텔레비전 방송사의 후원을 받으며 관광 명소가 되었다. 좀더 순수한 형태의 혼합으로는 애틀랜타의 코카콜라 월드World of Coca-Cola, 배틀 크릭의 켈로그 시리얼 시티Kellogg's Cereal City, 혹은 이보다 더 나아가서 거의 마을 전체를 포괄하는 펜실베이니아의 허쉬Hershey 지역이 있다. 이 장소들에서 상품 광고는 예술 전시회가 된다. 광고는 큰 사이즈로 확대되고 액자에 담기며 장엄한 조명을 받는다. 관객들은 이들을 보며 숨을 멈춘다. 엄청난 광고 세례를 받는 소비재들이 박물관 공간을 차지한다는 사실은 전혀 문제가 되지 않는다. 종종 박물관화는 뻔한 속임수를 집어치우고 자신의 마케팅을 그냥 자축하기도 한다. 로스앤젤레스에 위치한 프레드릭 할리우드 란제리 박물관Frederick's of Hollywood Lingerie Museum이나 올랜도 북부에 위치한 터퍼웨어 방문객 센터 및 박물관Tupperware Visitors' Center and Museum은 동경의 대상이자 물건들을 사는 장소들이다.

만약 이 기업과 박물관이 합쳐진 거대 괴물이 30초짜리 광고의 속도로 달리는 것을 정말로 보고 싶다면 놀랍게 성장하고 있는 어린이 박물관들을 보라. 왜 이런 현상이 폭발적으로 일어나는 것일까? 왜냐하면 이곳은 브랜드의 씨앗을 뿌릴 비옥한 토양이기 때문이다. 세인트루이스 동물원의 아이들은 에머슨 일렉트릭 어린이 동물원 Emerson Electric Children's Zoo에서 동물들을 어루만지고 아메리카 뱅크 원형극장Bank of America Amphitheater에서 쇼를 구경하며 몬산토 곤충실 Monsanto Insectarium에서 곤충 공부를 하고 안호이저 부쉬 히포 하버 Anheuser-Busch Hippo Harbor에서 하마의 수중 재롱 잔치를 본다. 맥도널드가 필라델피아에서 개최한 플리즈 터치 박물관Please Touch Museum이나 디트로이트에 있는 제너럴 모터스 아프리카계 미국인 예술센터General Motors Center for African-American Art, 또는 UCLA에 있는 마텔 어린이 병원 Mattel Children's Hospital은 어떤가?

그러나 가장 터무니없는 사례는 아마도 저 유명한 시카고의 현장 박물관Field Museum에서 찾아볼 수 있는데, 이곳에서 가장 완벽하게 보존된 티라노사우루스 렉스의 화석인 수Sue는 맥도널드와 월트 디즈니 월드 리조트가 포함된 기업 컨소시엄의 후원으로 전시되고 있다. 수의 두 플라스틱 모형은 각각 맥도널드의 이름이 새겨진 트럭을 타고 전국을 여행한다. 이는 마치 좀 잘나가던 시기에 필립 모리스가 표현의 자유와 관련된 전시의 일부로서 독립 선언문 사본을 들고 트럭으로 운반하던 것과 흡사하다. 이곳에서 박물관은 단지 또 하나의 마케팅 수단으로서 기업과 예술 세계가 일심동체가 되는 안락한 공생관계가 형성되고 이들을 분리하는 것은 불가능해진다.

공장으로서 박물관: 몇 가지 최근 사례

예술과 상업이 하나로 융합되는 사례를 보려거든 예술 박물관이 주목을 끌기 위해 쏟는 노력을 관찰하라. 이제 박물관 전시회의 개막식은 마치 할리우드의 프리미어처럼 판촉 활동과 현란함으로 가득 찬 이벤트가 되었다. 그들은 '브랜드를 만들어 내고' 있다. 그리고 그들이 만들어 내는 브랜드는 단지 박물관이나 기업 후원사가 아니라 컬렉션 그 자체이다. 이 과정이 이루어지는 방식은 다음과 같다.

1990년대 후반 브루클린 예술 박물관Brooklyn Museum of Art은 현대의 센세이셔널 예술 작품의 사례로서 다른 작품들과 함께 찰스 사치Charles Saatchi의 영국 예술 작품 컬렉션을 선보이기로 하고 그와 계약을 맺는다. 전시회 이름은 〈센세이션: 사치 컬렉션의 젊은 영국 예술가들Sensation: Young British Artists from the Saatchi Collection〉이었다. 제목 밑에 박물관은 이 전시회가 사치의 후원을 받고 있다는 사실을 털어놓았다. 사치는 대체 가능한 물건들의 가치를 만들어 내는 데 귀신이었다. 1980년대에 한동안 그와 그의 동생 모리스는 세계에서 가장 중요한 광고계 거물로서 그들의 이름을 딴 광고 회사 사치 & 사치Saatchi & Saatchi를 이끌었다. 그들은 경이로운 성공을 거둔 영국 항공British Airways의 광고뿐 아니라 논쟁을 일으킨 광고들도 제작했는데 많은 사람들은 그들의 광고가 마가렛 대처 수상의 당선을 이끌어 냈다고 주장하기도 한다. 그 전시회는 또한 (예술품 경매로 유명한) 크리스티Christie 사의 후원을 받기도 했는데 이 회사는 사치의 많은 작품들의 거래를 성사시켰다. 브루클린 박물관은 기본적으로 자신의 갤러리 공간을 빌려주어 사치에게 정당성을 부여하고 그렇게 함으로써 그의 컬렉션의 가치를 높여 주었다. 한편 주는 것이 있으면 받는 것도 있다. 루돌프 줄리아니 뉴욕 시장은 만약 그 박물관이 계속 그런 물건들을 전시한다면 시의 지원을 철회하겠다고 점잖게 협박했다. 이는 찬반 논쟁을 불러일으키고 그 전시회를 화젯거리로 만들었다.

이로부터 얼마 후 구겐하임 미술관은 이탈리아의 디자이너 조르지오 아르마니Giorgio Armani의 의상 회고전을 기획하였다. 평소에는 현대 미술의 걸작들(과 자동차들)이 걸려 있던 나선형 통로에 양복과 드레스가 등장하였다. 이 경우 게이트키퍼의 문제는 단지 이 전시회가 AOL 타임워너AOL Time Warner가 소유한 가십(gossip)성 잡지인《인스타일In Style》의 후원을 받았다는 것뿐 아니라 들리는 소문에 따르면 아르마니 자신도 이 박물관에 1500만 달러를 기증했다고 알려진 것이었다. 이 컬렉션에 전시된 400벌의 의상들이 놀라운 것은 사실이지만 그러나 무엇을 위해 이 400벌들이 필요한 것인가? 정교한 재단솜씨(전시된 의상들은 무척이나 아름다웠다)와 장엄한 조명(의복들은 말 그대로 후광을 받고 있었다)이 만들어 내는 웅장한 장관은 패션과 섬유를 찬양의 대상으로 만들었다. 오스카 와일드Oscar Wilde는 "정말로 잘 만든 단추 구멍 하나가 예술과 자연을 잇는 유일한 연결고리이다"라고 말했지만 그래도 이 전시회는 도가 지나쳤다. 적어도 한 블록 아래에 있는 메트로폴리탄 미술관에서는 의복을 전시할 때 전시회의 목적이 역사적 맥락을 위한 것이었지 상업적 찬양은 아니었다.

이들이 브랜드 간의 '서로 등 긁어주기' 식 관계의 최초 사례는 아니다. 많은 이들이 저 높은 미학의 세계와 저 낮은 저속의 세계 사이를 건너다녔다. 지금 와서 돌이켜 보면, 예술과 상업 간의 교류에서 전환점이 된 것은 수년 전 중화인민공화국의 물건들이 백화점(블루밍데일Bloomingdale's 백화점)과 박물관(메트로폴리탄 미술관)에 거의 동시에 등장하던 당시라고 할 수 있다. 1980년, 당시 호화로운 소비주의의 대명사였던 블루밍데일은 두 개의 중국 문화유산 전시회를 연다. 그 백화점은 매장에서 '시간을 초월한 귀족적이고 희귀한' 중국 물건들의 모조품을 판매하였다. 몇 개월 후 메트로폴리탄 미술관이 진짜 물건들을 보여 주었다. 이 전시회는 고급 패션계의 대모이자《보

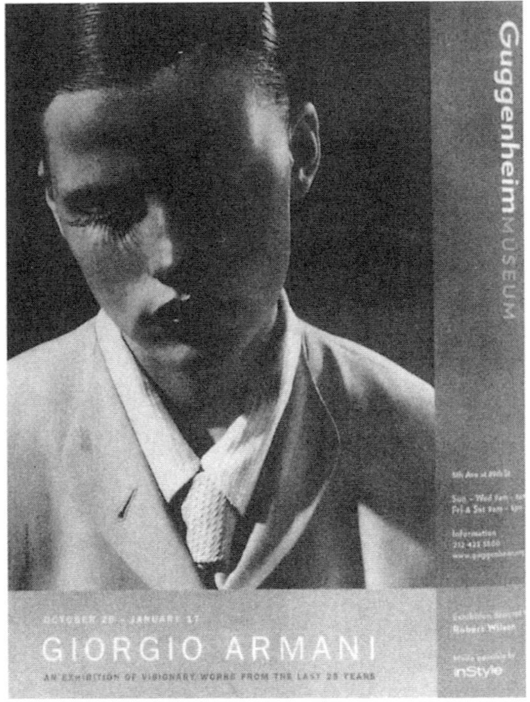

좋은 게 좋은 것 아닐까? 2000년 구겐하임 미술관에서 열린 조르지오 아르마니 회고전은 아르마니의 박물관 기부와 동시에 이루어졌다.

그 《Vogue》지의 오랜 편집자이며 블루밍데일과 한 통속인 다이애나 브릴랜드Diana Vreeland가 기획하고 설치하였다. 그 시너지 효과는 간과되지 않았다. 박물관들은 많이 현명해졌다. 그들은 매장을 어떻게 박물관 속에 집어넣을 수 있는지 알아차리기 시작했다.

박물관 로고

이제 우리는 박물관 전시회장이 신형 외국 자동차의 소개나 어떤 디자이너의 패션쇼를 위해 자리를 내줄 수 있다고 생각한다. 글자로 된

364

브랜드라 할 수 있는 대형 로고가 없는 맨해튼 박물관도 있을까? 뉴
욕 현대미술관은 상표 등록을 마친 'MoMA'라는 로고를 자신이 손
대는 거의 모든 곳에 영리하게 사용하고 있고 휘트니 미술관은 자신
의 새 로고를 화려한 광고와 함께 선보인다. 그러나 진정한 로고 중
심주의(logocentricity)를 보고 싶다면 다음의 경우를 고려해 보라. 로
스앤젤레스의 현대예술박물관Museum of Contemporary Art, Los Angeles은 자신
의 홍보를 위해 잘나가는 광고회사인 TBWA/Chiat/Day에 의뢰했는
데 이 광고회사는 에너자이저Energizer의 토끼와 타코 벨Taco Bell의 씩
웃는 치와와, 그리고 페츠닷컴Pets.com의 꾀바른 속퍼핏(sock puppet)
등을 만든 회사이다. 이 광고회사가 박물관을 위해 한 일이란 박물관
을 영화 프리미어나 새로운 TV 쇼와 마찬가지로 그냥 또 하나의 엔
터테인먼트 장소로 만드는 것이었다. 그들은 어디에나 있는 박물관
의 흑백 라벨을 가지고 말 그대로 광고 게시판으로 만들었다. 로스앤
젤레스의 크레이지 걸스Crazy Girls 스트립 클럽 근처에 걸린 광고판의
내용은 다음과 같다.

누드 2001: 다양한 치수의 신체들. 수정헌법 제1조(언론 결사 종교의
자유를 보장한 조항)에 명시된 권리에 관한 한 연구. 엔터테인먼트와
비즈니스가 힘을 합쳐 변호사, 정치인, 그리고 일반 대중들에게 토론
기회를 제공하다. 로스앤젤레스 현대예술박물관에서 대여 중.

이와 마찬가지로 포스터와 같은 기능을 하는 풍자적인 벽 낙서가
할리우드의 유명 교회와 대중 골프 코스, 그리고 분주한 교차로 근처
에 배치되었다. 그 라벨은 심지어 커피잔 손잡이나 주유소의 주유
기 핸들, 드라이클리닝한 옷들을 운반하는 옷걸이에도 등장하였다.

이에 질세라 도시의 반대편에 있는 게티 박물관이 같은 방식의 패러디 광고를 신문 광고에 사용하였다. 1240년의 그림이 등장하는 게티 박물관의 광고에는 다음과 같이 쓰여 있었다. "스쿠터 붐이 일어나기 훨씬 전엔 채색 사본(illuminated manuscript)이 최고의 선물이었다."

디즈니랜드에 있는 박물관들은 단순히 자명한 사실을 인정하고 있을 뿐이다. 대체 가능한 엔터테인먼트의 세계에서 박물관은 단지 센세이션을 판매하는 또 하나의 장소일 뿐이다. 자신의 영역을 표시하지 않고 대신 고급문화가 자신을 보호해 줄 거라는 신화에 기대는 것은 무관심을 받는 확실한 방법이다. 오늘 브랜드가 되지 않으면 내일이면 영원히 잊혀질 것이다. 맨해튼 박물관들은 약간 더 자기 의식적이지만 마찬가지로 치열한 경쟁을 치러 낸다.

미국 박물관만 그러는 것이 아니다

미국만 현재 유일하게 박물관들이 상업 제품을 위해 가치를 만들어 내는 국가라고 생각하지 않도록 가장 까다롭다고 여겨지는 다른 문화들도 살펴보자. 영국인들은 계속해서 예술의 순수하고 구원적인 힘을 들먹이지만, 자세히 살펴보면 그들도 뒤에서는 온갖 난리법석을 친다. 테이트 모던^{Tate Modern}의 경우를 보라. 이곳에서 방문객들은 낡은 전력발전소 건물로 들어가기 위해 어떤 전시장보다도 먼저 카페와 서점을 통과해야만 한다. 테이트의 로고는 어디에나 그리고 어떤 물건에나 있다. 이건 병적일 정도다. 그 동굴 같은 공간은 예술과 상업의 분리에 전혀 구애받지 않는다. 여기에서 사람들은 레스토랑에 찾아가는 것이 아니라 레스토랑이 예술과 함께 그곳에 있다. 그리고 그 반대도 마찬가지이다.

이러한 융합 현상을 심지어 이름의 변경에서도 찾아볼 수 있다. 테이트 박물관은 자신의 이름에서 정관사 'The'를 떼어버렸다. 이제 그 네 개의 박물관은 그냥 테이트 브리튼Tate Britain, 테이드 모던Tate Modern, 테이트 리버풀Tate Liverpool, 그리고 테이트 세인트 아이브스Tate St Ives가 되었다. 테이트 브랜드는 분명 상업적이다. 박물관들은 그 브랜드의 체인점들이다. 비록 원래는 재정이 복권기금과 정부 보조금에서 나왔지만 테이트 기업은 이제 이 기금들을 자신의 노력으로 충당해야만 한다. 그래서 카페, 가게, 레스토랑, 그리고 끝없는 프로모션 캠페인들이 등장하는 것이다. 그 캠페인 중 하나는 심지어 커피 리퍼블릭Coffee Republic과 맺은 타이인(tie in)도 있다. 커피 리퍼블릭의 커피 컵에는 '라 테이트la Tate'라는 로고가 새겨져 있는데, 이는 카페 라떼(caffelatte)를 가지고 말장난을 한 것이다.

테이트 박물관은 상업주의가 자신에게 미친 효과를 인정하고 심지어 자축하기까지 하는 몇 안 되는 지주회사 박물관 중 하나이다. 2002~2003년에 열린 〈쇼핑: 예술과 소비문화 100년Shopping: A Century of Art and Consumer Culture〉이라는 이름의 참신하고 자기성찰적인 전시회에서 리버풀 지점은 프랑크푸르트의 쉬른 미술관Schirn Kunsthalle과 함께 쇼핑이 예술의 창조에 미친 영향에 관해 최초로 진지한 회고전을 공동 주최했다. 이 전시회에 들어가면 제품이 가득 채워진 선반과 체크아웃 카운터들을 갖춘 테스코Tesco 슈퍼마켓의 완벽한 복제물이 펼쳐진다. 사실 진짜 살아 있는 스토어 매니저가 일주일마다 찾아와 가격표를 바꾸고 야채들을 재정비한다. 그 전시회는 또한 외젠 앗제Eugene Atget나 베러니스 애보트Berenice Abbott, 워커 에반스Walker Evans, 앤디 워홀Andy Warhol, 로이 리히텐슈타인Roy Lichtenstein, 크리스토Christo, 듀앤 핸슨Duane Hanson, 바바라 크루거Barbara Kruger, 제프 쿤스Jeff Koons, 그리고

안드레아스 거스키Andreas Gursky 등과 같은 다양한 예술가들의 작품뿐
아니라 클래스 올덴버그Claes Oldenburg의 〈스토어Store〉(1961)와 팝 앙상
블 창작물인 〈아메리칸 슈퍼마켓The American Supermarket〉(1964)과 같은
주요 설치미술 작품들도 포함한다. 이곳에 바로 소비문화가 환경은
말할 것도 없고 미술, 건축, 영화, 음악, 미학, 구조물에 미친 영향에
대해 충분한 증거들을 찾아볼 수 있다. 이것에 견줄 만한 것은 르네
상스의 종교문화가 유일하다. 그 당시의 종교가 그랬듯이 소비주의
는 현재 도처에 만연해 있다. 〈쇼핑: 예술과 소비문화 100년〉은 이러
한 가치 체계의 변화에 대해 비아냥거리기는커녕 업신여기지조차 않
는다. 그 전시회는 20세기 전반에 걸쳐 소비재가 도시 생활의 필수품
이 되었고 이로 인해 박물관 세계 자체가 바뀌었다는 것을 테이트가
솔직하게 인정하는 것을 보여 준다.

문제는 편의시설이다. 바보 같으니!

비록 전면에 내세우진 않지만 테이트 리버풀은 박물관들이 단지 또
하나의 독자적인 쇼핑 공간이 되고 있다는 것을 암시한다. 고등교육
기관이 수업을 로스리더(loss leader)로 활용하고 대형교회가 일요일
예배를 주중활동을 위한 미끼로 사용해 왔듯이, 예술 컬렉션은 점점
박물관의 유혹물이 되고 있다. 박물관이라는 공간이 물건의 가치를
올려줌에도 불구하고 많은 박물관들은 그들의 종교적 혹은 학문적
사촌들과 마찬가지로 자신들의 공간을 모임이나 쇼핑, 파티, 결혼식
의 장소로 대여해 주는 것에서 꽤 만족스러운 이윤을 얻어 냈다. 메
트로폴리탄 미술관에서 파티를 열고 싶은가? 그렇다면 덴두르 사원
Temple of Dendur을 5만 달러에 대여하고 파티를 벌일 수 있다. 단, 와인

이나 (엎지를 위험이 있음), 풍선(제멋대로 날아갈 수 있음), 색종이 조각 (지저분해질 위험이 있음)은 금지된다. 시카고의 현장박물관^{Field Museum}은 2002년에 '이벤트성 수입'으로 100만 달러나 벌어들였고, 향후 몇 년 안에 이 수치가 75퍼센트 증가할 것이라고 내다보고 있다. 로스앤젤레스 현대예술박물관에서 파티를 열고 싶은 사람은 지금 계획을 잡아야 할 것이다. 보통 예약이 꽉 차있기 때문이다. 다음 장에서 살펴보겠지만, 아마 다음 단계는 사람이 아예 들어가 살 수 있도록 박물관 공간을 콘도화(condominiumize)하는 것일 것이다.

그때까지는 현실적으로 경험의 일부를 판매함으로써 그날그날의 수입을 벌 수밖에 없다. 이를 마케팅에서는 '테이크아웃'이라고 부른다. 성공적인 교회들이 용서와 구원의 감정을 팔아 관심을 이끌어 냈듯, 그리고 일류 대학들이 합격과 감정적 제휴를 가치 있는 제품으로 만들어 냈듯이, 성공적인 박물관은 자신의 테두리 안에 있는 사물들뿐 아니라 실제 경험 자체를 신성한 것으로 만들 수 있다. 박물관은 소비 공동체를 만들어 낸다. 디즈니가 사탕발림한 행복으로 이렇게 하고 있고, 또 할리데이비슨이 재킷과 풀오버와 같은 물건들에 '위험'을 전이하고 있지만, 그래도 이것이 박물관 매력의 일부임을 깨닫는 것은 여전히 충격적인 일이다. 공예품들은 그 매력의 구체적 심볼이자 계몽의 객관적 상관물(objective correlative, 예술에서 정서를 표현하기 위해 이용되는 상징, 사물, 사건 등 — 옮긴이)이다. 박물관을 빠져나오면 우리는 기분이 더 좋아지고 더 뿌듯하며 경외감을 느낀다. 그리고 우리는 소비 공동체의 일원이 된다. 상품을 가득 담은 가방이 그 증거이다.

당연히 박물관이 내거는 목표는 그러한 자각이 아니라 지적 계몽이다. 뉴욕의 유서 깊은 메트로폴리탄 미술관의 디렉터인 필립 드 몬

테벨로Philippe de Montebello는 공식석상에서 이렇게 주장했다. "우리의
목적은 대중을 끌어 모으는 것이 아니다. 그 면에서는 박물관이 질
수밖에 없다. 디즈니만큼 잘할 수 없기 때문이다." 그러나 그가 이런
말을 한 것은 재키 케네디Jackie Kennedy의 패션 기념 전시회를 후원하
는 동안이었다. 공정하게 말하자면, 몬테벨로는 메트로폴리탄에서
코코 샤넬Coco Chanel의 작품 전시회가 샤넬 사의 후원을 받아 열리는
것을 취소하긴 했었다. 그러나 그것은 현재 유명한 프랑스 고급양장
점을 이끌고 있는 칼 라거펠드Karl Lagerfeld가 그 전시회의 기획에 대해

2001년 메트로폴리탄 미술관에서 열린 전시회, 〈재클린 케네디: 백악관에서의 생활〉은 아무도 블록버스터가
되는 것에서 자유로울 수 없다는 것을 증명했다. 특히 로레알과 콘데 나스트가 후원하는 경우에는 더욱 그렇다.

해명을 요구한다는 소식을 듣고 비평가들이 맹공을 펼치고 나서야 이루어진 일이었다. 여전히 메트로폴리탄 미술관은 티파니Tiffany & Co. 사가 찰스 루이스 티파니Charles Lewis Tiffany와 루이 프랑수와 까르티에Louis-Francois Cartier의 전시회를 후원하도록 한 것이 아무런 문제가 없다고 생각하는데, 왜냐하면 티파니의 작품들은 20세기 이전에 만들어졌고 그중 아직도 회사가 판매하고 있는 제품은 없으며 또 까르티에의 전시회는 1930년에 만들어진 작품을 끝으로 하고 있어 까르티에사가 이득을 보는 것은 없기 때문이라는 것이다. 그러나 핵심은 그것이 아니라 이 전시회를 통해 이 가게들은 브랜드를 만들어내고 있고 메트로폴리탄 미술관은 그것을 도와주고 있다는 것이다.

교회 예배와 마찬가지로 아무도 인정하고 있지 않지만 박물관 경험의 진수는 박물관 '안'에 있다는 느낌이 되었다. 이것은 어떻게 브랜드화할 수 있는가? 간단하다. 각각의 사물에 이야기를 첨가시키면 된다. 이 이야기를 단순히 벽에 걸린 설명서뿐 아니라 카탈로그에도 집어넣는다. 그러고 나서 이제 브랜드가 된 사물을 다시 제작해서 경험의 기념품으로 판매하는 것이다. 어떤 의미에서 보면 기념품은 일종의 상업적 유골 혹은 내러티브에 의해 물신화된 물건으로서 이 내러티브는 박물관 내에 있는 진품을 에워싼다. 1999년 미국 박물관 협회에 따르면, 입장료, 매장 매출액, 복제 관련 로열티, 특별 이벤트 행사에서 올린 수익이 평균 운영예산의 거의 30퍼센트를 충당하고 있다고 한다.

박물관은 기업이나 정부, 개인들의 후원금을 통제할 수 없고, 기존의 기금을 써 버릴 수도 없으며 더 나아가 비난의 위험 없이 소장품 중 일부를 팔아 치울 수도 없으므로, 관건은 박물관으로부터 나가는 물건의 흐름을 어떻게 증대시킬 것인가가 된다. 그리고 그것으로부터 얻는 이윤을 극대화하기 위해서는 그들의 가치를 브랜드 내러티브를 통해 증대시켜야 한다. 여기에서 더 제대로 하자면 비영리단체라는 것에서 얻는 세금 감면의 혜택을 잃지 않는 방식으로 일을 처리해야 할 것이다. 고공 줄타기를 하고 있는 교회나 학교의 경우와 마찬가지로, 바로 여기에서 진짜 예술의 효과가 실현되고 있는 것이다. 즉, 브랜드를 적용하는 예술 말이다.

기업으로서의 예술 박물관

미국에서 예술 박물관은 비영리단체로서 면세 대상이다. 이곳에 기부되는 거의 모든 것은 면세의 대상이 된다. 그러나 그들 내부에는 가게들이 차려져 있다. 그 가게들은 영리를 추구하고 있고 (어떻게 이럴 수가!) 그들의 제품 중 일부의 판매에 대해서는 사업소득세가 부과된다. 그러나 전체적으로 그들의 총 경비는 마치 그들이 박물관에 포함되어 있는 것처럼 처리된다. 이 경계는 종이 한 장 차이이다. 만약 박물관이 너무 기업처럼 행동하기 시작하면 (물론 그들이 살아남기 위해선 그럴 수밖에 없겠지만) 이러한 세금 감면 혜택들은 위험에 처할 것이다. 그래서 그들은 매우 조심스럽게 학교 로고가 달린 잡동사니들을 과대 선전하는 학교들이나 매장용(burial) 부지와 스타벅스 커피를 판매하는 교회들처럼 행동할 것이다. 박물관 세계의 이윤의 핵심은 다음과 같다.

가게

기묘하게도 박물관 내 매장은 꽤 오래전부터 존재해 왔다. 런던의 빅토리아앨버트 미술관Victoria and Albert Museum은 최초의 소매점 매장을 갖춘 곳이다. 100년 전 사람들은 V&A 컬렉션에서 석고상이나 사진을 살 수 있었다. 그러자 거의 우연에 의해 회계사들이 진짜 장사가 되는 곳이 어디인지를 알게 되었다. 그들은 박물관 방문자 5명 중 1명은 무언가를 산다는 사실을 알고 깜짝 놀랐다. 그러나 어디에 가게를 둘 것인가? 전시회 끝에 가게를 두면 사람들이 방금 전에 본 내용을 기념품으로 팔 수 있었다.

미국인들은 그 다음의 요소를 첨가시켰다. 당신이 방금 전에 보고 나온 전시회를 언급하는 쇼핑 가방은 당신이 그러한 기념품들을 살 만큼 안목이 높다는 것을 알려준다. 소비자들은 열광했다. 사람들은 그 전시회와 어떤 감정적 제휴 관계를 만들고 그 관계를 과시하는 것이다. 이후 고가품 가게들도 이 쇼핑 가방이란 마차에 올라타고는 박물관들이 했던 것과 똑같은 종류의 변화를 박물관들과 거의 동일한 이유에서 그들의 가방에 적용하였다.

오늘날 박물관 가게에 가 보면 그 다음 단계가 일어나고 있는 것을 볼 수 있다. 가게들은 매표소 앞으로, 전시장이 시작도 되기 전의 장소로 이동하고 있다. 이제는 쇼핑을 하기 위해 갤러리를 통과해야 할 필요가 없어졌다. 사실 한 발 더 나아가 가게들은 박물관의 속박에서 벗어나 아예 건물 밖에 위치한다. 이렇게 함으로써 세금 면제 혜택은 좀 잃었을지 모르지만 단독적인 소매 체인점에서 오는 효율성을 얻게 되었다. 이제는 이 가게들에서 액자용 포스터나 과시용 박물관 쇼핑 가방 등과 같은 전시회 관련 기념품이나 유골, 부적뿐 아니라 종종 전시회와 전혀 관련없는 온갖 종류의 장난감과 장신구들도 팔 수 있게 된 것이다. 이제는 박물관이라는 공간에 들어가지 않아도 된다.

그래서 맨해튼에 있는 메트로폴리탄 미술관은 보통 다른 박물관들의 하향 평준화적 행동에 가장 우려를 나타냈던 박물관이지만 자신

박물관에 가서 좋은 물건들을 구경해라. 그리고 가게에서 그것들을 사고 친구들에게 보여줘라. 박물관 쇼핑백은 당신의 취향이 높다는 것을 모두에게 알려 준다.

윌리엄 하마는 메트로폴리탄 미술관의 캐릭터로서 켈로그 시리얼 제조회사의 토니 호랑이와 같다.

374

의 건물 밖에 3개나 되는 미니체인점을 가지고 있다. 하나는 메이시 Macy's 백화점에 있고 다른 하나는 미드맨해튼 도서관에 있으며 마지막 하나는 록펠러 센터 Rockefeller Center에 있다. 메트로폴리탄 미술관은 또한 이집트 갤러리 Egyptian gallery에서 온 윌리엄이라는 별명의 멋진 하마 아이콘을 가지고 있다. 상업계의 동료들과 마찬가지로 윌리엄 로고는 인쇄물, 도자기, 티셔츠, 넥타이 등에 새겨질 뿐 아니라 그 자신이 하나의 인형이기도 하다. 메트로폴리탄 미술관은 이러한 장신구들을 판매함으로써 연간 9000만 달러의 매출과 이 중 약 50퍼센트의 매출이익을 올리는데, 이는 블루밍데일 백화점보다 약 10퍼센트 높은 것이다.

유서 깊은 영국 박물관 British Museum도 이러한 외부 소매 체인점 추진에 절대 뒤처지지 않는다. 그 박물관은 심지어 박물관 가게의 최적지가 히드로 Heathrow 공항의 4번 터미널이라는 것을 생각해 내기도 했다. 혹시 깜빡하고 영국 박물관을 둘러보지 못했는가? 걱정할 필요 없다. 여기 기념품을 살 수 있는 마지막 기회가 있다. 더구나 여기는 면세지역이지 않은가? 사실 미리 전화만 준다면 가게에 들를 필요도 없다. 비행기 안에서 물건들이 당신에게 배달될 것이기 때문이다.

현재의 박물관 공간의 폭발적 증가를 자세히 살펴보면 한 가지 변치 않는 점을 발견할 수 있다. 바로 기프트 숍(gift shop)이 전시회를 운영하고 있다는 사실이다. 마몬(Mammon, 부 또는 탐욕의 신 — 옮긴이)과의 거래는 그럴 만한 가치가 있다. 예를 들어 메트로폴리탄 미술관은 기념품 가게들이 박물관 수익에 기여하는 바가 없었다면 일인당 진짜 입장 비용이 75달러에 육박할 것이라고 추정한다. 1992년부터 1997년까지 185곳의 가장 큰 박물관들의 갤러리 공간은 3.3퍼센트 증가하였다. 한편 매장 공간은 무려 28퍼센트나 증가하였다.

이 물건들 중 어떤 것들은 기념품이라고 할 수 없는 노골적인 잡동사니들이다. 필자가 개인적으로 가장 맘에 드는 것은 (물론 박물관 야구 모자는 논외로 하고) 필라델피아 예술 박물관Philadelphia Museum of Art의 예술품 문신 컬렉션이다. 여기에서는 반 고흐의 해바라기 문신으로 몸을 장식할 수 있다. PMA는 파스타를 로댕의 〈생각하는 사람〉의 모양으로 만들어 팔기도 한다. 필자도 맛을 보았는데 꽤 괜찮았다.

브랜드 물건들이 싸구려 장신구화 되는 것을 정말로 보고 싶다면, 카탈로그 세일즈를 보라. 크리스마스 시기에 우편함을 가장 꽉 메우는 카탈로그 판매상은 대도시 박물관들이다. 마치 어린 시절에 받았던 유니세프UNICEF 카탈로그처럼 박물관들은 선행을 행함으로써 잘하고 있다는 인상을 준다. 필자는 카탈로그를 읽는 것을 매우 좋아한다. 보스턴의 순수미술박물관Museum of Fine Arts에서 보내온 다음의 카탈로그는 어떤가? 한 목걸이는 "우리가 보유한 판화 및 소묘 컬렉션 중 18세기 이탈리아 에칭들의 모음인 〈Alfabeto di Lettere Iniziali〉에서 각색한 것"이라고 한다. 한편 도자기 그릇들은 "우리 박물관의 아시아 예술 컬렉션 중 15세기 명나라 그릇과 흡사"하다고 한다. 비록 그 과정에서 핑크 셔츠(호화로움을 상징 — 옮긴이)를 잃어버릴지도 모르지만 왜 모든 박물관 디렉터들이 닷컴 웹사이트로 몰려들었는지 쉽게 이해할 수 있을 것이다. 웹사이트는 완벽한 미디어였다. 제이 피터만J. Peterman의 장황한 웅변을 들을 필요도 없고 우편료를 줄일 수도 있을 뿐 아니라, 고객의 입장에서는 바카라운저Barcalounger 소파를 포기할 필요가 전혀 없다는 장점이 있는 것이다.

박물관 가게들만 전시 공간에서 떨어져 나와 부지 밖 가게라는 형태로 이전했던 것이 아니라, 카탈로그와 웹사이트도 마찬가지였다. 웹사이트는 심지어 자신의 뿌리를 완전히 상실하고 있다. 쇼핑몰에 가게 되면 뮤지엄 컴퍼니^{Museum Company}를 한번 둘러보기 바란다. 동료 소매 매장이라 할 수 있는 네이처 컴퍼니^{Nature Company}가 간결한 문구를 새겨 넣은 돌이나 사슴머리 풍향계, 오리 떼가 담긴 넥타이, 무스(아메리카 말코손바닥 사슴) 파자마, 그리고 그들의 이윤 중 몇 퍼센트가 '자연으로 돌아간다'는 내용의 수많은 공지사항을 갖추고 있는 것처럼, 뮤지엄 컴퍼니도 예술 작품들을 사용해 이와 똑같은 일을 하고 있다. 뮤지엄 컴퍼니는 심지어 출입구에 다음과 같은 주장을 펼치는 명판을 세워 놓기도 한다.

> 박물관은 인류의 위대한 문화유산을 보존하는 데 있어 독보적인 역할을 하고 있습니다. 당신이 가장 애호하는 박물관을 방문하고 후원해 주십시오. 우리 뮤지엄 컴퍼니는 이익의 일부를 박물관에 바칩니다.

박물관 가게는 미켈란젤로^{Michelangelo}의 다비드^{David} 상을 크리스마스용 의복에 넣어 팔고, 모나리자 스탬프 패드를 팔며, 밀로의 비너스^{Venus de Milo} 서진(paperweight)과, 네페르티티 왕비^{Queen Nefertiti} 자기 메모장, 드가^{Degas} 핸드백, 그리고 수많은 무명의 조상(彫像)들을 모방한 플라스틱 및 석고 복제품들을 '영원한 사랑(Eternal Love)'이나 '아무르(L' Amour)' 등과 같은 라벨을 붙여 판매함으로써 수익을 낸다. 심지어 아예 독립적인 컬렉션들도 있다. 그레코 로만 보석 컬렉션, 중동 컬렉션, 러시아나 켈트 혹은 아프리카 장신구 컬렉션 등이 그들이다. 소매가격의 약 5퍼센트만이 원래 박물관에게로 돌아간다.

박물관 가게의 미래는 무엇인가? 그것이 계속 고품격 소매업을 추구한다면, 백화점 매장을 정복할 수 있었던 아르마니나 랄프 로렌,

디오르 등과 같은 호화 디자이너 브랜드들을 모방하게 될 것이다. 박물관도 이런 공간을 고민해 볼 것이다. 이유는 이렇다. 백화점 가게는 일반적으로 8000~1만 개의 SKU(점포에서 재고를 관리하는 최소 단위)를 제공하는데 이 중 아마 절반 정도는 책 종류이다. 웹사이트는 약 600~800개의 SKU를 판매하고 카탈로그는 500~700개의 SKU를 소개한다. 백화점에 진입한다는 것은 박물관이 고수익 품목들을 이동시키고 전시회에 따라 그것들을 다양화시킬 수 있다는 것을 의미한다. 그리고 이것은 박물관 브랜드를 의류와 같은 영역까지 확장시키는 가능성에 대해서는 아직 말도 꺼내지 않은 것이다. 윌리엄 하마가 라코스테 악어나 랄프 로렌 폴로의 망아지 등을 대체하는 것을 보기 시작한다면 우리는 대대적인 변화가 일어났다는 것을 알게 될 것이다. 상업문화가 백화점을 이용해 가치를 만들어 내는 대신, 이제 백화점이 그 과정을 역전시키고 있다.

레스토랑

어디에나 걸려 있는 박물관 건물 도면을 다시 한번 살펴보면, 빠르게 박물관 공간을 장악하고 있는 또 하나의 이윤 창출 중심지를 발견할 수 있을 것이다. 가게가 박물관의 바깥으로 나가기 위해 경계선을 넘는 것처럼, 레스토랑은 박물관 안으로 진입하여 소장품들과 한데 어우러지고, 친밀하고 상류 사회적인 이벤트로서의 식사 경험을 제공하기 위해 경계선을 넘고 있다. 저 먼 옛날 영국 박물관에서 식사를 해 본 사람이라면 아마도 음침한 지하묘지에서 식사를 하고 있다는 생각이 들 것이다. 그 당시 레스토랑은 축축한 지하실에 있었다. 오늘날 그 박물관의 레스토랑에서 식사를 하면 최근 새롭게 리노베이션 된 중앙부를 바라보며 훌륭한 식사를 할 수 있다.

378

왜 아무도 이런 생각을 해 내지 못했는가 하는 마케팅 미스테리는 이 장소를 운영하는 사람들에 의해 가장 잘 설명될 수 있다. 큐레이터들은 학자들처럼 그들의 책상에서 종이봉지에 담긴 음식으로 식사를 해결했다. 그들은 갤러리 바닥에 빵 부스러기를 남기는 것의 매력을 이해하지 못했다. 수입을 극대화하기 위해 현대의 음식점들은 작품뿐 아니라 그 작품들의 관객들도 감상할 수 있는 방식으로 배치되어야 한다. 그리고 관객들도 식사를 하는 사람들을 볼 수 있어야 한다. 박물관 경험이 대강 훑어보거나 응시하기, 혹은 산보자(flaneur)되기에 관한 것이라고 할 때, 메뉴 뒤에서 안락한 의자에 앉아 관찰하는 것보다 더 나은 장소가 어디 있겠는가? 냅킨을 메고 맛있게 식사하라.

박물관 내에 훌륭한 레스토랑을 갖추는 것은 또한 박물관의 수익을 예상치 못한 방식으로 끌어올리는 방법이 되기도 한다. 이 중 가장 중요하게는 박물관 고객들의 '체류 시간(dwell time)'을 증가시킴으로써 이루어진다. 게다가 박물관 매장이라는 점을 감안하면 와인 몇 잔을 마신다고 해서 타격을 입는다고 생각하는 사람도 없을 것이다. 요리사는 심지어 예술에 의해 싹트기 시작한 취향 자체를 북돋는 방향으로 메뉴의 주제를 정할 수도 있다. 최근 영국 박물관에서 일본 예술에 관한 페스티벌을 열었을 때 그곳 레스토랑의 메뉴는 '후지산에서 영감을 얻은' 닭고기 및 해파리 요리를 선보였다. '이집트의 클레오파트라'가 이 박물관에 상륙했을 때에는 쿠스쿠스가 곁들여진 양고기 타진 요리도 함께 상륙했다.

더 나아가 전형적인 박물관 고객은 그 장소와 너무나 제휴하고 싶어서 가격에 대한 평상시의 민감성이 둔화된다. 결국 박물관에서 중요한 것은 경험이다. 고객은 이곳에 머무르면서 특권과 호화로움의 세계에 둘러싸여 뿌듯함을 느끼고 싶어 한다. 그리고 박물관들은 이 것이 얼마나 많은 수입을 창출할 수 있는지 깨닫기 시작하고 있다. 대부분의 경우 음식제공 업체들은 박물관에게 매출 수익의 일부를 건네주는데 이것은 8퍼센트(모든 서비스를 완비한 레스토랑의 경우)에서부터 25퍼센트(주로 커피와 스낵류를 취급하는 까페의 경우)까지 다양하다. 영국 박물관은 박물관 내 레스토랑의 연간 수익의 15~20퍼센트 정도를 받는데, 이는 2001년의 경우 약 420만 달러에 달하였다. 유럽인들도 이미 대체성과 높은 이윤이 존재하는 곳에 고가 브랜딩이 뒤따라 온다는 사실을 배웠다. 파리에서는 쉐 조르쥬Chez Georges에 있는 퐁피두센터Pompidou Center 6층에서 유쾌한 식사를 할 수 있는데, 이곳은 파리의 제4구역 전경을 한눈에 내려다볼 수 있는 코스테 브라더스Costes Brothers 레스토랑이다. 구겐하임 빌바오 미술관에서 식사를 하고 싶다면 며칠 전에 예약을 하고 두툼한 지갑을 챙겨야 한다.

만약 이대로 계속된다면 박물관들은 브랜드 전략의 한 방편으로 라스베이거스에서 교훈을 얻어 그들의 공간과 고객을 디자이너 요리사에게 넘길지도 모른다. 10달러로 마음껏 먹을 수 있는 뷔페 장소로 알려진 올모스트 오버나이트 베가스Almost overnight Vegas는 디자이너 음식으로 넘쳐난다. 그중 몇 개만 열거하자면 피에로 셀바지오Piero Selvaggio의 발렌티노Valentino, 스테판 필레스Stephan Pyles의 스타 캐년Star Canyon, 조아침 스플리컬Joachim Splichal의 피노 브라스리Pinot Brasserie, 케빈 우Kevin Wu의 로얄 스타Royal Star, 볼프강 퍽Wolfgang Puck의 포스트리오Postrio 등이 있다. 이처럼 카지노들은 고급스러우면서도 저렴한 가격의 식사를 제공하여 경쟁하곤 했다. 음식의 품격을 높이는 전략이 성공하는 이유는 카지노도 박물관과 똑같이 호화로운 경험과 자기만족, 한탕에 대한 환상, 특권의 느낌을 제공하기 때문이다. 베네치아

호텔에 위치한 구겐하임 미술관으로 가서 에버하드 물러의 루테스 Eberhard Muller's Lute에서 식사를 하고 홀라당 돈을 날리기 위해 카지노에 가 보는 것은 어떨까?

건축구조

우리는 보통 박물관의 건축구조가 경쟁력과 관련된 편의시설에 속한다고 생각하지 않지만, 이것은 현재 전혀 들어맞지 않는 생각이다. 다시 한번 말하지만, 경쟁자들의 제품과 호환이 가능한 제품을 가지고 있는 경우에는, 제품이 아니라 스토리를 바꿔야 한다. 혹은 이 경우에는 포장 상자를 바꿔야 한다. 최종 소비자는 이 모네의 건초더미와 저 모네의 건초더미를 구분하지 못하므로 박물관은 자신의 컨테이너가 고유하다는 것을 알려야 한다. 이것이 바로 건축구조가 하는 기능이자 왜 그것이 그렇게 중요했는지의 이유이다. 비슷한 예배를 제공하던 탁발 수도회들이 중세 성당의 둥근 천장을 점점 더 확장하면서 차별화를 만들어 냈던 것처럼, 화려한 박물관 컨테이너는 비슷한 예술을 제공하는 큐레이터 수도회들 간의 차별화를 만들어낸다.

최첨단 디자인(과 기부자들을 위한 훌륭한 기념 기회)을 갖춘 새로운 박물관들이 모네의 수련처럼 이곳저곳에서 피어나고 있다. 부속물이나 전체 복합관들이 샌프란시스코, 텍사스 오스틴, 포트워스, 라스베이거스, 신시내티, 로스앤젤레스, 덴버, 미니애폴리스, 시카고, 세인트루이스, 보스톤, 하트포드, 아크론, 워싱턴 D.C., 마이애미, 사라토가 스프링스, 그리고 맨해튼 전역에 걸쳐 만개하고 있다. 이제는 휴지 중인 구겐하임 월 스트리트Guggenheim Wall Street와 잠시 지연된 휘트니는 말할 것도 없고 미국 민속 예술 박물관American Folk Art Museum, 뉴욕 현대미술관, 브루클린 예술 박물관Brooklyn Museum of Art에서는 대대적인 증축이 진행 중이다. 실제로 부속 건물들이 지어질 것인가 여부는 또 다른 문제이지만, 박물관에서 (내부가 비슷하다는 것은 별도로 하고) 건축이 중요한 이유 중 간단한 것 하나는 더 중요하긴 하지만 별로 티는 안 나는 기부금보다는 새로운 컨테이너를 짓는데 쓸 돈을 찾는 편이 훨씬 쉽기 때문이다. 비글로Bigelow 카페트 광고가 말했던 것처럼 건물을 (혹은 윙이나 적어도 방 하나라도) 지어 주면 그 문에 자신의 이름을 새길 수 있다. 이것은 어딘가에 처박혀 있는 벽면 명단에 이름을 올리는 것보다 훨씬 더 폼이 난다.

컨테이너의 관점에서 박물관의 역사를 바라보면 현대 마케팅의 변화과정을 볼 수 있다. 20세기 동안 박물관은 일종의 저장소에서 예술작품을 거쳐 이제는 자기완결적인 에듀테인먼트의 세계로 이동해 갔다. 프랑스 파리의 경우를 생각해보라. 파리의 박물관들은 궁전이나 위풍당당한 주택을 개조해서 만들곤 했다. (루브르 궁전이 그런 경우이다.) 그 후 박물관은 기차역이나 전력 발전소, 공립학교 또는 버려진 정부 구조물과 같은 산업 건축물들로 옮겨 갔다. (루브르 박물관 건너편에 있는 오르세이 미술관Museé d' Orsay은 한때 기차역이었다.) 그리고 나서 박물관들은 일종의 소매업 엔터테인먼트이자 경험을 브랜드화하는 방법으로 여겨지게 되었다. ('이웃과 같은 퐁피두'를 보라.) 1990년대 이후로 박물관들은 최종적인 전시품이 되었다. 독자적이고 자기완결적인 세계이자 그 정신적인 면에서 유로 디즈니Euro Disney와 기묘하게 닮은 과학산업도시Cité des Sciences et de l' Industrie(파리 북부에 위치한 과학전시관)를 생각해 보라.

전시회

한편 컨테이너 안에 담긴 것도 치열한 브랜딩 압력 덕분에 완전히 달라졌다. 박물관들은 단지 서로 경쟁하는 것이 아니라 에듀테인먼트 산업의 모든 진입자들을 상대해야만 한다. 최근 들어 어떤 참신한 물건을 전시할 것인가에 대한 논란보다 더 뜨거운 감자는 없었다. 큐레이터의 역할은 브랜드 매니저가 되는 것이고 전시공간은 센세이션을 전달하는 공간이 되었다. 우리가 시장을 통해 이미 알고 있듯이, 같은 제품의 공급자가 많을 때에는 뭔가 — 뭐든지! — 다른 것을 함으로써 앞서 나가야 한다. 어쨌든 세간의 이목을 받는다는 것은 브랜딩의 핵심이고, 종종 사람들의 입에 오르내리는 유일한 방법은 쿨하게 굴거나 심지어 도를 지나치는 것이다. 이렇게 하기 위해 박물관들은 사람들의 입에 오르내리는 인벤토리를 경쟁자보다 더 많이 갖추거나 문을 활짝 열고 외부에서 아예 새로운 물건들을 들여와야 한다. 이런 맥락에서 센세이셔널리즘(sensationalism)이 하나의 새로운 회화 장르가 되었고 브루클린 박물관은 센세이션을 타이틀로 전시회를 열었으며, '센세이셔널'이 칭찬의 용어가 되었다는 점에 주목해보자. 30년 전만 하더라도 이것은 조롱의 표현이었을 것이다.

이러한 감성(emotionality)으로의 이동은 박물관 세계의 팽창에서 더 자세히 볼 수 있다. 유행의 최첨단을 걷는 큐레이터라면 패션을 진지하게 다루고 디오르나 아르마니와 같은 디자이너들을 전면에 내세울 것이다. 다양한 인간의 포즈를 취하고 있는 와이마라너^{Weimaraner} 개들의 사진을 물리도록 보여 주고 기타나 오토바이, 운동화와 같은 친숙한 사물들을 미학적 관점이 아니라면 디자인적 관점에서 전시할 것이다. 또 (디즈니와 같은) 테마 파크나 (〈스타워즈〉와 같은) 영화들과 연계하여 타이인(tie in)을 하며, 심지어 '메이드 인 캘리포니아' 처럼 박물관이 위치한 주의 특성을 나타내는 물건들을 수집할 수도 있다. 그리고 감성 브랜딩(emotional branding)이란 물론 〈오줌 속의 예수

Piss Christ〉나 소똥, 끔찍한 짓을 하고 있는 성모 마리아와 같은 것들을 보여 주는 것을 의미할 수도 있다. 예술이 난무하는 시대에는 주변 소음이 너무 많아서 누군가는 — 종종 이것은 큐레이터가 되는데 — 자신의 목소리를 전달하기 위해 정말 크게 소리쳐야 한다. "여기를 보십시오!" 결국 주요 대도시 박물관에서 〈힙합 국가: 뿌리와 리듬, 분노Hip-Hop Nation: Roots, Rhymes and Rage〉라는 타이틀의 전시회가 열린다는 것은 이 세계의 중심이 이동했다는 것을 알려준다. 그래피티와 만화, 싸구려 잡지 표지와 초콜렛이 정전(正典)이 됨에 따라 수표원은 진정으로 문지기의 자리를 대체했다. 수많은 포스트모던 전시회들의 정말로 대범한 점은 그것들이 박물관을 위험하게 만든다는 것이 아니라 (이곳에 저것이 왜 있는가?) 그것들이 돈 많은 예술 후원가들을 쫓아낼 수 있다는 점이다. (저런 짓을 하는 박물관을 우리가 어떻게 후원할 수 있겠는가?)

명상의 장소에서 센세이션을 일으킴으로써 현대 박물관은 의식적으로 논쟁을 일으키려 한다. 대중은 인종차별적이거나 수정주의적(revisionist), 헤게모니적, 엘리트주의적이거나, 정치적으로 올바르거나, 돈을 밝히고, 탐욕스럽고, 성차별주의적이고 이기적(self-serving)이라 불리는 것이 비난의 용어들이라 생각하는 반면, 박물관 세계의 많은 이들에게 이것은 그들의 유일한 구원책이다. 교육계나 종교계 혹은 비누 업계에서 주변적인 위치에 있는 공급자들의 경우, 자신을 최첨단에 놓거나 위험하게 만드는 이야기를 찾아내는 것은 정말로 현명한 움직임이 될 수 있다. 사실 그것이 안전한 길이기도 하다. 최근 몇 년 간 가장 많이 팔린 샴푸는 한때는 지진아였던 클레이롤 허벌 에센스Clairol Herbal Essence이다. 어떻게 이렇게 바뀌었을까? 이 샴푸의 제조회사인 프록터 & 갬블 사는 한 여성이 샤워하고 있는 광고를 게재하였다. 광고에서 그 여성은 이 샴푸에서 분명한 쾌락을 얻고 있었고 '병 속에 담긴 이 오르가즘'에 대해 열광하고 있었다. 박물관 문화는 이벤트 문화가 되었고 이벤트들은 한 가지 공통점을 가지고 있다. 즉 사람들의 입에 오르내려야 하고 주목을 받아야 하며 감정을 만들어 내야 한다는 것이다.

박물관 세계의 미래

이따금씩 현대 박물관 경험을 구성하는 다양한 요소들이 전시회에서나 혹은 전체 박물관을 재구성할 때 한 데 모여 박물관 세계가 앞으로 나아갈 방향을 암시한다. 각 경우의 예를 들어보자면 일단 2000~2001년에 빅토리아앨버트 미술관V&A에서 열린, 미래를 예견하는 전시회의 이름은 적절하게도 〈브랜드닷뉴Brand.New〉였다. 또 이와 마찬가지로 미래를 예견하는 박물관의 새 하부구조는 경계를 없애 버린 뉴욕 구겐하임 미술관에서 그 예를 찾아볼 수 있다. 이 전시회와 박물관 건물은 모두 박물관 세계가 브랜드 마을 쪽으로 이동함에 따라 앞으로 박물관 세계가 어떤 방향으로 나아갈지 암시한다.

V&A는 보통 최첨단을 걷고 있는 박물관이라 여겨지지 않지만 그것은 확실히 최첨단 박물관이다. 그 박물관은 원해서 최첨단이 된 것은 아니다. 런던에서의 치열한 경쟁이 그 박물관을 최첨단으로 내몰았다고 할 수 있다. 비록 정부로부터 영국에서 가장 높은 수치인 방문객 1인당 무려 24파운드의 보조금을 지원받고 있긴 하지만 그래도 그 박물관은 입장객의 발길에 많은 것을 의존하고 있다. 유서 깊은 V&A는 자신을 디자인 전문 박물관으로 재포지셔닝하려 했다가 실패한 적이 있는데, 이것은 역사적으로는 그럴 듯한 발상일지 모르지만

안타깝게도 디자인은 관광 목적지가 아니다. 1980년대 들어 잠깐 동안 그 박물관은 '예술이 곁들여진 까페'라는 광고 전략을 시도하기도 했었다. 그 전략은 다행스럽게도 잠깐에 그쳤다.

자신의 섹시한 동료들과 마찬가지로, V&A도 이미지를 갱신하기 위해 건축으로 눈을 돌렸으나 훌륭한 보자르(Beaux Arts) 전통 건물에 들어앉은 박물관에게 이것은 터무니없는 발상이었다. 그럼에도 V&A는 포장지를 전시의 대상으로 만들려는 현대 박물관의 기질에 맞게, 다니엘 리에베스킨트Daniel Liebeskind를 고용해 미래주의적인 '나선형' 모양의 건축설계안을 추진한다. 그러나 비용과 미학적 견지에서 이러한 계획은 비평가 및 지역 주민들로부터 맹렬한 공격을 받으며 철회되었다. 지금까지의 마케팅 및 건축 전술들은 박물관을 비록 스테로이드성이긴 하지만 경이로운 진귀품들의 캬비네 이상으로 만드는 데 실패했다.

V&A는 약탈품과 여러 물건들의 숭고한 컬렉션으로 무엇을 할지 생각해낼 수 있기 전까지는 관람객을 불러 모을 다른 방법을 찾아야 했다. 2001년에 V&A는 그것을 찾았다. V&A는 상업적 물건, 즉 오래됨(antiquity)이 아니라 광고에 의해 이야기기되는 물건들을 전면에 배치했다. 박물관은 자신의 옆 건물인 해로즈Harrods(런던 나이츠브리지에 있는 영국 제1의 백화점 — 옮긴이)의 바닥과 벽면에 있는 물건들을 위해 자신의 바닥과 벽면을 제공하기로 했다. 그 박물관은 세계적인 브랜드의 소비재들을 선보였다.

브랜드에 관한 V&A의 전시회가 도발적이었던 것은 내가 아는 한 이것이 상업적 가치로만 이루어진 물건들이 신성한 땅 위로 진입한 최초의 경우이기 때문이다. 〈브랜드닷뉴〉 전시회의 전체 컬렉션 자체가 일상생활의 잡동사니로 이루어졌다. 식료품 가게는 성골함이 되었고, 백화점은 성당이 되었다. 테이트 리버풀 미술관의 경우라면 이것이 용납될 수 있겠지만, V&A의 등급에서 이것은 어림없었다. 그러나 이 모든 잡동사니들을 한 자리로 불러 모을 수 있게 한 것은 상업적 존재들의 서로 연결된 내러티브들, 즉 그들의 허구적 이야기들이었다. 그것이 이 전시회의 진짜 주제였다.

지옥의 문을 건너려고 하자 "이곳에 들어온 그대, 모든 희망을 버려라"라고 말했던 단테처럼, 우리는 전시회장에 들어서면서 다음과 같은 말을 듣는다. "브랜드의 가치는 소비자들이 허구의 정체성을 받아들이고 그것의 존재를 믿으며 자신을 그것과 연관시키고 싶어 하는 욕망에 달려있다. 그것은 제품의 실제 재료나 효과와 딱히 연관이 없을 수도 있다." 그렇다. 마치 우리가 몰랐던 것처럼 말이다. 그러나 전시회 안으로 들어서면서 우리는 피터팬과 잃어버린 소년들Peter Pan and the Lost Boys의 세계로, 영국 여왕 모후Queen Mum와 마사 스튜어트Martha Stewart와 같은 거의 허구적인 캐릭터들과 '폐 거담제Pulmo Expectorant' 나 '헬로우 키티Hello Kitty'와 같은 이야기들로 가득한 세계 속으로 점점 더 깊숙이 들어가게 된다. 많은 비평가들에 의해 (이들은 10명도 넘는다) '소비주의의 지옥(Consumerist Hell)'이라 여겨졌던 무대들은 각각 권위(Authority)의 무대, 진실성(Authenticity)의 무대, 지위(Status)의 무대, 불손함(Irreverence)의 무대, 친절함(Friendliness)의 무대, 충성(Loyalty)의 무대 등 단테의 용어들로 라벨링이 되어 있는데 이 무대들을 지나고 나면 우리는 커트 보네거트Kurt Vonnegut가 '그렇고 그런 세계(Land of And So It Goes)'라 부를 법한 곳에 도달한다. 이 최종 무대의 이름은 '전복(Subversion)'이었는데, 이곳은 '지배적 패러다임'이라고 부르는 것을 뒤집기 위해 브랜딩을 사용하는 사람들에게 바쳐졌다. 이곳에서는 컬쳐 재밍(culture jamming)이 교양 있는 것(culture)이 된다. 브랜드는 브랜딩에 맞서는 무기로 휘둘려진다. 그러나 이곳에서 정말로 지배적인 것이 무엇인 가를 잊어버리지 않도록 하기 위해 브랜드 전복의 땅을 떠나기 전에 우리가 마지막으로 보게 되는 것은 V&A의 로고이다. 이는 박물관과 다른 문화 기관들이 어느 누구 못지않게 브랜딩이라는 게임에 투자 한다는 것을 뒤늦게 알려주는 표시이다. 아, 이것이야말로 진정한 〈디바인 코미디Divine Comedy〉이지 않은가!

이런 성격의 전시회에 반드시 필요한 묵직한 카탈로그는 커피 테 이블의 기념품일 뿐 아니라 일종의 기억보조 장치이다. 그러나 이 전 시회에는 카탈로그가 두 개나 있었다. 하나는 가레스 윌리엄스Gareth Williams가 만든 〈브랜디드?Branded?〉라는 제목의 표준적인 보복이었고, 다른 하나는 이 〈브랜드닷뉴Brand.New〉라는 전시회의 예술사적 면모를 보여 주는 글들의 모음집이다. 두 책 모두 상업주의의 부상과 예술의 애원에 애매모호한 찬사를 보낸다.

윌리엄스의 책은 기본적으로 애플Apple에서 팸퍼스Pampers에 이르기 까지 40개의 브랜드를 사전처럼 모아 놓은 리뷰집이다. 제목에서 물 음표가 하는 역할은 아리송하다. 이것은 마치 직업상으로 큐레이터 인 윌리엄스가 이 물건들을 성소 안으로 들여놓는 것에 대해 완전히 탐탁한 것은 아니라고 말하는 듯 하다. 그러나 제인 파비트Jane Pavitt라 는 큐레이터가 편집한 에세이 모음집인 〈브랜드닷뉴〉는 훨씬 더 흥 미롭다. 그 책은 박물관의 전형적인 모습 중 하나인 카탈로그 레조네 를 가지고 그것을 상업적 브랜딩들의 파티로 만들었다. 그 책은 풍부 한 이미지들로 가득 차 있고 두껍고 매끄러운 종이에 인쇄되어 먹음 직해 보인다. 이 책에서 비즈니스 업계 인사뿐아니라 비평가와 역사 가, 사회학자, 디자이너들은 왜 이 저속한 물건들이 사실은 이 신성한 전당에 속하는지 차례로 돌아가며 설명한다.

물론 그 물건들이 이곳에 있는 이유는 명백하다. V&A는 항상 상품들을 편애해 왔다. 애초부터 상품(goods)의 예술적이고 문화적인 성격을 찬양하기 위해 '제조업자들의 박물관Museum of Manufacturers'으로서 설립된 V&A는 일찍이 기계로 만들어 낸 물건들이 'goods'라 불리는 이유는 그들이 진짜로 생활을 편리하게 해주기 때문이라고 말한 바 있다. 그러나 이러한 빅토리아식 낙관주의보다 더 깊고 강력한 이유가 있다. 만약 박물관이 문화적 기억과 지식의 저장소라면, 좋든 싫든 이 상업문화는 보존해야 할 대상인 것이다. 우리가 높이 평가하는 척하는 예술과 반대에 놓인 이 말 그대로 이야기를 지닌 상품(storied goods)들은 완전히 다 써서 없어져 버릴 지점까지 소비된다. 이 물건들과 그들의 가치를 설명하고 만들어 내는 내러티브들에는 우리 세대가 공유한 지식 중 일부가 머물고 있다.

이 점을 염두에 둔다면 큐레이터들이 그토록 박물관 밖으로 몰아내려고 애쓰던 바로 그 물건들에게 문을 개방하느라 벌벌 떠는 모습을 보는 것은 달콤씁쓸한 재미를 준다.

콘플레이크에서부터 자동차에 이르기까지 우리의 일상은 점점 브랜드 제품과 브랜드 네임들로 지배되고 있다. 브랜드는 접두사이자 그 사물의 특성을 표시해 준다. 브랜드 네임이 연상시키는 상징적 작용들은 종종 그 사물에 대한 실용적인 설명보다 더 선호된다. 우리는 '구식 후버', '내 새 아우디', 또는 '내가 가장 좋아하는 리바이스'라고 말한다. 여기에는 사물에 대한 설명을 덧붙일 필요가 없다. 우리가 사고파는 많은 상품들의 경우 브랜드는 이 과정에서 핵심을 차지한다.

이 카탈로그는 한 페이지 한 페이지가 지금까지 나온 입문서들 중에서 소비재에 관한 스토리의 효과를 가장 잘 이해하게 해 주는 최고의 입문서이다. 그것이 경영대학이나 광고회사, 학계에서 나오지 않았다는 점은 미래의 브랜딩을 이해하는 실마리가 앞으로 어디에서 나올 것인가를 암시할 수도 있다. 어떤 면에서 보면 박물관은 관람객과 소비자가 그 모험 및 경험에 있어 진정으로 중심적인 역할을 차지한다는 점에서 브랜딩의 성격을 논의할 수 있는 최적의 장소라 할 수 있다. 인상주의(Impressionism)의 참여적 관객(engaged audience)의 부상이 시각 예술에 변화를 가져왔듯이, 소비 자체도 생산자와 소비자 (혹은 예술가와 관람자)로 양분되는 것이 아니라 계속해서 상호 작용하는 것이란 새로운 각성이 나타날 것이다. 어쩌면 브랜딩은 ― 말 그대로 ― 일방적인 주입(indoctrination)이라기보다는 지속적인 상호 교환의 과정으로 여겨질 것이다.

과거의 예술풍경을 보존하고 윤내는 것이 박물관들의 임무였다면, 아마도 앞으로는 이것을 브랜드의 풍경으로 대체할 것이다. 사실 우리가 브랜드의 의미를 묻는 것과 마찬가지로, 우리는 〈브랜드닷뮤〉라는 전시회와 함께 박물관의 의미도 묻게 된다. 또는 "시란 의미가 아니라 존재이다"라는 아치볼드 맥클리시Archibald MacLeish의 유명한 시(詩)의 정의를 약간 고쳐서 말하자면, 우리는 (그 전시회에 대해 논평한 많은 사람들과 마찬가지로) 현대 세계에서 브랜드란 것은 의미라기보다는 존재이지 않느냐고 물을 수도 있다. 브랜드는 그냥 존재할 뿐이다. 브랜드는 사물에 붙어서 삶을 시작하고 마침내는 그것과 분리될 수 없게 된다. 그러나 브랜드는 항상 마치 예술 작품처럼 협상 과정 중에 놓여 있다.

만약 예술이 공통의 경험을 만들어 내는 사물이라면, 이 브랜드들은 어떤 의미에서 보면 진정한 현대 예술이라 할 수 있다. 그들은 문화자본의 흐름을 방향 짓는다. 어쩌면 팝 아티스트들이 옳았는지도 모른다. 큐레이터들은 단지 조금 늦게 깨달았을 뿐이다. 일반적으로 브랜드는 하찮고, 입에 담기도 거북하며, 항상 덧없고 뭔가 이익을 노린다고 여겨진다. 그렇다. 분명 이것은 사실이다. 그러나 그것들이 사물의 반복된 아우라(aura)이자 감정의 유발자라는 점에서 그들은 진정으로 전시(display)와 성찰(reflection)에 적합한 사물들이다. 자연의 힘에도 강함과 약함이 있듯, 예술 자체가 강한 중력이라면 상업적 브랜딩은 약한 소비력이라 할 수 있다. 이런 의미에서 브랜딩은 사물 내의 예술이라 할 수 있다.

〈브랜드닷뉴〉 전시회는 너무나 명백해 보일지 모르는 주장을 하기 위해 몸부림쳤다. 우리는 이 브랜드 물건들이 문화적 쓰레기라고 말할 수도 있지만, 쓰레기도 정당한 미학적 범주임을 인정해야 한다. 쓰레기, 정크, 가비지, 폐물 등은 소비의 결과를 나타낸다. 그것은 예술의 안티테제이다. 예술은 소비해 버리거나 소진해 버릴 수 없는 무언가이다. 그것을 내다 버리는 일은 절대 없다. 그러나 예술은 스스로 살 수 없다. 한편 이것의 반대편에 있는 브랜드화된 사물들은 끝날 줄 모르는 광고의 드럼 소리와 PR, 포장, 제품 디자인이 없다면 아무런 중요성도 없을 것이다. 이것으로부터 수수께끼 같은 멋진 질문이 나온다. 사물은 소비됨으로써 쓰레기가 되고 소비되지 않음으로써 예술이 되는가? 의미 있는 가치는 다음 중 어느 쪽에 있는가? 갤러리에 비밀스럽게 봉인된 손대지 않은 물건인가 아니면 대형 쓰레기통에서 갈기갈기 찢기고 게걸스럽게 먹어치운 물건인가?

유행의 첨단을 걷는 구겐하임… 이제는 한물갔나?

우리가 특권을 부여하지 않는 사물, 그 번지르르한 속성이 우리의 시선을 붙잡고, 우리로 하여금 경외감이 아니라 지금 당장 원하는 욕망을 경험하기 위해 멈춰서게 하는 그런 사물에 관해 뭔가 중요한 것이 있다면, 우리는 박물관 세계의 불법 선동가라 할 수 있는 토머스 크렌스Thomas Krens와 그의 획기적인 박물관인 새로 개조된 구겐하임을 고려해 볼 수 있을 것이다. 크렌스는 초대형 교회가 종교에 했던 일, 혹은 대량 공급형 대학들이 교육에 했던 일을 예술에 하고 있을지도 모르기 때문이다. 그는 예술의 신비를 벗겨낼 뿐 아니라 사람들이 그것에 접근할 수 있도록 만들고 있다. 이미 살펴보았듯이 이 과정은 위험으로 가득 차 있다. 브랜드 자체가 마술적 사고로 이루어졌기 때문이다. 구겐하임의 재브랜딩 과정과 그것이 일으킨 한바탕 소동을 살펴보기 전에 먼저 이 기관의 역사를 잠깐 살펴보는 것이 유용할 것이다. 왜냐하면 구겐하임을 마케팅적 관점에서 보면 겉으로는 위험해 보이는 행동들도 사실은 정말 합리적인 판단일 수 있기 때문이다.

박물관 중에서 구겐하임은 항상 영원한 분투가(struggler)였다. 구겐하임의 '대상없는 회화' 즉 추상미술 컬렉션은 분명히 소중한 것이었지만, 길 하나만 내려가면 있는 엄숙한 메트로폴리탄 미술관이나, 몇 블록만 가면 있는 진지한 휘트니 미술관, 또는 멀찌감치 떨어져 있는 흥겨운 뉴욕 현대미술관에서 발견할 수 있는 대중오락물은 아니었다. 한마디로 말해서 핵심 컬렉션이 불친절했다. 그러나 이 박물관이 진정으로 남달랐던 점은 내용물이 아니라 그것의 포장으로서, 프랭크 로이드 라이트Frank Lloyd Wright가 만든 건물에 있었다. 사실 이 건물의 훌륭함은 항상 어느 정도 나머지 박물관들의 따분함에 의존하고 있었다. 구겐하임은 예술적인 건물을 가지고 있고 그 건물 안에 예술 작품들을 지니고 있다고 할 수 있다.

그러나 구겐하임의 저 안쪽 깊숙한 곳에서는 항상 시간폭탄이 천천히 똑딱거리며 흘러가고 있었다. 문제는 예술품만이 아니라 기부금도 빈약한 것이다. 이 박물관에는 창고에 쌓아둔 돈 무더기가 전혀 없다. 박물관은 운영비를 기준으로 그들의 시계를 맞춰 놓는다고 할 수 있다. 구겐하임의 기부금은 자신의 1년치 운영비와 같다. 반면 메트로폴리탄 미술관의 경우 이것이 거의 11년치나 된다. 따라서 구겐하임은 계속해서 자신의 브랜드를 재정비해야만 한다. 항상 움직이고 새로운 곳을 탐험하며 새로운 물건들을 들여놓아야 하는 것이다. 한 가지는 분명하다. 관객의 관심은 영구적인 컬렉션으로부터 오지 않고, 시장의 변덕으로부터 보호받는 길은 기부금으로부터 오지 않는다는 것이다. 솔로몬 구겐하임^{Solomon Guggenheim}이 예술이라는 벌레(와 다른 벌레들 — 영적이고 에로틱한)에 물렸을 때 조언가 역할을 했던 힐라 리베이^{Hilla Rebay}는 문제를 간파했다. 리베이의 마법에 걸린 구겐하임은 사재기에 탐닉하기 시작했는데, 이는 그 박물관을 만들어 내는 동시에 허약하게 만들기도 했다. 그는 1929년 150점의 칸딘스키^{Kandinsky} 작품들을 사들였고 곧 모홀리 나기^{Moholy-Nagy}, 리제^{Leger}, 들로네^{Delaunay}, 글레즈^{Gleizes}, 샤갈^{Chagall}, 모딜리아니^{Modigliani}의 작품들도 모아 나갔다. 이 작품들은 난해할 뿐 아니라 우울함을 내뿜고 있었다. 사람들은 울기 위해서는 돈을 낼지 몰라도 우울해지기 위해서는 돈을 내지 않는다. 이들의 작품에서 진짜 '관광목적품(destination piece)'은 찾아볼 수 없었다.

리베이와 구겐하임이 이 사실을 깨달은 것은 1939년 이스트 54번가에 자동차 매장을 전환하여 만든 추상회화 박물관^{The Museum of Non-}

Objective Painting을 열었을 때이다. 그곳은 마치 〈아담스 패밀리〉에 나오는 한 장면 같았다. 회색 벨루어 벽에 칙칙한 좌석들이 플러시 벨벳 천으로 덮여 있었고 레코드에서는 쇼팽과 바흐의 음악이 흘러나오며 계속해서 향을 피우고 있었다. 그림들은 땅에 닿도록 걸려 있었는데 아마 천상과 지상을 중재하려는 의도였던 듯하다. 이것을 기꺼이 보러 오는 얼마 되지 않는 방문객들은 큐레이터나 다른 손님들을 귀찮게 굴지 않았다. 그들은 왔다가 그냥 갔다.

이제 왜 리베이가 프랭크 로이드 라이트에게 맨해튼 새 건물의 디자인을 맡기기 위해 그토록 애를 썼는지 이해할 수 있을 것이다. 라이트는 분명한 앙팡 테리블(enfant terrible)이었다. 그는 약자를 괴롭히는 악한이자 허세가였고 호색가이자 부랑아였다. 그러나 그는 사람들의 시선을 집중시키는 건축에 있어 달인이었다. 바로 이 점 때문에 리베이는 그의 비용 초과나 구역 설정에 대한 무시, 그리고 심술을 옹호해 준 것이다. 이 박물관은 호전적인 정신을 필요로 한다. 혹은 리베이가 1943년 라이트에게 보낸 유명한 글귀에서처럼 "나는 전투가이자 공간을 사랑하고 사람들을 선동하고 항상 실험하는 현명한 사람이 필요하다." 기본적으로 이 박물관은 우울한 화가들이 아니라 그 건축가를 흉내 낼 수 있는 디렉터를 필요로 한다.

창립자들에게 라이트의 건물은 박물관의 종교적인 성격을 강조하기 위한 것이었다. 그래서 고대 메소포타미아의 지구라트(ziggurats), 즉 기도의 장소에 근거하여 그 유명한 나선형 구조가 나왔다. 대부분의 박물관들의 공간은 마치 책처럼 장의 전체 제목, 소제목, 문단, 문장, 그리고 단어로 짜여 있다고 할 수 있다. 이 박물관에서 방문객은 처음에서 시작하여 결말까지 읽어나간다. 그러다 마지막에 도달하였다는 것은 기프트 숍에 도착하면서 알게 된다. 그러나 구겐하임 박물관은 방문객들에게 이 앵무조개 구조에서 앞뒤뿐만 아니라 위아래로 왔다 갔다 할 것을 요구한다. 이곳에서는 꼭 앞으로 나다가야 할 의무도 끝도 없다. 방문객은 자벌레가 되기도 했다가 게가 되기도 하면서 앞뒤로 그리고 위아래로 왔다 갔다 한다. 서로 방문이 연결된 전시실과 평행으로 진열된 갤러리들의 격자형 구조는 없다. 구겐하임은 방문객을 출구의 매장으로 점점 더 가깝게 이동시키는 깔때기처럼 굴지 않는다. 나가는 길을 알기 위해 길을 가는 도중에 팝콘을 떨어뜨릴 필요는 없다. 그곳은 대충 훑어보는 사람, 어슬렁거리는 사람, 산보하는 사람, 예상치 못한 것을 만나길 기대하는 사람들을 위해 지어진 박물관이다.

한창 어지러웠던 1990년대에 지금의 자리에 오른 박물관 디렉터들 중 토머스 크렌스만큼 자신의 박물관과 잘 어울리는 사람도 없었다. 크렌스는 마케터이자 브랜드의 달인이며 행동가였는데 그가 원하지 않더라도 필요에 의해 그렇게 될 수밖에 없었다. 그가 충분한 방문객을 만들어 내지 못한다면 그 박물관은 망할 것이다. 이러한 재정적 문제를 항상 의식할 수밖에 없었던 그는 벽과 바닥에 무엇을 배치할지의 문제뿐만 아니라 전시공간을 어느 곳으로 정할 것인지에 있어서도 매우 공격적이었다. 이것을 위해 크렌스는 박물관의 브랜드뿐 아니라 기부금에 대해 매우 특이한 모험을 감행했다. 그는 원금조차 먹어 치워 버렸다. 사실상 그는 단지 운영비와 부채를 만회하는 데에만 2300만 달러나 썼다. 박물관 세계에서 이것은 전무후무한 일이었을 뿐 아니라 사실 스캔들을 일으킬 만했다.

이 책을 집필하는 동안 크렌스는 피터 루이스^{Peter Lewis}에 의해 방금 전 보석으로 풀려났다. 피터 루이스는 자선가로서 자신이 로널드 페렐만^{Ronald O. Perelman}이 기부한 2000만 달러를 두 배 이상 능가하며 구겐하임의 이사회 의장이 되었다는 것을 솔직하게 인정하기도 했다. 놀라운 솔직함으로 그는 《뉴욕타임스 매거진》의 구겐하임 특집에서 데보라 솔로몬에게 이렇게 말했다. "나는 돈으로 직업을 샀다." 루이스는 또한 책들을 제자리에 정렬해 놓는 책임도 돈을 주고 샀는데, 약간의 '엄격한 애정'을 가지고 적어도 한두 달 동안 그 일에 몰두하기도 했다. 그러나 의심할 여지가 없는 사실은 이 고급문화 공간에서 벌어지는 너무나 치열한 펀드레이징의 경쟁 속에서 크렌스는 예술사가들에게는 저속한 취향의 소유자이자 기부자들에게는 너무 헤픈 방탕자로 여겨진다는 점이다. 그러나 다른 박물관 디렉터들에게 그는 좋은 선구자로 비쳐질지도 모른다.

크렌스가 무엇을 잘못했는가?

핵심만 말하자면 문제는 이렇다. 크렌스가 과도한 지출을 해 가며 들여놓은 것이 잘못된 종류의 예술인가 아니면 잘못된 종류의 고객인가? 전시 내용에 있어 과감한 도전을 감행하고자 했던 그의 의지에 대해서는 많은 말들이 오갔지만, 진정으로 혁신적인 전시회는 몇 개 되지 않는다. 1990년대에 열린 150개 이상의 전시회 중에서 정말로 충격적이었던 것은 단 두 가지뿐이었는데 오토바이 쇼와 아르마니 전시회가 그것이다.

만약 구겐하임의 브랜드라는 것이 극단적인 것의 점유라 한다면 그러한 전시회들은 말이 된다. 박물관의 개방이나 더 민주적이고 참여적인 박물관을 만드는 것에 관해 떠들었던 그 모든 토론에서 크렌스는 박물관 디렉터들 중에서 눈에 띄는 예외였다. 그는 정말로 한 걸음 나아갔다. 아니, 더 나아가 그는 전혀 숨기려하지도 않았다. 그에게 있어 박물관은 후원자였지만 후원의 대상이기도 했다. 박물관은 자신의 브랜드를 가지고 있지만 다른 이들의 브랜드를 나를 수도 있었다. 인정보다는 용서를 구하는 것이 더 쉽다는 속담을 대범하게 활용하기라도 하는 것처럼 크렌스는 완곡어법으로 보조금이라 불리는 것을 적극적으로 이끌어냈다. 그는 심지어 웹사이트를 구축하여 기업의 돈을 공개적으로 모금했는데, 이는 박물관 세계 동료들의 지지를 얻는 데에는 거의 신경을 쓰지 않은 행동이었다.

이보다 더 큰 문제는 크렌스가 정전들의 명예를 더럽혔다는 것이다. 그는 단지 새로운 물건들을 들여온 것이 아니라 부정이득이 붙어 있는 물건들을 들여왔다. 첫 번째는 그 악명 높은 오토바이 쇼였다. 저 높은 미학의 세계에서는 내연기관이 달린 것이면 어떤 것이든 의심의 대상이 된다. 그러므로 소음이나 만들기 위해 강철과 고무 덩어리를 사용한 물건이 우아한 통로의 맨 앞에 배치되어야 한다는 것은 충분히 나쁜 일이었다. 크렌스는 이 전시회에 자신이 좋아하는 독일 기계(BMW)들을 너무나 많이 집어넣었고 그 이니셜들이 풀 칼라 사진과 함께 카탈로그의 표지를 장식하도록 했다. 그 쇼를 본 사람이라면 문제를 단번에 알아차렸을 것이다. 그는 저속한 세계에서 온 전적으로 박물관과 동떨어진 방문객 집단을 안으로 끌어들였다. 긴 머리의 바보들과 생맥주 통만큼이나 불룩한 배를 지닌 사람들이 와서 강철 및 플라스틱 조각의 미학을 감상하고 추파를 던지며 마치 그것들이 버나드 베렌슨Bernard Berenson의 작품들인 것처럼 '아!' 하고 감탄사를 연발하는 모습을 보는 것은 간단히 말해 정도를 넘어선 것이었다. 그러나 그들은 방문을 끝내고 나서 해야 할 일을 알고 있었다. 기념품 가게에서 가장 잘 팔리는 기념품이 무엇이었을까? 바로 345달러나 하는 구겐하임 오토바이 자켓이었다.

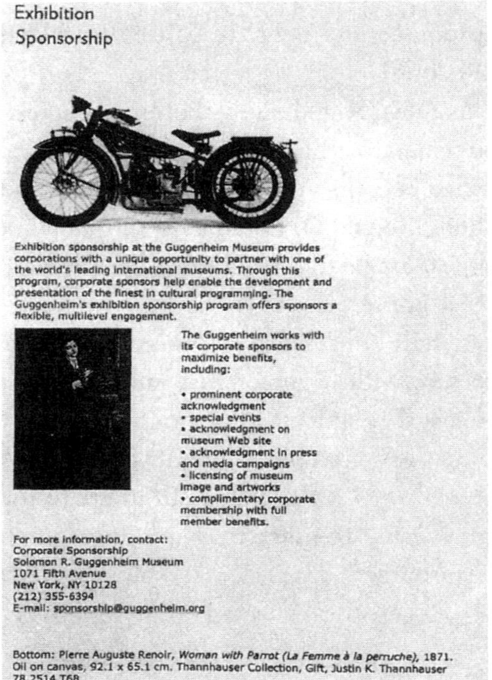

구겐하임은 웹사이트에서 후원자들을 유인하기 위해 무엇을 부각시켜야 하는지 잘 알고 있다.

아르마니 전시회에서도 이와 마찬가지로 크렌스는 박물관 안으로 근처의 온갖 사람들을 끌어들였는데, 이번에는 반다나(bandana)를 두건으로 착용한 지저분한 남성들이 아니라 그것을 스카프처럼 착용한 패셔니스트들이었다. 또다시 그는 눈살을 찌푸리게 만들었는데, 전시회의 내용 — '의상(schmatte)' — 만이 아니라 수군거림이 문제였다. 보통 이 전시회와 함께 비평가들은 그가 독일 의류회사인 휴고 보스Hugo Boss와 맺은 교차 브랜딩 거래를 즐겨 언급한다. 그러나 정말로 심기를 불편하게 한 것은 군중들의 수군거림이었다. 군중이란 말 그대로 많은 사람들을 의미한다. 전시회장은 이들로 인산인해를 이루었다. 사람들은 우아한 옷을 걸친 마네킹과 토르소 앞에 멈춰 서서 경의를 표했다. 그것은 대단한 신성모독이었다. 우리는 그러한 경의의 순간을 교회의 제단이나 나이든 거장들 앞에 서는 순간을 위해 아껴두도록 배워 왔기 때문이다.

마치 자신이 고른 예술 작품들이 충분히 무시무시하지 않기라도 하다는 듯이 크렌스는 또한 전시공간과 컨테이너도 완전히 재배치하는 대범함을 보여주었다. 5번가에 위치한 원래의 박물관과 뉴욕 소호에 위치했다가 문을 닫은 박물관뿐만 아니라 건장한 빌바오의 구겐하임과 베를린 박물관(이 박물관은 도이체 은행Deutsche Bank과 합작했을 뿐 아니라 세상에나, 그 은행 '안'에 위치해 있다), 베니스의 페기 구겐하임Peggy Guggenheim 궁전(이것은 크렌스가 취임할 때 물려받아 더 확장하였다), 그리고 대실패로 끝난 구겐하임닷컴Guggenheim.com이 있다. 리오 데 자네이루에서의 브랜드 확장은 크렌스가 계속해서 더 많은 양보를 요구하고 있다는 것 외에 앞으로 어떻게 진행될지는 아무도 모른다. 크렌스와 리오 데 자네이루 시장은 프랑스 건축가 쟝 누벨Jean Nouvel이 디자인을 맡고 2007년에 완공될 것으로 기대되는 약 1억 3000만 달러의 박물관을 짓는 데 합의했다. 대단한 성공을 거둔 빌바오 구겐하임의 경우처럼, 리오 데 자네이루 구겐하임은 리오 시 항구를 다시 소생시키기 위한 프로젝트의 일부로서 시의 재정 지원을 받기로 했다. 19세기에는 국가적 영광을 나타내는 가장 흔한 상징 중 하나였던 항구가 21세기에는 현대 문화의 항구 중 하나가 된다는 것은 너무나 달콤한 아이러니가 아닐 수 없다.

박물관 세계는 자신의 동료인 교회나 학교 세계와 마찬가지로, 상냥한 모습으로 충만하다. 하지만 종종 '당신 먼저' 하는 식의 예의바른 겉모습 뒤로 치열한 경쟁이 벌어진다. 작은 것에 목숨을 건다는 옛말은 고급문화 비영리단체에서보다 더 들어맞은 적이 없을 것이다. "우리는 단지 도움을 주려는 것뿐입니다"라는 간판 밑으로는 "내 방식대로 하든지 아니면 나가라"라는 태도가 존재한다. 그리고 이 세 가지 문화 공급자들에게서 발생하는 것처럼 인벤토리가 과하게 되면 〈이것이 스파이널 탭이다This Is Spinal Tap〉에 나오는 것처럼 볼륨이 11까지 올라간다. 상황을 더 긴장되게 만드는 것은 '가장된 예의바름(pretended decorum)'이란 개념이다. 오늘날과 같이 종종 넌덜머리가 날 정도로 예의바른 세계에서 혹시라도 경쟁상대, (앗 실수이다) 아니 동료들의 취향에 대해 코멘트를 하는 것은 나쁜 취향이다. 항상 소란을 일으키는 폭스 뉴스가 텔레비전 저널리즘에 대한 비판을 가능하게 (혹은 불가피하게) 만들었던 것과 마찬가지로, 구겐하임은 박물관에 대해 비판하는 것을 가능하게 만들었다. 크렌스의 구겐하임에 대한 비판들을 듣다 보면, "그냥 유행일 뿐이다"라는 후렴구가 계속해서 반복되는 것을 볼 수 있다. "이 박물관은 마치 자신이 7번가에라도 있다는 듯이 행동한다." 구겐하임은 "팔리기 위해 섹시한 센세이셔널리즘에 기댄다." 그 박물관은 "스커트 단을 너무 빨리 바꾼다." 구겐하임은 직접 사용되지는 않았지만 그런 의미가 함축되어 있는 말로 표현하자면, '포르노그래피적'이라고 할 수 있다. 하지만 이 덕분에 최소한 박물관들이 사람들의 입에 오르내리고 있지 않은가?

종종 간과되는 것은 자신이 어떤 마케팅적 곤경에 처해 있고, 어떻게 체인점을 확장하여 브랜드를 확대하는 것이 이 곤경에서 빠져나갈 정말로 합리적인 돌파구가 되는지에 대한 그의 이해이다. 물론 그것은 유일한 돌파구도 아니고 위험한 방법이기도 하다. 그가 추진하고자 했던 것은 그의 말을 빌리자면, '서로 떨어져 있는 갤러리'들을 통해 전시 공간의 경계를 허무는 것이라고 한다. 이를 마케팅적으로 표현하자면 브랜드 통합(brand inclusion)과 브랜드 확장(brand ex-tension)을 동시에 추진하는 것이다. 즉 그동안 배제되었던 물건들을 더 많이 포함시키고 이것들을 새로운 창구들로 실어 나르는 것이다. 이것이 바로 새로운 '국제 박물관'이자, 어떠한 지리적 한계로부터도 벗어나 궁극적으로 시장이 요구하는 곳으로 체인점을 확장해나가는 글로벌 전시공간이다. 여기에서의 성공은 정문 앞에 늘어선 줄의 길이뿐 아니라 당신의 다른 장소에 있는 줄의 숫자들로도 평가된다. 구식 스타일의 문지기들에게 이것은 끔직한 '맥구겐하임(McGuggen-heim)' 또는 프라하에서의 치킨 맥너겟 현상이다.

그리고 그 다음에 듣는 말은 크렌스가 '작품의 매각'을 통해서 단지 자신의 인벤토리를 포기할 뿐 아니라 다른 사람들의 인벤토리 가치까지 깎아내리고 있다는 것이다. 그는 말 그대로 작품을 팔고 있고 그렇게 하는 동안 다른 사람들의 가치를 감소시키고 있다. 간판급 박물관이 로스코Rothko의 작품을 팔면, 그 작품은 가치를 잃는다. 워렌 버핏Warren Buffett이 제너럴 일렉트릭을 팔면, 시장가격은 하락한다. 적어도 당분간은 그렇다. 완곡어법으로 '처분(deaccessicning)'이라 표현되는 이 행동은 박물관 세계에서는 금기시 된다. 이것이 혐오되는 이유는 어떤 내재적인 문제가 있어서라기보다는 그것이 다음과 같은 사실을 보여주기 때문이다. (1) 예술은 영원하지도 무한하지도 않다. 단지 이동속도가 느린 유행의 일부일 뿐이다. (2) 처분은 기부자들의 마음을 불쾌하게 만든다. 그들은 자신들이 흥정했던 영원한 인정(acknowledgement)을 놓치고 있다는 사실을 깨달을지도 모른다. (3) 한 박물관이 자신의 인벤토리를 매각하기 시작할 때다다 다른 박물관들의 소장품에 대한 시장 가치는 줄어든다. 이렇게 하여 예술 박물관 디렉터들 사이에서는 혹시 작품을 팔게 되더라도 되도록 박물관 내부에서만 사고팔기로 하는 신사 협정이 생기게 되었다. 크렌스에게 재고 과잉을 제거하는 것은 사업에 들어가는 당연한 비용이다. 그리고 이따금씩 인벤토리를 싹 정리하는 것은 건강한 일이다. 그는 일부 그림을 팔았을 뿐 아니라 — 모딜리아니, 칸딘스키, 샤갈 등 — 그것도 소더비즈Sotheby's(미국의 세계적인 미술품 및 골동품 경매회사 — 옮긴이)를 통해 판매함으로써 뒤에서 몰래 다른 박물관들에게 팔기로 한 신사협정의 관행을 피해 갔다. 구겐하임은 평상시에 창고에 처박혀 있던 작품들을 매각해 약 4700만 달러를 챙겼다.

비평가들은 메이저 박물관들이 그들의 소장품 중 단지 극히 일부만을 보여준다는 사실에 대해 거의 언급하지 않는다. 수백 아니 수천 점의 이미지들이 마룻바닥 밑에서 또는 저 멀리 떨어진 뉴저지 화물 창고에서 먼지를 머금고 살고 있다. 그들의 가치는 의심스러워진다. 만약 예술을 보는 것이 그렇게 중요하다면 시장이 예술 작품을 유통시킨다고 해서 뭐 어떤가? 왜 아무도 공급을 제한하면 시장가치가 올라간다는 명백한 연결고리에 대해 언급하지 않는가? 기본적으로 박물관들은 사람들이 그들에게 찾아가도록 강요해 왔다. 만약 박물관의 관심이 무지몽매한 인간들에게 예술의 정화력을 소개시켜 주는 데 있다면, 소유에 대한 집착을 버리고 예술 작품들을 사람들과 공유하는 것은 어떨까? 이것은 무모한 질문이다. 이와 똑같이 무모한 질문으로 다음과 같은 것도 있다. 만약 아이비리그가 진정으로 교육에 신경을 쓴다면, 그들이 가지고 있는 수십억 달러의 일부를 K-12에게 주면 어떨까? 그리고 만약 교회들이 정말로 가난하고 학대받는 자들에게 신경을 쓴다면, 거대한 신전을 짓는 데 드는 돈을 조금 줄이고 수프를 만드는 일에 조금 더 쓰면 어떨까?

크렌스의 진짜 죄는 그가 새로운 종류의 박물관이라고 선언했던

'끝나지 않는 갤러리(never-ending gallery)' 라는 박물관 체인점을 발달시킨 것이 아니다. 그의 진짜 죄는 이 갤러리들을 어디에 위치시키고 누구를 그곳에 들여놓으려 하는가였다. 러시아인이나 (그가 에르미타주 박물관Hermitage Museum과 맺은 거래를 보라), 스페인인(빌바오), 독일인(도이체 구겐하임 베를린), 이탈리아인(두 번째 베니스 구겐하임), 오스트리아인(비엔나에 위치한 미술사 박물관Kunsthistorisches Museum과의 제휴), 그리고 이제 브라질에 있는 새 주둔기지를 바탕으로 브라질인들에 이르기까지, 이들과 인벤토리를 공유하려는 것은 아무런 문제가 없다. 하지만 그가 최악의 이교도인들의 손에 예술을 맡기기로 했을 때 이는 고급문화에 있어 제3의 길을 택한 것과 같았다. 그 이교도인들은 바로 스릴 시커(thrill seeker)였다. 그는 (세상에나!) 라스베이거스에 미술관 체인점을 열었던 것이다.

베니스 구겐하임의 배다른 동생

라스베이거스로 진출하면서 크렌스는 박물관의 모든 역사를 뒤집어 놓았다. 박물관의 핵심 개념은 항상 대중과 일정한 거리를 유지하는 것이었다. 대중(mob)이라는 단어 자체가 빅토리아 시대에 만들어진 것으로서 어원학적으로 위협적인 요소를 담고 있다. 'Mob'은 '유동적 천민(mobile vulgus)', 즉 '움직이고 있는 오합지졸(the rabble on the move)'의 슬랭 버전이었다. 문화는 계속 분리되어야 했고, 프롤레타리아들이 통제되지 못할 경우 가장 피해를 입는 것은 이제 막 부상한 중산계급이었다. 박물관은 단지 예술을 안에 가둬두기 위해서뿐 아니라 야만인을 밖으로 배제시키기 위해 항상 잠겨 있었다. 구속으로부터 자유로운 미국의 문화적 토양만큼 이 갈등을 쉽게 관찰할 수 있는 곳도 없다. 이곳에서 천민들은 정말로 유동적이었다. 그리고 라스베이거스 다음에 뒤따라오는 말은 예술이 아니라 '대중(mob)', 말 그대로 'The Mob'에서처럼 군중들이었다.

'새롭게' 개조된 라스베이거스의 흥행주 스티브 와인^{Steve Wynn}은 고급문화와 저급문화를 연결시킴으로써 이득을 본 최초의 사람은 아니지만, 가장 성공적인 사람이라 할 수 있다. 그는 카지노들이 서로 호환 가능한 제품들인 이상, 한 제품을 다른 제품과 차별화하는 유일한 방법은 브랜드 내러티브를 바꾸는 것 밖에 없음을 알고 있었다. 그리고 그는 자신의 카지노를 교양의 문화(Kultur)로 도배하고, 키치(kitsch)를 건축 예술로 바꾸었으며, 고급문화의 나라에서 끌어온 멋진 판타지의 세계로 카지노를 물들이는 등, 최초로 카지노의 브랜드 내러티브를 바꾼 인물이었다.

1980년대에 와인은 최초의 대형 카지노인 '미라지^{the Mirage}'를 열었는데 이는 말 그대로 꿈의 세계였다. 그러나 20세기 말엽에 그가 내놓은 걸작은 뭐니 뭐니 해도 벨라지오^{Bellagio}라는 이름의 초강력 호화 카지노였다. 벨라지오 미술관^{Bellagio Gallery of Fine Art}은 싱싱 형무소^{Sing Sing}(미국 뉴욕 주 Ossining의 주립 교도소)를 기묘하게 닮은 호텔의 시멘트 건물 중앙에 자리 잡고 있었다. 정문에는 바로크 장식으로 둘러싸인 구식 간판이 있었다. 그 간판에는 이렇게 쓰여 있었다. '개봉 박두: 반 고흐, 모네, 세잔, 피카소^{Now Appearing: van Gogh, Monet, Cézanne, Picasso}'. 그 간판은 폴 앵카^{Paul Anka}(캐나다 출신의 영화배우)나 엘비스 같은 이들을 선전하는 여느 '개봉 박두' 간판과 똑같은 모습이었다. 물론 그것은 장난이었다. 그러나 그의 예술품 수집은 결코 장난이 아니었다. 그것은 진짜였다.

벨라지오의 소장품들은 훌륭하고 '돈으로 살 수 있는 최고'이며 그곳의 방문객들은 당연히 강한 인상을 받았다. 그것은 가장 위대한 히트작들만 모아 놓은 것으로서 모든 거물급 정전들을 하나씩 포함하고 있다. 그 중에는 세잔의 〈여인의 초상Portrait of a Woman〉(1900)과 미로의 〈곤충의 대화Dialogue of Insects〉(1924~1925), 피카소의 〈도라 마르의 초상Portrait of Dora Maar〉(1942), 그리고 반 고흐의 〈밀밭의 소작농 여인Peasant Woman Against a Background of Wheat〉(1890) 등이 있다. 갤러리를 빠져나오면 박물관 가게로 연결되어 있다. 하긴 모든 진짜 박물관들이 사람들을 길거리로 되돌려 보내기 전에 기념품 가게에 들르도록 하지 않던가? 결국 우리는 우리의 경험을 기념해줄 무언가를 살 필요가 있고, 꽤 놀랍게도, 벨라지오 미술관은 가게의 폭이 2배는 넓다는 점만 제외하면 여느 박물관과 거의 똑같은 경험을 제공했다. 이곳에는 우편용으로 말아 놓은 벽면 포스터와 그림엽서, 장신구, 술잔, 그리고 방금 전에 본 이미지들이 적절하게 새겨진 온갖 잡동사니들이 있다. 게다가 여기에는 벨라지오 컬렉션의 카탈로그 레조네를 비롯하여 예술에 관한 서적들도 마련되어 있다. 이들은 모두 메트로폴리탄 미술관이나 런던의 국립미술관에서나 볼 법한 것과 똑같은 방식으로 제작되어 있다. 번지르르한 모양의 그럴듯한 사진들과 학문적인 텍스트들이 그것이다.

크렌스는 와인Wynn을 만났고 그에게 칩 한두 개를 올려 주었다. 크렌스는 한 카지노(벨라지오 미술관 옆에 있는 셸던 애덜슨Sheldon Adelson의 베네치안 카지노Venetian) 내부에 박물관을 두 개나 가지고 있을 뿐 아니라 그 건물들의 디자인을 프라다Prada 출신의 렘 쿨하스Rem Koolhaas에게 맡겼다. 와인의 약간 황량한 암실 스위트와는 반대로, 이 구겐하임 미술관들은 적절하게도 '보물 상자(treasure boxes)'라는 이름으로 불린다. 그들은 빛이 난다. 그 둘 중 규모가 좀더 큰 갤러리('큰 상자'라고 불린다)는 뉴욕에서 온 물건들로 채워져 있고, 작은 갤러리('보석 상자'라 불린다)는 러시아 상트페테르부르크의 국립 박물관인 에르미타주 Hermitage 박물관과 제휴하고 있다. 외장재 면에서는 두 갤러리 모두 아무런 손도 대지 않은 오렌지색의 내후성 강판(Corten steel)으로 이루어진 창고들로서, 거의 산업용 창고처럼 보인다. 둘 중 큰 갤러리는 70피트의 너비와 70피트 높이의 여닫이문을 가지고 있을 뿐 아니라 실제로 기능하는 산업용 교량 크레인이 양쪽 측면에 있는 트랙들에 매달려 천장 가까이에서 아래를 내려다보고 있다. 그 크레인은 35톤까지 들어올릴 수 있다. 이곳에서 우리는 마치 코스트코Costco나 샘스클럽Sam's Club에 와 있는 듯한 착각이 든다. 심지어 예술 작품들은 자석의 힘으로 걸려 있기도 하다. 이것은 마치 보통 박물관들의 벽면 걸기 관습을 우습게 여기는 것처럼 보인다. 크렌스는 이곳에서 우리에게 이렇게 말하는 듯 하다. "어서 와서 물건들이 뜨끈뜨끈할 때 보십시오."

비평가들은 크렌스가 돈을 벌기 위해 라스베이거스에 진출했다고 주장했다. 그것은 당연하다! 베네치안 리조트 호텔 카지노Venetian Resort Hotel Casino가 구겐하임의 두 갤러리를 위해 거금 3000만 달러를 들였다는 것도 충분히 나쁜 일이지만, 이보다 더 나쁜 것은 그 주변 공간이 거의 고급문화에 대한 패러디라는 것이다. 베네치안 카지노는 디즈니의 이매지니어링Disney Imagineeing 사가 만든 이탈리아 풍경들의 완벽에 가까운 모방이었다. 그리고 '큰 상자'의 공간을 채울 것은 맨해튼을 발칵 뒤집어놓은 바로 그 전시회들, 즉 오토바이 쇼와 아르마니 컬렉션 외에 달리 무엇이 있겠는가?

지난 몇 년 간 필자는 여러 박물관 디렉터와 수많은 예술사학과 교수들과 이야기를 나누었다. 그들 중 놀라운 수의 사람들이 크렌스가 라스베이거스에서 실패할 것이라고 예상하고 있었다. 그들은 이러한 실패가 예술이 물론 일반 대중을 위한 것이긴 하지만 여기에 있는 그런 종류의 사람들을 위한 것은 아니라는 것을 단호하게 증명해줄 것이라고 생각했다. 사실 라스베이거스의 네바다 대학University of Nevada에서 예술이론 및 비평을 가르치고 있고 인습에 얽매이는 것을 싫어하는 데이브 히키Dave Hickey마저 다음과 같이 말한다. "이곳에서는 예술에 대해 신경 쓰는 사람이 매우 적다. 그리고 난 그래도 괜찮다고 생각한다. 예술은 이곳 문화에서 필수과목이 아니라 선택과목일 뿐이다." 라스베이거스에서의 재무상태는 고급문화 옹호론자들이 옳다는 것을 보여줄지도 모른다. 라스베이거스의 베니스 미술관은 이 보물 상자들에서 벌게 될 것이라 예상한 수치에 훨씬 못 미쳤기 때문이다. 사실 이 글을 쓰는 동안 그 박물관은 다음 블록버스터들이 지나가기 전까지 갤러리의 문을 닫아 놓고 있다.

쇼 비즈니스란 뭔가 보여줄 것이 있다는 것을 의미한다

뭐라고 말해도 좋다. 토마스 크렌스가 하고 있는 것은 빌 하이벨스Bill Hybels 목사가 윌로우 크릭에서 하고 있거나 아이비리그 대학들의 입학담당자가 하고 있는 것, 혹은 유니레버Unilever(영국의 세계적인 생활용품업체 — 옮긴이)의 브랜드 매니저들이 하고 있는 것과 대동소이하다. 이들의 전통에 따라 그는 텐트 안에 무엇이 있는지는 잊어버리고 정문 밖에 서 있는 줄이 얼마나 긴가에만 집중하고 있다. 그는 군중을 동원한다. 그리고 최근까지 그것은 문제가 없었다. 예술 박물관은 관객 유동성(audience mobility)과 관광, 그리고 '뭔가 할 일'을 찾아 이리저리 움직이는 사람들에게 의존한다. 다양한 구겐하임 박물관의 회전문은 빠르게 돌아가고 있다. 그것은 의심할 여지없는 사실이다. 뉴욕, 베를린, 빌바오, 그리고 베니스 지점들을 모두 합치면 2000년도에만 거의 300만 명이 방문한 셈이 된다. 그리고 현재 공사 중인 구겐하임 미술관들이 모두 완공되면 그들의 총 방문객 수는 600만 명에 달할 것이다. 이는 루브르와 맞먹는 수치이고 저 강력한 메트로폴리탄 미술관을 능가하는 것이기도 하다. 그러나 그들의 성장 속도는 충분치 않을 수도 있다. 점점 불경기가 찾아오는 것이다. 소호에 있는 프라다 매장처럼 이 미술관들도 가끔씩 북적대겠지만 그것이 얼마나 많은 상품을 이동시킬 것인가는 단언하기 어렵다. 금전등록기는 의심스러울 정도로 잠잠하다.

크렌스가 신선한 점은 그 솔직함에 있다. 그는 모든 위대한 디렉터들이 했던 일을 하고 있다. 그는 문을 닫는 것이 아니라 열고 있다. 미국 국립예술관National Gallery of Art의 존 카터 브라운J. Carter Brown이 연 블록버스터 전시회들이나 메트로폴리탄 미술관의 토머스 호빙Thomas Hoving이 일으킨 대대적인 열기를 떠올려보라. 그들은 바넘이 알고 있던 바를 알고 있었다. 즉 쇼를 열기 전에는 관중을 모아야 한다는 것이다. 그리고 관객을 모을 때는 이야기를 함으로써 모아야 한다. 바넘이 '엉터리 상술(hokum)'이라 부르던 것을 만들어내야 하는 것이다. 앤드류 와이어스Andrew Wyeth가 그린 헬가Helga의 누드 그림들이나 토머스 호빙이 열었던 〈내 마음속의 할렘Harlem on My Mind〉 전시회들을 기억하는가? 그들은 그 유명한 아모리 쇼Armory show의 전통을 따라 새로운 사람들을 이 금기된 장소에 오도록 만들었다. 그들은 관객들에게 이전에는 결코 보지 못했던 것을 보여주겠다고 약속했다. 그들은 위험을 약속했다. 일찍이 엘리트주의적이고 엄격하며 음울하고 약간 빈사상태에 있던 메트로폴리탄 미술관이 이 쇼들과 함께 다시 살아

났다는 사실은 잊혀진다. 또한 호빙이 호되게 비판받았다는 사실도 잊혀진다. 이런 종류의 박물관 행동에 대한 잡담가들의 반응은 뻔할 뿐 아니라 일관적이다. 즉 그들에 의하면 박물관은 비겁하고 엄격한 비평 정신도 없으며, 어느 기관에 속해 있지도 않고 아무런 지적 토대도 없다는 것이다. 크렌스도 마찬가지로 프로그래머나 행상인, 바넘 혹은 더 심한 경우에는 단기간의 경제적 이익을 위해 장기간의 명성을 기꺼이 희생하려는 속물주의자로 비판된다.

월로우 크릭의 빌 하이벨스에 대해 경쟁자들이 늘어놓는 말을 들어보면 — 즉 그가 성경을 간과하고 구원을 하향 평준화하고 있으며, 정문으로 들어오는 사람 수만큼이나 많은 참회자들이 뒷문으로 빠져나가고 있다는 등 — 크렌스에게 쏟아졌던 보수주의자들의 공격이 어떠한지 알 수 있다. 월로우 크릭이 '맥도널드 교회(McChurch)'라 비판받는다면 구겐하임은 '맥도널드 박물관(McMuseum)'으로 비판받는다. 만약 월로우가 신성한 진리의 명성에 먹칠을 하고 있다면, 구겐하임은 그와 똑같은 일을 신성한 예술에 대해 하고 있다. 만약 월로우가 유일자(the unique)를 소비자 중심의 욕망으로 브랜딩한다면 이 박물관도 마찬가지이다. 그것은 박물관 세계의 피닉스 대학Phoenix University이다.

사실상 하이벨스와 크렌스가 하고 있는 것은 유일성의 내러티브를 브랜드라는 개념으로 대체하고 있는 것이다. 그들은 마치 이렇게 말하는 듯하다. "여기서 발견할 수 있는 것을 다른 곳에서도 발견할 수 있다. 우리도 안다. 그래서 우리는 단지 그것을 새로운 방식으로 보여주려는 것뿐이다" 그리고 이것은 다른 어떤 주장보다도 그들의 큰 매력일 수 있다. 하지만 그것은 몰락의 원인일 수도 있다. 그들은 너무 많이 문을 열고 있는 것인지도 모른다. 그들은 브랜드를 특수하고 유일한 것이 아니라 일반적이고 광범위한 범주에 붙였다. 너무나 많은 사람들이 구원받는 반면 처형되는 사람은 불충분하다. 너무나 많은 예술이 안으로 들어오는 반면 밖으로 격리되는 것은 불충분하다. 호화품의 경우처럼 예술이 희생과 배제 없이 존재할 수 있을까? '모두가 구매할 수 있는 호화품'이란 문구와 마찬가지로 '모두를 위한 예술'이란 문구 자체는 모순이 아닐까? 그들은 아이비리그로부터 브랜드 가치란 정문을 열심히 단속함으로써 만들어진다는 사실을 배워야 하지 않을까?

박물관 세계의 미래

특권화된 공간의 브랜딩을 보면서 알게 되는 것은 특정한 혁신이 계속해서 경계를 확장하고 있긴 하지만 이 각각의 기관들은 서로 융합함으로써 힘을 얻고 있다는 것이다. 만약 대학이 신성한 숲이고 박물관이 신성한 성골함이며 교회가 신성한 사원이라면 그 중 성공적인 것들은 기본적으로 동일한 이야기를 추진하고 있다. 어떤 면에서 우리는 교회/학교/박물관이 하나를 이루는 르네상스의 통일성의 시대로 돌아가고 있는 것인지도 모른다. 그들 각자는 특정한 경험을 제공하는데, 즉 정신적 고양의 느낌을 일으키거나 숭고함을 판매하고 초월성을 이전시키거나 현현(epiphany)을 민주화시킨다.

　게다가 현재의 박물관 융합에서 세속적 성당을, 호화로운 쇼핑 경험에서 박물관 세계의 지류를 추론해 낸다면, 다음 세대의 브랜드 쾌락이 어떤 모습일지 상상해 보는 것도 가능할 것이다. 그 경험은 상업화되는 동시에 신성화된 포스트 모던한 쇼핑몰이 될 것이다. 결국 이야기 뒤로 제품을 달고 다니는 것이 바로 브랜드 행동의 본성이다.

410

더 구체적으로 이것은 바로 호화품의 내러티브적 주장이다.

공적 영역의 의미생산 기관들 — 교회, 학교, 박물관 — 들이 고가품 시장과 공모관계에 있어야 한다는 것은 비평가들에게는 언짢은 일이다. 결국 그들은 무슨 값을 치르더라도 이들을 일반 대중과 공유하지 않으려 하는 데 이해관계를 가지고 있기 때문이다. 각각의 경우 모두 선택성(selectivity)이 그들의 제품이다. 그리고 하나 더 있다. 구원과 교육, 그리고 예술은 테마 파크나 영화관, 텔레비전과 경쟁대상이 되어서는 안 된다는 것이다. 교회 신도와 학생, 그리고 예술 후원가들을 고객이나 소비자, 혹은 관광객으로 여겨서는 안 된다. 목사와 교수, 큐레이터들은 무슨 서커스의 호객꾼이 되어서는 안 된다. 그러나 좋든 싫든 점점 그렇게 되고 있다.

관심을 끌고 시장점유율을 높이기 위한 전쟁이 단지 이들 기관만 변화시키는 것이 아니라 우리 일상생활의 성격 자체를 변화시키고 있다. 그리고 그것은 공동체의 성격 자체를 변화시키고 있다. 이 세 가지 주요 문화자본 생산자들이 단지 서로 융합할 뿐 아니라 르네상스 이래로 목격된 바 없는 방식으로 스스로를 마케팅하고 있다고 해서 우리가 얼마나 곤혹스러워 해야 하는가?

5장

모든 비즈니스가 쇼 비즈니스라면
그 다음은 무엇인가?

좋든 싫든 우리는 소비주의 시대에 살고 있다. 쇼핑몰에서 박물관까지 동일한 충동과 만족이 상업과 문화를 지배한다. 그 모든 것은 전적으로 무엇을 쇼핑하는가에 달려 있다. 그러나 이보다 더 중요한 것은 과정 자체이다. 상업적 경험이든 문화적 경험이든 이제는 하나의 엔터테인먼트로서, 하나의 사회적 의식으로서, 그것들이 제공하는 소속감이 중요해지고 있다. 소비주의는 모두가 공유하는 가장 최근의 대중적 활동(public activity)이다.

_ 아다 루이즈 헉스터블Ada Louise Huxtable, 《월스트리트 저널》

오늘날 조직은 차별화 방법이 더 이상 남아있지 않기 때문에 브랜드로 경쟁해야만 한다. 그들은 더 나은 가격 정책도 유통망 개발도 프로모션도 실시할 수 없다. 방법은 오직 브랜딩뿐이다.

_ 돈 슐츠Don Schultz, 『브랜드 커뮤니케이션 측정』

상업 브랜딩이 제품들의 세계를 재배치하고 변환시키는 능력에 대해서는 이견이 없다. 또한 이 책에서 필자는 상업 브랜딩의 혁신들이 믿음의 세계도 재배치해 왔다고 주장했다. 필자는 어떻게 특정 종교 및 예술, 교육의 제공자들이 종종 시대에 뒤떨어진 그들의 서비스 시스템에 상업적 판형(template)을 도입하고 있는지 보여주려 하였다. 이 고급문화 기관들이 시장을 저속하다고 경멸해 오는 동안, 한편에서는 몇몇 혁신자들이 자기 허구화(self-fictionalizing)의 기법들을 다양한 성공도를 가지고 구사해 왔다. 그렇게 하는 동안 성공적인 믿음 및 학습 제공자들은 문지기(gatekeeper)에서 수표원(ticket taker)으로 이동하였다. 문화를 마케팅 한다는 것이 그렇게 나쁘지만은 않을 수도 있다. 사실 그것은 문화를 다시 활성화시키는 원천이다. 그리고 소비자의 입장에서 보면 그것은 항상 거리를 유지해 왔던 문화와 상하 관계를 훨씬 줄이고 상호 반응적인 관계를 훨씬 늘리는 것을 의미한다. 저 높은 곳에서 내려오던 말이 이제는 소비 공동체가 느끼는 필요로부터 나오고 있다.

사실상 문화 자본의 브랜딩은 현대 공동체의 진화과정에 있어 다음 단계를 장식할 것이다. 『혼자 치는 볼링: 미국 공동체의 붕괴와 부활Bowling Alone: The Collapse and Revival of American Community』에서 하버드 대학교수인 로버트 푸트남Robert Putnam은 고독한 운전이나 소파에서 감자 칩을 먹으며 보는 TV 관람, 그리고 전자 키보드 행위와 같은 너무나 사적인 여가 활동들이 초래하는 사회적 간극을 한탄한다. 세 가지 기계 — 자동차, 텔레비전, 컴퓨터 — 가 우리와 타인 간의 거리를 증가시켰다. 푸트남에 따르면 그것들은 인간 대 인간의 연결 대신에 인간과 반응력이 뛰어난 도구(responsive instrument)와의 커뮤니케이션을 만들어낸다. 그 상호작용은 우리를 서로에게서 점점 멀어지게 하고 고독과 불안감을 증가시킨다. 여성유권자 연맹League for Women Voters이나 유나이티드 웨이United Way(미국의 불우이웃돕기단체), 슈라이너스Shriners(국제자선단체), 매달 열리는 브리지 게임 클럽, 또는 심지어 친구들과 함께 가는 일요일 피크닉마저 점점 참여자가 줄어들고 있다. 현대의 잘못된 개인주의가 치안, 공평한 세금징수, 민주주의적 감수성, 일상적 정직성, 그리고 심지어 개인의 건강과 행복까지 위협하고 있다.

지난 두 세대에 걸쳐 일어난 공적 사교활동(public socializing)의 쇠퇴는 부인할 수 없는 사실이다. 클럽 참석률이 절반 이상 줄었고, 교회나 가족 오락의 참석률도 줄어들었으며, 심지어 카드 치는 횟수도 줄어들었다. 하지만 이것이 왜 중요한가? 푸트남에 따르면 사회적 연결망으로 묶여 있는 사회가 집단을 위해서나 개인을 위해서 더 건강하기 때문이다. 가장 높은 클럽 멤버시십과 투표참여율을 보이는 주가 가장 평등한 소득 분배와 가장 좋은 학교를 가지고 있다고 한다. (그리고 참여율이 낮은 주일수록 가장 나쁜 소득분배와 열등한 학교를 가지고 있다.)

푸트남은 많은 비판을 불러일으켰는데, 가장 중요하게는 로퍼 여론조사 센터Roper Center for Public Opinion Research의 책임디렉터이자 정치학자인 에버레트 래드Everett Ladd가 있다. 래드는 단지 하나의 기관이 쇠퇴한다고 해서 (가령 엘크스 클럽Elks Club과 보이 스카우트) 다른 것들이 그 자리를 대신하지 않는 것은 아니라는 (가령 시에라 클럽Sierra Club이나 어린이 축구) 설득력 있는 주장을 펼쳤다. 그리고 이것은 제2차 세계대전 이래로 계속해서 존재해 온 반복어구, 즉 우리가 자랄 때는 지금 우리 아이들이 경험하는 것보다 더 많은 공동체가 있었다는 내용의 후렴구를 간과하는 것이다. 그러나 우리가 공동체를 원한다고 말하지만 우리는 종종 공동체에서 빠져나오려고 갖은 애를 쓰지 않는가? 『키워드: 문화와 사회 어휘Keywords: A Vocabulary of Culture and Society』에서 레이몬드 윌리엄스Raymond Williams가 했던 다음의 말, 즉 "사회 조직을 뜻하는 다른 모든 어휘들과는 달리 공동체라는 단어는 한 번도 적대적으로 쓰인 적이 없는 듯 하다. 그리고 이 단어에 대한 적극적인 반대나 차별화 용어도 등장한 적이 없는 것처럼 보인다"는 고려해 볼 가치가 있다.

혼자 볼링을 치는 것과 우리가 지금까지 살펴보았던 문화적 브랜딩이 무슨 관계가 있는 걸까? 문화인류학자인 그랜트 맥크래켄Grant McCracken은 현대 생활의 기저에 놓인 현상을 잉여(surplus), 그의 말로는 풍족(plenitude)이라고 보면서 이것이 현대 생활의 중심을 차지한다고 말한다. 호환 가능한 수많은 물건과 서비스들, 수많은 이야기들, 그 이야기를 할 수 있는 수많은 매체들 등, 풍족은 그것이 피상적이고 몰역사적인 제휴 관계를 만들어낸다는 점에서 공동체에 장애가 되는 듯 보인다. 그러나 그 반대도 사실이다. 브랜딩이 하는 일이란 소비자에게 무언가 붙잡을 수 있는 것, 무언가 그것을 매개로 사람들이 모일 수 있는 지식이나 이야기를 제공하는 것이다. 이런 의미에서 만약 공동체 집단이 문화의 필수적 기반을 이룬다면 브랜딩은 그 집단들이 연결되어 있는 방식을 변화시키고 있는지도 모른다.

브랜드의 소비로 정의된 공동체

사람들이 만들어내는 많은 이야기들의 목표는 주로 공통의 지식과 믿음을 어떻게 전파시킬 것인가이다. 이 지식은 우리가 누구이고 어디에 있으며 어떻게 서로를 대해야 하는지를 아는 데 매우 중요하다.

문화적 리터러시(cultural literacy, 읽고 쓸 줄 아는 능력)는 공동체의 토대이다. 브랜딩은 이러한 리터러시를 생성하는 한 가지 방법인데, 왜냐하면 브랜드 스토리가 공동의 수용(즉, 소비)뿐 아니라 개개인이 공유하는 이해(즉, 인지)에 의존하고 있기 때문이다. 믿기 어렵겠지만 빅맥 버거에 무엇이 들어있는가를 아는 것은 (2개의 쇠고기 패티와 특별 소스 등) 양키 팀의 3루수가 누구인가를 아는 것과 마찬가지의 통합력(unifying force)을 가지며 이것은 어떤 면에서 보면 신명기 2장 18절에 무엇이 있는지를 아는 것과 똑같은 힘을 가진다.

1987년 버지니아 대학^{University of Virginia}의 영어학 교수 허쉬^{E. D. Hirsch}는 『문화적 리터러시^{Cultural Literacy}』라는 책을 펴냈는데 그 책의 부제는 대범하게도 '모든 미국인들이 알아야할 것^{What Every American Needs to Know}' 이었다. 책의 논지는 설득력이 있었다. 공동체를 이루기 위해서는 먼저 문화를 공유해야 한다. 푸트남이 공유된 사회화 과정의 상실을 한탄하는 반면, 허쉬는 우리가 공유된 지식을 가져야 한다고 말한다. 이 점을 바탕으로 필자는 몇 년 전 '모든 미국인들이 알아야 할 것'에서 많이 축약된 형태의 목록을 만들어 필자가 가르치는 학교에 가지고 갔다. 그 목록은 허쉬의 부록 중 각 페이지의 오른쪽 하단 단어들만 모은 것이다. 그 부록의 제목은 '유식한 미국인들이 아는 것'으로 지어졌다. 어쨌든 필자가 만든 새 목록은 말하자면 공동체에서 '정말로 중요한 것들'을 무작위로 샘플링한 것이라 할 수 있다. 나는 학생들에게 다음을 간단히 정의하거나 설명해 보라고 시켰다.

앰퍼샌드	아우슈비츠	생화학 경로
분데스타크네빌	챔버레인	복문(複文)
사이클로트론	여물통 안의 개	엘리시움

연방주의	인디라 간디	D.W. 그리피스
후버 댐	할부 구매	요셉과 그 형제들
라이프니츠	페르디난드 마젤란	허먼 멜빌
주방위군	뉴클레오티드	패러독스
행성	기소(起訴)	공포정치
신성한 소	쇼니 부족 인디언	스탈린그라드 전투
직근(直根)	표토(表土)	벡터
위니 더 푸	리처드 라이트	취리히

물론 그들은 곧 지루해했다. 이런 학교공부에서나 나올 법한 것들에 신경 쓰는 사람이 누가 있는가라고 말하는 듯했다. 필자는 계속해서 이번에는 다음의 목록을 가지고 이 과정을 반복할 것을 요구했다.

Just Do It	Uh-huh	커널 샌더스
모리스	Feel really clean	미국의 심장박동
Mummm, Good	Kills bugs dead	올슨 부인
Fahrvergnugen	Quality is Job One	Why ask why?
Two scoops!	난 그럴 만하니까	토니 호랑이
Have it your way	99(44)/100% pure	Master the moment
57 Varieties	Speedy	Never had it, never will
White knight	Jolly Green Giant	Mountain grown
Mr. Whipple	Do you know me?	Be all you can be
Betty Crocker	Still going	Snap, Crackle, Pop
Aunt Jemima	We try harde	That's Italian

그들은 너무나 신이 나서 필자에게 생각해 볼 목록을 불러주기 시작했다. 분명 그들은 이러한 버전의 '미국인들이 정말로 알아야 할 것'들을 좋아했는데, 그것은 그들이 알고 있는 무언가가 가치를 가진다는 생각에 흥분한 것이기도 하지만, 또한 그들이 무언가 공통된 지식을 공유한다는 사실을 깨달았기 때문이다. 흑인과 백인, 남성과 여성, 앞 열과 뒷 열이 공통된 문화를 가지고 있는 것이다. 허쉬와 푸트남 교수는 둘 다 옳다. 공유하는 것은 결속력을 가지고 온다. 물론 필자의 학생들 중 일부는 자신들이 공유하는 것이 문화적 정크 푸드라는 사실을 수치스러워했다. 아마도 그들은 이 지식 뒤에 아무것도 없으며, 그것을 알아야 할 어떤 이유나 역사적 사건 혹은 문화적 사건이 없다는 것을 깨달았을 것이다. 그러나 고급문화주의자들이 그토록 혐오하는 바로 이 브랜드 네임에 대한 지식이 한편으로는 다양한 공동체의 성원인 우리를 하나로 연결지어 주는 것이다. 다른 어떤 것들보다도 이 종이 한 장 두께의 친숙함이 상업 브랜딩의 놀라운 도달력과 동시에 이와 똑같이 놀라운 얄팍함을 만들어낸다. 아이러니하게도 광고계에서도 이 현상을 설명해내는 개념이 있다. 도달력이 넓어질수록(천 명당 비용), 효과는 더 얕아진다(개별 제품에 대한 회상력).

분명 문화적 리터러시의 많은 부분이 브랜드의 의미를 동일하게 적용시키는 비상업적 세계에서 획득된다. 그리고 문화적 리터러시와 공동체 사이의 결합을 지적했던 이유는 이것이 바로 초대형 교회와 고등교육 기관, 박물관 세계가 나아가고 있는 방향처럼 보이기 때문이다. 이상해 보일지 모르지만 라스베이거스는 그 판형이다. 캐나다의 사회학자 존 해니건John Hannigan은 이 새로운 돌연변이 현상을 설명하기 위해 '판타지 도시(fantasy city)'라는 용어를 주조해냈는데 이는 허구를 소비하기 위해 가는 장소를 뜻한다. 도시는 제조업이나 돼지

도살, 상품 교환, 또는 물건을 선적하는 일 등에 기반하고 있었다. 그러나 이제 새로운 종류의 도시 경제가 관광과 스포츠, 도박, 엔터테인먼트 그리고 소비에 기반을 두며 새롭게 경관을 바꿔내고 있다.

라스베이거스는 서로 호환 가능한 카지노들 위에 세워진 자기 완결적인 도시 국가들로 이루어진 판타지 도시이다. 이 도시 국가들은 그들의 이름과 건물에 자신만의 내러티브를 새겨 넣는다. 우리는 이 중에서 선택할 수 있다. 이국적인 곳을 원하는가? (룩소르Luxor, 시저스 팰리스Caesars Palace, 벨라지오Bellagio, 베니스Venetian 등) 아니면 표준적인 관광목적지를 원하는가? (뉴욕-뉴욕, 파리, MGM 그랜드호텔, 맨덜레이 베이 리조트Mandalay Bay Resort 등) 아니면 완전한 판타지 세계는 어떤가? (신기루Mirage, 보물섬Treasure Island, 액스캘리버Excalibur 등) 라스베이거스는 디즈니 월드와 똑같다. 우리는 메인 스트리트 USA와 판타지랜드, 프론티어랜드, 미래의 땅, 어드벤쳐랜드 중에서 고를 수 있다. 이와 동일한 테마 파크화가 시사이드Seaside (플로리다에 위치하여 노스탤지어를 일으키는 자기 완결적인 실험)와 셀레브레이션Celebration (올랜도 외곽에 위치하여 판타지와 도시 생활을 접목시키려는 디즈니의 실험)과 같은 장소에서도 일어난다. 그들은 상업적 목적을 위해 공동체를 브랜딩하는 실험들이다.

브랜드 생활공간의 미래: 미니타운으로서의 초대형 교회

문화적 열망을 생활공간과 연결시키는 것의 매력은 공동체 내에 항상 존재해 왔다. 대부분의 유토피아적인 실험을 보면 많은 경우, 형이상학적인 계획이나 종교적 프로그램이 깃들어 있음을 알 수 있다. 결국 미국이라는 나라도 내세에 대한 믿음을 현세의 현실과 연결시키려 했던 청교도인들에 의해 건립된 것이지 않은가. 언덕 위의 도시는 기독교의 묵시록적인 비전을 둘러싸고 지어질 예정이었다. 그래서 개신교의 한 하위 교파가 짐과 태미 바커Jim and Tammy Bakker의 헤리티지 유에스에이Heritage USA(한때는 디즈니랜드와 디즈니 월드에 이어 미국에서 세 번째로 가장 많은 방문객을 가진 관광지였다)나 제리 팔웰Jerry Falwell의 자유대학Liberty University('학문에 있어서는 하버드에 도전하고 운동경기에 있어서는 노트르담 대학에 도전'하기 위해)처럼 생활공간을 브랜드화하기로 했을 때 그들은 선조들의 전통을 전적으로 따르고 있었던 것이다. 비록 우리가 그 사실을 인정하기 싫어할지라도 말이다.

초대형 교회는 이러한 신성함과 세속됨의 교차로에 서 있다. 그것은 숭배와 경외, 헌신을 불러일으키는 동시에 마을의 생활을 흉내 내려 한다. 초대형 교회는 또한 일요일을 나머지 요일들과 연결시키려 한다. 신도들이 공통된 신념의 동료애를 즐기듯, 초대형 교회도 클럽이나 가족, 사업 등의 상호작용을 제공한다. 전국에서 버려진 상가를 가장 많이 재개발한 자들 중 하나는 초대형 교회들이었다. 예전의 쇼핑 메카가 이제는 새로운 종교적 메카로 거듭나고 있는 것이다.

패트리샤 리 브라운Patricia Leigh Brown이 〈미니타운으로서의 초대형 교회Megachurches as Minitowns〉라는 기사에서 썼듯이 이것은 그 발전이 예견된 공동체이다. 영적 핵심을 중심으로 수많은 세속적인 편의시설과 부속물들을 제공하고 있는 연중무휴의 풀 서비스 초대형 교회들은 이전에는 일요일에만 운영되던 교회가 교회 밖으로 몰아내던 활동들 중 많은 부분을 다시 안으로 들여놓고 있다. 이제는 같은 건물 내에서 먹거나 쇼핑하거나 학교 및 은행에 가거나 운동을 하거나 암벽등반을 하거나 기도를 드릴 수 있게 되었다. 이것은 마치 스테로이드성의 뉴잉글랜드 마을인 것 같다. 교회는 일종의 게이티드 커뮤니티(gated community)가 되었다.

　종종 이 교회들은 공동체의 물건들 자체를 물신화하는 듯 보인다. 그래서 켄터키 루이스빌의 사우스이스트 크리스천 교회Southeast Christian Church에서는 교회 신도들이 2만 2000명의 가족에 대해 이야기하고, 방문객들은 종종 한 시간에 5000개의 커피를 끓여내는 커피포트와 같은 놀라운 통계적 소식을 접하게 된다. 사우스이스트 교회의 규모는 '그린리 영성체 자판기Greenlee Communion Dispensing Machine'의 발명을 가져왔는데 이는 40개의 영성체 잔을 2초 만에 채울 수 있다. 텍사스 그레이프바인 지역에 있는 펠로우십 교회Fellowship Church는 젊은 신도들을 유치하고 잘 유지한 덕분에 약 10여 년 만에 10개 미만의 가구에서 2만 명의 회원들로 성장하였다. 펠로우십 교회는 클라이밍 월과 비디오 아케이드를 갖춘 4만 평방피트의 청소년 센터를 보유하고 있고 아버지와 아들의 농어 낚시를 독려하기 위해 호수를 만들고 있다. 텍사스 플래노의 프레스톤우드 침례교회Prestonewood Baptist Church는 너무나 정교한 청소년 센터를 가지고 있는데 혹자는 그 센터를 '프레스톤 월드Preston World'라 부르기도 한다. 그곳에는 강의실과 7000석의 신전은 물론, 15개의 야구장과 1950년대 스타일의 식당, 그리고 체육 센터를 갖추고 있다. 그 교회는 메인 스트리트 개념을 모델로 하여 1900만 달러어치의 학교와 커피숍, 푸드 코트, 학생 봉사센터, 청소년 건물, 기도용의 야외 산책로, 예배당, 구내식당을 추가하고 있다. 브라운이 결론에서 지적하듯이, "이 교회들은 13세기 이래 상상치도 못했던 방식으로 세속적이 되어가고 있다. 이들은 더 이상 단순히 경배의 장소가 아니라 일부는 리조트, 일부는 쇼핑몰, 일부는 확대가족, 그리고 일부는 마을 광장이 되어가고 있다."

　필자가 윌로우 크릭에서 살펴본 바와 같이, 겉보기에는 위협적이

422

지 않은 이 교회들은 하나의 독자적 우주이자 자기의식적인 브랜드 커뮤니티, 그리고 온갖 종류의 외부 서비스(휴스턴의 브렌트우드 침례교회Brentwood Baptist Church는 심지어 드라이브 인 윈도우와 작은 금빛 아치형까지 갖춘 맥도널드 가게를 교회 안에 들여놓기까지 했다)와 온갖 종류의 요람에서 무덤까지의 서비스(어떤 경우에는 즉석 화장터를 포함하여)를 끌어들이는 사회적 자석이 되어가고 있다. 기본적으로 초대형 교회는 지난 수백 년 간 팔아치운 것들을 되사는데 필요한 시장 영향력을 갖추고 있다. 하트포드 신학교Hartford Seminary의 하트포드 종교연구소 Hartford Institute for Religion Research가 내놓은 연구결과에 따르면, 초대형 교회의 평균 연간 수입은 460만 달러라고 한다. 이것은 모든 종류의 비종교적 활동을 후원할 수 있다는 것을 의미한다. 사실 그것은 초대형교회가 고등교육 기관과 마찬가지로 점점 경쟁력 있는 편의시설에 의존해 가고 있다는 것을 의미한다.

그러나 큰 전통적 교회들을 소란케 하는 이슈들과는 너무나 대조적으로 장소에 기반한 이 교회들은 가족생활의 스트레스(먼 통근 거리, 실제적이고 가상적 위험, 도시 스프롤sprawl 현상 등)로부터 휴식을 제공한다. 이 요새들은 다양한 진입점과 위협적이지 않은 성상(聖像), 현금 인출기, 최고의 체육관, 컴퓨터 수업, 데이트 서비스, 방과 후 프로그램, 진짜 스피리트웨어(spiritwear)를 판매하는 장소들, 그리고 흡연자들에게 금연하는 법을 익히도록 도와주고, 볼링 초보자들에게 혼자만의 세계에 빠지지 않도록 가르쳐주는 내부 클럽 등과 같은 간단한 것들을 제공하는데, 이것들은 대개 시장의 커뮤니티들과 연관된 것들이다. 만약 사람들이 신념을 쇼핑하는 것이라면, 초대형 교회는 그러한 쇼핑 선반을 가득 채워놓는다고 할 수 있다. 그리고 단지 신념에 근거해서는 브랜드 충성도를 만들어낼 수 없기 때문에 기본

적으로 부가적 혜택이나 제휴 관계, 편리한 커뮤니티를 제공함으로
써 이것을 이끌어낸다.

강경론자들에게 그러한 라이프스타일로서의 믿음(belief-as-lifestyle)은 오히려 믿음으로서의 라이프스타일(lifestyle-as-belief)에 더 가깝다. 그러나 이러한 마케팅은 대체 가능한 잉여품의 불가피한 발전 결과이다. 확대 가족을 포함하여 모든 것이 미리 포장된다. 역사적으로 볼 때 피난처로서의 교회가 다시 살아나 쇼핑객의 '적정 실내온도 성향'에 알맞게 개조되었다고 할 수 있다. 즉 실온(room-temperature)의 종교가 된 것이다. 초대형 교회는 게이티드 커뮤니티의 종교적 버전이다. 그렇다. 그것은 종교적인 디즈니랜드이다. 하지만 초대형 교회는 또한 인간의 열망과 결합된 강력한 내러티브와 무료 주차 서비스에서 오는 불가피한 결과이기도 하다.

브랜드 생활공간의 미래: 학교에 세워지는 마을

생활공간의 식민화(colonization of living space)라 하면 사람들은 보통 종교기관을 떠올리지만, 박물관과 대학으로 스며드는 문화자본은 이 기관들이 브랜드를 확장하고 커뮤니티를 만드는 사업에 뛰어들 다음 타자라는 것을 암시한다. 이는 이미 대학교에서 일어나고 있다. 박물관도 아마 곧 뒤따를 것이다. 비영리 단체는 영리 단체와 종교 기관이 그랬던 것처럼 그들의 이야기를 생활공간의 영역으로 확장함으로써 브랜드 자산을 활용하게 될 것이다.

고등교육 기관의 브랜드 확장은 매우 순수하게 일어났다고 할 수 있다. 약 30년 전 몇몇 대학들은 소위 리서치 파크(research park, 연구 단지)라는 것을 발전시키기로 결정했다. 스탠포드 대학교가 1951

424

년 대학 연구의 인큐베이터로 개설한 스탠포드 리서치 파크는 윌리엄 휴레트^{William Hewlett}와 데이비드 패커드^{David Packard}가 점점 성장하고 있던 그들의 컴퓨터 회사를 그곳에 위치시키겠다는 결정과 함께 빠른 성공을 거두었다. 스탠포드 리서치 파크의 확장이라 할 수 있는 실리콘 밸리가 뒤따라왔다. 10년 후 노스캐롤라이나 피드몬트 지역에 있는 대학교들의 컨소시엄이 지역 정부 관리들과 결합해 리서치 트라이앵글 파크^{Research Triangle Park}를 세웠다. 50개의 회사에 3만 5000명에 육박하는 직원을 고용한 이 리서치 파크는 이제 듀크 대학이나 노스캐롤라이나 대학, 또는 노스캐롤라이나 주립대학과 학문적으로는 매우 미미한 연계만을 가지지만, 인지도 면에서는 깊은 유대관계를 유지하고 있다.

이러한 아카데미 브랜드의 확장에서 일어난 성공은 조용히 지나가지 않았다. 진짜 붐은 1980년에 찾아왔는데, 베이 돌 법안^{Bayh-Dole Act}이 통과되면서 대학은 연방정부의 재정적 지원을 받은 발명품들에 대해 특허를 낼 수 있는 권리가 생기게 되었다. 초기의 수혜자들은 대규모 연구 대학들이었다. 리서치 파크라는 개념은 훨씬 더 매력적인 것이 되었는데 왜냐하면 주립대학교가 더 이상 밑 빠진 독에 물붓기가 되지 않을 수도 있다는 것을 입법자들이 깨달았기 때문이다. 주립대학교는 이제 수입의 원천이 될 수 있었다. 현재 약 130여 개의 리서치 파크들이 대학의 후원을 받는 동시에 다시 이 대학들에게 기여를 하고 있다. 혹은 적어도 그럴 것이다.

대학교가 후원하는 리서치 파크들의 결과가 다양했다면, 다음의 발달은 아마도 성공할 확률이 더 높을 것이다. 다양한 종류의 제휴관계를 판매하는 것은 이제 대학교의 가장 큰 수입원이 되었는데(등록금이 아니다), 그렇다면 브랜드를 좀더 확장하여 예전의 학생들까지 포함시키는 것은 어떨까? 사실 학생들은 잠시 접어두고 졸업생들을 위한 생활환경을 만들어내는 것은 어떨까? 대학 연계 은퇴 커뮤니티 University-Linked Retirement Communities, ULRC는 미래 브랜드 성장의 핵심어이다. 골프 코스도 매력적일 수 있고 병원 근처에 사는 것도 위안을 주는 듯 보이지만, 동창생들과 함께 어우러져 사는 것도 괜찮지 않은가? 사실 말이 나온 김에 하는 말인데 아예 대학 캠퍼스 안에 사는건 어떨까?

지난 십년 간 이 대학 연계 커뮤니티들은 대학의 담쟁이덩굴처럼 무럭무럭 자라고 있다. 대부분의 경우 커뮤니티 자체는 대학교의 소유가 아니다. ULRC들은 대학의 교육과 음식 서비스가 그러하듯 아웃소싱으로 해결된다. 이러한 공생관계가 성공하는 이유는 대학교들이 고정 비용과 같은 문제로 골치를 썩고 있기 때문이다. 대학교는 연간 운영되기는 하지만 학기만을 따진다면 실질적으로 9개월밖에 운영되지 않는다. 여름학교는 수지가 맞는 적이 거의 없고 비록 어떤 학교들은 일정 수의 여름 학기 수업을 의무 수업으로 부과하기도 하지만 1년 내내 학기를 운영함으로써 성공한 대학교는 아무데도 없다. 과거의 대학교들은 종종 캠퍼스 공간을 여름 기간 동안 사설 회의 및 사설 여름학교 등에 임대해 주거나 기숙사를 민간 개발업자들에게 임대해 주는 등 다양한 임대계약을 맺곤 했다. 그러나 ULRC은 대학 시설을 최대한 이용하는 데 얽힌 다양한 문제들을 해결해 준다. 종종 이 커뮤니티는 학교와 모종의 액세스 프로그램을 맺고 그 거주민들이 학교에서 무료로 강의를 듣거나 매우 할인된 가격에 들을 수 있도록 하고 있다. 이 커뮤니티의 확장은 매우 단순하게 이루어진다. 일단 공간을 졸업생들과 은퇴한 교수들에게 제공한다. 그 다음에는 학생과 교수진, 그리고 직원들의 부모들에게 주택 공간을 제공한다.

그 후에는 졸업생들의 친척들로 확장시킨다. 또 그 다음에는 돈이 있는 사람은 누구든지 받아들인다. 평생 학습보다 더 나은 브랜드 스토리도 있는가? 이들 브로셔의 두 번째 단락에 보면 대학 병원과 얼마나 가까운지 상세히 적어놓고 있음은 두말할 나위가 없다.

가장 큰 ULRC 운영자는 펜실베이니아 케네트 스퀘어의 켄달 코퍼레이션Kendal Corporation으로서 이들은 이미 다트마우스, 코넬, 오벌린 등지에 커뮤니티를 가지고 있다. 하야트 코퍼레이션Hyatt Corporation의 고령자들을 위한 생활공간인 하야트 클래식 레지던스Classic Residence도 스탠포드 대학 병원 근처에 494개 단위의 은퇴 커뮤니티를 세우기 위해 이 대학과 장기간의 토지 임대계약을 맺었다. 은퇴 커뮤니티들이 이미 지어졌거나 계획 중에 있는 학교들로 펜실베이니아 대학, 펜 스테이트 대학Penn State University, 미시건 대학, 앨라배마 대학, 루이지애나 주립대학, 노트르담 대학University of Notre Dame, 인디애나 대학, 버지니아 대학, 듀크 대학 등이 있다. 은퇴 커뮤니티의 가능성을 알기 위해서 꼭 은퇴 커뮤니티 입문과정까지 들을 필요는 없다. 단지 미국만 하더라도 나이가 65세 이상 되는 인구가 2003년도에만 3500만 명에 이른다는 사실만 알아두면 된다. 2035년이 되면 이 수치는 두 배가 될 것이다.

필자가 가르치고 있는 플로리다 게인스빌에서는 플로리다 대학교 옆에 '오크 해먹Oak Hammock'이라는 생활공간이 지어지고 있다. 적절하게 이름 붙여진 이 노후 은퇴 커뮤니티는 212개의 아파트 가구와 57개의 '빌라' 혹은 '클럽 홈(club home)'으로 이루어진 269가구를 보유할 계획이다. 또한 보조원이나 간병인이 필요한 사람들을 위해 69개의 방이 마련될 것이다. 충분히 짐작해볼 수 있듯이, 필자는 이곳에서 많은 스팸 메일을 받는다. 그래서 어느 날은 그 중 한 양식을 작성하였다. 그러자 필자의 전화벨은 멈출 줄을 몰랐다. 필자는 이곳에 입주하기 위해 대학교와 꼭 연관을 가져야 할 필요는 없다는 것과 언제든지 마음과 몸이 동할 때 이곳 병원이나 축구 경기에 갈 수 있다는 것, 그리고 노인 학교Institute of Aging와 제휴 관계에 있는 은퇴 학습 기관Institute of Learning in Retirement에 등록함으로써 '마침내 개인의 성장을 위한 시간을 가지게 될 것'을 확인시켜 주는 일련의 브로셔 더미를 받았다.

대학들은 학습 기관을 사랑한다. 사실 이 무수한 브로셔들 중 하나에는 턱 높이까지 책을 쌓아둔 한 노인 남성의 사진이 있다. 책 더미 너머로 그 남성은 신입생이 첫날 수업에 참여할 때 짓는 미소를 입에서 귀까지 걸고 있다. 그 브로셔의 끝은 이렇게 장식되어 있다. "다음 학기 등록 중입니다." 그가 필요한 것은 어린이나 신입생이 쓰는 비니 모자뿐이다. 그리고 필자는 플로리다 대학의 총장인 찰스 영Charles Young이 몇 해 전 우리 학교로 부임해 온 이후 그와 대화를 나누기는커녕 서신을 주고받아 본적도 없지만, 다음에 보는 바와 같이 대학 가족의 일원이 되고자 하는 필자의 관심과 희망에 감사함을 표하는 그의 편지를 받았다.

일주일 후 필자는 필자의 안부를 걱정하는 다른 어떤 사람으로부터도 커다란 우편엽서를 받았다. 손으로 직접 쓴 그 엽서는 필자에게 '대학과 인생이 제공할 수 있는 최고의 대학 연계 은퇴 커뮤니티'에 입주할 계획이 어떻게 되어가고 있는지 문의해 왔다.

이것이 끝이 아니다. 당신의 대학이 은퇴 생활에 대해 문의해 오지 않는다면 그 이후의 삶에 대해 문의해 올 것이다. 《월스트리트 저널》의 보고에 따르면 캠퍼스에서 가장 잘나가는 브랜드 확장 사례는 납골당을 판매하는 것인데, 이것은 기본적으로 캠퍼스에 지어진 납골

428

용 지하실을 의미한다. 이것은 자신의 유산을 진지하게 여기는 중남
부 지방의 학생들에게 특히 어필할 듯 하다. 그래서 한 납골함 당
3000달러만 지불하면 당신은 리치몬드 대학University of Richmond에서 편
안하게 쉴 수 있고 1800달러면 말 그대로 토머스 제퍼슨Thomas Jefferson
의 버지니아 대학의 일부가 될 수 있다. 그러한 홈커밍의 기회를 제

고등교육의 미래: 필자는 인생의 황혼
녘을 플로리다 대학교의 오크 해먹에
서 수천 명의 다른 사람들과 함께 보내
도록 초대받았다.

공하는 다른 학교들로 사관학교와 종교 학교가 있다. 모든 사망자의 절반가량이 화장을 하고, 가족이나 교회와 같은 집단들의 중요성이 점차 감소하고 있는 이 시대에 당신의 재를 위한 납골함을 학교 로고가 새겨진 스웨터나 머그잔처럼 판매하는 것은 매력적인 일인 듯 보인다. 그리고 앨라배마 대학교에서 버지니아 대학교에 이르기까지 약 50여 개의 대학들이 이미 납골당과 비슷한 가격으로 학교 휘장이 장식된 귀중품함을 판매하고 있는 마당에 이들의 가격 경쟁력은 분명해 보인다. 이제 우리는 정말로 스피리트웨어(spiritwear, 영혼의 옷)에 대해 이야기하고 있다. 《저널Journal》지에 따르면, 이 대학들은 전체 매출의 약 7.5~10퍼센트 정도를 번다고 한다. 그리고 이것은 그들이 스웨터와 커피 머그잔에서 버는 돈과 비슷한 액수이다.

구겐하임 하이츠? 아직은 이르다. 하지만 킨케이드빌은 임박했다

박물관은 그들의 브랜드를 테마파크로 확장하는 데 있어 뒤처져 있다. 이유는 뻔하다. 브랜드 제휴의 수준이 그렇게 깊다거나 인식의 수준이 그렇게 높지 않기 때문이다. 우리가 살펴본 바대로, 박물관들은 분명 고품격 호화매장(프라다 본점이나 박물관에 근거를 둔 다른 동료들)이나 테마가 있는 카지노(벨라지오와 베니스 등 라스베이거스에 있는 예술 갤러리들)들과 교류 해왔다. 그리고 박물관들은 그들이 등장하는 모든 커뮤니티에서 분명 주택의 가치를 높여주는 역할을 담당해 왔다. 뉴욕 퀸즈에 있는 뉴욕현대미술관 근처의 주택 가격이 상승한 것이나 뉴욕 비콘에 예술 재단Art Foundation이 등장하거나 스페인의 빌바오에 구겐하임이 등장한 이후 이 장소들이 고급화된 것에서 이것을 목격할 수 있다.

그러나 주택 개발단지와 박물관 간의 적극적인 공동작업은 아직 등장하지 않았다. 이것은 박물관이 거의 언제나 값비싼 도심 지역에 지어지고 있기 때문인데 박물관들은 종종 도심 재개발을 부추기면서도 정작 자신들은 주택 공간이 아니다. 뉴욕현대미술관 타워는 단순한 뉴욕현대미술관의 공간을 훨씬 넘어서고, 경계를 넘나드는 모든 종류의 여행 및 엔터테인먼트 이벤트들이 박물관과 만남을 시도하고 있지만 아직까지 박물관은 테마가 있는 커뮤니티 사업으로 진입하지 못하고 있다. 그리고 분명 그들은 공간 한 뙈기에 이름을 새겨 넣기 위해 돈을 지불하는 '기념 기회(memorial opportunity)' 외에는 아직까지 유골 안치소 사업에 공격적으로 뛰어들지 못했다고 할 수 있다. 예외적인 경우로 살바도르 달리Salvador Dali가 있는데 그는 스페인 피구에라스에 있는 자신의 박물관 화장실 밑에 묻힘으로써 꽤 웅변적인 선언을 하게 되었다.

의심할 여지없이 내가 이 글을 쓰는 동안에도 어떤 박물관 디렉터들은 창고에서 썩고 있는 거대한 양의 예술 작품을 세상 밖으로 꺼내와 유통시킴으로써 자신의 브랜드 가치를 높일 방안을 고안해내고 있다. 박물관들은 사적인 생활공간을 장식하려는 개인 및 상업적 공간에게 그들의 그림을 대여하려 시도해 왔다. 여기에서 가장 큰 걸림돌이 되는 것은 예술품 기증자는 보통 그 기증품이 박물관 내부에 머물기를 요구하고 보험회사도 작품이 건물 밖으로 이동하는 경우에 대해 금지성의 프리미엄을 물린다는 것이다. 예술품 임대의 혁신은 민영 부문에서 나왔다. 오피스 건물 소유주들은 종종 아트 에셋Art Assets LLC이나 윌슨 미니 설리번Wilson Meany Sullivan LLC과 계약을 맺어 자신의 건물을 차별화시키는 방법으로 예술을 임대했다. 아트 에셋의 창립자이자 CEO인 바바라 팔레이Barbara Paley는 다음과 같이 말한다.

"건물주들은 세입자를 계속 끌어들이고 머물게 하기 위해 자신의 건물을 다른 건물과 차별화시키는 것을 중요하게 생각하고 있다." 브랜드 예술을 이용하여 오피스 공간을 브랜딩하는 것은 기업들이 수십 년 간 해 온 일이다. 시그램Seagram과 엔론Enron 또는 시티뱅크Citibank의 예술 컬렉션을 생각해보기만 해도 알 수 있다. 그것들은 모두 팔려나갔다. 지금 시대에 고유한 것은 건설 회사들이 예술을 위탁 제작한다는 것이다. 이렇게 만들어진 예술품들을 다른 회사에게 임대함으로써 그들은 그들이 대체 가능하도록 만들어낸 제품 — 즉 오피스 공간 — 을 다른 제품과 차별화시킨다.

특정 작품들이 박물관에서 쇼핑몰 및 공공장소로 이동한 것은 사실이다. 그리고 기부금이 몰리는 대형 박물관의 예술 작품들을 소규모의 지역 박물관들로 이동시키는 정교한 대여 체계가 존재하는 것도 사실이다. 그러나 아무도 아직까지는 특정 박물관의 소유품을 가령 호텔 체인점이나 리조트 등과 결합시켜 교차 브랜드로 만드는 방법을 생각해낸 적은 없다. 만약 구겐하임 박물관이 별 네 개짜리 호텔이나 유람선과 제휴하면 어떨까? 박물관 브랜드는 충분한 호소력을 갖고 있지 않을 수도 있다. 이보다 더 흔하게 볼 수 있는 현상은 박물관이 도시개발계획의 명성 있는 부분으로 이용되는 것이다. 그러나 만약 누군가 제품을 이동하지 않고서도 그 브랜드 가치를 이동시키는 방법을 고안해낸다면 이 현상도 차차 변화할 것이다. 이 경향에 기여하는 것으로 공공사업에 드는 건설비용의 일정 퍼센트를 예술에 할당하도록 하는 공공 정책이 있다. (보통 예산의 약 1퍼센트이다.) 예술을 인증하는 데 있어 박물관이 맡는 중요한 역할을 생각해 볼 때 아마 박물관들은 그것을 유통시키는 방법도 생각해낼 것이다.

물론 유럽에서도 르네상스 작품들이 거의 디즈니와 같은 취급을

받는 이탈리아의 플로렌스 지방이나, 모네의 생가와 작업실, 정원이
거의 순례자들을 위한 테마 파크로 변한 프랑스 지베르니Giverny 등이
있다. 그러나 쉽게 예상해볼 수 있듯이 예술 문화에서 생활공간으로
가장 참신하게 브랜드를 이동시킨 예는 토머스 킨케이드Thomas Kinkade
라는 미국인에 의해 이루어졌다. 자칭 빛의 화가Painter of Light™인 킨케
이드가 미국 시각문화에서 차지하는 전시공간은 보통 상점가이거나
트레일러의 벽면이다. 그는 그의 너무 감상적인 빛의 향연을 새로운
차원으로 끌어올렸다. 냄비 받침에서 시작하여 성경 겉표지와 화면
보호 장치에 이르기까지 모든 것을 그리던 그는 이제 가사 공간을 공
략하기 시작했다. 그렇게 하는 동안 그는 끝없는 석판화의 달리Dali
와 어린이의 사랑을 독차지하는 킨Keane 부부를 능가하며 가장 부유
한 예술 브랜드가 되었다. 약 2000만 점의 그의 그림이 현재 포커를
치는 개나 파도 위를 달리는 말이 걸려 있던 벽면을 장식하고 있다.
킨케이드의 천재성은 그림의 이미지가 아니라 그 이미지들을 확장하
는 데에 있다. 자신도 말하듯이 그는 '예술에 기반한 라이프스타일
브랜드'이다. 그는 게이티드 커뮤니티가 될 가능성이 농후하다. 주택
을 통째로 팔 수 있는데 뭣 하러 벽 장식품을 그려서 팔겠는가?

1990년대 들어 킨케이드는 건설회사와 힘을 합쳐 주택단지를 건
설했는데 그 장소는 다름 아닌 캘리포니아였다. 아놀드 파마Arnold
Palmer가 디자인한 골프 코스를 중심으로 형성된 거대한 주택 단지
'히덴브루크Hiddenbrooke'의 일부는 테일러 우드로우 홈즈Taylor Woodrow
Homes 사가 만든 토머스 킨케이드 커뮤니티, '더 빌리지The Village' 였
다. 그 주택단지가 아늑한 계곡이나 숲이 우거진 작은 골짜기에 위치
해 있는 것은 아니지만(그 단지는 80번 고속도로 바로 옆에 위치해 있다)
브로셔에는 이곳의 개발업체가 "킨케이드의 빛의 예술을 매우 특별

한 디자인과 디테일의 마을로 옮겨놓았다"고 주장한다. 사실 그 주택 단지는 샌프란시스코 북동쪽으로 30분 거리에 있는 목장인 캘리포니아의 센트럴밸리Central Valley에서 가져온 듯한 여느 꾀죄죄한 지역과 똑같아 보인다.

킨케이드의 특기는 게이티드 커뮤니티로서의 트레일러 파크(trailer park, 이동 주택 주차 혹은 거주 구역)이다. 생각해보면 그것이 바로 그가 그리는 것이다. 그 모든 안락하고 번지르르한 소형 주택들이 황토색과 레몬 빛에 흠뻑 젖어 있는 모습이란! 그의 비전, 즉 브랜드 아이덴티티의 내용 자체가 다른 곳과는 고립되고 차단되며 안전해지는

숲이 우거진 작은 골짜기의 방갈로 그림을 가질 이유가 더 이상 어디 있겠는가? 게이티드 커뮤니티인 '더 빌리지' (토머스 킨케이드 커뮤니티)에서 이제 진짜를 가질 수 있다.

434

것이다. 동화책에 나올법한 그의 대부분의 집들이 정면에 보호형 담장을 가지고 있는 것은 우연이 아니다. 실제 프로젝트인 '더 빌리지'는 그 좁은 골목과 가짜 자갈밭 진입로와 함께, 킨케이드의 그림으로부터 얻은 전원풍에 대한 영감을 끝까지 고수한다. 수많은 빗자루와 앙상한 언덕 그리고 80번 주간 고속도로가 보이지 않도록 고개를 숙이고 있는 동안만은 말이다. 상점가에서 킨케이드의 위치는 '예술 초보자용'으로 되어 있지만, 캘리포니아 북쪽에 있는(그의 네 딸의 이름을 따라 윈저, 메리트, 챈들러, 에버레트로 지어진) 네 개의 주택 디자인은 초보자용 집이라 하기 힘들다. 그것들의 가격은 무려 36만 5000달러에서 46만 4000달러까지 이른다.

무작정 킨케이드를 비난하는 것은 어렵지 않다. 그는 단지 그저 그런 (맥도널드 어린이용 메뉴인) '해피밀Happy Meal'이라 할 수 있다. 그러나 《뉴요커》에서 자신을 신랄하게 비판한 수잔 올린Susan Orlean에게 말했듯이, 그는 "[나는] 미국 예술에 부합하는 마케팅 시스템을 만들어 냈다. 나는 예술에 대한 동경을 믿는다. 나는 내 작품이 사람들이 즐길 수는 있지만 흔해빠진 것이 되는 것은 원치 않는다. 뭔가에 대해 꿈꾼다는 것은 좋은 일이다. 이는 롤렉스Rolex를 가지게 되길 꿈꾸는 것과 같다. 대신 당신은 7만 5000달러짜리 그림을 갖기를 꿈꾼다."

거대 집단의 브랜딩: 도시, 지역, 국가

자명한 것처럼 보일지 모르지만, 과거에는 인간을 성강이나 대학 도시로 끌어들였고 오늘날에는 여행과 쇼핑, 도박을 라스베이거스의 도시국가형 카지노들에 밀어넣는 것은 가장 최근에 등장한 브랜드 환경, 즉 신 도시주의New Urbanism나 주상복합 문화, 또는 킨케이드빌의 근저에 있는 것과 동일한 열망이다. 사람들은 이야기를 공유하기 위해 모인다. 이 판타지 마을(fantasy town)은 경제적 공동체나 물리적 안전의 공동체를 넘어 내러티브적 공동체, 즉 브랜드 이상향(Brandopia)을 이룬다. 이야기는 공통의 허구를 공유하고자 하는 의지를 통해 만들어진다. 종교나 지식, 예술에 대한 열망을 나타내는 이야기들은 깊고 지속적인 제휴를 보장하고 궁극적으로는 단순한 상업적 이야기들을 능가할지도 모른다.

인간이 도시나 지역, 또는 국가와 같은 큰 단위의 존재들과 제휴하려 때, 이 공동체 형식들은 종종 너무나 많은 브랜드들이 일으키는 갈등의 무게에 비틀거리곤 한다. 인공적 환경이 자연적 환경에 길을 내주듯이 이 브랜드들은 통제하기가 더 어렵다. 가령 9·11 테러사건 이후 뒤따라온 불경기에 마이클 블룸버그^{Michael Bloomberg} 뉴욕 시장은 40억 달러의 예산 적자를 메우기 위해 뉴욕시 공원 시스템 중 일부의 네이밍 권리를 기업들에게 주면 어떻겠냐고 제안한 적이 있다. 기업들이 스포츠 경기장의 브랜딩 권리를 소유하는 것처럼, 랜달 섬^{Randall' s Island}과 같은 장소도 기업들에게 임대하면 어떻겠냐고 제안한 것이다. 이 시장은 네이밍 권리의 가치를 잘 이해하고 있었다. 그는 자신의 이름이 언급될 때마다 그에 대한 뉴스도 폭주하는 것을 깨닫고 있었다. 그리고 뉴욕시도 분명 그러한 맞바꿈의 역사를 가지고 있다. 42번가에 위치한 셀윈 극장^{Selwyn Theatre}은 2000년도에 자신의 간판 이름을 10년 동안 '아메리칸 에어라인 극장^{American Airlines Theatre}'으로 바꾸는 대가로 850만 달러를 받는 거래를 맺은 바 있다. 건물들 전체가 그야말로 거대한 광고판으로 변한 타임 스퀘어의 완벽한 상업화는 또 어떤가?

비판가들이 재빨리 문제점을 지적해내듯이, 공적 공간의 그러한 맞바꿈은 오해의 소지로 가득 차 있다. 심지어 대체로 엄격한 《뉴욕 타임스》도 자신의 스타일(Style) 섹션에서 장난삼아 농담하길, 뉴욕 시의 그 유명한 교통 체증뿐 아니라 이에 못지 않은 뉴요커들의 험한 입담도 브랜드가 될지도 모르겠다고 썼다. 한번 상상해 보라. 경찰차 나 응급차의 사이렌 소리에 메시지를 싣겠다고 법률 회사들이 얼마 나 많은 돈을 퍼붓겠는가? 수많은 뉴욕 밤거리의 배경음악을 이루는 자동차 경적 소리도 마찬가지이다. 《스포츠 일러스트레이티드Sports Illustrated》의 작가인 프란츠 리즈Franz Lidz는 《타임스》의 독자 투고란에 서 더욱 열띤 스포츠를 즐기는 듯 하다. 그는 거기에서 네이던의 페 이머스 핫도그Nathan's Famous hot dog에게 유엔Unitd Nation에 수백만 달러 를 기부하여 유나이티드 네이던United Nathan으로 이름을 변경할 것을 제안했다. 그리고 캘곤Calgon 샤워 오일 회사는 알공퀸Algonquin을 후원 해서 캘공퀸Calgonquin을 만들어도 좋을 것이라 제안했다. 박물관들도 공동브랜드를 만들 수 있을 것이다. 퀸즈의 리프락Lefrak 시티 컴플렉 스는 자신의 수익 중 일부를 프릭 컬렉션Frick Collection에 양도함으로써 리프릭 & 프락 컬렉션LeFrick & Frak Collection을 만들 수 있을 것이다. 이 와 비슷하게, 만약 유홀U-Hall 사가 뉴욕현대미술관MoMA에 합승한다면 예술 후원가들은 유모마U-MoMA에서 하루를 보내는 것을 다시 생각해 보게 될까? 크레이지 에디Crazy Eddie가 없어져서 다행이지 만약 그렇 지 않았다면 구겐하임 미술관을 후원해서 어떤 낭패를 봤을지 모른 다. 리즈에 따르면 크레이지 구겐하임은 하나로도 충분했다.

그러나 사실 대부분의 서구 도시들은 이미 그들의 공적 공간을 임 대해 주고 있다. 도시 공간이 일단 별다른 내적 차이가 없는 대체 가 능한 것이 되자, 경기장이나 공원과 같은 장소의 네이밍 권리를 파는 것은 불가피해졌다. 공적 비용을 아예 외부화하는 것은 어떨까? 높은 세금과 이름 변경 중 하나를 선택해야 할 경우 많은 도시 거주민들은 돈보다는 차라리 언어를 포기할 것이다. 그리고 부유한 자선가가 잠정적인 증여와 네이밍 권리를 맞바꾸는 것과 기업이 이와 똑같은 거래를 현금을 주고 하는 것이 뭐가 다른가? 212와 같은 지역번호나 90210과 같은 우편번호가 차별화의 표지가 되었을 때 우리는 동네의 지위를 만들어내는 능력에 있어 뭔가 심대한 변화가 생겼다는 것을 알게 된다. 대학이나 교회, 박물관들은 이러한 소동에 진입하는 다음 타자일지 모른다.

주(states)는 약간 다른 문제를 제기한다. 미국에 있는 50개의 주 중 차별적인 브랜드를 가진 곳은 별로 없다. 메인 주와 오레곤 주는 해변으로 유명하고 텍사스 주와 알래스카 주는 광활함이 그 특징이며, 남가주와 북가주는 샌프란시스코와 L.A.를 중심으로 형성되어 있고, 하와이는 뛰어난 자연경관을 가지고 있으며, 플로리다는 주로 오렌지와 대통령 선거 개표 논란, 그리고 은퇴 커뮤니티와 관련하여 잘 알려져 있다. 나머지 주들은 종종 워드마크라는 이름의 우스꽝스러운 슬로건들에 의존한다. 가령 "버지니아는 연인들을 위한 주"라든지 "펜실베이니아에서는 친구가 있습니다", "아칸소, 자연의 주", "오클라호마는 OK입니다", "일리노이, 바로 여기 바로 지금", "뉴햄프셔, 자유롭게 살지 못한다면 죽음을 달라" (이로부터 어떤 재치꾼은 뉴저지의 워드마크를 다음과 같이 제안했다. "깊게 숨을 들여 마시고 죽어라") 등이 있다.

이런 점에서 볼 때 미국 대륙의 한가운데 위치한 두 개의 주가 지도상이 아니라 잠재적 소비자들의 마음속에 자신을 재포지셔닝 시키기 위하여 의식적으로 펼치는 시도는 흥미롭다. 1947년부터 노스다코타North Dakota에서는 주명을 '다코타'로 줄이려는 운동을 벌여왔는

438

데 왜냐하면 'North'는 불필요하게 추운 인상만을 남기기 때문이었다. 이러한 개명 운동은 데이브 배리Dave Barry라는 칼럼니스트가 보기에는 꽤나 어불성설이었다. 그는 아예 주명으로 다코타를 버리고 노스로 가는 것이 어떻겠냐고 제안하기도 했다. 그러나 점점 더 다양해지는 주의 구성원들이 브랜드 구축에 더욱 노련해짐에 따라 노스를 버리자는 주장은 힘을 얻어가고 있다.

노스다코타에서의 소동이 브랜드에 대한 열광을 상승시키는 모든 요소를 갖추고 있다면, 남쪽에 위치한 네바다 주는 좀더 냉정한 접근을 취했다. 자신이 가지고 있는 것이 황량하고 메마르며 위협적인 것들뿐이라는 사실을 깨달은 네바다는 최근 'Bring It On'이라는 캠페인을 벌이기 시작했다. 여기서 'It'은 어떤 신비로운 우주적 힘을 지칭하는 듯 보인다. 보통 야외 어드벤처 잡지나 대형 광고판에 붙어 있는 광고에는 문신을 한 남성들이 서핑 보드를 들고 모래언덕을 의심스러운 눈초리로 쳐다보고 있다거나, 수염을 기른 남성들이 습지 속을 뚫어져라 쳐다보고 있는 모습, 혹은 너무나 지쳐 보이는 자전거 주자들이 바위 중간에 서 있는 모습들 위로 "당신은 삶의 약탈자You Are a Predator of Life", "당신은 어드벤처 스토커You Stalk Adventure", 또는 "당신이 진실을 다룰 수 있는가?"와 같은 헤드라인이 걸려 있다.

분명 그러한 워드마크를 이용하여 지역을 브랜딩하겠다는 생각은 패러디와 비슷하다. (조나단 스위프트Jonathan Swift의 『걸리버 여행기』에 나오는 라퓨타의 주민들이 현실에 집중하기 위해 그들의 귀를 부레로 얽어맞아야 했던 것을 기억하라.) 그러나 그것은 현대 관광산업의 대상이기도 하다. 이러한 전환점은 1950년대에 스스로를 거대한 브랜드로 만든 광고인 데이비드 오길비David Ogilvy가 푸에르토리코를 무법의 식민지로부터 휴가와 비즈니스의 천국으로 바꿔놓으면서 찾아왔다. 오길비

이것이 주를 브랜딩하는 방법인가? 네바다 주는 "당신은 어떤 종류의 동물인가?"라고 묻는다.

는 이렇게 자랑했을 것이다. "나는 사실만을 말했다. 아무런 허세도 형용사도 사용하지 않았다." 그러나 당연히 비결은 어떤 정보를 사실로써 전면에 부각하고 어떤 정보를 무시할 것인가를 아는 데에 있다. 탄산음료(스웹스Schweppes 토닉 워터)와 셔츠(해서웨이Hathaway), 자동차(롤스로이스Rolls-Royce), 그리고 가솔린(쉘Shell)에게 적용되는 진실은 민족국가에도 적용된다. 그리하여 "산후안(푸에르토리코의 수도, 항구도시)과 사랑에 빠지다"나, "푸에르토리코에서 신혼여행을 보내세요", 그리고 "푸에르토리코로 나들이를 갔다가 나는 새로운 럼주를 알게 되었다"라는 문구들에서 오길비는 정치적이고 환경적인 요소를 철저히 무시하고 이곳이 로맨스와 휴식, 그리고 가벼운 방종에 이상적인 장소라는 데에 초점을 맞추었다. 여기 그 자신이 직접 발표한 브랜드 성명서가 있다.

440

우리는 푸에르토리코 럼주를 위한 일종의 광고 캠페인을 시작했
는데 결혼한 부부들을 섬으로 데리고 와 그 술을 홍보했다. 그 때
까지 여성들은 술 광고에 한 번도 등장한 적이 없었다! 우리가 찍
은 광고에는 여성들이 등장하였다. 각 광고에서 남성들은 손에 술
한 잔을 들고 있는 반면 여성들은 그들 앞에 놓인 술을 전혀 마시
지 않았다. 우리는 그녀들이 전혀 술을 마시지 않는다는 사실을
믿도록 만들어야만 했다!

　이러한 리브랜딩이 푸에르토리코를 바꿔놓았을 뿐 아니라 캐리비
안 전체를 급격하게 다른 이미지로 만들어놓았다는 것은 의심할 여
지가 없다.

브랜드 국가

이런 종류의 국가 브랜딩이 현대적인 이유는 단지 그것이 포커스 그
룹이나 테스트 시험, 또는 시장 세분화와 같은 정교한 상업적 마케팅
기술을 활용할 뿐 아니라 이야기가 사람의 지각에 영향을 미친다는
사실을 깨닫고 있기 때문이다.《롤링 스톤Rolling Stone》지의 오래된 광
고 캠페인은 옳았다. "지각이 바로 현실인 것이다." 최근 '브랜드 아
메리카'에 대한 일련의 진지한 기사와 독자 의견이 국가 브랜딩이 중
요한 외교정책 중의 하나임을 지적하고 있다. 현대의 정치적 브랜딩
은 당사자 모두에게 진지하게 받아들여진다는 점 때문에라도 과거의
역사적 프로파간다와는 다르다. 초대형 교회와 고등교육 기관, 그리
고 박물관 세계와는 반대로 외교의 세계는 자신이 마케팅 비즈니스
에 있다는 사실을 정확하게 인식하고 있다. 아무도 그렇지 않은 척

행세하지 않는다. 결국 외교인들은 정치인들이고 전 클린턴 고문이자 현재 TV 전문가인 폴 베갈라Paul Begala가 남긴 유명한 말처럼 좀더 못생긴 남자들이 나오는 쇼 비즈니스일 뿐이다.

전직 광고인인 찰스 스쿠바Charles Skuba는 이 이미지 메이킹의 발전 과정을 〈조지타운 국제문제 저널The Georgetown Journal of International Affairs〉에 실린 기사, '브랜딩 아메리카Branding America'에서 논한다. 이와 거의 동시에 네덜란드 국제관계 기구 상임연구원으로 있는 피터 반 함Peter van Ham도 〈포린 어페어스Foreign Affairs〉에 실린 '브랜드 국가의 부상The Rise of the Brand State'에서 이와 똑같은 주장을 펼친다. 두 관찰자는 모두 외교의 차세대에서는 자신의 국가를 경쟁국가보다 먼저 브랜드화하는 능력이 매우 중요해질 것이라고 주장한다. 기본적으로 이 두 사람은 모두 자신을 스스로에게 허구화(fictionalize)시키기보다는 다른 국가들에게 성공적으로 허구화시키는 국가들이 지배하게 될 것이라고 주장한다. 내부적인 이야기에 초점을 맞추던 예전 방식의 민족주의는 (가령 우리의 역사, 우리의 혈통, 우리의 명백한 운명 등) 다른 국가들에 대해 하는 브랜드 이야기에 자리를 내주게 될 것이다. (손님, 찾는 것이 무엇입니까? 또는 오늘은 어느 나라에 가고 싶나요? 등)

'브랜드 국가의 부상'에서 반 함은 명백해 보이는 사실을 지적한다. 우리는 이제 우리들 사이에서 나누는 이야기가 아니라 외부에 우리를 어떻게 말하느냐에 따라 우리 자신에 대해 알게 된다. 그는 다음과 같이 말한다.

어떤 여행사든지 가서 브로셔 표지를 살펴보면 각 국가들이 세계의 심리적 지도(mental map)에 자신을 제시하는 다양한 방식을 볼 수 있다. 싱가포르는 비행기에서 우리에게 맛있는 애피타이저

를 제공하는 아름다운 미소의 얼굴을 가진 반면 아일랜드는 주근
깨와 빨간 머리의 아이들로 가득한 바람 많은 푸른 섬이다. 그러
나 이 이미지들은 실제로 존재하여 우리가 방문할 수 있는 현실의
지리적 공간을 묘사하는가? 아니면 단지 제품을 팔기 위해 문화
적 스테레오타입을 이용하고 있는 광고일 뿐인가?

지난 20년 동안, 직설 화법의 광고는 이제 제품과 서비스에 사
람들이 동일시할 수 있는 어떤 감정적 차원을 불어넣어주는 브랜
딩에게 자리를 넘겨주었다. 이런 식으로 싱가포르와 아일랜드는
더 이상 지도책에서 발견하는 나라들이 아니라 브랜드 국가가 되
었다. 이 브랜드 국가들의 지리적, 정치적 배경은 그들이 점점 더
세계화되는 소비자 대중들에게 일으키는 감정적 반향과 비교해볼
때 하찮은 것이 된다. 브랜드란 제품에 대한 고객의 생각(idea)으
로 가장 잘 설명될 수 있다. 그러므로 브랜드 국가는 특정한 국가
에 대한 외부 국가들의 생각으로 구성된다.

우리가 살펴보았듯이, 브랜딩은 어디든지 대체 가능한 물건들이
너무 많아질 때 발생한다. 전 세계 국가들은 이제 비누 분말이나 고
기 패티, 또는 크레딧 카드와 마찬가지로 점점 서로를 구별할 수 없
게 되고 있다. 지리적 경계는 이제 별로 중요하지 않다. 철의 장벽과
베를린 장벽은 녹슬고 무너져 내렸다. 비슷한 기계들이 제품의 차이
를 지워나감에 따라 상업적 브랜드가 필수적인 것이 되던 이전 시대
와 마찬가지로 현대의 세계화도 똑같은 일을 하고 있다 상업 및 문
화적 브랜드에 대한 소비 습관은 민족국가도 이들과 똑같이 구별 불
가능한 것으로 만드는 위협을 가하고 있다. 일반 회사들이 종종 그들
의 제품과 서비스가 일반 제품 정도로만 인식되는 환경 속에서 마케

팅을 해야 한다는 도전에 부딪히고, 대학교와 교회, 그리고 박물관들이 일반적 지위로부터 빠져나오려고 애를 쓰듯이, 민족국가들도 이제 차별화가 아니면 죽음을 각오해야 한다.

우리들이 점점 개인적 차원에서 공유하는 것은 조상이나 종교, 문학, 언어, 또는 이데올로기가 아니라 코카콜라와 펩시의 차이가 무엇이고 어느 프라다 지갑이 괜찮으며 빅 맥 버거 안에는 무엇이 들어 있는지에 대한 얄팍한 지식이다. 우리들이 점점 국가적 차원에서 공유하는 것은 고유한 과거가 아니라 우리가 현재 소비하고 있는 동일한 대중문화이다. 어지럽게 흩어져 있는 풍경 위로 도약하기 위해서 성공적인 민족국가는 비록 한시적일지라도 고유한 내러티브를 결정하고 추진할 수 있어야 한다. 브랜드가 없는 국가는 경제적 또는 정치적 관심을 끄는 것이 힘들어질 것이다. 그런 국가는 이야기를 전달할 목소리가 없다. 아무도 그 나라의 말을 듣지 않을 것이다. 가령 캐나다와 어쩌면 러시아의 경우를 생각해보라. 그러나 이와 정반대의 상황도 존재한다. 즉 국가 브랜드가 너무 강력하고 큰 목소리를 가지고 있는 것이다. 이스라엘과 어쩌면 미국의 경우가 여기에 포함된다.

이처럼 이미지와 평판은 국가의 전략적 자산이나 수출 자본, 또는 그 국가가 영향을 미치고자 하는 대상에게 그것이 제공하는 바의 핵심적 부분이 되고 있다. 브랜드 제품처럼 브랜드 국가는 기대와 만족에 의지한다. "그 이야기를 믿습니까?" 아니 이보다 더 좋은 것은 "그것을 사십니까? 만족하십니까?"이다. 여기에서 이전되는 것은 우리 대 그들이라는 오래된 정치학이 아니라 우리 대 그들이라는 느낌(feelings)이다. 반 함van Ham이 말하듯, 우리는 이제 우리가 소비하는 제품과 서비스에 대해 논하는 것과 똑같은 방식으로 국가의 개성에 대해 논한다. 우리는 이제 국가를 '우호적'(서구 지향적임을 뜻함)이라거나 '신뢰할 수 있다'(동맹국)거나 또는 '공격적'(영토 확장론자)이라거나 '믿을 수 없는'(무뢰한)이라고 묘사한다. 싸움의 목표는 새로운 외교 시장 점유율이다.

보수주의자들과 예전 방식의 민족주의자들에게는 심기가 불편한 일이겠지만 이러한 내러티브의 확대는 점차적으로 민족주의적인 '나 먼저 주의(Me-First-ism)'를 대체하며 사실상 긍정적인 발전이 될 수 있다. 브랜드 국가가 자신의 역사와 지리, 민족적 구성의 모티프를 사용하여 자신만의 차별적 이미지를 만들어내는 것은 깊이를 너비로, 특정한 제휴 관계를 더 넓은 소비로 대체하는 것이자 관객의 욕망에 훨씬 더 집중하고자 하는 것이므로 이제 국가 간의 싸움은 덜 호전적일 수 있다. 무언가를 팔기 위해서는 자신의 언어가 아니라 소비자의 언어를 사용해야 한다. 쇼비니즘과 지역주의를 처벌함으로써 브랜드 국가는 평화를 가져오는 것으로 드러날 것이다.

그러므로 한편으로 민족국가는 관광과 무역의 목적을 위해 자신을 브랜딩하고 있다. 토니 블레어Tony Blair의 '쿨 브리타니아Cool Britannia'는 감정을 수출하는 데이비드 오길비의 전통을 제대로 따르고 있다. 캐나다는 자신의 남쪽 이웃과 분리할 뿐 아니라 바로 이 분리를 강조함으로써 자신의 포지션을 콘트롤하는 방식으로 적극적인 브랜딩 캠페인을 벌이고 있다. 아직까지 캐나다는 독자적인 목소리를 가진 적이 없다. 좀더 성공적인 사례는 벨기에의 경우인데 벨기에의 수상 기 베르호프스타트Guy Verhofstadt는 새로운 로고와 색상을 도입하기 위해 일련의 이미지 메이커들을 고용해 팀을 만들었다. 에스토니아Estonia는 자신을 '스칸디나비안'으로 새롭게 그리고 공격적으로 밀고 있는 반면 폴란드의 지도자들은 후진국이라거나 보수적인 가톨릭 국가라는 자신의 인식을 바꾸려 노력해왔다. 앞으로의 세계화 시대에서 브랜드 국가들은 그들끼리 경쟁할 뿐 아니라 슈퍼브랜드인 EU나 CNN, 마이크로소프트, 그리고 아마 (세계에서 가장 오래되고 널리 인식된 브랜드 국가인) 로마 가톨릭 교회와도 경쟁해야 할 것이다. 그리고 약화된 국가 브랜드의 경계를 너머 문화 자본이 유통되기 시작함에 따라 우리는 초대형 교회나 고등교육 기관, 그리고 박물관 세계의 미래를 바로 이 초국적 브랜드들의 영역에서 보게 될 것이다.

브랜드 U.S.A

이런 맥락에서 미합중국은 앞으로 무엇을 의미하게 될 것인가? 한편으로 우리는 '미국'과 '메이드 인 유에스에이'가 개인의 자유와 번영을 상징한다는 것을 알고 있다. 그러나 우리는 또한 대부분의 국가들에게 미국이란 나라가 바로 이 가치들에 대한 이기적이고 탐욕적인 파괴자로 비춰진다는 사실도 알고 있다. 브랜드들은 전 세계 소비자들의 마음속에 종종 상반된 이미지로 융합된다. 예를 들어 나이키와 마이크로 소프트, 말보로, 코카콜라, 리바이스, 그리고 맥도널드는 그것들이 실제 제품들을 의미하는 만큼이나 모순을 의미하는 수단이 되었다.

종종 '광고계에서 가장 강력한 여성'이라 불리는 샬럿 비어스 Charlotte Beers를 2001년 조지 부시가 미 국무부의 공공외교 및 공무부 차관으로 임명했을 때도 이러한 난제가 제기되었다. 예상대로 포기바텀(Foggy Bottom, 미국 외교의 총본산인 미 국무부를 가리키는 속칭 — 옮긴이) 출신의 경력자 외교관 대신 메디슨가의 이미지 마술사를 임명한 것은 많은 사람들의 반감에 부딪혔다. 그들의 공통된 비판은 "외교술은 비누를 판매하는 일이 아니다"였다. 그러나 어느 정도까

446

지는 외교가 바로 그런 일이 되었다고 할 수 있다. 영토와 천연 자원이 아니라 이제 사람들의 머리와 가슴이 목표가 된 것이다. 누가 아는가? 어쩌면 "전쟁은 외교의 자연스런 확장이다"라는 폰 클라우제비츠von Clausewitz의 유명한 발언은 앞으로 수정을 거쳐 궁극적으로 브랜딩이 전쟁의 역할을 맡게 될 것이다.

비록 비어스는 은퇴하였지만, 그녀의 임명은 단지 국가 브랜딩의 차원에서뿐만 아니라 어떻게 의미가 현대 사회에서 제조되고 유포되는지에 대한 좀더 일반적인 의미에서도 고려해 볼 가치가 있다. 과연 어느 정도까지나 우리는 국가가 교회나 대학교, 박물관 혹은 관광지처럼 단지 또 하나의 문화적 허구(fiction), 혹은 아비투스(habi-tus)와 같다고 말할 수 있는가? 비어의 임명에 관한 가장 신랄한 비판은 『No Logo: Taking Aim at the Brand Bullies』의 저자인 나오미 클라인Naomi Klein으로부터 나왔다. 《로스앤젤레스타임스》 지에 기고한 글에서 클라인은 상업적 브랜딩이 지정학적 문제에 적용될 때의 문제점에 관해 다음과 같이 공격한다.

기업 세계에서는 일단 본사에서 '브랜드 아이덴티티'를 정하고 나면 그것은 군사적 정확성을 가지고 회사의 모든 활동을 거쳐 강화된다. 브랜드 아이덴티티가 그 지역의 언어와 문화적 선호도에 맞추기 위해 다듬어질 수도 있지만 (가령 맥도널드가 이탈리아에서 파스타를 제공하는 것처럼), 그 핵심적인 특성 — 미학, 메시지, 로고 — 들은 변하지 않는다. 이러한 일관성을 브랜드 매니저들은 종종 브랜드의 '약속'이라고 부른다. 그것은 세계 어디를 가든 월마트Wal-Mart나 홀리데이 인Holiday Inn 또는 디즈니Disney 테마 파크가 항상 편안하고 익숙한 경험을 제공할 것이라는 맹세이다.

이러한 동질성을 위협하는 것은 그것이 무엇인든지 간에 회사의 전체적인 힘을 약화시킨다. 그래서 열정적으로 브랜드를 홍보하는 것의 이면에는 항상 그것의 방해자들, 가령 트레이드마크를 도용한다거나 인터넷에서 그 브랜드에 대해 안 좋은 정보를 퍼뜨리는 사람을 공격적으로 처벌하는 노력이 존재한다. 브랜딩의 핵심은 엄격하게 통제된 일방향적 메시지를 가장 번지르르한 형태로 내보내고, 그 기업의 독백(monologue)을 사회적 대화(dialogue)로 바꾸려는 사람들로부터 은밀하게 봉쇄하는 것이다. 강력한 브랜드를 새롭게 만들어내는 데 있어 가장 중요한 도구들은 연구조사와 창조성 그리고 디자인이겠지만 그 이후에는 명예훼손법과 저작권법이 브랜드의 가장 절친한 친구가 된다. 브랜드 매니저들이 기업에서 정치의 세계로 이동할 때 그들은 예외 없이 이러한 동질성에 대한 광신주의(fanaticisim)를 가지고 온다. 브랜딩의 시각에서 보면 우리가 특정 세탁제에 대해 흠모하는 동시에 비난하는 것을 목격하는 일은 물론 피곤한 일이 될 것이다. 그러나 우리가 정부와 맺는 관계라는 문제로 오면, 특히 그 정부가 세계에서 가장 강력하고 부유한 국가의 정부일 경우, 복잡함이 존재하는 것은 당연하다.

브랜딩을 일방향적이고 획일적이며 '상명하달' 식의 커뮤니케이션으로 바라본다면 클라인의 우려는 논리적이다. 만일 브랜딩이 수송아지에 소유권의 메시지를 어떻게 찍을 것인가의 문제라면 그녀의 의견은 옳다. 그러나 브랜딩을 이런 식으로 바라보는 것이 우리에게 위안을 줄 수도 있겠지만 (이것이 우리의 소비자로서의 책임을 면해 주기 때문에라도) 실제로 그런 경우는 드물다. 상업적 내러티브는 어떤 종류의 스토리텔링이나 마찬가지로, 그 이야기를 하는 사람만큼이나 듣는 사람들에게도 의존한다. 관객은 항상 의미와 협상을 벌이면서 그것을 긍정하거나 전복한다. 오사마 빈 라덴이 신중한 작업복 차림을 하고 바위 앞에 침착하게 앉아서 칼라슈니코프 기관총을 들고 서 있으면서 철인삼종경기 타이멕스Timex 손목시계를 번쩍이는 것이 모든 관객들에게 똑같은 방식으로 받아들여질 것이라 생각하는 것은 단순할 뿐 아니라 순진한 생각이다. 그는 전 세계 10억 명의 무슬림들에게 "어느 편을 들 것인지 선택하라"고 말하고 나서 의기양양하게 몸을 뒤로 기대어 물을 마셨다. 이것이 어떤 메시지로 받아들여졌을지는 그렇게 간단하지가 않다. 이슬람도 기독교만큼이나 다양한 면을 가지고 있다. 그리고 아랍 국가들도 서구의 자유 민주주의 국가들만큼이나 복잡하다.

어떤 관객이라도 그들 중 일부는 특정 진술에 대해 특히 그것이 복잡하면 복잡할수록 혼란을 느낄 것이다. 그러나 강력한 브랜드는 이 애매모호함을 부정하지 않음으로써 오히려 이용할 수 있다. 이를 옴니콤 그룹Omnicom Group의 BBDO 월드와이드 회장이자 CEO인 알렌 로젠샤인Allen Rosenshine은 다음과 같이 말한다.

브랜딩이 단지 상업적 기업 활동과 주로 연관되었다고 해서 그것을 [외교에] 부적절하다고 무시하는 것을 잘못된 일이다. 사실 이와는 반대로 브랜딩의 교훈들은 적대국에게 우리의 사회적, 정치적, 경제적 시스템이 경멸보다는 존중할 만한 가치가 있다는 것을 설득하는 데 꽤 효과적일 수 있다. 브랜딩은 제품과 그것의 사용자 간에 특정한 관계가 형성되도록 촉진하는 것이 제품의 실제 성능 외에 어떤 심리적 가치를 만들어낸다는 개념에 기반하고 있다.

이것은 제품과 그것을 사용하길 원하는 사람들의 삶 간에 이성적
이든 감성적이든 어떤 적절한 연결고리를 만들어내는 것을 뜻한
다. 미국을 브랜딩한다는 것은 그러므로 사람들에게 머리와 가슴
에서 소중히 여기고 동경할 만한 뭔가를 제공하는 국가 이미지를
만들어낼 것을 요구한다. 그것은 물질적 가치로 삶을 측정하는 통
계학을 넘어선다. 그보다 더 중요한 것은 미국의 특징인 점잖음과
공정성, 기회라는 의미를 포착해내는 것이다. 상업 세계에서 브랜
딩은 우리에게 경쟁이 조장하는 것을 간단히 무시해버릴 수 없다
는 것을 가르쳐준다. 브랜딩은 우리가 고객들의 생각을 심지어 그
것이 잘못되었다 할지라도 시장의 실상으로서 수용할 것을 요구
한다. 이것은 단지 사람들에게 우리가 얼마나 미국을 사랑하는지
말해줌으로써 그들의 증오를 바꿀 수는 없음을 의미한다. 성공적
인 브랜딩은 신뢰성(credibility)을 요구한다. 만약 우리가 비누에
서 신선한 꽃향기가 난다고 말하는데 실제로 사람들은 아무도 그
렇게 생각하지 않는다면, 우리는 한 사람당 비누 하나를 팔 수 있
을지는 모르지만 그 이상은 팔지 못할 것이다. 결국 항상 나오는
비판에도 불구하고 비누를 잘 파는 방법은 미국을 잘 파는 데에도
도움이 될 것이다.

　물론 식사를 계획하는 것과 그것을 요리하는 것은 꽤 다른 일이다.
미국이라는 요리를 정확히 어떻게 브랜드화할 것인가 결정하는 것은
그 국가가 애매모호함과 모순으로 가득 찬 내러티브라는 점에서 쉬
운 일이 아니다. 이 브랜드의 단독 수식어가 일반제품들처럼
'overnigh'이나 'cool' 또는 'the real thing'이 아니기 때문에 '하나
로 딱 끄집어내기'가 복잡해진다. 사실상 미국이라는 브랜드를 압축

할 수 있는 단 하나의 단어가 있다면 그것은 '복잡성(complexity)'일 것이다. 한편 반드시 피하고 싶은 수식어가 있다면 그것은 '거만한 악당(arrogant rogue)'일 것이다.

아마 이런 종류의 스토리텔링은 벌써 너무나 많은 허구들이 경합을 벌이고 우리를 압도하고 있는 세계에는 먹히지 않을 것이다. 어쩌면 텔레비전과 인터넷이 사람들로 하여금 깊은 독해와 집중을 요구하는 이야기들은 모두 귀찮아하도록 만들었다고 할 수 있다. 그러나 시도조차 하지 않는 것, 즉 언어와 이미지, 사운드를 사용하여 내러티브를 만들지 않는 것은 전 세계에 걸쳐 너무나 많은 사람들의 삶을 향상시켜 온 과정 자체를 폐기하는 것이다. 우리는 브랜딩의 핵심인 풍족함을 만들어냈다. 이제 문제는 그것을 분배할 방법을 우리가 알고 있느냐 하는 것이다. 다음의 사실까지는 명확해 보인다. 즉 이동속도가 빠른 소비재에서 시작한 브랜딩이 이동속도가 느린 문화적 서비스를 거쳐 심지어 그보다 더 천천히 움직이는 민족국가에 이르기까지 확대되는 것은 정부의 지원 여부와 상관없이 이루어지고 있다는 것이다.

우리는 슈퍼마켓 선반이든 아니면 우리 자신의 머릿속이든 점점 지속적이면서도 종종 광적인 스토리텔링의 세계에서 살게 되었다. 그것은 매우 불안정한 세계인데, 군중을 끌어 모으는 반짝 이야기들이 넘쳐나기 때문이기도 하지만, 그 이야기들을 운반하는 미디어들도 너무나 저렴해졌기 때문이다. 종이는 비싸지만 라디오와 텔레비전은 그보다 더 저렴할 뿐 아니라 인터넷은 기본적으로 무료이다. 아무튼 우리는 너무 많이 안다. "진실이 신발을 신고 있는 동안 거짓말은 지구의 반 바퀴를 돌고 있을 것이다"라는 마크 트웨인Mark Twain의 말이 오늘날 보다 더 적절한 적은 없었다.

상업적이든 문화적이든, 정치적이든 어떤 종류의 브랜드도 가히 압도적으로 난립하고 있다. 대부분의 브랜드들은 온실 하우스 토마토의 보관 수명을 가지고 있다. 그러나 문화, 사회적 장소, 국가의 브랜딩이 궁극적으로 얼마나 강력한 것이 될지 아는 사람이 누가 있을까? 그것이 분열의 베를린 장벽을 세울지 아니면 무너뜨릴지 누가 아는가? 20세기에 우리가 물리적 영토나 디자이너 청바지를 중심으로 몰려들었던 것처럼 21세기에 우리는 정치적 그리고 문화적 자본 주위로 몰려들지 모른다. 항상 사회적 의미의 내러티브들을 장려하는 이 시장이 계몽주의 철학자들이 그렸던 세계시민주의(cosmo-politanism)로 이끌 것이라거나, 비물질적인 브랜딩의 보편주의가 '호산나!'의 외침을 증가시킬 것이며 세계화가 전 지구적 공동체를 의미할 것이라고 생각하는 것은 멋있지만 꼭 현실적인 것은 아니다.

우리가 이 브랜드 신세계에 머물게 된 것은 짧은 기간일 뿐이다. 그리고 그곳은 종종 무섭고 우울한 장소이다. 이 세계는 첫 산업사회 시대처럼 부자들의 변덕에 의해 움직이지 않는다. 또한 제품을 팔려고 혈안이 돼 있는 마케터들에 의해 좌지우지되지도 않는다. 정확히 말하면 그들도 기여하기는 한다. 그러나 오늘날의 세계는 주로 젊은 세대들로 구성된 소비자 대중들이 물질적 세계 '안에서' 깊은 의미를 찾으려는 욕망에 의해 움직인다. 여기서 물질적 풍요로움은 더 이상 선진국의 목표가 아니다. 이제는 의미의 풍요로움을 발견하고 공유하는 것이 목표가 되었다.

우리가 살펴보았듯이, 이 허구들은 현대 생활의 지배적인 의미 생산 시스템이 되었다. 이것은 단지 무엇을 소비할 것인가 뿐만 아니라 어떻게 소비할 것인가에 대한 우리의 깊은 혼란에서 비롯되었다. 그 것들이 인위적인 욕망을 만들어낸다는 생각은 역사와 인간 본성에 대한 무지에 기대고 있거나, 순전히 자연적 욕구로만 채워진 숭고한 야만인들의 평화로운 시대가 있었다는 아련한 느낌에 기대는 것이다. 일단 식량과 주거가 해결되고 난 후 우리의 욕구는 선천적인 것이 아니라 항상 문화적이었다. "우리에게 음식을 달라. 그리고 난 후 우리에게 이야기를 달라."

신념이나 역사, 예술, 장소, 정치, 정의, 그리고 문화와 같은 사회적 구성물(social construction)들을 점점 나이키화하고 청바지나 운동화와 비슷하게 만드는 것이 인간 정신에 위배된다고 여겨질지도 모른다. 또 혈연이나 약속된 내세에 대한 믿음 대신에 브랜드 이야기의 소비에 근거한 공동체가 해방적이기보다는 억압적이라고 여겨질 수도 있다. 최종 사용자를 참회자나 신봉자에서 고객, 의뢰인, 그리고 동료로 전환시키는 것은 많은 사람들에게 단지 부적절할 뿐 아니라 심히 불쾌하다고 여기게 할지 모른다.

초대형 교회나 대량 공급형 대학교, 블록버스터 박물관들과 다른 사회적 구성물들은 애플Apple 컴퓨터 사용자들의 특별한 동료애나 사브Saab 및 베스파Vespa 운전자들이 손을 내밀어 흔드는 행동, 티보TiVo 사용자들이 공유하는 기쁨이나 할리데이비슨Harley-Davidson 열광자들의 소란스러운 형제애 등과 실질적으로 공유하는 것이 거의 없을 수도 있다. 어떤 종류의 공동체든 브랜드나 만들어낸 이야기들을 공유함으로써 공동체가 만들어진다는 것은 어떤 이들에게는 의심의 여지없이 끔찍하고 절망스러울 것이다. 사람을 교양인으로 만든다고 여겨지는 의식(儀式)들이 비누와 비슷하게 행동해야 한다는 것은 많은 이들에게 모욕적일 것이다. 믿음과 지식, 그리고 예술을 대상으로 하는 이 현대적 시장들이 우리에게 말해주는 것은 어떤 위계질서도 이제 내부 경쟁으로부터 자유로울 수 없다는 것과 육체로부터 분리된 권위(disembodied authority)라는 개념 자체가 의문의 대상이 아니라면 적어도 논란의 대상이 되었다는 것이다. 브랜딩이 우리에게 말해주는 것은 위계질서와 권위가 선천적으로 주어지는 것이 아니라 설득력 있는 내러티브를 만드는 능력에서 비롯되는 경우가 많다는 것이다.

개인적 얘기와 함께 마무리를 짓고자 한다. 필자는 버몬트 주 북부의 조그만 마을에서 자랐다. 그곳은 공동체성이 매우 강한 곳이었다. 너무 과했다고나 할까? 제2차 세계대전 이후 사람들이 주에서 빠져나가기 시작했는데, 이것은 일자리가 다른 주에 있기 때문이기도 했지만, 버몬트 주의 공동체성이 너무 강해서, 즉 사회적 친분이 너무 강하고 사람들끼리 너무 가까워서이기 때문이기도 했다. 전쟁에 나갔던 남성과 여성들은 다시 구속의 생활로 돌아올 준비가 되지 않았다. 필자의 할아버지는 조그만 구멍가게를 가지고 계셨다. 할아버지는 종종 외상으로 거래를 하시곤 했다. 어머니께서 들려주신 말씀에 의하면, 할아버지는 모르는 사람일지라도 그 체취에 근거하여 외상을 내주기도 하셨다고 한다. 만약 손님에게서 양 냄새가 나면 외상을 안 받았고 소 냄새가 나면 고민하셨으며, 말 냄새가 나면 당연히 외상을 받으셨다고 한다. 할아버지는 일종의 냄새 프로파일링(smell profiling)을 실시하고 계셨던 것이다. 우리 가족의 대부분은 젖과 꿀이 흐르는 땅인 캘리포니아로 갔다.

매년 여름마다 필자는 이 세계로 되돌아온다. 최근 30년 동안 사람들은 이 작은 마을로 되돌아오고 있다. 버몬트 주의 주지사는 이튼 앨런Ethan Allen에서 캘빈 쿨리지Calvin Coolidge, 그리고 하워드 딘Howard Dean으로 이동하였다. 한동안 분명 평지인(flatlander)를 겨냥해 디자인 된 새 워드마크도 있었다. "우리는 여러분을 환영합니다." 이러한

454

리브랜딩의 과정에서 사회적, 문화적 자본들은 재분배된다. 사회적 장소와 문화적 가치는 누구에게나 열려 있다. 이것은 큰 정신적 충격을 의미할 수도 있지만, 활기를 북돋는 일일 수도 있다. 느릅나무와 흰 교회들은 더 이상 없다. 이제 구멍가게는 세븐 일레븐이 되었다. 시내의 쇼핑몰에는 크레이트Crate와 배럴Barrel, 애버크롬비 & 피치 Abercrombie & Fitch가 있다. 수년 간의 논쟁 끝에 못생긴 월마트가 고속도로에 위치한 일련의 대형 가게들 옆에 자리를 잡았다. 그것은 너무나 낭비적이고 비역사적으로 보였다. 필자의 어머니는 그것이 뿌리가 없다고 불평하곤 하셨다. 감독 교회는 더 이상 공연을 열지 않는다. 집안의 기원을 메이플라워호까지 추적할 수 있는 가족들은 더 이상 누가 들어오고 누가 나가는지 결정하지 않는다. 그들 중에서 이제 이곳에 사는 사람은 거의 없다. 진짜 소들이 들판에서 풀을 뜯고 있던 자리에는 이제 벤&제리Ben&Jerry의 소 그림이 우편함에 걸려 있다. 필자가 사는 곳에서 그리 멀지 않은 곳에는 무스의 사진을 찍는 남자의 동상과 상업용 야생화를 키우는 농장이 있다. 지역 박물관은 더 이상 30년 전에 모아둔 퀼트를 보여주는 것이 아니라 서커스를 개최하고 지난주에는 윌리 넬슨Willie Nelson의 콘서트를 후원하였다. 한 웅큼의 돈만 있으면 누구라도 컨트리클럽에 갈 수 있다. 몇 마을 넘어가면 이제 막 생겨난 대형 교회들이 있는데 이들은 전율을 일으킨다. 지역 대학교는 강의실이나 실험실을 위해서가 아니라 학생회관을 짓기 위해서 새로운 채권을 발행하고 있다. 그것은 "경쟁력을 유지해야 한다"고 주장한다.

누가 아는가? 의미와 지위, 믿음을 가게 선반을 가득 메우고 있는 수많은 비누와 치약처럼 마케팅하는 것이란 어쩌면 이전 시스템들보다 더 공평하고 아이러니하게도 더 안정적일지도 모른다. 물론 이것의 위험 요소는 이 치약을 다시 튜브 안으로 담을 수 없다는 것이다. 상인들이 이 성전에 일단 들어오고 나면 상황은 절대 예전으로 돌아갈 수 없을 것이다. 필자는 종종 와일드^{Wilde}의 다음과 같은 말을 떠올린다. "인간의 형제애는 단순히 시인의 꿈이 아니다. 그것은 가장 절망적이고 수치스러운 현실이다." 그럴지도 모른다. 하지만 필자는 브랜드로 이루어진 이 신세계와 그것이 제공하는 난투극의 공동체가 더 마음에 든다. 이 시간이 더디게 흘러가는 제도들을 팝의 세계로 가게 하는 것이 더 공정하고 민주적 — 그리고 이상하게도 더 솔직하고 해방적 — 으로 보인다. 그러나 결국 그것이 정말로 그럴 만한 가치가 있는지는 나머지 세계의 사람들이 결정할 것이다.

1장 브랜딩 입문: 소비문화의 마케팅 스토리

9   A marketing professor: Both studies referenced in Sarah Schmidt, "Advertisers Sear Brands into Eager Preschoolers," The Gazette (Montreal), May 6, 2003, p. Al.

9   As Richard Sherwin has shown: When Law Goes Pop: The Vanishing Line Between Law and Popular Culture (Chicago: University of Chicago Press, 2002).

20 To some sociologists: Of all the French sociologists, Pierre Bourdieu has been most influential in appreciating how competition has moved from economic capital (financial assets, a bank account) to social capital (networks, a Rolodex) and cultural capital (skills and knowledge, an Ivy League diploma, and a seat on a museum board). His Distinction: A Social Critique of the Judgement of Taste (Cambridge, Mass.: Harvard University Press, 1984) has had a profound effect on the study of the consecrating institutions of education, religion, and the arts.

26 "I've never seen": www.storytellinginorganizations.com/ext-pub-news-12-2003.asp 2000 INC. 500 Conference.

26 Or, as another master of this: www.drdifferentiate.com/.

39 "Whether one adopts": Susan Fournier, "Consumers and Their Brands: Developing Relationship Theory in Consumer Research," Journal of Consumer Research 24 (March 1998): 361.

41 the Diderot effect: This concept was first discussed by Grant McCracken in Culture and Consumption (Bloomington: Indiana University Press, 1988), Chapter 8.

45 As Margaret Mark and Carol Pearson: The Hero and the Outlaw: Building Extraordinary Brands Through the Power of Archetypes (New York: McGraw-Hill, 2002).

55 Colin Campbell, an English sociologist: The Romantic Ethic and the Spirit of Modern Consumerism (London: Blackwell, 1987).

58 As Herbert Muschamp, design critic: "Seductive Objects with a Sly Sting," The New York Times, July 2, 1999, p. B35.

58 "Modern exchange is not materialistic": Neil Cummings and Marysia Lewandowska, The Value of Things (London: Birkhauser, 2000), 76-77.

60 The case has been consolidated: Barry Hoffman, The Fine Art of Advertising (New York: Harry Abrams, 2003); Charles A. Coodrum and Helen Dalrymple, Advertising in America: The First Two Hundred Years (New York: Harry Abrams, 1990), and the Taschen series (Cologne, Germany) edited by Jim Heimann, All-American Ads of the 60s (2002), All-American Ads of the 50s (2002), All-American Ads of the 40s (2002), All-American Ads of the 30s (2003), All-American Ads of the 70s (2004).

62 "A brand is a name": As quoted in Philip Kotler, Marketing Management: The Millennium

Edition (Upper Saddle River, N.J.: Prentice Hall, 2000), 404.

2장 하나님 아래 하나의 시장: 브랜드, 교회에 가다

75 Each day about two more: David B. Barrett, George T. Kurian, and Todd M. Johnson, eds., World Christian Encyclopedia: A Comparative Survey of Churches and Religions in the Modern World (London: Oxford University Press, 2001).

76 as Toby Lester reported: "Oh, Gods," The Atlantic, February 2002, pp. 37-45.

85 And if religion were a company: Thomas A. Stewart, "Turning Around the Lord's Business," Fortune, September 25, 1989, p. 116.

88 As Lawrence Moore, the historian: Selling God: American Religion in the Marketplace of Culture (New York: Oxford University Press, 1994).

87 When the Pew Research Center: What the World Thinks in 2002 (www.people =press.org/reports/display. php3?ReportID-165).

87 "I follow religion": Ibid., p. 3.

88 What's extraordinary: Chris Shea, "Supply and Demand Among the Faithful," The New York Times, March 24, 2001, p. B9.

90 In 1950, Fortune magazine: As quoted in Kit and Frederica Konolige, The Power of Their Glory: America's Ruling Class (New York: Wyden Books, 1978), 321.

92 As Nicholas Lehmann argues: The Big Test: The Secret History of the American Meritocracy (New York: Farrar, Straus and Giroux, 1999).

93 Stay home and be a star: And where did the SAT come from? Harvard. It was the brainchild of Harvard's James Bryant Conant and Henry Chauncey. Launching a revolution against their own class of privileged white Anglo-Saxon Protestants, Conant and Chauncey wanted to put into place a system that would skim the best and brightest from all social classes, educate them, and place them in positions of power and responsibility. They succeeded and in so doing helped take down an entire Protestant brand.

93 Since 1991, the mother Church: Gustav Niebuhr, "Protestantism Shifts Toward a New Model of How Church Is Done," The New York Times, April 29, 1995, p. 12.

94 In every church I attended: As one wag recently said of his church's meltdown, I am just thankful that the church's founder, Henry VIII, and his wife Catherine of Aragon, his wife Anne Boleyn, his wife Jane Seymour, his wife Anne of Cleves, his wife Katherine Howard, and his wife Catherine Parr are no longer here to suffer through this assault on our traditional Christian marriage.

97 In other ads: The Church Ad Project also publishes marketing books such as From Disciple to Apostle: A User-Friendly Manual for Church Membership and Advertising the Local Church: A Handbook for Promotion, as well as T-shirts, radio spots, a pastoral card

care system, and information on how to negotiate the rates for and placement of ads in your local newspaper. It also sells books by other publishers, such as The Proverbial Marquee: Words to Drive By, which gives helpful suggestions on what to put on your sign with movable letters; Stealing Sheep: The Hidden Problems of Transfer Growth, which "is not a polemic against the church growth movement" (but really is); and Facing Reality: A Tool for Congregational Mission Assessment, complete with CD-ROM, for "assessing the growth potential and opportunities facing the local church." Clearly, rebranding is the order of the day.

98　If you wonder how: Richard Tomkins, "Brands Are New Religion, Says Advertising Agency," Financial Times (London), March 3, 2001, p. 13.

99　Among the most important ministers: The best and just about only history of advertising is Stephen Fox, The Mirror Makers: A History of American Advertising and Its Creators (New York: Morrow, 1984).

101　"1 am not a doctor": Bruce Barton, The Man Nobody Knows: A Discovery of Jesus (Indianapolis, Ind.: Bobbs-Merrill, 1925), 125, 126, 136, 138, 139, 140.

103　In the world imagined by advertising: Richard Simon, "Advertising as Literature: The Utopian Fiction of the American Marketplace," Texas Studies in Language and Literature 22, no. 2 (1980):154-174.

106　Recent surveys show: Robert Marquand, "Influence of New Age, Megachurches Grow Among US Worshipers," The Christian Science Monitor, August 19, 1996, p. 1.

106　The Pentecostals have clearly: Katrina Burger, "JesusChrist.com," Forbes, May 5, 1997, p. 76. For demographic information on American Protestant churches, see Laurie Goodstein, "Conservative Churches Grew Fastest in 1990s, Report Says." The New York Times, September 11, 2002, p. A16.

107　They are the bourgeois: David Brooks, Bobos in Paradise: The New Upper Class and How They Got There (New York: Simon & Schuster, 2000).

112　In Acts of Faith: Rodney Stark and Roger Finke. Acts of Faith: Explaining the Human Side of Religion (Berkeley: University of California Press, 2000).

114　"Zip codes are another": ReVision Starter Kit 12. If you want to see the ReVision questionnaire, go to www.percept1.com/pacific/PDF/Context/StarterKit.pdf.

118　Paul Ormerod points out: Butterfly Economics: A New General Theory of Social and Economic Behavior (New York: Basic Books, 2001).

119　As Malcolm Gladwell: The Tipping Point: How Little Things Can Make a Big Difference (Boston: Little, Brown, 2000).

120　These churches even have: Charles Trueheart, "Welcome to the Next Church," The Atlantic, August 1996, pp. 37-58, and Gustav Niebuhr's series on megachurches in The New York Times: "Missionaries to Suburbia: Megachurch," April 16, 1995, p. A1; "The Minister as Marketer: Learning from Business," April 18, 1995, p. A1; and "Protestantism Shifts Toward a New Model of How Church Is Done," April 29, 1995, p. A12.

121 To look at it another way: Trueheart, "Welcome to the Next Church," p. 38.

124 Piling on is even legitimated: Marc Spiegler, "Scouting for Souls," American Demographics, March 1996, pp. 42-54.

130 Now it brings: Ibid., p. 50.

133 In the twentieth century: Robert Marquand, "Upstart Churches Chart New Directions in Protestantism," The Christian Science Monitor, April 10, 1997, p. 1.

134 Art historian Leo Steinberg: The Sexuality of Christ in the Renaissance and in Modern Oblivion (New York: Pantheon Book, 1983). See also Jaroslav Pelikan, The Illustrated Jesus Through the Centuries (New Haven, Conn.: Yale University Press, 1997), and David Morgan, ed., Icons of American Protestantism: The Art of Warner Sallman (New Haven, Conn.: Yale University Press, 1996).

136 It's the Next Thing: Laura M. Kaczorowski, "Willow Creek: Conversion Without Commitment," Distinguished Majors Honors Thesis, University of Virginia, May 11,1997, is one of the best introductions to the church: available at www.religiousmovements. lib.virginia.edu/nrms/superch.html. Another megachurch worthy of mention is Saddleback (120 acres, 19,000 attendees) in Orange County, California, if only because its pastor, Rich Warren, has written the megabestseller The Purpose-Driven Life: What on Earth Am I Here For? (Grand Rapids, Mich.: Zondervan, 2002), full of daily exercises for success in coping.

137 Bill Hybels: Gregory Pritchard, Willow Creek Seeker Services: Evaluating a New Way to Do Church (Grand Rapids, Mich.: Baker Book House, 1996), p. 81.

137 Getting parishioners off the Interstate: William Langley, "God's Shopping Mall," The Sunday Telegraph (London), June 4, 1995, p. 14.

138 "When I was in London" As quoted in ibid., p. 15.

141 Gregory Pritchard: Ibid., pp. 119, 147.

146 The MBAs reveled: James Mellado, Willow Creek Community Church: Harvard Business School Case Study 9-691-102 (Cambridge, Mass.: Harvard Business School, 1991).

147 All in all; Ibid., p. 1.

147 In an analogy: Lee Strobel, Inside the Mind of Unchurched Harry and Mary (Grand Rapids, Mich.: Zondervan, 1993).

148 He is absolutely sincere: Mary Beth Sammons, "Full-Service Church: For Willow Creek Faithful, Singular Success Is God's Work," Chicago Tribune, April 3, 1994, p. 1.

151 When men want to talk: In the bookstore there was a special section of books for men. The titles were revelatory: Minute Meditations for Men; With God on the Golf Course; Reel Time with God; With God on a Deer Hunt; Faith in the Fast Lane; 15 Minutes Alone with God for Men; A Look at Life from a Deer Stand; What a Hunter Brings Home; Where the Grass Is Always Greener; Every Man's Battle: Meditation for Men; A Man After God's Own Heart; The Ultimate Fishing Challenge; The Ultimate Hunt; As Iron Sharpens Iron: Building Character in a Mentoring Relationship; Wild at Heart: Discovering the

Secret of a Man's Soul; With God on the Open Road; Fight on Your Knees: Calling Men to Action Through Transforming Prayer; A Man's Role in the Home; 4th and Goal: Coaching for Life's Tough Calls; and The Power of a Praying Husband (Audiobook, Prayer Pak, and Study Guide).

153 Plus, men would spend almost: For an introduction to how men spent their time in the company of other men, see Mark C. Carnes, Secret Ritual and Manhood in Victorian America (New Haven, Conn.: Yale University Press, 1989). For instance, almost half the male population in the beginning of the twentieth century belonged to a single-sex fraternal lodge. The megachurch is currently one of the few places men can now congregate guilt-free with other men.

3장 대학교의 현혹: 브랜딩 시대의 고등교육

165 Counting in everything but: Kenneth N. Gilpin, "Turning a Profit with Higher Education,"" The New York Times, October 20, 2002, sect. 3, p. 7.

165 "After a few months": Janet MacFadyen and Dick Teresi, "Hard Knocks," Forbes FYI, September 16, 2002, p. 100.

166 The remaining 20 percent: Louis Menand, "The Thin Envelope: Why College Admissions Has Become Unpredictable," The New Yorker, April 7, 2003, p. 88.

111 In 1970, when I entered: Walter P. Metzger, "The Academic Profession in the United States," in The Academic Profession, ed. Burton Clark (Berkeley: University of California Press, 1987), 243.

166 This is an industry: Nick Bromell, "Summa cum Avaritia: Plucking a Profit from the Groves of Academe," Harper's, February 1, 2002, p. 71.

167 College enrollment hit a record: The best place to see this kind of statistic is the National Center for Education Statistics, published by the U.S. Department of Education: see, e.g., www.nces.ed.gov/pubs2002/2002162.pdf.

168 Enrollment in degree-granting: Ibid.

169 Meanwhile, 10 percent: Digest of Educational Statistics, 1999: www.nces.ed.gov/pubs99/digest98/chapter3.asp.

172 Whenever someone: When the chief financial officer of the foundation embezzled more than $700,000 in 2003, the university president said, "The university, of course, was very chagrined and surprised at what happened," and we went on about our business.

172 Americans donate more money: Solomon Moore, "A Look Ahead...," Los Angeles Times, April 3, 2000, p. H1.

173 Private dollars now account: For the corresponding decline in state aid, see June Kronholz, "Schools Trim State Ties," The Wall Street Journal, April 18, 2003, p. B1.

173 Since the 1980s: Digest of Education Statistics, 1996: www.nces.ed.gov/pubs/96/

d960006.html.

175 Having poor sporting teams: For instance, William Bowen and Sarah Levin, in Reclaiming the Game: College Sports and Educational Values (Princeton, N.J.: Princeton University Press, 2003), make the case that sports revenues and reputation are progressively driving the Ivy League and other elite universities.

184 "The system at Duke": Daniel Golden, "Study Break: At Many Colleges, the Rich Kids, Get Affirmative Action." The Wall Street Journal, February 3, 2003, p. A1. This groundbreaking article won the 2003 Pulitzer Prize for education reporting.

186 So the 977 doctorates: Karen W. Arenson, "Job Listings Decline 20% at Colleges," The New York Times, December 14, 2002, p. A17.

190 They have to protect: One of the few studies, in fact, the only study, I've seen detailing how successfully specific schools send their graduates on is Elizabeth Bernstein, "Want to Go to Harvard Law?" The Wall Street Journal, September 26, 2003, p. W1, in which the reporter had to hand-count the various applications to Harvard Law from individual schools to figure out who was accepted where. The schools could easily do this but won't.

192 Students are taught: Florence Olsen, "Phoenix Rises: The University's Online Program Attracts Students, Profits, and Praise," The Chronicle of Higher Education, November 1, 2002, p. 29.

194 As Derek Bok: Concern about the academic-industrial complex is already becoming something of an industry in itself. See some recent examples: David Kirp, Shakespeare, Einstein and the Bottom Line: The Marketing of Higher Education (Cambridge, Mass.: Harvard University Press. 2003); Eric Gould, The University in a Corporate Culture (New Haven, Conn.: Yale University Press, 2003); and Christopher Newfield, Ivy and Industry: Business and the Making of the American University 1880-1980 (Durham. N.C.: Duke University Press, 2004).

197 At least 27: Yilu Zhao, "More Small Colleges Dropping Out." The New York Times, May 7, 2002, p. A28.

209 When its English Department: Jeffrey Toobin. "Letter from Cambridge: Free Expression and Civility Clash at Harvard," The New Yorker, January 27, 2003, p. 32.

210 "Harvard's brand licensing program": Interbrands, an ad agency, Brands: An International Review (London: Mercury Books, 1990), p. 69.

214 "When Harvard takes a step": As quoted in Christina Hoff Sommers, "The Fonda Effect,"" The Wall Street Journal, March 9, 2001, p. W15.

214 Harvard, in Harvard fashion: Sara Rimer, "Harvard Is Returning Donation from Jane Fonda for New Center," The New York Times, February 4, 2003, p. A14.

216 "What this idealized picture": Nicolaus Mills, "The Endless Autumn," The Nation, April 16, 1990, p. 529.

226 Even The Atlantic: Don Peck, The Selectivity Illusion, The Atlantic, November 2003, pp.

128-130.

226 "When the U.S. News & World Report", "Learning Beyond Measure." The New York Times, September 17, 2002, p. A29.

230 So Elisabeth Muhlenfield: Jay Matthews, "The New College Game," Newsweek, September 1, 2003, p. 42.

232 "Yes, we're targeting": As quoted by Daniel Golden in "Religious Preference; Colleges Court Jewish Students in Effort to Raise Rankings," The Wall Street Journal, April 29, 2002, p. A1

234 For years, the Pew Foundation: For more on this subject, see Nicholas Confessore, "What Makes a College Good?" The Atlantic, November 2003, pp. 118-126.

235 "When Consumer Reports rates": Robert L. Woodbury, "How to Make Your College No. 1 in U.S. News & World Report," Connection: The Journal of the New England Board of Higher Education, Spring 2003, p. 20.

237 "Competition among schools": Gordon C. Winston, The Positional Arms Race in Higher Education, Discussion Paper 54, Williams Project on the Economics of Higher Education, Williams College, April 2000, p. 4.

242 "I think branding": "Ivy Envy," The New York Times Magazine, June 8, 2003, p. 76.

242 The 743 students: Karen W. Arenson. "CUNY Pays for Top Students and Throws in a Laptop," The New York Times, May 11, 2002, p. B2.

244 In a report: John Pulley, "Tuition Discounting Hurts Low-Income Students and Some Colleges, Study Suggests," The Chronicle of Higher Education, May 14, 2003; electronic edition: www.chronicle.com/prm/daily/2003/05/2003051402n.htm.

247 As a Fortune magazine: Jeremy Kahn, "Is Harvard Worth It?" Fortune, May 1, 2000, p. 200.

247 As Alan B. Krueger: The study from the National Bureau of Economic Research is available at www.nber.org/papers/w7322.

250 So the University of Houston: Greg Winter, "Jacuzzi U.? A Battle of Perks," The New York Times, October 5, 2001, p. A1. See also Michael J. Lewis, "Forget class-rooms. How Big Is the Atrium in the New Student Center?" Chronicle of Higher Education, July 11, 2003, p. B7.

250 The Wall Street Journal: Pooja Bhatie, "Phi Beta Cafeteria," The Wall Street journal, November 8, 2002, p. W1.

256 And if you come across: Freshman English at my university became so eccentric that in 2003 the provost removed it from the English Department and set up a controlled course complete with lecture and discussion groups. He claimed that we were not doing our job and he was being besieged with complaints. In fact, the man who then took it over, an erstwhile classics chairman, called what the English Department had been doing "a fraud against the state." Thirty years ago, when I started teaching, I remember my chairman saying that as long as we were responsible for Freshman English we could go about teaching upper-division literature courses. Talking about literature was the reward for

teaching composition. Full professors had to teach one lower-division course a year. But during the 1990s this was seen as an unproductive way to spend our resources, and writing courses were off-loaded onto grad students. When we were finally relieved of almost all our writing courses, many in the department breathed a collective sigh of relief. Most of my younger colleagues considered teaching writing to be time-consuming and not very helpful in building careers as critics or the reputation of the department as an academic powerhouse in what is commonlv misnomered theory.

257 When the National Alumni: See www.goacta.org/publications/Reports/shakespeare.pdf. This group is now called the American Council of Trustees and Alumni.

258 The full descriptions: See www.english.ufl.edu/courses_archive.html#grad.

263 "English RIA: The Politics and Poetics": As quoted in Roger Kimball, "The Intifada Curriculum:" The Wall Street Journal, May 9, 2002, p. A14.

264 "Universities should not": "Letter to Editor," The Wall Street Journal, May 17, 2002, p. A11.

266 As Rachel Toor: Admissions Confidential: An Insider's Account of the Elite College Selection Process (New York: St. Martin's Press, 2001), p. 4.

266 This same phenomenon: Jacques Steinberg, The Gatekeepers: Inside the Admissions Process at a Premier College (New York: Viking Press, 2002).

268 These "unpaid professionals": Andrew Zimbalist, Unpaid Professionals: Commercialism and Conflict in Big-Time College Sports (Princeton, N.J.: Princeton University Press, 1999).

269 Many don't graduate: For this information I'm indebted to a four-part exposition of the Florida athletic program by Carrie Miller and Bob Arndorfer that ran January 12-15, 2003, in The Gainesville Sun.

269 At Florida he had founded: For more on this ranking system, see www.thecenter.ufl.edu/.

271 According to the U.S. Department of Education's: The report can be seen at www.acenet .edu/bookstore/pdf/2002_new_professoriate .pdf.

274 Barry Munitz: As quoted in David L. Kirp, "Higher Ed Inc.: Avoiding the Perils of Outsourcing." The Chronicle Review, March 15, 2002, p. J3.

276 In a recent report: See www.amacad.org/publications/monographs/Evaluation_and_ the_Academy.pdf.

276 In typical complexity: See www.hno.harard.edu/gazette/2002/05.23/03-grades.html.

277 "When you send in your resume": As quoted in Davidson Gold, "In a Change of Policy, and Heart, Colleges Join Fight Against Inflated Grades," The New York Times, July 4, 1995, p. A8.

277 "I'm sure you can understand": Letter from Sheila Dickinson, director of UF Honors Program, to instructional staff, January 2, 2003.

278 A report by Valen Johnson: Grade Inflation: A Crisis in College Education (New York: Copernicus Books, 2003).

282 Here's how it works: Carrie Miller, "The Future of Bright Futures," The Gainesville Sun, April 7, 2002, p. A1.

283 About half the states: June Kronholz, "More Students Win Scholarships Based on Merit, Not Need," The Wall Street Journal, September 23, 2002, p. B1.

287 "While the public": David Kirp, "The New U," The Nation, April 17, 2000, p. 25.

287 "Attend a conference": Michele Tolela Myers, "A Student Is Not an Input," The New York Times, March 26, 2001, p. A19.

289 "Confidently, with generosity": Judith Shapiro, "Keeping Parents off Campus," The New York Times, August 22, 2002, p. A23.

4장 박물관 세계: 예술을 브랜딩하는 예술

293 Four percent of American museums: Ann Hofstra Grogg, Museums Count: A Report (Washington, D.C.: American Association of Museums, 1994), p, 33. Two excellent sources of information about modern museums are a special edition of Daedalus (Journal of American Academy of Arts and Sciences), Summer 1999, and Mark W. Rectanus, Culture Incorporated: Museums, Artists, and Corporate Sponsorships (Minneapolis: University of Minnesota Press, 2002).

293 In 2000, more than a billion: Cathleen McGuigan and Peter Plagens, "State of the Art," Newsweek, March 26, 2001, p. 52.

293 They even have a consortium: Carol Vogel, "Dear Museumgoer: What Do You Think?" The New York Times, December 20, 1992, sect. 2, p. 1.

294 According to The Official: A Higher Standard: The Museum Accreditation Handbook (Washington, D.C.: American Association of Museums, 1997), pp. 19-20.

297 If cities cut museums loose: Museum Financial Information (Washington, D.C.: American Association of Museums, 1999), exhibit 54.

297 The Europeans are facing: "When Merchants Enter the Temple," The Economist, April 21, 2001, p. 64.

302 "There is something": Joseph Epstein, "Think You Have a Book in You?" The New York Times, September 28, 2002, p. A17.

303 "Thank goodness": All letters are from The New York Times, October 1, 2002, p. A30.

308 In a McLuhanesque observation: Douglas D. Paige, "Should Copy Writers Be Cultured?" Printer's Ink, October 1, 1954, p. 25.

317 In "The Work of Art": Walter Benjamin, "The Work of Art in the Age of Mechanical Reproduction," www.bid.berkeley.edu/bidclassreadings/benjamin.html.

317 Relic transportation: Patrick J. Geary, Furta Sacra: Thefts of Relics in the Central Middle Ages (Princeton, N.J.: Princeton University Press, 1978).

320 As the English critic/novelist: See especially Chapter 3 of John Berger, Ways of Seeing (New York: Penguin Books, 1972).

326 "My profits": P(hineas) T. Barnum, Struggles and Triumphs, or Forty Years' Recollections

of P. T. Barnum (New York: Knopf, 1927), rpt., p. 18.

330 In Struggles and Triumphs: Ibid., p. 102.

333 Although no one has: The Economist, May 1, 1993, p. 97, as quoted in Bruno S. Frey, Arts & Economics: Analysis and Cultural Policy (New York: Springer, 2000), p. 36. Only about 3 percent of the Guggenheim's collection has ever been on display at one time: see Geraldine Norman, "Art Without Gallery Hangups," The Independent (London), April 14, 1991, p. 12. The same is probably true at the Met, but it won't give out such information. Instead, Mr. de Montebello says he shows about "90 percent of what you would like to see." See Judith H. Dobrzynski, "Hip vs. Stately: The Tao of Two Museums," The New York Times, February 2, 2002, sect. 2, p. 1.

336 They took the legendary: Janet Tassel, "Reverence for the Object: Art Museums in a Changed World," Harvard Magazine, September-October 2002, pp. 48-51.

337 The Williams mafia in particular: Krens was not alone. The mafia includes luminaries such as Earl A. Powell III, director of the National Gallery of Art; Glenn Lowry, director of the Museum of Modern Art; James N. Wood, director of the Art Institute of Chicago; Michael Govan, director of the Dia Art Foundation; Roger Mandle, president of the Rhode Island School of Design; and the late Kirk Varnedoe, former curator of painting and sculpture at the Museum of Modern Art and professor of art history at Princeton University's Institute for Advanced Study.

337 Here is verbatim: Dobrzynski, "Hip vs. Stately: The Tao of Two Museums."

345 Jesse McKinley, "Art Is Long? So Are the Lines," The New York Times, March 28, 2003, p. B37.

347 As David Brooks: Ibid.

351 If you want to find out: Rem Koolhaas, et al. Harvard Design School Guide to Shopping (Cambridge, Mass.: Harvard Design School, 2001).

354 The 1990-91 MoMA show: High & Low: Popular Culture and Modern Art (New York: Museum of Modern Art, 1990).

359 By the 1980s: Ken Johnson, "Newcomers Ready for Marketing, Accounting ... and, Oh Yes, Creating," The New York Times, August 10, 2001, p. B36.

367 "Long before the scooter craze"; Greg Johnson, "Museums See Advertising in a New Light," Los Angeles Times, February 1, 2001, p. C1.

368 In a refreshingly self-reflexive: Christoph Grunenberg and Max Hollein, eds.. Shopping: A Century of Art and Consumer Culture (Stuttgart: Hatje Cantz, 2002).

370 It's usually booked up: Brooks Barnes, "Museums' New Mantra: Party On!," The Wall Street Journal, July 19, 2002, p. W4.

371 Philippe do Montebello: "When Merchants Enter the Temple," The Economist, April 21, 2001, p. 64.

372 In 1999: Jason Edward Kaufman, "In a Downturn, Museums Remain Big Spenders," The Wall Street Journal, August 21, 2001, p. A17.

466

376 The Met does about $90 million: Judith H. Dobrzynski, "Art (?) to Go: Museum Shops Broaden Wares, at a Profit," The New York Times, December 10, 1997, p. A1.

376 For instance, the Met estimates: Ibid.

381 The British Museum: Jennifer Conlin, "The Art of Dining," Time, August 13, 2001, p. 52.

386 Although it receives: Julian Spalding, "Keep Our Museums Free for All," The Scotsman, October 21, 1997, p. 17.

389 With this exhibition: Both books published by die V&A, London, 2000.

390 "From cornflakes to cars": Brand.New (London: Victoria & Albert, 2000), p. 16.

394 The Guggenheim's endowment: Deborah Solomon, "Is the Go-Go Guggenheim Going, Going ...," The New York Times Magazine, June 30, 2002, p. 36.

395 There's not a real "destination piece": Too bad that the infamous Albert C. Barnes Collection in Philadelphia, gathered at almost die same time and now the center of a never-ending scandal, had not been exchanged with the Guggenheim. Imagine how different the Guggenheim would be with the 353 Renoirs, Cezannes, Matisses, and Picassos of the Barnes collection.

397 In Museumworld: For more on this, see Lee Rosenbaum, "The Guggenheim Regroups: The Story Behind the Cutbacks," Art in America, February 1, 2003, p. 91.

397 With refreshing candor: As quoted in Solomon, "Is the Go-Go Guggenheim," p. 39.

408 Plus there are books on art: Wynn has since sold his hotel but not the art collection. It is now called Le Reve Collection and will appear in his new casino of the same name.

409 "Very few people": See www.Iasvegasweekly.com/2001-2/10-04/news_upfront4.html/.

5장 모든 비즈니스가 쇼 비즈니스라면, 그 다음은 무엇인가?

414 In Bowling Alone: Robert Putnam, Bowling Alone: The Collapse and Revival of American Community (New York: Simon & Schuster, 2001).

414 Putnam has many detractors: Everett L. Ladd, The Ladd Report (New York: Basic Books, 1999).

416 Raymond William's observation: Raymond Williams, Keywords: A Vocabulary of Culture and Society (New York: Oxford University Press, 1985), p. 76.

416 Cultural anthropologist Grant McCracken: Plenitude, an online book, can be read at www. cultureby.com/books/plenit/cxc_triIogy_plenitude.html.

417 In 1987, an English professor: E. D. Hirsch, What Every American Should Know (Boston: Houghton Mifflin, 1987).

419 A Canadian sociologist: John Hannigan, Environmental Sociology: A Social Constructionist Perspective (New York: Routledge, 1995).

422 As Ms. Brown concludes: Patricia Leigh Brown, "Megachurches as Minitowns," The New York Times. May 9, 2002, p. D1.

423 A study by the Hartford Institute: As quoted in ibid.

427 The largest operator: Andrea Stone, "College Towns Attracting New Class: Retirees," USA Today, April 2, 1996, p. A1.

429 The Wall Street Journal: Anne Marie Chaker, "The New School Spirit, Burial Plots for Alums Cash-Hungry Universities Sell Space in Campus Vaults," The Wall Street Journal, July 10, 2002, p. D1.

432 As Barbara Paley: Sheila Muto, "Office Owners Turn to Art to Lure Tenants," The Wall Street Journal, May 21, 2003, p. B4.

435 But as he commented to Susan Orlean: "Art for Everybody," The New Yorker, October 15, 2001, p. 124.

436 So just as corporate interests: Michael Cooper, "Mayor Warns About Deficit While Promising to Rebuild," The New York Times, January 31, 2002, p. A1.

437 Even the usually dour: John Leland, "And Now, Unveiling RCA Battery Park," The New York Times, February 10, 2002, sect. 9, p. 10.

437 Franz Lidz, "John Q. Public Library," The New York Times, February 10,2002, sect.14, p. 13.

441 "We started a kind": For more, see www.intuart.com/dotcommune/advertising/puerto.html. 293 "Look at the covers": "The Rise of the Brand State: The Postmodern Politics of Image and Reputation," Foreign Affairs, October 2001, p. 2.

448 "In the corporate world": Naomi Klein, "Brand USA," Los Angeles Times, March 10, 2002, p. M1.

450 "It is wrong to dismiss": "Now a Word from America," Advertising Age, February 18, 2002, p. 15.